자기심리학과 나르시시즘의 치료

자기심리학과 나르시시즘의 치료

Psychology of the Self and the Treatment of Narcissism

리처드 체식 지음 | 임말희 옮김

자기심리학과 나르시시즘의 치료

Psychology of the Self and the Treatment of Narcissism

1판 1쇄 발행 2008년 3월 22일
2판 1쇄 발행 2012년 8월 30일
2쇄 발행 2014년 3월 10일
3쇄 발행 2020년 9월 15일

지은이 | 리처드 체식
옮긴이 | 임말희

펴낸이 | 김영남
편집 | 공윤조
펴낸곳 | (주)눈출판그룹

출판등록 | 2015년 7월 31일 제399-2015-000017호
주소 | 경기도 남양주시 수동면 외방로 135번길 24
전화 | 1661-4310
팩스 | 031-511-4749
이메일 | nungroup@daum.net
홈페이지 | www.nungroup.co.kr

값 30,000원
978-89-94347-16-5 (93180)

파본이나 잘못된 책은 바꿔드립니다.

 이 도서의 국립중앙도서관 출판시도서목록(CIP)은 e-CIP 홈페이지(www.nl.go.kr/ecip)에서 이용하실 수 있습니다. (CIP제어번호 : 2012003675)

정신분석과 심리치료에 종사하는 동료들과
공감과 평화를 위해 일하는 모든 분에게 이 책을 바칩니다.

개정판 역자 후기

타인과 소통하지 못하는 것은, 곧 자기 자신과의 소통 문제일 수 있다고 생각한다. 역자 자신도 개인적인 고통 때문에 상당히 오랫동안 타인의 존재를 내 안에 들이지 못했었다. 이 책을 번역하면서, 한없이 작은 나 자신과 만나고 자기 존재의 밑바닥을 들여다 보면서 오랜 잠에서 깨어났던 기억이 아직도 생생하다. 원서의 내용이 워낙 훌륭했기 때문에, 여러모로 부족했던 초판 역서가 독자들에게 사랑을 받고 이렇게 개정판까지 낼 수 있게 되었다.

이 책은 프로이트와는 다른 방식으로 인간을 이해했던 하인즈 코헛의 자기심리학을, 지그문트 프로이트상을 받은 정신의학자가 병적 나르시시즘의 치료에 접목한 것이다. 저자인 리처드 체식은 프로이트로부터 멜라니 클라인, 대상관계, 자아심리학, 유럽 정신의학에 걸쳐 자기애성 인격장애에 관한 다양한 관점을 소개한다. 자기심리학이 과연 프로이트의 이론에 패러다임적 수정을 가했는가 하는 문제가 이 책에서 주된 논점으로 제기되고 있다. 그러나 이는 결국 치료자 각인이 판단할 문제라고 본다. 이 책은 치료자 뿐 아니라 많은 사람을 대하는 교육자, 문인, 신학 분야 종사자에게도 큰 도움이 되리라 믿는다.

번역은 매번 고통스러운 작업이다. 그럼에도 불구하고 이 작업을 계속 하는 것은 번역이 역자에게 어떤 구원을 주기 때문이다. 정신의학 전문서의 번역은 특히 다학제간 마인드를 요구하기 때문에 공부에 대한 부담도 크고, 독자 수준도 상당해서 번역에 여간 신경이 쓰이는 게 아니다. 그럼에도 불구하고 번역은 항상 내게 치료와 기쁨을 가져다 준다. 넓디넓은 우주 가운데 먼지 알갱이처럼 떠 있는 나 자신을 본다고나 할까? 미미하지만 나도 우주의 일부를 이룬다는 자긍심을 준다.

자기애성 인격장애를 다루는 이 책이 나의 첫 역서였다는 점도 우연은 아닌 듯하다. 타인에게 관심하는 능력이 현저히 떨어지는 지독한 나르시스트에게 섭리로서 주어진 어떤 "업"이 아니었을까? 번역은 원서를 보통 정독해서는 안 되기 때문에, 작업 내내 저자 자신이 될 정도로 글에 몰입하게 된다. 글은 곧 그 사람의 마음이니, 타인의 마음에 몰두하는 이 작업 기간만큼은 적어도 내 나르시시즘에서 벗어나지 않는가! 출간을 거듭하면서 내 한계들 또한 여실히 보게 된다. 그러나 이런 내 한계와도 점점 친해지는 느낌이다. 잘해야 한다는 부담도 줄어든다. 번역은 잘해야 본전이기 때문이다. 정신치료 분야에 보탬이 된다는 것으로 족하다.

2011년 7월 파리에서

역자

목차

제3부 임상적 적용

머리말

본서는 새롭게 부상하고 있는 코헛의 자기심리학을 소개하고 논하기 위해, 나르시시즘과 관련된 임상의 문제를 중심으로 코헛의 이론을 역사적 관점에서 고찰하고 이를 다른 이론들과 비교한다. 또한 이 책은 자기심리학이 이해를 돕고자 하는 임상의 문제들을 기술하면서, 코헛과 그의 제자들의 저서에 나타난 자기심리학의 변천 과정도 설명하고 있다. 자기Self 체계와 관련하여서는 두 개의 이론이 개진되었다. 초기의 것은 어느 정도 표준적인 정신분석 이론에 가까웠고, 나중의 것은 기껏해야 프로이트의 이론을 보완하는 정도였다. 본서는 이러한 이론들을 정신분석과 정신분석적 정신치료에 적용하는 문제들을 고찰하고, 자기심리학에 쏟아진 비판들을 기술하면서 아직 해결되지 못한 문제들까지 지적하고자 한다.

새로운 지평을 열면서 때로(특히 그의 초기 저작에서) 코헛은 철학자와 같은 모호한 문체를 사용하기도 하지만, 부디 독자들이 속단하지 말고 자기심리학에 몰입해 보기를 권한다. 그러면 치료자는 자신에 대해서는 물론, 치료에 대해서도 완전히 새로운 시각을 갖게 될 것이다. 경험적 현상을 자기심리학이라는 조명에 비추어서 얻은 이론적 개념을 받아들이든 받아들이지 않든 간에 이것은 엄연한 사실이다. 자기심리학을 유심히 연구해 보면 임상의 문제를 이해하는 데 필요한 아이디어뿐 아니라 환자, 더 나아가 인간을 대하는 태도에도 영향을 줄 수 있는 통찰을 얻을 수가 있는데, 이는 코헛이 바라는 바이기도 하다. 또한 정신치료자는 다른 분야와 그곳에 종사하는 사람들을 대하는 태도가 바뀌고, 사회문제를 바라보는 시각도 더욱 깊어질 것이다. 무엇보다 자기심리학은 강한 영향력과 비중을 가지고 그간 정체되어 있던 임상적 정신치료에 새 희망과 활력을 불어넣어줄 것이며, 지금까지 풀리지 않았던 상황들을 조명해 줄 것이다.

나는 코헛의 제자가 아니며, 이 책 또한 자기심리학의 공식해설서가 아니다. 다만 나도 코헛처럼 나르시시즘이 안고 있는 문제의 해법을 항상 머릿속에 그리고 있었을 뿐이다. 철학과 정신분석학의 기초가 되는 심리학적 개념에 익숙하지 않은 독자들은, 내가 니체와 프로이트에 관해 쓴 책들부터 읽어보길 바란다.

인용문

고전적인 이론은 조각나고 약화되고 단절된 인간의 실존을 밝혀주지 못한다. 즉, 전통적인 이론은 정신분열증 환자가 겪는 파편화 경험의 본질이나 자기애성 인격장애로 고통당하는 환자가 스스로를 재구성하기 위해 행하는 분투를 설명하지 못한다. 또한 고전적인 이론은 중년에 이른 사람들이, 자신의 핵심적 이상과 포부 속에 아직 실현되지 못한 자기의 원형들이 남아 있음을 발견하고 느끼는 절망(이는 죄책을 동반하는 절망은 아니다)에 대해서도 설명하지 못한다. 역동과 구조 중심의 초심리학은 위와 같은 인간의 문제들을 제대로 그려내지 못하며 비극적인 인간이 떠안고 있는 문제들을 담아내지도 못한다.

– 하인즈 코헛의 『자기의 회복』중에서

다른 사람들이 말하는 것에 경청하는 습관을 가지라. 그리고 말하는 사람의 정신 안에 들어가 보려고 노력하라.

– 마르쿠스 아우렐리우스의 『명상록』중에서

제1부
나르시시즘

1장 | 자기애성 인격장애와 경계성 장애

나르시수스는 테베 출신으로 요정 레이리오페의 아들이었다. 강의 신 세피수스는 그를 강물로 감싸안고 경탄해마지 않았다. 유명한 점쟁이 테이레시아스는 레이리오페에게 나르시수스는 자기 자신을 알지 못한다는 조건하에서만 오래 살 수 있다고 말했다.

나르시수스는 자신의 아름다움에 대한 불굴의 자부심을 갖고 있었다. 신화에 따르면, 16세 되던 해에 그는 양성 모두에게서 구애를 받았지만 매정하게 거절했다. 구애자들 중에는 타인의 외침을 반복하는 것밖에 모르는 에코도 끼어 있었는데, 그녀는 제우스의 연인들이 헤라의 질시어린 눈을 피해 달아나는 동안 헤라에게 긴 이야기들을 들려주다가 그만 이런 벌(타인의 외침을 반복만 하게 되는)을 받고 말았다.

어느 날 나르시수스는 숲 속으로 갔다. 에코는 말을 걸고 싶어 그를 몰래 따라갔지만 먼저 말을 걸 수가 없었다. 그러다가 나르시수스가 자신이 친구들과 떨어져 있음을 발견하고 '누구 없어?'라고 소리쳤는데, 그때 에코가 '여기' 하며 뛰어나와 그를 덥석 껴안았다. 그러나 나르시수스는 그녀를 거칠게 뿌리치고 달아났다. 그는 에코에게 너하고 잠자리를 하느니 차라리 죽겠다고 소리쳤고 에코는 동침하자고 애원했다. 하지만 나르시수스는 떠나버렸고 에코는 그를 향한 사랑으로 여위어 결국 목소리만 남게 되었다. 이 이야기는 오비드의 『변신』에 기록되어 있다. 몇몇 고전작가들은 나르시수스가 그의 가장 끈질긴 구애자였던 아메이네우스에게 칼을 보낸 경위에 대해서도 말한다. 아메이네우스는 그 칼을 집어 들고 신에게 자신의 죽음을 복수해달라고 기도하며 나르시수스의 집 문 앞에서 자살한다. 그의 탄원을 들은 아르테미스 신은 나르시수스를 이루어질 수 없는 사랑에 빠지게 만든다. 테스피아에서 맑고 영롱한 우물가에 이른 나르시수스는 지친 상태에서 몸을 구부려 물을 마시려다 그만 물속에 비친 자기 자신의 모습에 반하고 만다. 처음에 그는 자신과 마주한 그 아름다운 소년을 껴안고 키스하려 하지만 그것이 자기 자신임을 알고 몇 시간이고 도취된 상태에서 물속을 바라본다.

여기서 이야기는 의미심장하게 이어진다. 자기 자신을 가지려 할수록 나르시수스의 괴로움은 커졌지만 그의 또 다른 자기만큼은 무슨 일이 있어도 자신에게 진실하리라는 것을 알기에 그는 고통 중에서도 기쁨을 맛보았다. 나르시수스가 칼로 자신의 가슴을 찌르고 쓰러지는 모습을 보면서 에코는 아이고 아이고 탄식을 했다. 그의 피는 땅을 적셨고, 나르시수스 오일이라는 유명한 마약이 추출되는 나르시수스 꽃이 거기서 피어났다.

그레이브(1955, pp. 286-288)가 해설을 곁들인 이 고전적인 그리스 신화는 자기 자신의 아름다움에 대한 나르시수스의 고집스런 오만, 타인들을 향한 무정하고도 교만한 행동, 자신을 반영해 주는 또 다른 자기만큼은 자기대상으로서 무슨 일이 있더라도 자신에게 항상 진실할 것이라는 믿음, 죽음, 수면, 마약, 평화 등의 문제를 함축하고 있다.

나르시시즘

남성의 자체성애에 관한 사례 보고에서, 하나의 심리상태를 설명하기 위해 엘리스(Ellis 1898)가 처음으로 나르시수스 신화를 인용했다. '자기애성' 이라는 용어는 프로이트가 1910년 『성욕에 관한 세 편의 에세이』(1905)에 주석을 달면서 처음 사용하였다. 프로이트는 이 논고를 통해 나르시시즘의 개념을 정신의학에 도입했고, 악타와 톰슨(1982)은 "자기애성 인격장애"를 하나의 분류단위로서 조심스럽게 제시했다. 1911년에 랑크가 처음으로 나르시시즘에 관한 정신 분석학적 논문을 썼고, 나르시시즘에 대한 프로이트의 논문은 1914년에 출판되었다. 1925년에 왈더는 "자기애성 인격"을 기술한 내용을 출간했고 그 후 나르시시즘이라는 용어는 성도착에서 자기에 대한 관심집중에 이르기까지 매우 다양한 의미로 사용되었다(Moore and Fine 1967).

나르시시즘이라는 용어가 다양한 방식으로 사용되듯이 자기애성 병리라는 표현 또한 저자에 따라 신경증, 정신증, 경계성 상태, 인격장애 등과 같이 매우 다양한 의미로 사용되었는데 프로이트에 따르면, 위와 같은 장애들은 전이신경증과 다르고 정신분석치료에서도 예후가 좋지 않다.

라이히(1960, 3장 참고)는 한 고전적인 논문에서 나르시시즘(이후, '자기애' 라는 단어와 병용 : 역주)을 보다 세밀하게 정의했는데, 자존감을 조절하지 못하는 병적 형태로서 나르시시즘을 개념화했다. 이것은 열등감에서 벗어나기 위해 어린 시절에 갖고 놀던 요술봉과 같이 과시적이고 비현실적이고 유치한 것들로 끊임없이 타인의 주목을 받고자 하는, 신경증 환자와 정신증 환자 모두에게서 볼 수 있는 문제이다.

현상학적이고 경험에 가까운 그리스 신화로부터 전/후기 프로이트학파 정신분석가들이 사용했던 정신역동적이며 비경험적인 갈등해석에 이르기까지, 나르시시즘과 자기애성 병리의 개념이 변천해온 과정을 살펴보면 상당히 흥미롭다. 바로 이런 맥락에서 코헛의 연구와 자기심리학은 프로이트의 갈등이론과 궁극적으로 구별된다고 할 수 있다.

프로이트의 정신분석과 이를 계승한 북미의 자아심리학파(2차 세계대전이 끝나고 하트만, 에릭슨, 라파포트 등의 학자들에 의해 체계가 잡혔으며 60년대에 발달한)는 20세기 초엽에 세상의 희망으로 여겨졌던 과학적 경험주의(실증주의 철학에 근거한)를 바탕으로 한다. 이제 인간의 정신과 행동은 고전 물리학에서처럼 충돌하는 벡터 값들의 결과로서 시각화되고, 제대로 훈련받은 정신치료자의 상담실 안에서 이루어지는 경험적이고 정밀한 분석의 대상이 된 것이다. 즉, 상담자는 환자의 이드, 자아, 초자아 모두에 대해 중립적인 등거리를 유지하게 되었다.

후일 자기심리학이 어떻게 전개되었든 간에, 처음에 코헛은 자신이 공감과 대리적 내성vicarious introspection이라고 부른 것을 통해 수집한 자료들을 바탕으로 자기심리학을 구상했었다. 경험을 중시하는 자기심리학은 환자의 자기 감각에 초점을 두며, " 인문과학"에 대해 실증적이고 순진한 태도를 보였던 19세기식 방법론에 근거한 프로이트의 수력학 모델(Peterfreund 1971)보다는 현상학이나 해석학과 같은 유럽의 철학사조에 더 가깝다. 이 시점에서 지적할 것은, 코헛의 자기심리학이 프로이트의 정신분석이나 북미의 자아심리학파와 비교해 볼 때 철학적 전제, 도덕적 가정, 경험과 거리가 있는 가정이나 이론구조, 그리고 특히 치료이론의 측면에서 매우 다른 체계를 갖고 있다는 점이다. 이들 간의 차이점도 논의의 대상이 될 수 있을 것이다.

그러나 코헛(1984)은 자신의 연구가 완전히 정신분석학의 전통을 따르며 정신분석적 사유의 주류에 속하므로 자아심리학과 자기심리학 사이에는 엄연한 연속성이 유지된다고 단언한다. 그는 단지 치료과정에 대한 설명과 "치료자의 해석에 영향을 미치는 이론들이 좀 다를 뿐(p. 104)"이라고 주장한다. 그는 "자기심리학은 정신분석적 기법의 핵심에 어떤 변화도 요구하지 않으며"(p.208) "변형기법"(Eissler 1953)도 도입하지 않는다고 말한다.

컨버그(1975, 1976, 1980)는 자기애의 근저에 있는 현상을 설명하면서, 자기심리학과는 매우 다른 대중적이고 포괄적인 이론체계를 제시했다. 컨버그의 체계는 멜라니 클라인의 이론들을 미국적 사유 체계에 알맞게 변화시킨 것이었다. 대상관계이론은 미국에서 자기애성 인격장애와 경계성 인격장애를 이해하고 치료하고 설명하는 데 있어, 자기심리학을 대체할 만한 이론으로 간주되고 중시되었다(본서 5장 참고). 컨버그는 자신의 대상관계이론과 미국의 자아심리학파 사이에는 근본적으로 차이가 없다고 주장하나 이들 사이에는 사실 큰 차이점이 있다. 이에 대한 논의는 본서의 범위를 벗어나므로 여기서는 다루지 않겠다. 컨버그와 자아심리학파 간의 가정상의 불일치와 그로 인한 논쟁들은, 결국 멜라니 클라인과 안나 프로이트 간의 논쟁에서 비롯된 것이다. 그렇지만 영국 정신분석학파가 밝혀냈듯이, 멜라니 클라인이나 안나 프로이트의 추종자들은 갈등의 속성이나 만인을 투쟁케 하는 욕동의 근원 등에 관해서는 의견차가 있지만 충분히 같은 학파로 분류될 수 있다. 안나 프로이트와 클라인은 근본적으로 유년기에 정신질환이 발생하는 과정에서 만족되지 않고 남아 있던 무의식적 갈등을 해소함으로써 치료가 가능해진다는 데 동의한다. 그리고 이러한 일련의 갈등들 한 가운데에 프로이트가 정신병의 핵이라고 믿었던 오이디푸스 콤플렉스가 위치한다는 점에도 동의한다. 프로이트는 4~6세경에 나타나는 성적, 공격적 기제들을 적절히 해소하지 않으면 정신건강은 획득될 수 없다고 말한다. 이 점은 프로이트학파와 클라인학파 모두가 동의하는 지점인데, 다만 클라인학파는 오이디푸스 콤플렉스를 유아기에 위치시키고 그것의 해결책을 약간 다른 방식으로 제시할 뿐이다.

자기애성 인격장애

여기에서는 자기애라는 범주 안에 포괄되는 현상들을 전반적으로 살펴보고, 이러한 현상들을 설명하는 데 이론마다 어떤 공통점과 차이점이 있는지 살펴보기로 한다. 정신장애 진단편람인 DSM-Ⅲ(Spitzer 1980, pp. 315~317)는 자기애성 인격의 일반적인 특징을 다음과 같이 간략하게 서술하고 있다: 관심과 경탄에 대한 과시적 욕구와 함께 자기 중요감을 드러내고, 자신이 중요한 사람이라도 되는 것처럼 느끼며 타인에 대한 공감 부족, 상호착취적 태도 등을 드러냄.

이러한 기술이 잘못된 것은 아니지만 여기서는 지나치게 병적인 측면만 강조된 나머지, 자기애성 개인들은 누구의 사랑도 받기 어려운 부적응아나 말썽꾸러기처럼 그려져 있다. 이는 DSM-Ⅲ의 철학을 반영하는데, 의학적으로 주목받기 위해 정신적 곤란을 질병으로서 기술하고자 한 것으로 DSM-Ⅱ와 비교해 볼 때 정상행위와 정신장애 간의 연속성 개념 면에서 후퇴한 것이다. 이는 정신과의사들은 인생의 어려움이나 사람들의 인격에서 도드라진 부분만을 다룬다는 식의 비난을 모면하기 위한 것이다. 컨버그와 코헛은 자기애성 환자가 어려움 없이 사회생활도 하고 충동조절도 잘 할 수 있다는 데 동의한다. 그들이 가진 사랑 받고 추앙 받고 싶은 욕망, 자기 자신에 대한 과장된 생각, 타인의 감정에 대한 빈약한 공감 등은 자세히 살펴보아야만 드러날지도 모른다. 이러한 자기애성 인사가 고위직에 오르거나 심지어 대통령에 선출됨으로써 자기애적인 문화가 형성될 수도 있다. 실제로 이런 문제 때문에 20세기 말엽에 자기애성 장애가 확산되었는지도 모른다. 이 점에 대해서는 다음 장에서 논하기로 한다.

조사한 자료에 의하면 자기애성 인간은 타인의 경탄을 얻거나 과대적 환상 속에 빠져있거나 환상의 실현을 추구하지 않으면 삶이 즐겁지 않다. 이들은 쉽게 싫증을 느끼고 휴식을 취하지 못한다. 이들은 부와 권력을 과시하려 들고 성적인 모험에 목말라 있는 전형적인 미국 소비자의 이상을 나타낸다.

이러한 사람들은 공개적 또는 비공개적으로 타인과 착취적이고 기생적인 인간관계를 맺고 있으며 자신이 원하는 것을 갖고 있거나 그것을 누리는 사람들에게 만성적인 강한 시기심을 느낀다. 심한 경우에는 거만하고 과대적이고 조종하는 모습까지 보이는데, 이 점은 개인적인 삶에서는 물론 권력을 잡았을 때에도 드러난다.

자기애성 개인들은 노년을 받아들이지 못하며, 아름다움과 생기를 뽐내는 청년들을 바라보며 노화에서 오는 피할 수 없는 변화들을 수용하지 못한다. 따라서 이들의 중년은 분노나 우울 혹은 이상한 충동 행위들로 특징지어진다. 이들이 추앙하거나 의지하는 사람들은 대개 확장된 자기 자신이나 이상을 표상하는데, 이런 감정은 한 인물에서 다른 인물로 급격히 옮겨갈 수 있다. 정신치료자에게도 이것은 하나의 경고신호가 될 수 있다. 왜냐하면 여태 칭찬을 아끼지 않던 환자가 조금 실망했다는 이유로 치료자를 거부할 수 있기 때문이다. 이의 근거에 대해서는 이견이 있으나 자기애성 개인이 치료자를 하나의 독립된 인간으로 경험하지 못하고 이상화하는 방식으로 대한다는 점은 모든 저자들이 공감하는 바이다. 이런 사람의 치료에는 오랜 시간이 걸리며 그 과정에서 치료자는 많은 스트레스를 받게 된다.

나르시수스 신화에서처럼 자기애성 개인은 대개 유년시절에 탁월한 재능으로 경탄을 자아냈거나 위인이 되리라고 평가받았던 사람들이다. 이들은 대개 집안의 기둥으로–독자, 특별한 자녀, 소위 천재–가족의 기대를 충족시켜야 할 부담을 떠안은 사람들이다. 그러나 특출나게 성공한 일부 나르시시스트들을 제외하고는 이들은 대개 성인기에 매우 평범한 성취에 그치고 만다. 성공한 나르시시스트는 재능과 운이 따라주어 큰 기대를 현실화하기도 하지만 보다 높은 차원의 업적을 이루려다 곤경에 빠지고 만다. 베트남에 폭격할 지점을 결정하기 위해 한밤중에 일어났던 린든 존슨이 바로 전형적인 예이다. 그는 전쟁터에서 900마일이나 떨어진 곳에서도 위대한 대통령이 되겠다는 희망을 포기할 수 없었다(Tuchman 1984).

컨버그(1975, p. 248)는 경계성 인격의 특성만 없다면 자기애성 인격장애에는 정신분석이 좋은 치료라고 믿었다. 그에 의하면 경계성 인격장애는 다양한 증상들을 나타내는데, 충동조절이 안되고 불안을 견디지 못하며 현실검증능력과 승화능력이 결핍된 연약한 자아를 드러낸다기보다 일차적 사고로의 후퇴, 끊임없는 분노, 치료자에 대한 폄하가 두드러진다. 그는 "이런 사람들에게는 보다 지지적인 치료법을 쓰는 것이 좋을 것 같다"(p. 249)고 말한다. 그러나 코헛은 이런 유형의 환자들을 자기애성 인격장애로 규정하지 않는다. 어쨌든 지오바치니(1979)는 이런 환자들에게도 공식적인 정신분석을 권장한 바 있다.

자기애성 인격장애와 관련해서 몇 가지 변이들이 존재한다. 예를 들어 핀레이-존스(1983)는 4세기 이래로 '나태acedia'라 불리는 증후군에 대해 논하였다. 게으름sloth이나 나태acedia는 칠거지악(Fairlie 1977)의 하나로, 정신을 고양시키지 않고 나약한 절망과 무의욕 상태에 있는 것을 가리킨다. 이것은 DSM-III에서 말하는 임상적 우울증이 아닌 삶 전체에 대한 불편함을 가리키는데, 핀레이-존스는 이때 우울한 기분, 어떤 유익한 일도 할 수 없는 무기력함, 고통이나 즐거움에 대한 무감각 등이 증상으로 나타난다고 말한다. 그는 어떤 의미성이 결여됨으로써 이런 상태가 발생한다고 보고, 이러한 증상을 "교외 부촌 신경증suburban neurosis"이라고 불렀다.

이와 비슷한 문제로서 솔버그(1984)는 권태를 기술한다. 권태는 중요성이 점점 커지고 있으며 "권태의 동의어인 피로, 지침, 피곤, 무기력listlessness이 가장 먼저 치료를 요하는 문제들"(p. 3272)이라고 그는 말한다. 그러나 솔버그는 권태의 심리적 근원에는 우울감이 있다고 지적하면서 전형적으로 중년의 자기애성 환자들에게서 나타나는 공허한 우울과 이것이 다르지 않다고 말한다. 실제로 40세에 이른 덴마크인 중 여성의 41%와 남성의 25%가 현재 지쳐있다고 응답했다.

타르타코프(1966)는 노벨상 콤플렉스를 기술하면서 지적 재능을 가지고서, 찬사와 부와 권력과 사회적 지위를 부단히 추구하는 사람들을 언급했다. 그녀는 정신분석치료를 요하는 신경증 환자라기보다는 인격적인 문제를 가지고 있는 비교적 성공한 중년층을 다루었다. 사회적 관점에서 보면 이들은 대개 건강해 보인다. 하나의 하위 그룹을 제외한다면 이들의 삶의 전망은 목표를 향해 적절히 단계를 밟는다면 그들의 장점과 재능과 업적이 성공을 가져오리라는 낙관론을 띤다.

타르타코프가 따로 선별한 하위 그룹은 중년의 직업인들로 구성되어 있는데, 이들은 자신이 갖고 있던 '가능성' 을 발휘하지도 못하고 원했던 찬사를 얻지도 못했다는 생각 때문에 삶에 극도로 환멸을 느끼고 정신분석치료를 찾게 된다. 이런 부류의 사람들은 우울과 불안이 스트레스의 형태로 엄습해오고 심인성 신체 질환도 빈번히 겪는다.

이러한 그룹은 지적, 예술적 재능을 타고난 사람들로 대단한 업적을 이루기도 하지만 대부분 자신이 원했던 목표는 퇴색하고 찬사에 대한 강박관념만 가득 남게 된다. 타르타코프는 이런 사람들에 관한 연구에서, 인생 후반기에 가면 이들은 사소한 실망에도 과민 반응(특히 인정받지 못할 때)을 보인다고 하면서(p. 237), 노벨상 콤플렉스라는 새로운 분류단위를 도입했다. 이것은 '전부 아니면 전무' 의 추구방식을 말하며 앞서 기술한 전형적인 자기애성 인격에서도 볼 수 있듯이, 유년기에 갖고 있던 강력함과 특별함에 대한 환상에서 비롯된 것이다. 타르타코프에 의하면 이런 환자들에게는 경계성 혹은 정신병적인 특징이 없다. 전체적으로 볼 때 사회 속에 잘 통합된 이들은 소위 "이미 제도화된 자기애적 환상"(p. 238)이라 불리는, 아메리칸 드림을 표상한다. 그녀는 다음과 같이 결론을 내린다.

> 우리 사회구조는 청소년기와 성인기 모두에 걸쳐서 자기애적인 태도를 계속 강화시킨다. 이는 이러한 소망들을 충족시킬 제도적 수단에 한계가 있음을 생각하지 않은 처사다. 게다가 찬사와 경탄에 대한 강박관념은 개인의 능력을 억압하는 결과를 가져올 수 있다. 삶이 어린 시절의 '기대' 를 충족시켜 주지 않으면 불만과 환멸은 뒤따르기 마련이다(p. 249).

머피(1973)는 DSM-Ⅲ에 기술되어 있는 특징을 지닌, 자기애적인 치료자들에게 초점을 맞추었다. 이런 치료자들은 신속한 결과를 추구하며 환자가 느끼는 감정에는 둔감하면서 자신에 대한 논평에는 매우 민감하고, 존경과 사랑을 원한다. 결국 이들은 전이와 역전이를 제대로 다루지 못한다. 이들은 이상화에 대처하지 못하고 꾸지람, 비꼼, 상담의 조기종료 등의 기법을 사용해 환자의 부정적 전이를 응징하는 경향이 있다. 자신의 수동적 자세에 대한 염려를 내려놓지 못하고 끊임없이 개입하거나 환자를 지나치게 공격하고 학대하는 등, 지나치게 부담을 주다가 종국에는 환자에게 유혹 당하거나 조종 당하고 만다.

자기애성 인격장애와 경계성 인격장애의 상관관계

자기애성 인격장애와 경계성 장애의 연관성에 관한 논쟁은 아직도 뜨겁다. 아들러(1981)는 안정된 자기애성 환자로부터 심각한 퇴행을 보이는 경계성 환자에 이르기까지 자기 응집력, 자기대상 전이의 안정성, 성숙된 분화 등을 가리키는 선들lines의 개념을 사용하여 이들 사이에 어떤 연속성을 확립하고자 했다." 더 높은" 자아기능 수준과 "더 낮은" 자아기능 수준을 구별한 컨버그(1975)는 이러한 수준에 의거해, 경계성 인격장애와 자기애성 인격장애를 구별한다. 그러나 그가 기술한 내용들 중에서, 이처럼 이론적으로 더 높거나 더 낮은 수준을 사용해서 얻은 범위를 토대로 환자를 어떤 연속선상에 놓는 일은 찾아볼 수 없다. 컨버그는 경계성 인격 구조를 정체성의 혼돈으로 특징짓는데, 내재화된 대상관계가 병적이기 때문에 통합된 자기 개념과 주요 인물들에 대한 통합적 개념이 부족하다고 보았다. 경계성 인격은 원초적 방어기제들이 도드라져 보인다는 점이 특징이다. 이러한 방어기제는 분열기제를 중심으로 이루어지는데 비교적 현실검증능력이 잘 유지된 상태에서도 나타난다. 컨버그에 따르면 경계성 인격구조는 DSM-Ⅲ에서 말하는 경계성 인격장애와 자기애성 인격장애는 물론 정신분열증 , 편집증, 경조증적 인격 등의 심각한 인격장애 유형들을 어느 정도 포함하고 있다.

실제로 자기애성 인격들(Chessick 1966~1984b를 참조할 것)에 대한 논의보다는 경계성 환자나 경계성 인격장애에 관한 합의에 이르고 이것을 정의해내는 일이 훨씬 더 시급한 문제다. 신경증은 환자가 전성기기를 잘 거쳤고, 견고한 억압장벽을 갖춘 비교적 잘 작동하는 자아를 가지고 있으며, 강한 초자아를 지니고 있음을 시사한다. 드 왈드(1964)는 자아의 강도와 기능의 평가(Chessick 1974, 1977)에 관해 자세히 기술했고, 컨버그(1976)는 이를 초심리학적으로 완벽하게 기술했다. 신경증은, 치료자가 환자의 자아기능을 평가했을 때, 그것이 비교적 강하고 견고해서 억압에 대해 소위 고전적인 높은 수준의 방어를 사용할 줄 알며, 이러한 기제들이 세 가지 정신내적 구조(이드, 자아, 초자아)의 통합을 전제로 하고 있을 때(즉, 코헛의 용어로 말하자면 응집된 자기감각이 있을 때) 내려질 수 있는 진단명이다.

대가들은 경계성 환자와 다른 인격장애 환자들을 명확하게 구분지을 수 없다고 본다. DSM-Ⅲ(Spitzer 1980)는 이러한 반대의견들을 받아들여 인격장애에는 연극성 인격장애, 자기애성 인격장애, 반사회적 인격장애, 경계성 인격장애 등과 같이 '일군' 의 드라마틱하고 감정적이고 규정하기 힘든 장애들이 존재한다는 것을 인정하면서, 경계성 장애를 인격장애의 하위그룹에 포함시켰다. DSM-Ⅲ에 의하면 "대개 이런 장애들은 분열형 [나는 여기에 '이상하고 기이한' 측면이 있는 편집증 환자와 분열성 환자를 추가하고 싶다], 연극성, 자기애성, 반사회적 인격장애 등의 여러 인격장애의 측면들을 동시에 가지고 있다"(p. 322).

경계성 인격장애의 진단

이러한 혼란 속에서도, 환자의 자아가 행동화를 사용하는지 그리고 현실검증능력을 갖추었는지를 고려하여 진단상 구별을 시도해 볼 수 있다. 인격장애와 관련하여 강박성 인격, 자기애성 인격, 히스테리 인격 등 일련의 인격적 측면들이 비교적 엄격히 구분되어 널리 받아들여지고 있음을 볼 때, 경계성 환자와 인격장애 환자도 진단상 구별되어야 한다고 생각한다. 위에 열거된 장애들은 극단적일 경우 점차 적응이 어려워지면서 경계성 환자에 속하게 된다. 그러나 경계성 환자는 전형적인 특이적 증후군이 있기 때문에 증상이 나타날 때 진단이 용이하다.

초기에 병을 호소할 때는 신경증, 유사-정신증 혹은 정신신체 증상이나 사회병질적 증상들이 결합되어 있고 그것의 강도 또한 다양하다. 증상들이 기이한 조합을 이루어 나타날 때는 질병 분류기준에 맞지 않을 수 있으며, 상대적으로 도드라졌던 증상도 시시각각으로 변화할 수 있다. 병에 대한 호소가 경미하며 때로는 온화하고 사회적으로 성공할 만한 인격이 보일 수도 있다. 그러나 잘 살펴보면 매력적이고 품위 있는 모습 이면에서 진정한 인간관계의 결핍을 발견할 수 있다. 경계성 환자들은 다양한 사람들과 혼란스럽고 격렬한 관계를 맺거나, 안정된 관계라 하더라도 밋밋하고 피상적인 양상을 보인다. 두 경우 모두 이들은 의식에서건 무의식에서건 아무에게도 깊은 감정적 투자를 하지 않는다. 그러나 이 점은 숨겨져 있다.

경계성 환자의 현실검증능력과 직무 및 사회적 상황에서의 능력은 때에 따라 달라지기도 하고 몹시 나빠질 수도 있지만 정신분열증 환자만큼 손상되어 있지는 않다. 전체적으로 볼 때 이들은 자신을 관리할 수 있고 가족을 부양할 수 있으며 어느 정도 사회에 적응할 수 있다. 이들은 만성적인 중독자가 아니며 고립된 유랑자들처럼 만성적으로나 장기적으로 완전히 반사회적 인격을 드러내지도 않는다. 그러나 이들은 거의 모든 치료를 다 시도해 본 사람들이며 다양한 종류의 성적 일탈을 보일 수 있다. 그러나 이러한 일탈이나 다양한 증상 및 불안으로 인해 장기간 기능이 마비되는 것은 아니다. 경계성 환자들은 비교적 안정되고 지속적인 상황을 잘 견디지 못한다. 이들은 별다른 이유 없이, 혹은 스트레스, 알코올, 마약, 부적절한 정신치료 등으로 인해 일시적으로 정신증적 삽화를 경험할 수도 있지만 이에서 금방 벗어난다. 이들은 회복에 유익한 것을 학습하거나 자가 치료 등을 통하여 빠르게 회복한다.

이 같은 기술들은 진단 기준을 보다 명료화하기 위해 DSM-Ⅲ의 구분을 보완하려는 것이지 이를 대체하려는 시도는 아니다. 정신치료자들은 이런 환자들을 흔히 만날 수 있으며, 이들의 급작스런 자아상태의 변동이나 치료자에게 미치는 강한 감정적 영향 등이 여러모로 치료를 어렵게 만든다고 입을 모은다. 어찌 되었건 이론적인 논쟁이 이러한 현실의 문제까지 해결해 주는 것은 아니다. 문제는 경계성 환자들의 존재 여부에 있는 것이 아니라 이러한 환자들을 초심리학적인 개별 단위로 변별시켜 주는 순수한 초심리학적 공식이 존재하는가 하는 점이다. 내가 보기에 경계성 환자는 어떤 독립된 장애를 밝혀낸 것이라기보다 하나의 임상적, 실제적 진단명인 것 같다(Grinkel and Werbel 1977). 내 입장은 코헛(1장 참고)이나 크리스 연구집단(Abend et al. 1983)의 견해에 가깝다. 그들에 의하면 경계성이라는 진단은 인격장애라는 넓고 느슨한 범주에 속할 뿐으로 특정한 갈등이나 방어 및 발달을 보이는 엄연한 진단명은 아니다. 마이스너(1978)는 내가 사용한 연속개념이 근본적으로 자아심리학적이며 분석적인 사고를 위한 것이라고 지적한 바 있다. 그는 또한 "경계성 인격의 전형적인 방어기제는 분열이다"고 말한 컨버그의 주장을 비판하면서 다음과 같이 말했다.

> 분열Splitting이라는 방어기제가, 경계성 장애와 보다 원시적인 정신분열증을 구분하는 요소라는 주장은 확실치 않다. 또한 경계성 상태와 신경증 환자를 충분히 구별할 수 있다는 컨버그의 주장도 의심의 여지가 있다. 왜냐하면 경계성 사례들에서 억압기제를 볼 수 있듯이 많은 신경증 환자들에서 분열기제가 나타나기 때문이다(p. 304).

마이스너(1978a)도 나와 마찬가지로, 비교적 분화되고 발달된 정신내적인 구조

상태에서 초기의 원초적 발달 수준으로 거슬러 올라갔을 때 (성인의) 방어적 결함이 더 잘 이해될 수 있다는 컨버그의 생각에 의문을 던진다. 마이스너는 경계성 장애에서 발견되는 여러 문제점들을 자아의 결함 탓으로만 돌리는 것은 너무 단순하고 허점이 많다고 주장한다. 그는 덧붙이기를,

> 우리는 자아의 여러 영역에서 다양한 일탈이 있고 각 영역에서 문제의 심각성 정도가 다를 수 있다는 점을 생각할 필요가 있다. 이러한 자아기능은 다양한 수준으로 손상될 수 있고 기능통합의 측면에서 부분적으로 가역성을 보일 수 있는데, 바로 이 점이 경계성 장애에 내포된 취약성이다(p. 578).

사도우(1969)처럼 우리도 자아 기능을 축으로 삼아 정신증, 경계성 상태, 전이신경증, 갈등 없는 상태 등이 연속적으로 나열된 하나의 도식을 만들어낼 수 있다. 이 축에서의 움직임은 훌륭한 정신치료, 삶의 우여곡절, 신체 상태 등에 따라 전진할 수도 있고 후퇴할 수도 있다. 경계성 환자들은 자아의 축을 따르는 이러한 움직임이 폭과 유연성 측면에서 놀라울 만큼 크다. 따라서 우리는 컨버그(1975)가 주장했듯이 자아의 방어수준을 "더 높은" 또는 "더 낮은" 차원에서 연구해야 하며, 경계성 환자의 진단을 위해서는 자아의 축을 따라서 변동하는 자아능력 또한 평가해야 한다.

2주간의 휴가를 마치고 돌아온 치료자에게 한 남성 환자가 다음과 같은 꿈을 보고했다.

> 나는 아름다운 연못, 태양, 나무들을 내려다보고 있어요. 그곳에서 한 소녀가 초파리낚시를 하는데 줄이 엉켜서 내게 도움을 청해요. 나는 이 꿈에서 주인공이에요. 내가 당신 사무실[현실에서는 너무 좁다고 투덜대는] 안에 있는데, 이것은 회의실과 비서실이 딸린 근사한 방이에요. 그런데 바닥에 구멍이 하나 나 있고 인부들이 거기서 뭔가를 고치고 설치해요. 나는 마루와 벽 그리고 천장에 숨겨진 수많은 선들과 전선들을 보고 놀라워하죠. 이것들은 보통의 용도를 위한 것이고, 위험한 것도 녹음장치도 아니에요. 그냥 경이감을 불

러일으키는 설비들이에요. 어떤 프로젝트의 하나로서, 나는 사랑이 필요한 사람들의 세 가지 유형을 묘사해야만 해요.

자기심리학자들은 이 꿈을 과대망상과 함께 분열 초기를 보여주는 예로 보거나, 휴가로 만날 수 없었던 치료자에 대한 반응으로 해석할 것이다. 이것이 더 진전된다면 강력한 형태의 망상으로 발전될 수 있으며 그럴 경우, 이 분열된 환자는 편집증적인 정신증의 모습을 보일지도 모른다. 이 꿈은 경계성 상태와 편집증적 정신증 간의 분명한 위계구조 혹은 연속성을 보여준다. 내 사무실을 신성하게 만들고 있는 초기 이상화 전이에 주목하라. 고전적인 정신분석가는 꿈의 끝부분을 강조할 것이고, 이런 편집증적인 요소를 동성애적 열망에 대한 방어기제로 간주할 것이다.

이 환자는 목사인데 꿈과 관련하여, 어릴 적에 십자가형을 받고 하느님께로 올라가는 것이 어떤 것인지를 생각하며 여러 번 어둡고 침침한 거실 바닥에 누워 예수의 자세를 취하고 있었던 일을 기억해냈다. 성인이 되어서도 이 환자는 자신이 십자가형에 처해진 것 같은 느낌을 받았는데 항상 이것을 비유적으로 사용했다. 그는 또한 자신이 신이나 예수이기를 소망했다. 그러나 실제로는 한 번도 자신이 신이나 예수라고 생각하지 않았다. 과중한 부담하에서 이상적인 아버지 이미지와 하나가 되려는 마음은 있었지만, 분열이 망상에 이를 만큼 극심한 것은 아니었으므로 목사의 직무를 성공적으로 수행할 수 있었다.

이 책은 경계성 인격장애를 위주로 한 것이 아니므로, 이후부터는 자기심리학과 관련해서 나올 때에만 이 주제를 다루도록 하겠다. 경계성 인격장애에 관한 보다 폭넓은 논의를 원한다면 『경계성 환자의 집중정신치료Intensive Psychotherapy of the Borderline Patient』(Chessick 1977)와 이 주제에 관한 나의 논문들(1978, 1979, 1982, 1983a)을 참고하길 바란다. 마이스너(1984)의 『경계성 스펙트럼The Borderline Spectrum』(1~6장)도 권유할 만한 책이다.

자기애적인 유형

악타와 톰슨(1982)은 자기애성 인격장애를 다룬 저술들을 검토한다. 바크(1975, 1977, 1977a)는 자기애적인 의식상태라 불리는 것에 대해 기술하는 등, 많은 현상학적인 연구들을 수행했다. 그는 자기애적인 개인들이 의사 소통 보다는 자기중심적으로 언어를 사용하고 전형적으로 무익한 유사-활동들을 하며, 기분이 지나치게 외부 상황에 따라 바뀐다는 점을 강조했다. 자기애적인 상실로 인한 우울에 대해 기술하면서, 바크는 이러한 우울이 죄책감보다는 무감각과 수치심을 동반한다는 점을 지적했다. 그러니까 바흐도 코헛이 '비극적인 인간' 과 '죄책감에 짓눌린 인간' 을 구별하면서 상세히 다루었던 그 문제에 초점을 맞추었던 것이다.

모델(1976)은 영광스럽지만 홀로 외롭게 사는 나르시시스트들의 정신치료와 관련해서, 그가 '초기 누에고치 단계' 라 불렀던 것에 대해 설명한다. 이것은 자기애성 개인들이 자아 감각이 발달하는 유년기에 외상을 입었었음을 강조한 위니캇(1953)의 연구를 참조한 것이다. 위니캇에 따르면 유년기에 엄마의 사랑이 불충분하면 전능환상에 의해 지지되는 조숙하고 취약한 독립심이 생겨나는데, 이러한 독립성을 중심으로 과대적 자기이미지가 형성된다(Chessick 1977a). 다른 이유도 있겠지만 바로 이 점 때문에 코헛이 위니캇의 영향을 많이 받았다고 회자된다.

자기애에 관한 우리의 예비적 논의에서 빠져서는 안 될 내용이 있다면, 그것은 사랑에 빠지는 것과 로맨스 그리고 창작활동이 모두 나르시시즘과 관련이 있다는 점이다. 이는 적어도 프로이트 이래로 잘 알려진 사실이다. 예를 들어 게디먼(1975)과 같은 작가들은 합리적이고 지속적이고 성숙한 성기적 대상관계로서의 "사랑하기"와 비이성적이고 격렬한 열정적 의미에서의 "사랑에 빠짐"은 다르다고 강조한다. 그에 따르면 이 두 가지 상태는 코헛이 말하는 것처럼 이해할 수도 있다. 즉, 나르시시즘은 삐져나온 줄기처럼 갈라져 나오는 게 아니라, 나름대로 독자적인 변형을 거치는 성장 노선이 있다는 것이다. 자기애성 리비도 발달의 한 지점으로 볼 수 있는 극도의 이상화는 보통 사랑에 빠졌을 때에만 나타난다고 코헛은 말한다. 그러나 게디먼에 따르면 재능 있는 사람들은 자신의 작품에 대해서도 이상화나 실망을 경험한다. 그러므로 자기애에 관한 모든 논의에는 사랑에 빠진 상태와 창조행위에 대한 통찰이 포함되어야 한다. 더구나 배크(1973)에 따르면 사랑에 빠지는 일은 대개 이별을 하거나, 상상에서건 실제에서건 중요한 대상을 상실할 위험이 있거나, 멜랑콜리를 불러오는 수많은 대상표상의 상실과 같은 것에 의해서 일어난다. 그는 이렇게 덧붙인다.

> 이런 원인들 외에 자기이미지의 손상이나 이상화된 자아의 분투가 충분히 결실을 맺지 못하는 것 등을 추가할 수 있다. 이는 간접적으로 대상 상실의 위협을 불러올 수 있다. 멜랑콜리 상태에서는 동일시를 통해 잃어버린 대상이 복구되는 반면, (프로이트가 "사랑은 나르시시즘으로의 철수를 통해 멸절을 면한다"고 말했듯이) '사랑에 빠짐' 으로 인해 고통받는 사람은 대체 대상을 찾는다. 이렇게 해서 상실은 무효가 되고 그 대상은 대체되거나 부활하게 된다(p. 1).

배크는 사랑하는 대상이 대체될 수 없을 때 심한 우울증이나 자살로 이어질 수 있다고 말한다. 괴테(1774)의 『젊은 베르테르의 슬픔』은 아마도 이를 가장 극적으로 표현한 작품일 것이다. 사랑이라는 주제는 자기애에 관한 프로이트의 연구들을 검토할 때 다시 언급할 것이다.

2장 | 우리 문화 속의 나르시시즘

쿠퍼(Lichtenberg and Kaplan 1983)는, 글로버를 위시하여 1930년대에 나르시시즘을 논했던 정신분석가들이 인간 조건에 변화가 생겼다고 주장했던 것을 지적한다.

> 이들에 따르면 프로이트가 말하는 고전적 신경증 환자로 진단되는 사람들은 사라지고, 심한 인격 장애의 형태들이 고전적 신경증을 대신하게 되었으며, 자기애성 장애 환자가 늘어나면서 분석 효과는 줄고 분석 기간은 늘어났다. 최근 스피로 아뉴에서 크리스토퍼 래쉬에 이르기까지 모두가 입을 모아, 후기 산업 사회의 영향과 서양문명의 후퇴 속에서 우리가 나르시시즘의 시대를 맞았다고 말한다(pp. 28~29).

쿠퍼에 의하면, 그때 이후로 많은 연구들이 이러한 변화를 이해하고 이를 분석 이론들과 접목시키고 이런 변화에 대처할 수 있는 효과적인 정신분석치료 기법들을 고안할 필요가 있음을 언급하고 있다. 그러나 이러한 언급들이 결코 보편적인 동의를 얻고 있는 것은 아니다. 이 점에 관해서는 아직 엄밀하고 신중한 경험적 연구들이 없기 때문에, 정신분석가들의 치료와 상담을 찾는 환자 유형에 괄목할 만한 변화가 있다고 말하기는 아직 시기상조다. 그러나 진단상으로 볼 때, 고전적인 신경증에 해당하는 병명들이 DSM-III에서 말하는 인격이나 인격 장애 쪽으로 진단명이 이동되는 것을 보여주는 요소가 많이 발견되고 있다.

나르시시즘의 문화

『나르시시즘의 문화』(1978)의 저자이기도 한 래쉬는 우리 문화 속에 자기애의 특성들이 두드러진다는 것을 설득력 있게 주장한다. 이 책은 코헛과 컨버그의 개념을 일부 오용하고 있지만 자기심리학이 어떤 종류의 문제들에 적용될 수 있는지에 관해 이해를 돕는다. 래쉬는 이런 종류의 문제들에는 프로이트의 충동 혹은 욕동심리학보다 자기심리학이 더 나은 해석적 패러다임을 제공한다고 주장한다.

래쉬는 현대의 국제적 불안을 강조하면서 이런 불안이, 현대 부르주아 사회를 위협하는 문제들을 해결할 수 있는 의지 및 능력의 상실과 연관이 있다고 본다. 그는 학문이 이러한 문제들을 도와줄 수 없으며, 강단 심리학은 이러한 불안에 직면하여 "프로이트와 같은 도전을 하지 못하고 그저 사소해질 뿐이다"고 말한다. 래쉬는 이렇게 새로 떠오르는 자기애성 개인들을 코헛이 묘사한 '비극적인 인간'과 비슷하게 기술한다. 래쉬에 의하면 이 새로운 자기애성 인간들은 죄책이 아닌 불안에 시달리며, 자신의 확신을 타인에게 강요하기보다는 스스로 삶의 의미를 찾고자 한다. "이들은 휴식하지 못하고 끊임없이 뭔가를 갈망하는 상태에서 살아간다"(p. xvi).

래쉬에 따르면 자기애적인 사회란 과거를 문화적으로 폄하하고 계속해서 자기애적인 요소들을 부추기는 사회다. 래쉬의 전반적인 논점은 자기애적인 사회가 자기애성 인격들을 만들어내고 이러한 사람들이 더욱 자기애적인 사회를 만든다는 것인데, 여기에는 비록 돌아갈 수는 없어도 과거가 더 나았다는 의미가 함축되어 있다.

현대 미국과 같이 "자기애적인" 사회에서 사는 자기애성 개인들에 대해 래쉬는, 순간을 위해 살고 전통을 쌓지 못하며, 이리저리 떠돌고, 자존감을 확인하기 위해 타인을 필요로 하고, 세상을 하나의 거대한 거울로 생각하는 사람들이라고 묘사했다. 그는 20세기의 인간들이 "격노에 사로잡혀 있다"고 묘사하는데 (p. 11), 이런 일반화를 뒷받침해 줄 만한 경험적 증거는 아직 없다.

자기애적인 사회에서는 "치료법"도 너절한 개인주의나 종교적 답습 정도로 치부된다. 래쉬에 의하면 후기 프로이트학파의 치료법들, 특히 이에 가세하고 이를 대중화시킨 사람들은 "사랑과 일이라는 낡은 관념에서 인간을 해방시키는 (p. 13)" 것을 목표로 삼는다. 그런데 래쉬는 이러한 새로운 치료법들이 "치료하는 척만 하고 오히려 질병을 심화시킨다(p. 30)"고 하면서 우리 문화 속에 존재하는 자기에 대한 사회적 침탈과 가속화되는 자기의 해체를 개탄한다. 그러나 그가 말하는 "자기self"의 개념은 명확히 제시되어 있지 않다.

래쉬는 프로이트(1930)가 『문명 속의 불만』에서 제기한 문제들에 대한 해결책으로 에리히 프롬이 제시했던 마르크스주의까지 비난한다. 우리 시대가 갖고 있는 자기애적인 특성들을 기술하면서 래쉬는 컨버그의 글도 인용하는데, 컨버그의 주장이 자신이 인용하고 있는 코헛의 주장과 모순된다는 점을 인식하지 못한다. 래쉬는 코헛 또한 잘못 이해하고 있는데, 예를 들어 코헛이 누구에게나 적용하려 한 "일반적인 의미의 자기심리학"과 병적인 자기애에 관한 그의 논의를 혼동하고 있다. 래쉬가 기술한 것은, 예를 들어 브로이어와 프로이트(1893~1895)의 『히스테리 연구』에 나오는 '세기말적 증후fin de siecle' 환자나 다른 개인들에 대해서는 설득력이 없다. 래쉬는 새로운 유형의 한 경영인을 묘사하는데, 자신의 업적에 대해 열정과 매력을 잃어가고 전혀 기쁨을 못 느끼는 이 사람에게 "중세와 같은 암흑기가 재앙처럼 닥쳐온다"(p. 45)고 표현하고 있다.

래쉬는 매코비(1976) 등을 인용하면서 우리 사회가 지나치게 조직화되면서 생겨난 거대한 관리조직 때문에 생존해야 한다는 사고방식이 나타나고, 가족이 해체되고 자기애가 조장된다고 말한다. 래쉬가 보기에는 자기애야말로 현대의 삶에서 오는 긴장과 불안에 대처하는 가장 좋은 방법인 듯하다(p. 50). 그렇다고 우리 문화가 자기애를 조장한다는 뜻은 아니다. 다만 사회의 전반적 여건이 누구나 조금씩은 갖고 있는 자기애적 특성들을 부추기고 있다는 것이다.

래쉬는 소비만이 해답인 듯이 말하는 광고가 현대 서구인에게 미치는 영향에 대해서도 말한다. 그는 광고가 소비자들에게 만족을 모르게 하고, 들뜨고 불안하게 하며, 지루함을 느끼게 하고 시기심을 공공연한 것으로 만든다고 주장한다. 그리고 코헛은 우리 사회의 연극들, 특히 알비, 베케트, 이오네스코, 쥬네 등 소위 부조리극들이 공허, 소외, 고독, 절망 등을 이야기하는 한, 뭔가가 그럴듯하게 들린다 하더라도 진실은 다른 곳에 있음을 거듭 강조한다. 래쉬는 이런 드라마들이 경계성 인격의 세계를 표현한다고 말한다. 한편 코헛은 부조리극들이 경계성 환자들뿐 아니라, 우리 사회에서 취약하고 분열된 자기를 만들어내는 세력들을 표현한다고 말한다.

래쉬는 이렇게 새롭게 부상하는 경영인 계층이나 그들의 자녀가 쾌락주의를 표상한다고 보고, 이들 때문에 자기애성 개인들이 명성을 얻고 주도권을 얻는 그런 사회가 만들어지며, 이런 사회는 다시 개인들에게 자기애적인 특성을 강화시킨다고 주장한다. 그는 경계성 상태와 정신분열증에 코헛의 이론을 적용하는 데 다소 혼란을 느끼지만, 가족제도를 변질시키고 자기애성 인격을 만들어내고 이를 부추기는 주범으로서 단연 자본주의와 산업화를 꼽는다.

자기애나 자기애성 인격의 관점에서 문화를 연구하고 자기애에 관한 저술들을 이해하는 데 가장 큰 어려움은 바로 나르시시즘이라는 단어의 혼란스러운 뜻에서 기인한다.

코헛의 자기심리학적인 논의는, 개인 안에서 나르시시즘이 어떤 식으로 변형되는지를 이해하려는 시도에서 출발하였다. 연구의 성과를 토대로 코헛은 우리 문화가 나아가야 할 바와, 우리 자신이 좀 더 의미 있게 존재할 수 있는 방식에 관한 보다 통찰력 있는 주장들을 제시한다. 자기심리학은 래쉬의 막연한 사회주의적 해결책을 대치하면서 보다 구체적인 인간 실존의 영역으로 들어간다. 그의 결론은, 우리 문화가 살아남고 또 개선되려면 바람직한 공감적 모체가 형성되어야 한다는 것이다.

우리 문화 속의 나르시시즘에 관한 견해들

윌리엄슨(1984)은 현대 미국 시들 가운데 "자기애적인 시들"을 연구했는데, 연구결과는 코헛이 강조한 초기 양육의 중요성을 뒷받침해 준다. 윌리엄슨은 히틀러에서 매카시에 이르기까지 정치에서 비합리적인 증오와 공포와 정체성이 큰 영향력을 행사하던 시절에 한 세대의 민감한 시인들이 자살 외에는 출구가 없는 황량하고 공허한 자기 경험의 감정들을 시로 표현했음을 보여준다. 윌리엄슨은 핀레이-존스(1983)나 솔버그(1984)와 비슷한 입장에서 시인들의 "음울한 아노미와 우울"에 주목하면서, 알 수 없고 조각나 있고 궁극적으로 존재하지 않는 자기self에 대하여 이들이 시적으로 성찰하고 있음을 강조한다.

모델(Goldberg 1983)은 우리 문화 속의 나르시시즘의 출현에 관해 독창적인 논고를 쓴 적이 있다. 그는 우리 문화를 연구하기 위해 반드시 읽어야 할 두 권의 책을 제시한다. 하나는 트릴링(1971)의 『진실성과 진정성Sincerity and Authenticity』, 다른 하나는 리즈먼, 글레이저, 데니(1950)가 공저한 『고독한 군중』. 후자는 미국인의 성격이 "내향적" 인간에서 "외향적" 인간으로 옮겨갔다고 주장하는데, 이는 자존감 조절의 측면에서 내적 가치에 대한 의존으로부터 외부 거울에 대한 의존으로 옮겨갔음을 의미한다.

모델은 인격이 형성되는 두 가지 단계를 간략하게 기술하는데, 초기 단계에서 "거울 역할이 잘못되면" 나르시시즘에 이른다(p. 114)고 말한다. 그는 반영mirroring이야말로 어머니와 유아 사이의 진정한 정서적 교감이라 규정하면서, 유아가 응집된 자기감각을 형성하는 것은 어머니가 유아의 감정을 반영해 주며 그의 얼굴을 바라볼 때라고 말한다(p. 114). 이는 진실함에 대한 트릴링의 정의와도 연결되는데, 그가 정의한 진실함이란 느끼는 감정과 표현이 일치됨을 뜻한다. 우리 시대에 진실성이 작동하지 않는다는 말은, 달리 말해 초기의 어머니-유아 혹은 후기의 어머니-자녀 사이에 관계와 소통이 부재했음을 뜻한다.

모델은 인격 형성의 두 번째 단계인 청소년기를 기술하면서, 이 시기는 개인이 구성원으로 참여할 소속 문화와 접촉하고 그것을 직접 지각하기 시작하는 때라고 말한다. 그는 요즘의 청소년들은 유아기에 경험한 실패된 관계를 두 번째 단계에서 다시 맛본다면서, 이렇게 두 번째 경험한 환멸감이 초기 단계와 비슷한 방어기제를 만들어 낸다고 주장한다(p. 117).

현대 사회의 나르시시즘이라는 중요한 문제에 관해서는 후에 다시 논의하게 될 것이다. 왜냐하면 코헛은 유아의 자기형성에 영향을 미치는 모성적 돌봄의 질을 강조하기 때문이다. 코헛의 견해는 특히 클라인의 개념들과 뚜렷하게 대조된다. 클라인은 유아의 정신내적 발달이 외부의 영향과 상관없이 비교적 독립적으로 진행된다고 보았기 때문이다.

크루(1980)와 같은 일부 비평가들은 임상적 정신분석의 개념을(프로이트에서 온 것이건 코헛에서 온 것이건) 역사나 문화적 이슈들에 적용하는 것에 강하게 반대하지만, 이런 식의 접근에 대한 날카로운 비판들만 염두에 둔다면 이러한 주제를 못 다룰 이유도 없다. 클레멘츠(1982)는 래쉬와 코헛 모두를 비판한다. 그는 이들이 "사회체계라는 거시적 수준과 개인이라는 미시적 수준을 혼동하고, 이 둘을 질적으로 동일한 수준인 것처럼 다룸으로써 '중대한 환원주의의 오류'를 범하고 있다"(p. 284)고 주장한다. 그녀는 또한 정신분석의 개념을 사회체계 수준에 적용하는 것의 위험성을 경고하고 있다. 현재 대중매체를 타고 있는 '인기몰이 심리학'의 지나친 경박성을 피하고 싶다면, 그녀의 경고는 경청할 만하다. 래쉬가 지적하듯이 실제로 대중매체는 자칭 전문가들로 넘쳐난다. 그는 자격 없는 전문가들이 자아도취나 돈을 이유로, 불안정한 사람들을 볼모로 삼아 개인이나 사회 문제에 대해 졸속책을 제시하고 있다고 비판한다.

3장 | 프로이트와 그의 추종자들

자기애적인 현상을 보다 깊이 있게 다루기 위해, 이쯤에서 정신분석가들이 제안한 몇 가지 연구들을 살펴보자. 프로이트(1914)는 「자기애에 대하여 on narcissism」라는 논문(Giovacchini 1982, Chessick 1980 참고)에서 이 주제를 심도 있게 다루기 시작했다. 이 논문을 쓸 무렵 이미 프로이트는 편집증적인 정신역동의 형성에 자기애가 중요하게 작용한다는 점을 간파하고 있었다(Freud 1911). 1909년에 프로이트는 어니스트 존스에게, 자신은 자기애를 자체성애 autoerotism와 대상관계의 중간쯤에 위치한 정상적인 발달국면으로 본다고 말했다(Giovacchini 1982). 리비도의 발달이 자체성애에서 자기애를 지나 보다 성숙한 이성적 대상관계로 옮겨간다는 이러한 개념은 초기 프로이트학파나 자아심리학자들에게 자명한 것이었다. 그러나 미국에서 코헛 이전까지 주류적 시각이었던 이러한 개념은 임상의학자들로 구성된 소위 영국학파에게 도전을 받았는데 특히, 마이클 발린트를 비롯해서 다수가 이에 대해 반박했다. 프로이트의 견해는 상식에 합치되는 것처럼 보이지만 문제가 좀 있다. 왜냐하면 자체성애 상태와 초기 나르시시즘을 프로이트가 명확히 구분한 적이 없기 때문이다(Abend 1983, p. 102).

자기애에 관한 이 논문은 프로이트 자신의 시각변화라는 측면에서 매우 중요하다. 이 논문은 나르시시즘이라는 주제에 관한 그의 생각들을 종합하고 있으며, 자아이상과 이와 관련된 자기-관찰 인자로서의 자기self 개념을 도입하고 있기 때문이다. 이 연구는 구조이론의 전개에 있어서도 과도기적인 위치를 차지하는데, 스트레이치(Freud 1914 중에서)는 자신이 '자아'라는 단어로 번역한 Das Ich라는 용어에 프로이트가 점점 다른 의미를 부여했다고 지적한다. 처음에는 우리가 통상 '자기'라고 말하듯이 특별한 정의 없이 사용하다가 나중에는 이 용어에 훨씬 더 분명하고 좁은 의미를 부여하였다(p. 71)는 것이다. 베텔하임(1982)은 프로이트의 용어들을 번역하는 데 따른 문제점들을 책으로 썼는데, 예를 들어 Das Ich를 Ego로 번역하고 Das Es를 Id로 번역한 것은 과학적인 어감을 부여하려다 오히려 프로이트의 언어를 오역한 결과를 낳았다고 주장한다(역주: 『프로이드와 인간의 영혼』/하나의학사). 오른스톤(1985)도 이러한 문제들을 상세히 다루고 있다.

프로이트의 용어 사용에는 혼란이 내재되어 있다. Das Ich는 a) 정신 장치에서 특정한 기능을 담당하는 기술적technical 구조물로 이해되거나 b) 약간 느슨한 의미로 자기self를 뜻한다. 프로이트는 연구를 거듭해 가면서 자아를 보다 기술적이고 구조적인 의미로 이해했다. 나이가 들면서 그는 자아를 "인간 안에 있는 작은 인간"으로 의인화하는 경향을 보였다.

1913년은 프로이트에게 힘든 시기였다. 이때는 융, 아들러와의 불화로 한창 일어나고 있던 국제정신분석운동에서 외떨어져 있던 시기이기도 했다. 결별로 마무리된 논쟁들은 프로이트로 하여금 이전에 내세웠던 설명과 개념들의 불명확한 부분을 다시 검토하게 만들었다. 그는 융과 아들러의 정신분석과 자신의 정신분석을 차별화하기 위해 설명을 달리하고 개념 정의도 정교하게 다듬었다. 본인도 시인하듯이, 그는 "화가 잔뜩 난 채로"(Jones 1955, p.304) 그 말 많았던 『정신분석 운동』(1914a)과 「자기애에 대하여」를 썼다. 후자는 밀도 있고 복잡한 저술로 그의 저작 중 가장 유명한 것이기도 한데, 후학들에게 혁명적인 영향을 미쳤다. 왜냐하면 이 논문에서 이전의 사고들을 수정하고 새로운 개념들을 도입했기 때문이다. 그러나 이 연구는 몇 가지 심각한 혼란과 난제를 불러오기도 했다.

프로이트의 「자기애에 대하여」

프로이트가 이 논문을 쓴 주목적은, 리비도라는 용어의 의미를 성적인 에너지로 국한시키기 위해서였다. 아들러는 이것을 권력에의 의지로 보았고, 융은 모든 삶의 과정 이면에 놓인 에너지라는 뜻으로 리비도의 의미를 확장시켰다. 프로이트는 리비도에 대한 당초의 개념을 유지하기 위해 이론적인 수정을 거쳐야 했는데, 가장 중요한 변경은 본능이론에서 이루어졌다.

프로이트가 리비도의 움직임을 비유한 U튜브도 「자기애에 대하여」에서 소개된 것이다. 발달적으로 볼 때, 처음에 리비도는 전부 자아에 집중되어 있다. 이런 상황을 프로이트는 '일차적 나르시시즘' 이라고 부른다. 그는 리비도가 밖으로 표출되는 것은 자기애가 아닌, 대상사랑의 상태를 나타낸다고 규정한다. 이것은 자아가 형성되기 전인 생후 2~3개월에 나타나는 자체성애 단계와, 자아(자기)에 집중되어 있는 일차적 나르시시즘의 시기를 지난 이후의 단계에 해당한다. 그러나 리비도는 다시 자아 속으로 후퇴할 수 있다(여기서는 자아와 자기가 구별되어 있지 않다). 주로 정신신체 질환의 경우 혹은, 생명을 위협할 정도의 충격이나 사고 후가 아니면 노년기에나 이런 현상이 생기는데, 이런 상황에서는 자기중심적인 경향과 자기애적인 경향이 특히 심해진다.

어쨌건 리비도가 자아에 집중되어 있을 때는, 현상학적으로 나르시시즘이라고 정의할 만한 상태가 된다. 생애 초기에는 이런 모습이 정상적인 것이며, 프로이트는 이를 '일차적 나르시시즘' 이라고 불렀다. 그리고 이후의 삶에서 리비도가 다시 자아 속으로 철수할 경우, 이를 '이차적 나르시시즘'이라고 불렀다. 존스는 자아 안에서 자기애적이지 않은 요소를 프로이트가 정의해내지 못한다는 점에서 이 이론에 동의할 수 없다고 말한다. 자아가 리비도로 강하게 투여되어 있다는 가정은 그럴듯하나, 그렇다고 자아 안에 이것 외에 아무것도 없 다고 보기는 어렵다고 존스는 주장한다(1955, p. 303). "무언가 다른 것"을 정의해내기는 어렵지만 바로 이 점 때문에, 프로이트의 이론이 정신을 리비도 중심으로 일원화했다는 비난을 받았다. 나르시시즘에 관한 프로이트의 초심리학적 개념화는 아직도 적절히 규명되어 있지 않다. 현대의 논쟁은 프로이트가 애매한 입장을 취한 데서 기인한다. 예를 들어 코헛(1977)은 프로이트(1911)가 원초적 나르시시즘의 영역에서 지대한 공헌을 한 것은 사실이지만, 한편으로는 자기애의 문제에서 멀찌감치 물러나 발달상 훨씬 뒤에 위치하는 동성애 갈등을 다룸으로써 이 둘 사이를 혼란스럽게 오갔다고 말한다(p. 296).

이와 관련하여, 프로이트는 「자기애에 대하여」에서 리비도적인 것과 비리비도적인 것으로, 두 가지 다른 자아충동 개념을 내세웠다. 이 이론은 원래 정신분석이론을 완전히 재구성하여 12개의 소론으로 펴낼 예정이었던 "초심리학 입문"보다 먼저 발표할 생각이었다. 그러나 1915년에 그가 구상했던 "초심리학 입문"은 위 논고들 중 5개만을 실었다. 나머지는 프로이트가 폐기하였다.

「자기애에 대하여」는 신중히 검토해 볼 가치가 있다. 자기애적이고 의존적인 대상선택과 자아이상의 개념을 도입하는 등 임상적 내용이 풍부하기 때문이다. 게다가 프로이트의 연구는 모든 자기애성 인격장애와 경계성 환자들의 정신역동 연구에 출발점이 되고 있다. 독자들은 다음을 염두에 두어야 한다: 프로이트가 사용한 U튜브의 비유는 일차적 나르시시즘 단계를 지나서도 약간은 초기 나르시시즘이 남아있고, 후기(이차적) 나르시시즘과 대상리비도들이 조금씩은 항상 존재한다는 점을 시사한다. 다만 집중되는 리비도의 양이 달라질 뿐인데, 이러한 양의 변화로 인해 개인의 임상적, 현상학적 삶의 풍경이 달라진다.

무엇보다 프로이트는 나르시시즘을 악한 것으로 보지 않고 자기보존 본능이라는 이기성에 부합한 리비도적 보완물, 곧 모든 생명체가 정당하게 소유하는 수단으로 보았다(pp. 73-74). 또한 그는 U튜브 이론을 제시하면서 위족을 내밀었다 끌어당겼다 하는 아메바를 비유로서 사용한다. 마치 아메바가 발을 내밀거나 들이듯이, 리비도도 대상들을 향해 나아갔다가 자아로 철수하곤 한다는 것이다. 이러한 자아-리비도 현상은 모든 욕동을 성적인 것 아니면 이기적(자기 보존적)인 것으로 구분했던 프로이트 초기의 분명한 이분법적 논리를 희석시킨다.

프로이트는 나르시시즘의 개념을 정신분열증적 현상을 이해하는 데에도 즉각 적용한다. 그는 정신분열증 환자의 과대망상적 측면이 이차적 나르시시즘에서 기인한다고 설명한다. 리비도의 대부분이 대상으로부터 철수해 자아로 집중되는 모습은 임상에서 편집성 과대망상 환자에게서 가장 극적으로 나타난다. 이와 반대로 대부분의 리비도가 하나의 대상에게 집중되는 경우는 사랑에 빠져 있을 때이다.

프로이트는 자아의 핵이 응집되기 전인 생의 시작점에 자체성애 단계를 위치시킨다. 일단 자아가 발달하기 시작하면 리비도는 자아에 집중되는데 이것이 바로 일차적 나르시시즘의 모습이다.

이 논문의 두 번째 부분은 건강염려증hypochondriasis에 관한 논의로 시작되는데, 프로이트는 병리적 현상인 건강염려증을 대상으로부터 철회된 리비도가 자아에 집중된 결과라고 해석한다. 자아로의 리비도 집중은 과대망상으로 표현되며 우울 불안에서 기인한 불쾌감을 느끼게 한다. 그러나 리비도가 집중된 자아가 왜 불쾌감을 느끼는지에 관한 설명은 없다. 단지 "실제 신경증"에서 성욕이 적절히 해소되지 않으면 억눌린 리비도가 신경쇠약이라는 좋지 않은 감각들을 일으킨다고 그가 말했던 것을 유추해 짐작해볼 뿐이다. 건강염려증은, 이전에 외부 대상에 투여되어 있던 리비도가 자아로 철수해 들어간 것이고, 신경증의 경우는 리비도가 개인의 내부로부터 올라와 부적절하게 방출된 것이다.

정신분열증에 관한 후속 논의를 마무리하면서, 프로이트는 임상적 측면에서 다음 세 가지 현상을 구별한다.

1. 정상 또는 신경증적인 상태로 남아 있는 것들
2. 과대망상, 건강염려증, 퇴행 등을 야기하는 리비도적 철회를 나타내는 현상들
3. 대상들 혹은 적어도 대상들의 언어적 표상에 리비도를 다시 부착시키려는 시도들 (이는 증상으로 나타남)

이러한 구별은 정신분열증에 관한 프로이트 이론의 토대를 형성한다.

그는 이 논문의 두 번째 부분을 나르시시즘의 또 다른 임상적 적용–의존적인anaclitic 대상선택과 자기애성 대상선택을 구별하는 것–으로 끝맺는다. 의존적인 사랑대상 선택은 발달과정상 자기애성 대상선택보다 앞선 것으로, 잃어버린 엄마를 되찾으려는 시도이다. 일부 동성애 형태들에서는 자신의 어린 시절

모습과 닮은 대상을 골라, 엄마가 자신을 다루어주었더라면 좋았을 방식으로 그를 대우한다. 혼동을 피하기 위해 다음을 분명히 해둘 필요가 있다: 발달 초기에 일차적 나르시시즘이 먼저 나오고 그 다음에 불가피한 좌절로 인해 의존적인 대상선택이 이루어진다. 이때 첫 번째 대상은 엄마가 된다. 그러므로 자기애성 대상선택이 이루어진 경우에는 이차적 나르시시즘의 형태가 나타난 것이며, 이 사람은 자신의 현재나 과거 모습 혹은 자신이 되고 싶거나 자신의 일부라고 생각하는 사람을 사랑하는 것이다.

본능 이론

첫 번째 본능이론에서 본능들은 성적인 것들(비교적 쉽게 변경되고 변하는)과 배고픔이나 갈증과 같은 보다 고정된 자아본능으로 구분된다. 두 번째 본능이론에서 일부 자아본능들은 비리비도적인 것 또는 "자아 이익ego interest"으로 간주되고, 또 어떤 것들은 자아 리비도 즉, 나르시시즘으로 간주된다. 이 이론에서 자아의 통합은 자아 리비도가 얼마나 동원되는가와 그것이 얼마만큼 자아를 하나로 묶는가에 달렸다. 그러므로 의존적 대상관계는 두 가지 요소(자아 이익과 자아 리비도)의 조합으로 볼 수 있다. 리비도는 생존을 책임져온 대상, 즉 부양자인 어머니를 향해 있다. 그러나 모든 리비도가 이런 대상에게 집중되면 자아는 고갈되고 무력해지며 이 대상에게 의존한다. 자아 안으로 몰입되는 성적 에너지의 개념은, 리비도적 자아와 비리비도적 자아의 구별을 어렵게 만든다. 왜냐하면 비리비도적인 부분이 제대로 정의되어 있지 않기 때문이다. 배고픔과 갈증은 리비도적 본능과 양적으로 상쇄되지 않으며, 이러한 이론적 수정은 환영받지 못하는 분위기이다.

이러한 상황을 타개하기 위해 프로이트는 성본능과 공격본능을 제안했는데, 여기에서 후자는 비리비도적 자아본능들을 가리킨다. 자아본능의 하나인 공격성 개념은 본능들을 성본능과 비리비도적 자아본능으로 구분하는 프로이트의 생각을 강화시켰으며, 가학성에 관한 그의 논의를 통해 확립되었다. 프로이트는 자기보존 본능이 배고픔이나 갈증은 물론 공격본능까지 포함한다면, 이것들은 성본능보다 더 우세해야 하고 또 그래야 현실원칙이 지켜진다고 주장한다. 가학성은 삶의 모든 수준에 침투할 수 있으며, 단언하고 조종하고 공격하려는 충동에서도 볼 수 있듯이 온갖 본능들과 연합할 수 있으므로, 공격성이나 가학본능은 리비도적 충동과는 다른 것으로 간주된다. 그러나 이것은 타당성이 없는 주장이다. 모든 성적 발달 수준에서 가학성이 발견된다면, 이를 성본능의 일부로 간주하지 않을 이유가 없기 때문이다. 공격충동을 어디에 위치시킬 것인가의 문제는, 생명본능과 죽음본능에 대한 그의 최종 이론을 포함하여 그의 모든 본능이론을 특징짓는다. 그러나 이 문제는 특히 자기애성 인격장애 및 경계성 인격장애와 관련하여, 아직도 초심리학적으로 미해결된 부분으로 남아 있다.

이 논고의 마지막 부분은 이렇게 시작된다. "아동의 원초적 나르시시즘을 동요시키는 것들과, 이러한 곤란들을 방어함으로써 보이게 되는 반응들, 그리고 그렇게 함으로써 그가 선택할 수밖에 없었던 행로들은 앞으로 연구해야 할 중요한 주제들이다"(p. 92). 코헛의 작업은 바로 이러한 프로이트의 언급에서 출발했다고 볼 수 있다.

프로이트의 이론에서는 공격본능을 가학성과 동일한 것으로 보아선 안된다. 여기서는 프로이트가 공격본능을 주로 권력에의 의지나 조종과 지배에의 의지로 개념화하지만, 공격본능은 어떤 특정한 경우에 한해서만 고통을 가하려는 욕구와 관련되기 때문이다. 그러므로 다음과 같이 말해도 무방할 것이다. 성본능에서 비롯된 리비도적 보완물이 자아본능에 넘쳐날 경우엔 병적 자기애가 되고, 자아본능의 공격적 요소들이 성본능에 투여될 때는 성적 가학증이 된다.

이러한 이론적 수정에서 빠져 있는 내용은 바로 이드, 자아, 초자아를 포함하는 구조이론이다. 그러나 「자기애에 대하여」에서는 구조이론의 전조가 일부 나타난다. 왜냐하면 이 논문의 세 번째 부분에서, 프로이트는 자아이상이라는 개념을 도입하는데, 자아이상은 발달 도중에 주체의 일차적 나르시시즘을 투여

받기 때문이다. 그러므로 "주체가 자아이상으로서 자신 앞에 투사한 것은, 자기 자신이 스스로의 이상이었던 유년기의 잃어버린 나르시시즘을 대체한 것이다"(p. 94). 이러한 대체물은 승화와 다르다. 승화에서는 본능의 목표가 변하여 성적인 데서 벗어난다는 점이 강조되기 때문이다.

그러므로 자아는 대상사랑이나 자아이상이 형성됨으로써 빈곤해지고, 대상사랑과 자아이상이 성취됨으로써 풍요해진다. 자존감은 이런 자기 충족감에서 자양분을 얻는데 다음의 세 가지 요소를 포함한다. 1. 유아적인 일차적 나르시시즘의 잔존 2. 자아이상의 성취를 경험함으로써 강화되는 전능감 3. 사랑하는 대상에게 사랑받음으로써 성취되는 대상리비도의 충족. 그러므로 사랑하는 일은 그것이 기다림과 상실을 가져오는 한 자존감을 낮추지만 "사랑받거나 사랑하는 대상에게서 반응을 얻거나 그를 소유하면 다시 자존감이 높아진다"(p. 99).

이런 개념들은 쉽게 관찰할 수 있는 일상의 현상들을 설명함은 물론, 정신분석치료의 실천에 있어서도 중요한 함의를 갖는다. 한 개인이 사랑을 할 수 없다면 즉, 리비도적 충동이 억압되어 있다면 자존감의 원천은 한 가지만 남는다. 이것은 이상화 또는 "자아이상의 달성"이다. 프로이트가 말했듯이, 이런 사람은 자신이 욕망하는 것을 성취한 사람들에게 애착을 보이는 경향이 있다. 이것은 "사랑에 의한 치료"를 뜻하는데, 환자를 정신치료에 나오도록 유도하는 기대감이 바로 이것이다. 환자가 치료를 찾는 중요한 숨은 동기는 바로 자신의 자아이상의 목표에 도달한 "성공한" 사람(정신치료자)에 대한 애착이다. 환자는 치료자에게 항구적으로 기대고 싶은 유혹을 느낀다. 그러나 다음과 같은 위험성도 있다. 즉, 치료를 통해 어느 정도 사랑할 수 있는 능력이 생기면 환자는 치료를 떠나 자신의 자아이상이 배어 있는 사랑대상을 여전히 선택하려고 한다. 그의 의존성이 다시 새로운 사랑대상에게로 옮겨지는 것인데, 우리는 여기에서 오디에(Odier 1956)가 유기신경증neurosis of abandonment이라 불렀던 것의 임상적 현상을 보게 된다.

자기애성 상처

「자기애에 대하여」의 마지막 부분에는 코헛의 연구로 이어지는 마지막 힌트가 나와 있다. 이것은 자존감의 손상이-오늘날 자기애성 상처라 불리는-편집증의 원인으로 밝혀지는 경우가 많다는 내용이다. 자아이상에 도달하지 못하거나 자아의 리비도적 보완물이 좌절되거나 결핍되면, 리비도가 대상으로부터 철수되어 건강염려증이나 과대망상이 뒤따른다.

데이비스. G(1976)도 이와 유사한 생각들을 바탕으로 우울증에 관한 연구를 발표했는데, 그는 정신적 공허와 성취에의 압박이 혼재되어 있는 무기력증이 우울증의 핵심이라고 보았다. 그는 "우울증의 후속 현상들을 관찰하건대, 우울한 공허감은 프로이트가 '자기애성 상처'(p. 417)라고 일컫는, 자존감의 급격한 하락에서 비롯됨을 볼 수 있다"고 쓰고 있다. 만성적으로 우울한 사람들은 정신역동적 요소로 인해 반복적으로 자기애성 상처를 경험할 수 있는데, 이들의 증상은 생물학적 혹은 체질적인 요소에 의한 것만은 아니다. 이런 시각에서 볼 때 적어도 만성적이고 성격적인 우울증의 치료에서는 환자의 자존감 체계를 변화시킬 필요가 있다.

프로이트 이론의 애매성

프로이트는 "인간에게 자아라는 단위가 처음부터 존재할 수 없다"(p. 77)고 말한다. 프로이트는 자체성애 단계에서는 정신이 매우 취약한 구조를 갖고 있다고 보았다. 이렇게 무형의 정신으로부터 초보적인 자아가 형성됨에 따라, 자아의 구성요소인 본능들은 자아를 향하게 된다. 프로이트는 이러한 초보적인 자아로 리비도가 집중되는 것을 일차적 나르시시즘이라 정의했다. 그런데 그는 이것과 자아(자기보존적) 본능에서 나오는 에너지를 구별했다. 이렇게 본래적으로 리비도가 자아에 집중되어 있는 현상은-이중에서 얼마간은 나중에 대상들에게로 가지만—근본적으로 지속되는데 이는 일차적 나르시시즘이 프로이트가 말한 '저수지' 로서 일평생 남아 있게 됨을 뜻한다.

성인의 삶에 일차적 나르시시즘이 잔존해 있는 것을 프로이트가 병적으로 보았는가는 확실치 않다. 「자기애에 대하여」는 이것 외에도 근본적으로 애매성을 띠고 있다. 왜냐하면 억압과 이상화를 동일한 정신적인 틀 안에 위치시키기 때문이다. 자아이상은 자기애의 초점이 되며 모든 유아기적 자기애의 전형들을 담고 있다. 또한 자아이상은 금지를 포함하는데 자아이상이 억압을 유발하기 때문이다. 지오바치니(1982)에 따르면 오늘날 프로이트학파의 표준적 관점은 이들 요소를 분리시켜, 금지의 위반은 공포와 죄책을 야기하고 수치심은 자아이상의 기준을 충족시키지 못한 데서 생긴다고 본다. 그러므로 자아에는 두 개의 하부구조가 있어, 초자아가 억압을 담당하고 자아는 자존감을 조절한다는 것이다. 후기 프로이트학파는 이 점을 매우 깊이 있게 연구하였다.

자기애에 관한 프로이트의 논문은 몇 가지 이상한 진술을 담고 있다. 예를 들어 프로이트는 여자보다 남자가 더 완전한 대상사랑을 할 수 있다고 주장하며, 여성이 사랑대상을 선택할 때는 자기애적인 요소가 상당히 작용함을 넌지시 암시한다. 여기에서 그는 다시 자기애를 부정적인 방향으로 사용하는데, 이는 잘 알려져 있는 그의 여성에 대한 편견의 일부이기도 하다. '여성을 폄하하려는 어떠한 편향된 의도' 도 없다는 그의 논박(p. 89)조차 남성의 사랑이 더 우월하다는 그의 암묵적 신념을 느끼게 한다. 프로이트는 부모의 사랑도 부모 자신의 부활한 자기애에 불과하다고 말한다. 유모가 유모차를 끌고 길을 건너갈 수 있도록 밀리는 차들을 정지시키는 두 명의 런던 경찰관의 모습을 담은 사진에는 '아기마마 납시요his majesty the baby' 라는 유명한 문구가 인용되어 있다. 그런데 여기에 중요한 문제가 있다. 여기에는 아기가 현재 벌어지고 있는 사건을 인식하고 왕족의 지위를 향유할 수 있다는 것이 전제되어 있기 때문이다. 지오바치니(1982)가 프로이트, 멜라니 클라인, 코헛이 주장하는 자기애에 관한 이론들에서 가장 반대하는 점은, 어린 아기가 외부 대상을 인식하고 그것을 내사하고 동일시할 수 있다고 가정함으로써 아기를 성인으로 만들어버리는 점이다. 실제로 유아에게 이런 능력이 있는 것일까? 아니면 이런 능력은 일차적 나르시시즘 단계에 있는 유아의 자아능력을 넘어선 것일까?

게다가 두 개의 불분명한 구절이 보인다(pp. 96~97). 프로이트는 여기에서 자기관찰이라는 말을 사용하는데, 편집증 상태에 있는 환자들(원고에는 paranoics라고 표기되어 있음)에게 나타나는 의식에 대한 자가 비평적 태도가 바로, 자기평가의 토대가 되는 자기관찰에 해당한다고 말한다. 그는 이것이 철학에서 지적 활동에 필요한 자료를 제공하는 내적 성찰의 한 형태라고 보았다. 여기에서 프로이트는 칸트의 『순수이성비판』과 같은 저작을 염두에 두었음이 분명하다. 프로이트는 "이것은 편집증 환자들에게 성격적으로 사변체계를 구축하는 경향이 있음을 시사한다"고 말했는데, 여기에는 철학자들의 사변체계에 대한 부정적 암시가 들어 있다. 아무튼 심리학자들과 철학자들이 중요하게 생각하는 이 문제에 관하여, 프로이트는 정신 안에 있는 비판적 관찰자가 고양되면 양심이나 철학적 성찰이 이루어질 수 있다는 입장을 취한다. 그는 또 자신은 철학적 재능이 없으며, 그런 성찰에 익숙한 사람도 아니라는 식의 놀라운 진술들을 덧붙인다.

애도와 멜랑콜리

스트레이치(Freud 1917, p. 240)에 따르면, 프로이트가 1915년에 쓴 「애도와 멜랑콜리」는 그가 1년 전에 쓴 「자기애에 대하여」의 연장선상에 있다. 프로이트의 동일시 개념이 여기에서도 제시되기 때문이다. 동일시는 대상에로의 리비도 집중보다 앞서 일어나며 이것과는 구별되는데, 식인적 합입incorporation이나 내사introjection와 같은 모델을 따라 이루어진다. 프로이트는 합입, 내사, 동일시라는 세 단어를 매우 느슨하게 사용하고 있다(이 점은 5장에서 논의될 것임). 멜랑콜리 상태에서는 대상에게 리비도가 집중되는 대신 동일시가 이루어진다는 점을 이해하는 것이 매우 중요하다. 이러한 동일시는 우리가 사람의 성격이라고 기술하는 것의 근본이 되며 가장 초기에 이루어진 동일시들이 초자아의 핵을 구성한다.

프로이트(1917)는 그를 비판하는 사람들이 주목하지 않는 하나의 경고로써 서두를 시작한다. "우울증과 멜랑콜리의 정의는 신경정신과적 기술의 측면에서도 일정하지 않고 다양한 임상 양상을 띠기 때문에, 이것들을 하나의 그룹으로 묶는 일은 아직 정립되지 않았으며, 이들 양상의 일부는 정신보다 신체에서 비롯된 병이다"(p. 243). 그러므로 프로이트는 멜랑콜리에 대한 자신의 진술이 보편타당함을 지닌다고 주장하지 않았으며, 자신은 멜랑콜리라는 그룹에 포함될 수 있는 현상의 일부만을 취급하고 있는지도 모른다고 밝혔다.

프로이트는 애도와 멜랑콜리를 구별해 주는 일반적인 임상적 차이를 다음의 사실들을 바탕으로 제시한다. 즉, 특징은 같지만 멜랑콜리에서 전형적으로 나타나는 심각한 자존감의 훼손이 애도에서는 나타나지 않는다는 점이다. 프로이트는 애도는 사랑하는 사람을 잃었을 때의 반응이므로, 이 같은 영향이 '병적 성향' 이 있는 사례에서는 멜랑콜리의 형성에 작용하지 않을까 의문시하면서 이러한 '병적 성향' 에 대해 탐구하기 시작했다.

그의 논증은 그가 임상에서 받은 인상들을 근거로 한 것인데, 멜랑콜리 환자들의 다양한 자책감은 주로 자신이 사랑하거나 사랑했거나 사랑해야 했던 대상들과 관련된 것이었다. 자기비난은 곧 사랑대상에 대한 비난이므로 프로이트는 이 비난들이 사랑대상으로부터 환자 자신의 자아로 옮겨온 것이라는 관찰내용을 가지고, 임상 상황들을 설명할 수 있다고 생각했다. 또한 강박장애와 멜랑콜리 모두에서 보건데, 환자들은 "본래의 대상에게 복수하거나 질병을 통해 사랑하는 대상에게 고통을 가함으로써 자기처벌의 악순환을 거듭하는데, 병을 앓는 경우는 대상에게 적개심을 직접적으로 표현하는 것을 피하기 위해서"(p. 251)라고 그는 덧붙인다.

그는 환자를 정동장애로 몰아넣는 장본인은 대개 환자의 일차적 환경 안에서 발견된다고 말한다.

이러한 논증은 후에 우울증의 정신역동에 관한 많은 정신분석적 고찰들을 불러왔는데, 프로이트는 이어서 자기애성 대상선택 및 자기애와 관련된 문제들을 연구했다. 골드버그(1975)는 우울증에 대한 정신분석학적인 개념의 역사를 살펴보고, 특정한 주요 개념이 반복해서 나타나고 있음을 지적했다. 주요 개념들은 다음과 같다. 1. 우울증과 구강기의 엄마-유아 쌍은 서로 밀접한 관계라는 점 2. 자기애성 문제들은 우울증 환자의 대상관계를 기술할 때 항상 떠오르는 문제로, 정체성 확립과 자존감 조절이 중요하다는 점 3. 우울증은 대개 공격성, 적개심, 초자아, 죄책감으로의 귀결과 관련이 있다는 점. 골드버그는 자기애란 자기에게 심리적으로 집중하는 것이라고 정의하면서 다음과 같이 말한다.

> "리비도가 대상으로부터 철수해 자기애를 형성"한다는 것은 자기에 대한 느낌과 흥미가 증가되는 것을 말한다. 즉, 고양된 자기중심성이라고 할 수 있는데, 이는 대상상실 이후에 나타나며 결국 그 대상을 내재화하게 된다. 따라서 상실된 대상은 다른 대상으로 대체되거나 동일시를 통해 대체될 수 있다. 상실이 어떻게 처리되는가에 따라 우울증이 올 수도 있고, 대상 관심만이 옮겨갈 수도 있다(p. 127).

멜랑콜리는 병적인 상태로 "자아는 자기애성의 타격을 입고 이러한 타격은 상실로 경험되며 고통을 주는 대상에 대한 전적이고도 외상적인 내재화를 불러온다" (Goldberg 1975, p. 128). 프로이트(1917)가 주장하듯이, 멜랑콜리에 걸리기 쉬운 기질은 정신기능적 측면에서도 자기애성 대상선택이 두드러진다.

상실로 인하여 "자아에 대상의 그림자가 드리워지는"(p. 249) 과정을 통해 프로이트는 자아가 유기된 대상과 동일시하는 과정을 비유적으로 설명한다. 상실된 대상과의 이런 동일시는 성격과 초자아 형성에 있어서도 매우 중요하다. 대상과의 자기애적인 동일시는 프로이트가 「자기애에 대하여」에서도 밝혔듯이, 성인이 성적 대상선택에서 자기애성 대상선택으로 퇴행하게 만든다.

프로이트에 의하면 이것은 전이신경증에서 나타나는 대상에 대한 동일시와 다르다. 자기애적인 동일시에서는 대상에 대한 리비도 집중이 포기되는데, 히스테리성의 동일시에서는 대상리비도가 남아서 영향을 미친다. 프로이트는 멜랑콜리 환자들의 대상선택이 본래 자기애적이며, 적어도 멜랑콜리에 걸리기 쉽도록 자기애성 대상선택을 하는 경향이 있다고 말한다.

가장 중요한 것은, 실제의 대상상실과 상관없는 순수한 자기애성의 타격(p. 253)만으로는 멜랑콜리를 불러오기에 불충분하다는 점을 프로이트가 제기했다는 것이다. 그는 멜랑콜리의 덩어리가 "마치 벌어진 상처처럼 집중된 에너지들을… 사방에서 끌어당기며 완전히 빈곤해질 때까지 자아를 비워버린다"(p. 253)고 말한다.

멜랑콜리 과정이 해체되면 방출된 에너지는 경조증hypomanic 상태를 일으킬 수 있다. 즉, 프로이트가 특징짓듯이 "극도로 굶주린 사람처럼 새로운 대상에게 리비도를 집중"(p. 253)시키는 일이 일어날 수 있다. 그러므로 프로이트는 느리고도 점차적으로 일어나는 정상적인 애도와 자기애성의 멜랑콜리를 구별한다. 애도는 끝나면서 경조증의 국면으로 접어들지 않지만, 멜랑콜리의 경우는 거의 조증 상태에서 에너지가 급작스럽게 뿜어져 나올 수 있다. 자기애성 장애와 경계성 장애에 대한 집중정신치료 도중에도 이런 멜랑콜리 상태와 준조증 상태가 교차로 나타날 수 있다. 이런 역동에 대한 프로이트의 기술들은 오늘날에도 이 같은 현상을 이해하는 데 도움이 된다. 그러나 조울증의 극단적인 굴곡은 정신과적 약물치료가 필요하며 보다 기질적인 문제를 안고 있다고 볼 수 있다.

「자기애에 대하여」는 자기애성 장애와 경계성 장애 그리고 정신분열증 환자에게 항상 문제 되는 자살에 관해서도 논한다. 프로이트의 설명에 따르면, 자아가 나르시시즘으로 퇴행하면서 외부 대상을 제거하고 그 대상을 자아와 동일시하게 될 때 자아는 자신을 죽이게 된다. 즉, 본래 외부 대상을 향해 있던 적대적 분노를 자아 자신에게로 돌리는 것이다.

집단 심리와 자아 분석

단행본으로 출간된 『집단 심리와 자아 분석Group Psychology and the Analysis of the Ego』(1921)에서 프로이트는 자아를 "의식"이나 자아이상과는 분명히 다른 것으로 구별한다. 그는 여기에서 자아이상과 의식의 연합체가 자아의 나머지 부분과 갈등을 일으키고, 심지어 자아에게 극도로 잔혹함까지 보일 수 있는 가능성을 제기한다. 그는 무의식적으로 작동될 수 있는 이런 잔혹함에 대한 연구를 확대시켜 마침내 『자아와 이드The Ego and the Id』(1923)를 쓰게 되었고 여기에서 구조이론을 소개한다.

프로이트에 의하면, 초자아의 형성은 무엇보다 오이디푸스 콤플렉스가 해체된 결과이다. 그는 초자아의 자비롭고 사랑을 주는 면보다, 훈계하거나 잔혹한 면을 점점 더 강조했다. 그는 『억제, 증상, 그리고 불안』(1926)에서 초자아의 위협을 거세 위협의 연장선으로 본 반면, 『새로운 정신분석 강의』(1933)에서는 초자아를 처벌과 거절을 통해 자아를 지배하는, 일종의 내재화된 부모 권위로 본다. 임상에서 흔히 볼 수 있는 역설이 있다면, 실제 삶에서는 부모가 상냥한데 초자아가 그들을 엄격하게 모방한다는 점이다. 이것은 금지의 역할을 담당하는 부(모)에 대한 아동의 적개심을 초자아가 받아들인 것이라고 볼 수 있다. 그러므로 초자아는 항상 이드와 직접적으로 관계하며, 이드를 자아 쪽으로 돌려놓음으로써 이드의 공격성을 해제할 수 있는 것으로 간주된다.

『집단 심리와 자아 분석』은 1918년 말엽의 오스트리아-헝가리 제국의 붕괴와 그로 인한 경악 및 부정적 영향에서 영감을 받아 쓴 것이다. 이 책은 자율적인 사회적 본능의 개념을 거부하며, 프로이트의 리비도 이론과 당시 부상하던 자아이상의 개념에 기초한 사회학이 출범되는 계기가 되었다. 나중에 보면 알겠지만 이 책은 『자아와 이드』(1923)에서 완성되는 구조이론으로 넘어가는 징검다리 역할을 한다.

프로이트는 집단의식에 관한 르봉과 맥두걸의 이론을 간략하게 인용함으로써 서두를 시작한다. 그는 집단의 행위는 원시인이나 아이들의 행위와 같으며 집단 안에서는 평상시와 다르게 감정이 불안해지고 강해지는 반면 지성은 약화된다고 보았다. 프로이트는 "집단은 충동적이고 변덕스러우며 민감하게 반응한다. 집단은 거의 무의식적인 세력에 의해 움직인다… 아무리 집단이 무언가를 열정적으로 갈망해도 그것은 오래 가지 못한다. 왜냐하면 집단은 끈기가 없기 때문이다. 집단은 전능감을 갖고 있다"(p. 77)라고 쓰고 있다. 이어서 "집단은 극도로 순진하게 모든 것을 믿고 쉽게 영향 받는다… 집단은 곧장 극단으로 치닫는다. 의심하는가 싶다가도 곧 이론의 여지없이 확신에 이르고, 희미했던 반감이 어느새 격노로 바뀌기도 한다"(p. 78).

지도력에 있어서는 논리보다 과장과 반복이 집단에게 더 큰 영향을 미친다. 왜냐하면 집단은 힘을 신봉하며 그들의 영웅들에게 힘, 더 나아가 폭력성을 요구하기 때문이다. 르봉에 의하면 집단은 지배 당하고 억압 받기를 원하며 그들의 우두머리를 경외하고 싶어 한다. 이 점에 대해서는 프로이트도 동의하는 것 같다. 또한 집단은 자신의 생각에 조증적 신념을 갖고 있는 강한 의지력의 지도자를 찾는다고 르봉은 말한다.

집단은 항상 그리고 당연히 아이들이나 원시인들처럼 상호 작용하게 된다. 집단이라는 이유 하나 만으로 집단의 지능은 전체적으로 낮아진다. 이러한 "퇴행적 경향"–프로이트가 일컫듯이–은 모든 집단의 심리적 본성에 내재된 것으로, 바로 이러한 본성이 특정 유형의 지도자를 갈망하며 그를 향해 계속 울부짖는 것이다.

프로이트에 의하면 소위 일차적 집단이라 부르는 곳에서는 각 구성원이 자기 자신의 자아이상의 자리에 집단의 리더를 위치시키고, 결국 그 리더와 집단을 동일시한다. 프로이트의 주장에 따르면, 집단의 형성은 그 자체가 퇴행적인 현상이다. 왜냐하면 그것은 동일시를 통해 일어나는 현상이며, 개별화된 대상선택보다 더 원시적 차원의 기능을 바탕으로 하기 때문이다. 리더를 선택하는 것도 지적이고 성숙한 대상선택이기보다는 의견수렴 절차를 통해 이루어지는 경향이 있다. 흔히 리더는 "집단 구성원들의 전형적인 자질을 갖고 있으면서, 힘이 더 세거나 리비도로부터 자유롭다는 인상만 주면 된다. 이렇게 함으로써 그는 자신이 굳이 원치 않았을 수도 있을 우월성을 부여 받게 된다"(p. 129).

다시 한 번 주목할 점은 집단 형성에 있어 동일시가 대상선택을 대체하는 현상을 프로이트는 퇴행의 결과로 간주한다는 점이다. 집단을 형성함에 있어서 동일시를 자극하는 공동의 감정은, 공동의 자아이상인 리더를 갖는다는 데서 비롯된다. "동일시란 대상과 감정적 연대를 이루게 하는 원초적인 형태로, 자아에 대상을 내사하듯이 퇴행적인 방식으로 리비도적 대상유대object-tie를 대체하기도 한다"(p. 108). 여기서도 프로이트는 『애도와 멜랑콜리』에서 자아에 드리워진 대상의 그림자를 논할 때처럼 대상 내사의 개념을 사용한다. 사랑에 빠져 있거나 최면상태 또는 집단을 형성하는 경우, 대상은 자아이상의 위치에 놓여지고 자기애적 리비도는 각 개인의 자아이상을 벗어나 이 대상에게로 향한다. 이 점에 관해서는 나중에 코헛의 이론을 논의할 때 다시 다루기로 한다.

자아심리학

자아의 하부구조와 자아, 이드, 초자아 간의 관계에 대해서는 많은 후속 연구들이 있었다. 프로이트(1923)는 이드와 초자아 간에는 직접적인 소통이 일어난다고 주장했다. 그에 따르면 자아는 이드로부터 초자아를 형성하는데 이 둘의 관계는 유명한 역설–이드의 공격충동이 바깥으로 방출되지 못하고 억압되면 초자아의 엄격성이 증가된다–로써 표현된다. 초자아의 순기능적 측면에는 어머니의 유순한 태도나 아버지와의 관계에서 비롯된 것들이 내재화된 것으로 보인다. 모성적이고 자애로운 초자아는 자아이상과 인접해 있다고 간주되는데, 그것은 이러한 초자아가 모성적 공생관계에 기원을 두고 있다는 점과, 일차적 나르시시즘이 자아이상으로 발전한다는 점 사이에 유사성이 있기 때문이다. 뒤를 이은 "자아심리학자들"은 갈등 없는 자아의 영역을 위계적으로 구조화했다. 이드와 접촉되는 지점에서 출발하여 그 위쪽으로 운동성의 제어, 지각, 예측, 사고, 현실검증능력, 기억, 대상의 인식, 언어 등과 같은 일차적 자율 기능들을 위치시켰다. 그리고 여기에는 종합기능, 통합기능, 판단기능, 의도, 의지, 자기관찰 기능, 자기와 대상을 표상하는 기능 등도 포함된다. 독립된 성격 특징들은 이차적 자율 기능들–이것들은 원래 유아적 충동들에 대처하기 위해 발달된 것이다–의 "기능변화"에서 비롯된 것으로 간주되며 사회적 지위, 영향력, 권력, 직위, 부 등의 자아 이익이 이런 것들에서 생겨난다고 본다. 이들 자아심리학자들은 태생적인 자아 기구들이 존재한다고 보았으며, 구조이론을 매우 정교하게 다듬었다.

하트만(1950)은 자아로의 리비도 집중과 자기self 또는 자기표상으로의 리비도 집중을 구별한다. 전자는 자기애성 리비도가 자아로 집중되는 것을 말하고 후자는 자기사랑을 뜻한다. 그리고 리비도가 신체에 집중되면 그것은 임상적 건강염려증으로 나타난다. 이렇게 해서 정신분석 이론의 핵심은 이드(1897~1923)에서 자아(1923년 이후)로 옮겨지게 된다. 이드가 중심이었을 때는 이드에 대한 신뢰할 만한 해석을 환자에게 해주는 것이 중요했지만, 정신분석의 중심이 자아로 옮겨진 뒤로는 자아가 방어와 저항의 기능을 사용할 때 이를 해석해주는 것이 주가 되었다. 광범위하고 세밀한 '자아심리학' 적 논의들이 이런 주제들을 다루었으나 이는 본서의 범위를 넘어서는 주제이므로 다루지 않겠다.

자아심리학 체계에서 야망(포부)은 무엇보다 욕동이론의 용어로 기술된다. 구강적 측면에서 본다면 이것은 세상을 삼키고자 하는 소망을 바탕으로 한 것이며, 항문적 수준에서 본다면 가장 큰 대변을 보겠다는 소망으로 생산적 지향이 있으며, 성기적 측면에서 본다면 이는 최대의 크기와 성능을 갖으려는 소망이다. 자아이상은 사회적으로 용인되고 승화된 방식으로 위대해지고 강력해지려고 노력하는 가운데, 그리고 자기 자신이나 타인에게 인정받고자 노력하는 가운데 성취된다.

자아는 방어기능을 갖고 있다. 이러한 기능을 가지고 만만치 않은 세 주인장(이드, 자아, 초자아) 사이에서 잘 중재해야 한다. 자아는 일차적 자율 기능과 이차적 자율 기능들을 포함한다. 또한 자아는 정신내적 자기 및 대상 표상들과 동일시된 내용물들identifications을 포함하고 있는 것으로 간주된다. 이 점은 5장에서 더 자세히 다룰 것이다.

전통 정신분석 이론에서 자존감 조절의 문제

라이히(1960)는 고전적 개념들을 가지고 자존감 조절의 문제를 설명한다. 그녀는 자존감이란 "자기 스스로를 비춰보는 내적 이미지의 본질에 달렸"으며, "이 이미지는 삶의 방식과 삶에 동원되는 수단들에도 영향을 미친다"(p. 217)고 말한다. 그리고 "성장"이란 현실적으로 우리의 능력을 평가하고 우리의 한계를 받아들이는 것이라고 말한다. 마술적인 완벽성과 통제력을 원하는 유아적 요구나, 전적인 파괴에 대한 부정적인 공포 속에는 공격성이 강하게 자리 잡고 있다. 유아적인 과대성이 무너지면 재난 속에서 멸절할 것만 같은 느낌이 드는데, 이를 회피하면 건강염려증, 불안, 우울, 자의식 등이 생겨나면서 분노가 자기를 향하게 된다. 라이히에 따르면 자의식은 결국 다음과 같은 편집증적인 상태를 향한 첫걸음이다. "나는 공격적으로 자신을 드러내고 싶어 하는 그런 사람이 아니에요. 단지 다른 사람들이 나를 공격적으로 바라보고 판단할 뿐이죠"(p. 230). 이러한 멸절공포 이후에는 보상적이고 자기애적인 자기팽창selfinflation이 뒤따른다. 흔히 자기애성 환자들에서 "자긍심과 현실검증능력을 포기해버리는 퇴행을 볼 수 있는데 이런 결점만 없다면 이들은 대체로 잘 조화된 인격을 가졌다고 볼 수 있다"(p. 221).

라이히의 논문에는 고전 정신분석의 욕동이론을 근거로 자기애성 병리를 이해하려는 노력이 엿보인다. 그녀는 "우리가 소위 '나르시시스트들'이라고 뭉뚱그려 말하는 사람들은 대상사랑 대신 리비도가 자기 자신에게 집중되어 있는 사람들이다"(p. 217)라고 쓰고 있다. 이 논문은 프로이트 학파와 후기 프로이트학파가 견지하는 고전적인 정신분석의 태도를 전형적으로 보여주는 두 개의 기본적 함의를 담고 있다. 첫째는 나르시시즘에 관한 기술이 비교적 부정적이라는 점이고, 둘째는 환자의 치료에 실질적으로 도움될 만한 내용이 불행히도 이러한 초심리학에서는 나오지 않는다는 점이다. 프로이트를 포함해서 대다수가 정신분열증, 경계성, 자기애성(우울증 포함) 환자들의 치료에는 정신분석적인 방법이 유용하지 않다고 본다. 이 같은 초심리학에 따르면, 앞에 열거된 환자들은 리비도가 자아에 집중되어 있기 때문에 어떤 대상과도 전이를 형성할 수 없으므로 정신분석적인 방법이 적합하지 않다는 것이다.

다니엘의 예

라이히가 기술하는 사례 중 하나는 자기애 진단의 고전으로서, 코헛이 논의한 사례들과 같은 종류의 것임을 알 수 있다. 다니엘 K는 출판 때마다 성공을 거둔 작가였다. 그러나 그는 만족감을 얻을 수 없었다. 그는 서가에 놓인 자신의 책들을 바라보며 이렇게 말한다. "저기 서가에 두 자 반가량 되는 K씨가 서있군." 라이히는 이 말에 담겨있는 성기적 의미를 강조하는데, 이렇게 말함으로써 다니엘은 자신의 성기가 서가에 서있을 뿐 아니라, 엄청나게 크다는 것을 스스로 확신한다는 것이다. 이런 해석은 정신분석에서 표준적인 것이다. 라이히는 이렇게 설명한다.

> 이런 욕구가 너무 강렬해서 그는 그것을 제어할 수 없었다. 또 그는 성미가 까다로워서 조금만 거슬려도 공격성을 드러냈다. 그는 계속해서 공격과 위험을 예측했으며, 지속적인 찬사에 대한 욕구가 좌절될 때 분노와 보복 환상을 가졌다(p. 218).

역동에 관한 다음과 같은 해석이 가능하다. "그의 주된 목표는 자존감을 높이고, 부단한 남성적인 활동을 통해 잠재된 수동성의 위험을 물리치는 것이다"(p. 218). 라이히는 이것을 '위대함에 대한 한없는 욕구'라고 부르며, 견딜 수 없는 거세 공포에 대한 보상이라고 이를 해석한다. 그녀의 관점에서 볼 때 이것은 자기애성 신경증이며 그 근저에 거세불안을 동반한 오이디푸스 콤플렉스가 있다. 그러나 여기서는 좀 더 깊은 개념화가 가능하다. 즉, 거세 공포는 정신성적 발달의 전성기기 단계에서 기인하는 다양한 공포들을 포함하기 때문에, 성기보존의 욕구는 전성기기의 상실과 상처들의 복구를 뜻한다고도 볼 수 있다.

프로이트의 이론에서 혹자는 이런 이차적 또는 보상적 나르시시즘이 형성된 뒤에도 리비도가 충분히 남아있어 전이 형성이나 환자의 오이디푸스 콤플렉스의 해소에 사용되리라고 기대할 수도 있다. 그러나 전이 형성이나 오이디푸스 콤플렉스의 해소 시점에서는 보상적, 이차적 나르시시즘이 더 이상 필요하지 않을 것이다. 이렇게 해서 환자의 인격은, 유아적 나르시시즘에서 멀리 벗어나 자신의 잠재력을 현실적으로 판단하고 자신의 한계를 받아들이는 쪽으로 변하게 된다. 무엇보다 타인에 대한 사랑의 능력이 환자에게 자라난다. 라이히의 논문을 검토하는 것과, 다니엘 K의 사례를 패러다임적 사례로 보는 것은 코헛의 연구를 이해하는 데 도움이 된다. 왜냐하면 이것은 코헛의 연구가 이루어질 당시의 정신분석적 자아심리학의 관점을 잘 보여주기 때문이다.

요약 : 전통적인 정신분석 이론

타이콜츠(1978)는 나르시시즘에 관한 정신분석학적 논의들을 선별하여 고찰했다. 그녀에 따르면, 프로이트(1914)가 자기애에 관하여 쓴 논문은 이 개념에 대한 후속 논의들을 거의 모두 포괄하고 있다. 프로이트의 공헌에는 다음의 것들이 포함된다. 1. 리비도가 외부세계로부터 철수해 자아에 집중되는 것을 이차적 나르시시즘이라고 정의함. 2. 자아이상을 유아적 나르시시즘의 성인 버전으로 간주함. 3. 자기애성 대상선택이란 자기와 닮았거나, 과거의 자기와 닮았거나, 자기가 닮고 싶은 사람을 택하는 것이라고 기술함. 4. 자존감과 자기애성 리비도 사이에 깊은 연관성이 있음을 인식함. 이 같은 내용들이 나르시시즘과 관련하여 프로이트가 공헌한 점이다. 타이콜츠에 의하면, 프로이트 학파의 이론에 중대한 변화가 생긴 계기는 1950년에 하트만이 나르시시즘에서 리비도적 대상(또는 표적)은 자아가 아닌 자기라고 기술한 것, 자아구조 안에 포함된 표상의 집합체로서의 "자기" 개념이 형성된 것, 외부세계의 대상들과 자기 사이의 관계와 대조를 이루는 내재화된 대상 관계들이 점차 구별된 것, 라이히의 논문에서처럼 자존감 조절의 개념이 정교화된 것 등이다. 타이콜츠는 자기 및 대상 표상들이 안정적이고 지속적인 구조들로 분화되고 내재화되는 과정을 묘사한 제이콥슨(1964)을 다음과 같이 인용한다. "제이콥슨에 의하면 정상적인 자존감 조절은 이드, 자아, 초자아의 기능이 정상적으로 성숙, 발전하고 이들 간에 최적의 상호작용이 일어나는 것에 달렸다"(p. 847).

4장 | 멜라니 클라인과 초기 대상관계 이론

『문명 속의 불만』 – "문화 속에 내재된 불안"으로 번역하는 것이 더 나은 – 에서 프로이트(1930, p. 122)는 "그러므로 문명의 진화는 단지 인간 종들의 생을 향한 투쟁으로 기술되어야 할 것 같다"고 말했다. 그의 결론은 이러하다.

> 인류에 대한 중대한 질문은 바로 이것이다. 공격성과 자기파괴라는 인간 본능이 공동체적 삶을 파괴하는 것을 과연 인간문명이 막을 수 있느냐는 것이며, 만약 그렇다면 어디까지 그것이 가능하냐는 것이다. 인간은 자연력을 지배해 왔으나 이제 그 덕에 스스로를 완전히 멸망시킬 수 있게 되었다(p. 145).

45년 후 아이슬러(1975)는 이렇게 말했다: "처절한 절망의 분위기가 전세계를 덮고 있다… 넘쳐나는 폭력과 호모사피엔스의 특징인 나르시시즘을 물리쳐 줄 어떤 약도 아직 발견되지 않았다." 『인간의 타락The Fall of Man』이라는 논고에서 아이슬러는 십자가 위에서 죽어가는 예수의 서구적 이미지를 논하며 이렇게 말했다. "인간사에 뭔가 근본적으로 잘못되어 있다는, 거의 경고에 가까운 심정에 휩싸인 채 기독교는 근 200년간 구세주의 재림을 기다려왔다." 초기의 논문에서 아이슬러(1971)는 프로이트의 죽음본능 개념을 거의 열광적으로 옹호했지만, 오늘날 이 개념은 정신분석학이 받아들이지 않는다.

실제로 프로이트의 나머지 이론과 발견들에 이것(죽음본능)만큼 잘 부합되는 이론도 없다(Kohut 1984, p. 35). 그리고 프로이트의 이론을 심화하고 세분화시켜 일반 심리학에 편입시킨, 뉴욕을 중심으로 한 자아심리학파의 연구에도 죽음본능 이론은 잘 합치된다. 뉴욕 자아심리학파는 하트만, 크리스, 로웬스타인 등이 주도하고 있다(Loewenstein, Newman, Schur and Solnit 1966 참고).

인간 본성에 대한 프로이트의 관점

프로이트에 의하면, 인간은 탐욕과 공격 충동에 휩싸여 있으나 초자아와 현실적 필요라는 제한 때문에 어쩔 수 없이 욕동을 길들이고 욕동을 최대한 만족시키는 선에서 타협한다. 즉, 아동기에 분투의 세월을 보낸 후에야 비로소 인간은 (그것도 마지못해 최소한으로만) 쾌락 원칙을 포기하고 현실원칙을 따른다는 것이다. 문명 안에서 살아남기 위해서는 이런 변화가 불가피한데, 바로 이것이 불안과 신경증의 원인이 된다고 그는 말한다. 프로이트가 기본적으로 인간에 대해서 갖고 있는 비관적 견해를 떨쳐버리려고, 나는 그의 이론들을 여러 번 검토하고 다시 읽었다. 그러나 인류 역사의 암울한 흐름을 바라볼 때면 이런 시각에 동조하게 된다. 소위 마르크스주의 국가들에서 이뤄진 대규모의 사회주의적 실험들조차 인간관계를 지배하는 거의 통제되지 않는 힘들(탐욕과 공격성)을 제거하는 데 완전히 실패했다.

『쾌락 원칙을 넘어서』에서 프로이트(1920)는 인간은 생명을 향한 리비도 에너지의 순간적인 발동으로 웬만큼 살아남기는 하지만, 스스로 죽음과 파괴로 내몰린다고 말한다. 그는 죽음과 파괴를 향한 충동이 더 일차적이라고 강조하면서, 개인과 종과 모든 유기체가 자기 파괴를 향해 속력을 내는 동안, 생명본능은 단지 이런 움직임을 지연시키고 붙잡고자 애쓸 뿐이라고 말한다. 주목할 만한 사실은 현대물리학의 최신 우주론들이 서서히 진행되는 양성자의 부패 과정을, 궁극적으로 모든 유기체가 사라지고 텅 빈 공간에 빛만 남게 되는 과정으로 본다는 점이다(Crease and Mann 1984). 이후 저작에서 프로이트는 이렇다 할 논증이나 설명도 없이 생명본능과 죽음본능에 동일한 무게를 두었다. 그러나 이것은 갑작스런 변화였으며 임상적인 근거가 뒷받침된 것도 아니었다. 자신의 기본적 논의에서 프로이트는, 생명체에서 우월한 힘은 바로 죽음본능이라고 명시했다(Meissner 1980).

클라인의 이론

논란의 대상이 되는 정신분석학자, 멜라니 클라인은 프로이트의 후기 이론들을 모두 수용하였다. 만약 프로이트가 옳다면, 인류 최대의 문제는 생명이 잉태되면서부터 작동하는 이 "죽음본능"에 대처하는 일이 된다. 클라인은 태생적으로 내재된 강력한 공격충동들이 생명에 근본적인 장애가 된다는 점을 인식했다. 그녀는 종들과 개인에게 삶에 대한 단기간의 기쁨이 있긴 하지만 결국은 죽음본능처럼 멸종과 파괴가 더 우세하므로 모든 유기체는 무기물로 돌아간다는 프로이트의 이론을 진지하게 받아들였다. 그러나 그녀는 생명본능이 어떤 방식으로 이러한 죽음 행위를 지연시키려 하는가를 염두에 두고, 프로이트가 명확히 하지 않았던 점을 설명해 주는 초심리학적 모형을 고안해 내고자 했다. 클라인은 공격의 형태로 죽음본능을 바깥으로 굴절시키거나(프로이트의 표현대로), "좋은" 대상과 "나쁜" 대상들을 향한 투사와 내사의 반복을 통해 이런 공격성을 완화시키는 방식으로 죽음본능이 해결된다고 보았다. 나르시시즘에 대해서는 클라인과 코헛의 견해가 종종 혼동을 불러일으킨다.

코헛이 자신의 입장을 클라인과 구별하기 위해 지대한 노력을 기울였음에도 불구하고(Kohut 1971, 1977, 1984), 클라인의 입장은—특히, 후에 컨버그에 의해 수정되면서—자기애성 장애들을 설명하는 대안적 체계가 되었다. 코헛의 비판자들은, 정신분석적 자아심리학과 대상관계이론이 이미 자기애성 장애에서 발견되는 모든 현상을 충분히 설명하기 때문에 코헛의 이론은 불필요하다고 주장한다. 그러나 조금만 자세히 살펴봐도 클라인의 이론과 이후 대상관계이론들이 해결하지 못한 문제들이 많다는 것을 알 수 있다(Greenberg and Mitchell 1983). 나는 여기서 프로이트가 자기애성 장애들—정신증, 경계성 장애, 자기애성 인격장애 그리고 몇 가지 우울증과 피학증적 장애들—로 여겼던 것들을 클라인이 어떤 식으로 설명하는지에 초점을 둘 것이다.

멜라니 클라인의 이론적 기초를 형성하는 다섯 가지 주요개념은 다음과 같다. 첫째, 그녀는 오이디푸스 콤플렉스와 초자아가 유아기 초반에 형성된다고 믿었는데, 이것은 유아들에게 매우 복잡한 지각, 감정들, 정신적 통합기능이 있음을 전제로 한 것이다. 둘째, 그녀는 생애 초기의 내사와 투사가 유아의 내적 환상세계를 형성한다고 가정하고 있으며, 내사와 투사는 생애 초반부터 문제되는 죽음본능을 다루는 과제를 떠안는다고 본다.

셋째, 클라인은 두 개의 주요 "자리들positions"을 가정했는데, 이는 프로이트가 말하는 발달단계(구강기, 항문기, 성기기와 같은)와는 다른 것으로 보이는 다소 난해한 용어이다. 편집-분열적 자리에서는 분열과 투사 기제를 사용해서 양가감정을 처리하는데, 생후 3-4 개월이 이에 해당한다. 이 자리는 박해공포와 생존에 대한 불안으로 특징지어진다. 이 자리에서 유아의 만족 경험은 사랑의 감정을 만들어내고 이것이 투사되어 유아를 사랑하는 좋은 젖가슴이 만들어지는데, 이때 유아는 이러한 사랑받는 느낌을 죽음본능에 대한 보호막으로서 내재화한다. 반면 죽음본능에서 나오는 유아의 구강적 가학성과, 유아가 만족되지 않았을 때 상상되는 나쁜 젖가슴은 증오를 만들어낸다. 이것은 유아를 미워하는 나쁜 젖가슴으로 투사되고 경험된다. 이때 유아는 이 나쁜 젖가슴을 통제의 목적으로 내재화한다. 이러한 견해에 함축된 기본적인 생각은, 유아가 자신의 내부에서 나오는 것에 의해 지지받을 수도 있고 공격받을 수도 있다는 것이다. 더욱이 증오와 사랑은 재투사되거나 재내사될 수 있는데, 증오가 재투사되거나 재내사되면 자기 내부나 외부로부터의 박해 감정이 커지고 그것이 다시 내사되는 악순환이 생긴다. 그러나 사랑이 재투사되고 재내사되면 신뢰와 감사로 이루어진 평안한 상태가 증가되는 선순환이 발생한다.

클라인은 "부분대상part-object"이라는 용어를 사용해 혼란을 불러왔다. 컨버그(1980a)는 그녀가 이 용어를 두 가지 방식으로 사용한다고 말한다. 우선, 클라인은 부분대상이 실제의 젖가슴처럼 인간의 해부학적인 일부분을 뜻한다고 보았다. 유아는 이 젖가슴이 마치 자신이 관계 맺고 있는 대상인 것처럼 지각한다. 두 번째는 클라인학파 저자들이 두드러지게 사용하는 용법으로서, 컨버그는 다음과 같이 설명한다.

> 분열의 결과로 생긴 부분대상들은 사람의 일부일 수도 있고, 리비도 자체 또는 공격성의 투사로 인해 왜곡되거나 비현실적인 방식으로 인지된, 전체로서의 사람일 수도 있다. 이런 대상들은 전적으로 좋거나all good 전적으로 나쁜all bad 것이 된다(p. 822).

클라인은 생애 첫해 후반부는 우울적 자리로 특징지어지며, 이 단계에서 자기와 대상의 분화가 인지적으로 가능해진다고 본다. 우울적 자리에서는 부분대상들로의 분열이 줄어드는 반면, 내부의 좋은 대상들을 상실하는 데 대한 불안이 생기게 된다. 이 자리는 대상들을 총체적으로 내재화할 수 있는 능력에서 나온 결과로, 유아기(4~6개월)에 시작된다. 이때 유아는 자신의 파괴적 충동이 좋은 젖가슴을 파괴할까 봐 두려워하는데, 후에 이것은 젖을 주는 엄마가 죽을지도 모른다는 두려움으로 나타난다. 파괴적 충동은 좋은 젖가슴을 독차지하려고 함으로써 그것을 파괴할 수 있다. 이것은 시기심 때문에 젖가슴을 파괴하는 것과 구별되는데, 시기심에 관해서는 나중에 논할 것이다. 아무튼 슬픔의 상태가 등장하는데, 이것은 정상적 발달과정에 중요한 장애가 된다. 이 슬픔은 너무 고통스러워 편집-분열적 자리로의 후퇴나 조증적 방어가 나타나는데, 이렇게 해서 정신분열증이나 조울증 등의 정신증이 발생되는 심리적 토대가 형성된다.

편집-분열적 자리에서 좋은 젖가슴과 나쁜 젖가슴은 각각 관대한 초자아와 가혹한 초자아의 전조가 된다. 클라인에 의하면 오이디푸스 삼각관계는 구강기에서 시작되며, 남녀의 성기에 관한 지식은 태생적으로 존재한다. 그러므로 클라인에 따르면 프로이트가 말하는 오이디푸스 단계 이전에 벌써 부모, 분열, 투사, 내재화 등이 개입된 길고 복잡한 전역사prehistory가 존재한다. 여기서는 전성기기적 공격성에 대항하여 성기적 사랑을 사용함으로써 오이디푸스적인 자료로의 조숙한 이동이 생길 수 있다.

네 번째 주요 개념은 내사적 동일시와 투사적 동일시다. 내사적 동일시는 대상을 내사한 데 따른 결과물이다. 투사적 동일시는 그 의미가 다양하게 해석되는 복잡한 개념이다. 클라인은 이것이 두 가지 측면을 갖고 있다고 말하는데, 하나는 정신내적인 측면이고 다른 하나는 대인관계적인 측면이다. 대상으로의 침투와 손상된 대상의 재내재화 그리고 적대성을 띤 대상의 재내재화로 이루어진 환상세계에서는 투사적 동일시로 인해 강제적이고 공격적인 철회가 일어난다. 이때 손상된 대상의 재내재화는 우울을 가져올 수 있고, 적대성을 띤 대상의 재내재화는 박해적 건강염려증을 불러올 수 있다. 이것은 또한 매우 원시적인 의사소통 방식인데, 이러한 상호작용에서 치료자는 역전이 이상의 스트레스를 받을 수 있다(Money-Kryle 1974).

다섯 번째 기본 개념은 클라인이 70대의 나이에 추가한 것으로, 유아의 정신에서 과연 이런 일이 벌어질 수 있는가 논쟁을 불러왔다. 그녀는 유아기 초반에 시기심이 형성되며 이 또한 죽음본능을 바탕으로 한다고 보았다. 시기심은 좋은 젖가슴(임상에서는 차분한 분석가에 해당)을 파괴하거나 소유하는 것을 목표로 한다. 또한 클라인은 기질에 따라 시기심과 공격성의 양에는 개인차가 있다고 생각했다. 이를테면 구강적 가학성은 죽음본능이 발현되는 주된 방식의 하나로, 기질적 에너지에 따라 차이가 있으며 인간발달과 병리를 이해하는 데 매우 중요하다. 구강 가학성이 투사되면 박해공포와, 무자비하게 삼켜버리는 이 젖가슴에게 파멸당할 것만 같은 공포가 생긴다. 즉, 투사된 구강 가학성이 파멸의 위협을 가하면서 자아나 자기(클라인도 이 둘을 엄밀히 구별하지 않는다)를 공격할 때 일차적 불안이 형성된다는 것이다.

구강 가학성은 또한 시기심을 낳는데 먼저 가학성이 나타나고 그 다음에, 주지 않으려 한다고 느껴지는 젖가슴을 고갈시키고 파괴하고 장악하려는 소망이 생긴다. 나중에 시기심에서 탐욕이 생겨나는데, 이것은 좀 더 세련된 형태의 시기심이다. 그리고 질투란 오이디푸스 갈등과 같은 삼각관계에서 발달하는 전형적인 감정으로, 이런 관계에서는 제3의 인물이 미움을 받는다. 왜냐하면 자신이 원하던 사랑을 그 인물이 차지했기 때문이다. 이렇게 되면 기질적인 지나친 공격성이 현실을 분리하고 부정하게 만드는데 이것은 시기심, 탐욕, 질투 등의 감정과 이런 감정에 결부된 환상을 처리하는 방식이기도 하다. 역으로, "좋은" 내적 대상들을 새로운 대상에게 투사하는 것은 이후의 삶에서 신뢰의 기반을 형성한다. 감사는 좋은 경험들에서 나오며 탐욕을 감소시키고 건강한 관용을 가능케 한다. 이러한 관용은 클라인이 말하는 "반응적 관용reactive generosity"과는 다르다. 반응적 관용은 결국 절취당하는 느낌으로 끝나며, 시기심에 대한 일종의 방어이기 때문이다.

나르시시즘에 대한 클라인의 견해

클라인의 정의에 따르면, 나르시시즘이란 좋은 대상과의 동일시 또는 자기 자신과 이 좋은 대상 간에 어떤 차이도 없다는 믿음이다. 그녀에게 "일차적" 나르시시즘은 존재하지 않는다(Greenberg and Mitchell 1983). 이러한 정의는 나르시시즘의 임상적 현상을 설명하기 위해 사용된 것으로 이것은, 투사적 동일시를 바탕으로 하는 자기애성 내적 구조들이나 자기애성 대상관계들과는 구별되어야 한다.

시걸(1980, pp. 120~121)은 클라인이 자기애적 상태와 유아기의 복잡한 자기애성 대상관계들을 구별했던 점을 강조한다. 자기애적 상태란, 내부에 있는 이상적 대상과 동일시하는 상태로 프로이트가 자체성애라고 기술한 것에 해당하며, 복잡하게 기술되고 있는 자기애성 대상관계는 앞에서 말한 내사와 투사에서 비롯된 내적 환상들을 포함한다. 모든 관계는 무엇보다 개인과 그 개인이 투사한 모습들–자신이 아니라 다른 사람에게 속하는 것으로 여기는–사이의 상호작용에서 비롯된다. 분열과 마찬가지로 이상화도 "전적으로 좋은" 내적 대상들과 외적 대상들을 보존시킨다. 이상화가 작동하지 않으면 외부와 내부 모두로부터 파괴에 대한 공포가 일어난다. 분열은 본래 내사된 좋은 대상과 투사된 나쁜 대상을 향해 일어나는데, 공격성이 강하고 목표물이 되는 나쁜 대상들이 우세할 경우 이차적 분열이 일어날 수 있다. 이러한 나쁜 대상들이 조각으로 분열되고 이 조각들이 다시 투사되면 수많은 박해자, 소위 "기이한 대상들bizarre objets"이 생겨난다. 기이한 대상들에 관해서는 클라인의 피분석자이자 제자인 비온(1963, 1967)이 기술한 바 있다. 자기애성 내적 구조들과 자기애성 대상관계는 이상화된 대상을 박해할지 모른다는 두려움을 피하려는 시도 가운데 생기는데, 이런 공포는 지나친 의존성이나 자신의 우월성을 보장하기 위해 타인을 사용하는 데서 기인한다.

편집-분열적 자리에서 외부 대상들에 대한 이상화는 이들에게 한없이 인정받는 환상으로 표현되는데, 이것이 바로 개인을 좌절로부터 보호하고 공격할 필요를 없애주며, 이 대상들에게 박해 받는 공포로부터도 보호해 준다. 우울적 자리에서 내적 대상들에 대한 이상화는 견딜 수 없는 현실로부터 개인을 보호해준다. 내적, 외적 현실의 부인은 공격성의 부인을 의미하며 현실인식을 저버린 일종의 환각적 소원성취의 형태라고 할 수 있다. 이때 내부와 외부의 나쁜 대상 모두에 대해 공격성은 부인된다.

정서를 억누르거나 피상적인 것으로 만드는 것은 공격성과 박해불안으로부터 개인을 보호할 수도 있지만, 병리가 편집-분열적 자리 안에 공고화되는 형태를 가리킬 수도 있다. 클라인에 의하면, 투사적 동일시는 원초적 가학성의 행동화이다. 내부로부터의 공격에 대한 공포는 죽음본능에서 비롯되며 모든 기제들의 핵심이 된다.

예를 들어 자기애성 장애에서 흔히 보이는 성적 문란이나 성적 군림은 상상 속에 존재하는 내적, 외적 박해들로부터 필사적으로 벗어나기 위해 이상화된 대상들 사이를 옮겨 다니는 것이라고 이해할 수 있다. 그리고 건강염려증은 박해하는 나쁜 대상들을 자신의 신체 일부에 투사한 것으로서 설명된다. 음독의 공포나 외부에서 질병을 조종할 수 있다는 두려움은 박해적 편집증과 건강염려증적 공포의 결합에서 나온다.

우울과 이상화에 대한 클라인의 견해

우울적 자리에서는 박해공포가 좋은 내적 대상을 손상시킬 수 있다는 두려움으로 바뀐다. 이때 이상화가 좋은 내적 대상에 대한 공격을 막아준다. 여기서는 좋은 내적 대상과 외적 대상의 생존에 대한 우울 불안과 죄책감이 우세하다. 우울적 자리에서는 대상이 이상화됨으로써, 대상에 대한 공격성을 막아주고 이러한 공격성에 대한 죄책을 없애주기 때문이다. 코헛과 달리 클라인은 자신이 말하는 기본 자리들에서, 이상화가 가학성에 대한 방어기제로서뿐 아니라 상상적 파괴행위에도 사용된다고 주장한다(Segal 1974, 1980). 우울적 자리에서는 내재화된 나쁜 대상들이 더 이상 투사되거나 재내사되지 않는다. 왜냐하면 이제는 전체 대상이 경험되기 때문이다. 따라서 나쁜 내적 대상들은 내면에 남아 있으면서 죄책감으로 자아나 자기를 공격하는, 원초적 초자아의 뿌리가 된다. 이때 좋은 내적 대상들이 이런 공격을 완화시켜 준다.

이상화된 좋은(내적)대상들의 요구와 이들이 정한 표준들이 가학적 초자아와 합세하면, 초자아는 극도의 엄격성을 가지고 완벽함을 잔인하게 요구하게 된다. 다량의 가학성 때문에 초자아 속에 있는 좋은 대상들을 보호하기 위해 과도한 이상화를 사용해야 하고, 그 결과 초자아의 기준이 극도로 높아질 경우 사태는 매우 복잡해진다.

클라인의 이론에 따르면 조증은 환상 속에서 대상상실을 이겨내는 것이다. 우울적 자리에서 상실은 근원적 공포를 일으킨다. 조증은 전능감으로 특징지어지는데, 이런 상태에서는 대상에 대한 필요와 그에 대한 공격성이 부인된다. 또한 가학적 초자아와의 동일시가 일어나 나쁜 부분들bad parts을 투사함으로써 외적 대상들을 멸시하고 폄하한다. 또한 대상허기가 발생해, 삶이란 일종의 잔치판이니 몇 명쯤 잡아먹어도 괜찮다는 식의 태도를 보인다. 또한 죽거나 죽어가는 우울한 세계에 대해서도 승리를 거둔다. 또한 극도의 이상화와 이상화된 내적, 외적 대상들과의 동일시로 인해 세상을 구원하는 메시아의 경지에까지 이르는 고양된 상태가 발생하기도 한다.

정신증적 우울 증세가 있는 환자에게는 좋은 내적 대상이 안정적으로 형성되어 있지 않다. 불안정하지만 좋은 내적 대상을 보존하기 위해 다양한 기제들이 동원되는데, 바로 이러한 기제들이 내재화된 나쁜 대상들의 공격과 파괴 행위로부터 좋은 대상을 지켜낸다. 그러나 그 결과로 우울적 자리의 극복과정은 실패할 수 있다. 우울적 자리가 극복되지 못하면 감당할 수 없는 죄책감을 바깥으로 굴절시키기 위해, 가학적 초자아의 재투사가 일어나는데 이는 편집-분열적 자리로의 퇴행을 가져온다. 이것은 한편으로 박해불안을 다시 강화시키며, 외부로부터의 공격 위협을 막아내기 위해 무언가 좋은 것을 탐욕스럽게 흡수하도록 만든다.

이것들은 성기기적 사랑을 사용해 전성기기적 가학성을 부인하려는 시도로서, 조숙한 성애화로 나타날 수 있다. 전치된 구강적 의존성으로 인해 아버지의 성기에 대한 갈망이 좋은 젖가슴에 대한 갈망으로 느껴질 수 있는데, 이때 남자의 경우에는 동성애가, 여자의 경우에는 히스테리가 형성된다. 이와 비슷하게 초년기에는 이빨 달린 질을 가진, 마구 삼키는 남근적 어머니와 가학적인 아버지를 특징으로 하는 구강적인 가학적 투사가 일어난다. 삼킬 것만 같고 남근적인 상상 속의 어머니는 여아들에게 정상적인 오이디푸스적 동일시를 방해한다. 이는 오이디푸스기의 공격적 경쟁심에 대한 보복의 두려움이 증가했기 때문이다. 클라인에 의하면 남근에 대한 시기심은 구강적 시기심에서 파생된 것이므로 여성의 특징은 아니다. 반면 성적 금지는 성적 충동에 침투해 있는 가학적 충동에 대한 방어에서 비롯된다. 클라인은 구강적 욕동과 구강적 갈등들이 도처에서 오이디푸스의 발달에 침투해 이를 악화시킨다고 보았다.

클라인 이론에 대한 평가

클라인의 이론은 의문의 여지가 있는 가정들을 포함하고 있다. 첫째, 그녀는 유아의 정신에 지나치게 많은 것을 부여하고 있다. 예를 들어 클라인은 생래적인 죽음본능이 초기 유아기에 표현된 것이 바로 시기심이라고 말하는데, 이런 표현이 가능하려면 유아에게 상당한 인지기능이 있어야 한다. 더구나 클라인은 유아가 남녀의 성기에 대한 생득적 지식을 갖고 있으며, 오이디푸스 콤플렉스를 조기에 경험할 수 있는 능력까지 갖추었다고 주장하는데, 이는 유아에게 더욱 복잡한 정신작용을 요구하는 것이다. 이와 비슷한 반론이 코헛에게도 제기되었는데, 그는 과대자기와 이상적 부모원상parent imago이 4세 이전에 나타나 나르시시즘 형성에 가교 역할을 한다고 주장하였다. 그러나 이러한 가정은, 클라인이 유아의 정신에 가정하고 있는 복잡한 능력에 비하면 상대적으로 사소해 보인다.

둘째, 페어베언이나 다른 신클라인파 학자들은 새로운 정신분석운동을 일으키면서 정신병리의 발달을 설명함에 있어 클라인은 환경적 요인을 지나치게 무시한다고 말한다. 클라인이 말하는 유아는 기질적인 분량의 공격성을 타고나며, 초기 상황에 반응할 줄 알고, 환경적 요인과 상관없이 자기만의 환상세계가 있다. 대부분의 클라인파 학자들은 이러한 결함을 인정한다.

셋째, 클라인은 성인의 정신병리를 다룰 때도 설명이 별로 달라지지 않는다. 편집-분열적 자리와 우울적 자리에서의 원시적 환상과 방어들은 거의 모든 병리에 사용되며 거의 모든 발달단계에 적용된다. 이 점은 여러 정신분석가들이 비판하는 점이기도 하다(Kernberg 1980).

코헛의 연구에 대한 논평 중 가장 적절한 것을 들자면, 그것은 클라인과 그녀의 추종자들이 코헛과는 다른 견해를 갖고 있다는 지적이다. 전자들은 성인의 자기애성 이상화와 과대성을 무의식적 공격성에 대한 방어로 보는 반면, 코헛은 이것들이 발달 정지에서 기인한다고 보며(오해할 사람도 있겠지만), 본래는 이것들도 정상적인 발달이었다고 본다. 클라인은 이상화와 과대성을 이해하는 데 초기의 구강 가학성이 중요한 단서가 된다고 본 반면에, 코헛은 초기 구강 가학성은 모성적 공감을 얻지 못한 실망 때문에 자기로부터 나온 부산물이지 결코 내재된 죽음본능이나 공격충동 혹은 다른 어떤 "본능"을 표현하는 것이 아니라고 보았다. 이것은 자기심리학과 모든 클라인학파 및 신클라인학파를 갈라놓는 화해하기 어려운 깊은 차이점이다.

공격성의 역할과 기원 그리고 정상 상태와 병리 상태에서 공격성이 각각 어떻게 전개되는가의 문제는 여전히 주된 논쟁거리로 남아 있다. 언젠가 새로운 이론이 등장해, 공격성의 기원과 변동에 관해 보다 만족스럽고 모든 분석가가 수긍할 만한 설명을 제시할 수도 있을 것이다.

멜라니 클라인은 태어나면서부터 기능하는 자아가 존재한다고 가정한다. 그리고 그녀는 프로이트가 가정한 자체성애 단계를 없애고, 생애 초기부터 이미 자아는 엄마와의 자기애성 대상관계에 기초해 있다고 주장한다. 이런 식으로 그녀도 환경의 영향을 인정하지만 주로 공격성의 기질적 측면을 강조했다. 클라인은 프로이트와 의견이 달랐다. 왜냐하면 그녀는 애도가 우울적 자리의 죄책감을 다시 활성화시키므로 정상적인 애도에도 항상 죄책감이 함축되어 있다고 보았기 때문이다. 그녀는 또한 정상적인 애도가 우울적 자리를 새롭게 극복하고 해소함으로써 우울적 자리의 해결을 강화할 수 있다고 믿었다.

나르시시즘에 대한 클라인학파의 견해

로젠펠드(1964, 1971)는 클라인학파가 나르시시즘을 바라보는 견해에 초점을 맞췄다. 시걸(1983)에 따르면 클라인은 나르시시즘의 이해를 위해 우리에게 개념적이고 기술적인 틀을 제공했지만 정작 그녀 자신은 나르시시즘에 관해 별로 언급하지 않았다. 앞서 이미 설명한 바 있지만, 클라인은 이상화된 내적 대상들과의 동일시 속으로 고립해 들어가는 일시적 나르시시즘의 상태와, "자기애성 구조"라는 보다 내구성이 있는 구성체를 서로 구별했다. 후자의 경우는 대상들을 조종하기 위한 투사적 동일시와, 이것이 다시 자아와 초자아의 구조에 영향을 미치는 방식으로 대상들을 재내사하는 일이 뒤따른다(Spillius 1983). 클라인은 이 점에 관해 더 이상 논의를 확대하지 않았다. 그리고 시기심과 나르시시즘의 관계에 대해서도 분명히 하지 않았다. 다만 그녀가 쓴 『시기와 감사Envy and

Gratitude』(1975)를 통해 그녀가 나르시시즘을 시기심에 대한 방어로 간주하고 있음을 엿볼 수 있을 뿐이다. 시걸(1983)은 나르시시즘이 죽음본능의 표현이자 이에 대한 방어라고 강조하면서 임상 사례들을 제시했다.

시걸과 마찬가지로 로젠펠드(1971)도 가장 현대적인 자기애 상태는 기본적으로 파괴적이고 죽음본능으로 가득 차 있다고 보았으며, 이런 상태를 단순한 자존감이나 자기 돌봄과 혼동해서는 안된다고 말했다. 그에 의하면 "파괴적 나르시시즘"이란 나쁜 자기의 이상화에 토대를 둔 구조물로 좋은 자기를 미혹하고 분석가를 패배시킴으로써 승리를 거둔다. 나르시시즘은 어떤 외부 대상에게도 의존하지 않으려는 욕구다. 사랑하는 대상은 떠날 수도 있기 때문에 증오의 대상이기도 한데, 이때 증오는 좋은 대상에 대한 극단적인 이상화 형태를 띤다. 그리고 이러한 대상에의 의존은 그를 향한 욕망을 밑바탕에 깔고 있다. 자기애성 대상관계는 좌절과 시기심에서 오는 적개심을 피하게 해준다. 로젠펠드에 의하면 자기애성 인간은 누군가를 향해 "전적으로 좋은" 원초적 부분대상을 내사하거나, "전적으로 좋은" 이상화된 대상을 투사한다. 이때 자기애성 개인은 이 "전적으로 좋은" 대상과 자기가 다르다는 것을 부인하려 한다. 왜냐하면 자기애성 대상관계를 맺는 개인은 자기와 대상의 분리를 인정하지 않기 때문이다.

이를 코헛이 말하는 자기대상selfobject 개념과 혼동하지 말아야 한다. 클라인파에 따르면 자기와 대상 사이의 차이를 인정하지 않는 태도는, 복잡한 내사 및 투사 메커니즘에서 오는 일종의 강력한 방어기제다. 이 방어기제가 무너지면 자기와 대상이 다시 분리되는데 의존에서 벗어나는 대상에 대한 증오와 시기심이 바로 여기서 비롯된다. 코헛의 이론에서 자기대상 개념은 일차적인 경험을 뜻하는데, 특정 발달단계에서 이것은 정상적인 것이다. 로젠펠드(1964)는 대조법을 사용해 다음과 같이 말했다.

> 자기애성 환자가 보이는 이상적 자기이미지의 엄격한 고수는 분석을 방해한다. 왜냐하면 이러한 이미지는 어떤 통찰이나 정신적 실재와 접촉할 때 위협을 느끼는 것처럼 보이기 때문이다. 환자의 이러한 이상적 자기이미지는 전능감이나 현실부인에 토대를 둔

심각한 병적 형태라고 할 수 있다(p. 336).

위 인용문은 클라인을 비롯한 대상관계 이론가들이 내세우는 발달이론 및 치료 이론을, 코헛의 이론과 비교하는 데 좋은 척도가 된다. 로젠펠드가 명명한 "이상적 자기이미지"의 발달과 기능에 대해서는 이 두 이론가 그룹이 서로 견해를 달리하므로 이들의 이론적, 임상적 접근법 또한 근본적으로 다르다.

우리는 우울적 자리가 결코 극복되지 않으며 따라서 모든 상실이 이 자리의 문제를 다시 일깨울 수 있다는 기본 전제의 관점에서 상실에 대한 반응들(자존감에 대한 상처건 의존했던 대상의 상실이건)을 이해할 수 있다. 비교적 안정적으로 내재화된 좋은 대상이 있을 경우 성인의 우울은 우울적 자리를 떨치고 나가 성숙된 자아나 창조성에 이르지만, 그렇지 않을 경우는 편집-분열적 자리로 퇴행해 박해불안과 공포를 경험하게 된다. 클라인학파에 의하면, 이렇게 먼저 자기애성 상처가 우울을 불러오고 이것이 잘 극복되면 창조성과 새 의지를 낳지만, 극복되지 못하면 편집증이나 건강염려증적 불안을 나타내며 분열에 이르게 된다(Segal 1974).

시걸(1974, p. 119)은 치료기법에 관한 부록에서 비교적 차분하게 환자의 투사에 동요하지 않고 역전이 없이 환자에게 해석해 주는 사람으로 분석가를 묘사하는데, 이는 코헛이 말하는 "고요하고 잘 훈련된 장인"(Kohut 1968, 1971)과 비슷하다. 이러한 장인은 과정이 종료되어 환자가 치료실을 떠날 때, 환자가 그의 자기애성 상처를 인식할 수 있도록 공감적인 방식으로 설명해 준다.

클라인은 생애 모든 단계에서 항상 새로운 전투가 포고되어야 한다고 말한다. 매번 상실을 경험할 때마다 편집-분열적 자리로 퇴행하거나 조증적 방어를 사용하지 않으려면 이것이 필요하다는 것이다. 이 전투에서 승리하면 인격이 성숙된다(Segal 1980). 코헛은 이러한 "전투"를 클라인처럼 모호하게 말하지 않는다. 코헛은 사소한 자기애성 상처들이 공감과 설명의 분위기 속에서 변형적 내재화 과정을 거쳐 새로운 성장으로 이끈다고 말한다. 코헛은 생애 초기 단계에 위치한 복잡한 "자리들"을 가정하지 않는다.

스필리우스(1983)는, 담는 그릇으로서의 피부에 관해 짧은 논문을 쓴 빅의 연구를 언급한다. 빅에 의하면 유아는 추락해서 산산조각 나거나 빈 공간 속으로 끝없이 떨어지거나 자신의 내부가 액화되어 한없이 분출해버리는 것으로서 죽음본능을 경험한다. 스필리우스는 다음과 같이 말한다.

> 클라인에 따르면, 이러한 불안에 반응하는 방식은 자신을 온전히 붙잡기 위해 모든 감각을 집요하게 사용하는 것이다. 즉, 밝은 물체들과 소리에 집중하거나, 안기는 것과 입 안에서 젖꼭지를 느끼는 것 등에 집착한다. 나중에는 특정 활동이나 움직임이 자신을 온전히 붙잡아 주는 이러한 기능을 할 수도 있다(p. 324).

위의 내용은 자아의 분열과 이를 막으려는 시도에 관해 기술하고 있다는 점에서 코헛과 유사한 점이 많다. 그러나 이론적 개념화의 측면과 유아의 자아 능력에 관한 가정들에 있어서는 큰 차이가 있다.

제임스(1973)는 클라인학파도 코헛처럼 나르시시즘에 항상 관심을 가졌지만 이러한 관심을 공식적으로 수용하지 않았을 뿐이라고 말한다. 영리하게도 제임스는 초년에 너무 많은 정신분석기관에 등록하는 코헛의 모습을 보면서 그의 "과민반응"을 알아차렸다(p. 366). 이것 때문에 코헛은 클라인만큼이나 많은 비난을 받았다. 코헛은 자신과 클라인 간의 이론적 차이점보다는 유사점을 더 강조했다. 그러나 코헛과 클라인의 견해는 근본적으로 대립되며, 화해가 불가능한 원리와 가정들을 바탕으로 한다. 이 두 사람을 화해시키느니 차라리 멜라니 클라인과 안나 프로이트를 화해시키는 게 더 나을 것이다.

클라인학파, 프로이트학파, 자아심리학파, 자기심리학파는 나르시시즘을 이해하는 데 있어 서로 대안이 된다. 이들이 서로 "상보적" 관계인가 아니면 서로 "대립된" 관계인가의 문제는 정신분석 조류에서 이론적인 문제임과 동시에 정치적인 문제이기도 하다.

컨버그는 클라인의 이론이 좀 더 자아심리학과 조화되고 미국 정신분석가들의 취향에도 맞도록 주요 원리에 어긋나지 않는 범위 내에서 그녀의 이론을 상당히 수정하였다. 이렇게 함으로써 그는 현대 대상관계이론이라고 알려진, 자기심리학에 대안이 되는 대중적 주류 이론을 발전시켰다. 클라인의 주요개념들에서 취사선택을 한다는 것은 또 다른 가정과 원리들을 필요로 하는데, 이 점은 다음 장에서 살펴보기로 한다.

5장 | 컨버그와 현대 대상관계이론

클라인에 대한 컨버그의 평가

컨버그(1972, 1980)는 멜라니 클라인의 이론에 대해 많은 논평을 했다. 그는 2~3세 유아들에게서 환상들을 수집한 클라인의 방법이, 한 살배기 유아의 환상세계에 대한 그녀의 가정들을 정당화시키지 못한다고 말한다. 예를 들어 성별과 성기에 관한 지식을 타고난다는 그녀의 주장과, 오이디푸스 분투와 죽음본능에 관한 그녀의 가정들은 어떤 증거도 갖고 있지 않다는 것이다. 컨버그는 클라인이 보다 상위의 방어기제들을 간과하고 있으며, 정상과 병리를 명확히 구별하지 않는다고 주장한다. 게다가 그녀는 기제, 구조, 환상 등의 용어를 지나치게 혼용하고 있다고 말한다. 예를 들어, "내적 대상"이란 무엇을 가리키는가? 또한 클라인의 이론에서는 성인 병리에 관한 진단들(또는 치료에 있어서)도 명확히 구분되어 있지 않다는 것이다.

컨버그는 클라인이 생애 초기의 대상관계와 투사에 초점을 두기 때문에, 치료 안에서도 초년기의 마술적 전이들을 해석한다고 말한다. 클라인은 이러한 전이해석이 치료에 매우 중요하다고 주장하지만, 컨버그는 이것이 오히려 퇴행을 불러올 것을 우려한다. 그에 의하면 클라인학파는 치료 동맹을 무시하고, 전이와 전이신경증도 분명히 구별하지 않으며, 내용보다 저항을 먼저 해석함으로써 표면에서 심층으로 작업해 들어가야 한다는 기본 원칙을 어기고 있다.

컨버그는 전이에서 나오는 환상들이 생애 초기의 환상들을 실제로 반복하는 것이라는 클라인의 가설은 근거가 없다면서, 나중에(1974, 1974a) 이 점을 코헛에게도 적용한다. 그는 클라인이 내사와 동일시를 같은 것으로 취급한 것에는 반대하지만, 초기 초자아의 중요성을 강조한 그녀의 입장은 받아들인다. 그러나 컨버그는 클라인학파 분석가들이 가슴과 젖가슴에 집착해서 "말도 안 되는 언어"로 혼란스런 개념들을 강조하다가 다른 것을 모두 놓쳤으며, 같은 해석을 반복함으로써 거의 지적 교조주의에 이르렀다고 주장한다. 이러한 비판은 발린트(1968)에 의해서도 제기된 바 있다.

컨버그(1972)는 클라인학파에 속하는 시걸이 담당한 교육분석 사례 하나를 소개한다. 첫 회기에서 피분석자는 "최대한 빠른 시간 내에 자격증을 따기로 결심했다는 말로 시작하더니, 자신의 소화불량에 대해 말하고, 또 다른 맥락에 가서는 소에 관해 이야기했다." 분석가는 다음과 같이 말했다. "나는 피분석자에게 수유하는 엄마소였다. 그리고 피분석자가 자신의 분석 우유를 최대한 먹어치울 것이라고 느꼈다. 이렇게 해석하자 곧 피분석자는 엄마를 지치게 하고 착취한 것에 대해 죄책감을 느꼈다."(p. 87) 컨버그는 이 열정적인 예비분석가가 이런 깊은 해석을 얼마만큼 정신분석의 언어로 통합시켜낼지, 그리고 이런 학습이 얼마만큼 이 예비 분석가의 주지화 방어와 합리화 방어를 심화시킬지 궁금해 한다. 컨버그의 요점은 "이 피분석자의 게걸스러움이 또한 자기애성 인격 구조를 드러내며, 피분석자의 이런 열성의 근원에 대해 직접 해석을 해줌으로써 그녀의 열성을 만족시키기보다는 좀 더 방어 구조를 탐색함으로써 이러한 성격 방어가 전이의 심화를 얼마나 방해할지를 밝혀야 한다"(p. 87)는 것이다. 이후 논평에서 컨버그는 "기질적 시기심"이나 "죽음본능" 등의 개념을 강조한다는 것은 일종의 유사생물학을 뜻한다고 주장한다. 또한 그는 클라인의 "자리"개념에는, 이것이 고전적 "방어기제"와 어떤 관련이 있고 또 어떻게 다른지가 분명히 나타나 있지 않다고 지적한다. 질(1982)은 "그들 자신은 그렇지 않다고 주장하지만, 클라인파는 분석 상황이라는 현실과 동떨어져 있으며 부적절한 방식으로 심층적인 전이 해석에 뛰어든다"(p. 136)고 평가한다. 그러나 샌들러와 스타이너(Bornstein 1984, pp. 391-392, p. 446)는 이런 견해를 수용하지 않는다. 이들에 따르면 클라인학파의 대다수는 지각 있는 사람들이며 조급하게 심층적인 해석에 들어가지 않는다.

마지막으로 컨버그는 클라인학파가 분열 개념과 투사적 동일시 개념을 사용하는 방식을 비판한다. 그에 의하면 클라인파 학자들은 분열을 때로 억압과 동등시하고, 때론 좀 더 원초적인 작용과 동등시한다. 그리고 투사적 동일시는 클라인학파에게 있어, 내적 정신 기제와 대인관계에서의 통제와 소통의 시도가 결합된 것이다.

컨버그(1975, pp. 30-31)는 투사적 동일시를 약한 자아에서 기인하는 불완전한 투사로 재정의하면서, 이런 투사로 인해 환자들은 계속 공격성을 띠게 되고 외부 대상으로부터 공격을 두려워하게 된다고 말한다. 이렇게 해서 환자들은 외부 대상을 두려워하게 되고, 그 대상이 자신을 파괴하기 전에 자신이 먼저 대상을 조종, 공격, 파괴해야 한다고 믿게 된다는 것이다. 아벤트와 동료들(1983)은 저자마다 이 용어를 다른 의미로 사용해 혼란만 가중시킨다고 말한다.

모델의 견해

많은 분석가들이 느끼듯이, 자기애성 환자와 경계성 환자를 대할 때는 클라인학파보다 모델이 제시하는 기법을 사용하는 것이 더 현실적이고 효과적이다. 모델의 기법에 따라 중간대상 전이가 일어나도록 허용해 주면 환자의 발달은 다시 시작될 수 있다. 그리고 여기에서 원초적인 형태의 전이가 나타나는 것을 볼 수 있다(Gedo 1984). " 중간대상transitional object"이라는 개념은 위니캇이 처음 도입했는데, 모델(1963, 1968)이 이를 다시 사용한 것이다. 모델은 대상 사랑으로 발달함에 있어 "중간대상 단계"가 차지하는 의미를 규정했는데, 이 단계에서 환자는 집착적 의존성을 보인다. 모델은 대상으로부터의 분리를 인정하지 않는 일차적 나르시시즘과 진정한 대상사랑의 중간쯤에 이 단계를 위치시킨다. 진정한 사랑은, 그만의 고유한 욕구를 가진 독립된 인간으로서 대상을 인정하고 그와 관계 맺을 수 있는 능력을 말한다.

모델은 치료자가 충분히 좋은 홀딩의 환경을 제공해야 한다고 강조한다. 이런 환경은 중간대상 전이를 불러오는데, 전이 안에서 나타나는 원초적 대상관계는 신경증보다 정신분열증에 더 가깝다. 이러한 전이 속에서는 치료자와 접촉만 해도 치료가 이루어지며, 마술적인 보호를 제공하기 때문에 환자는 치료 중에 무언가를 실제로 해야 한다고 기대하지 않는다. 모델은 중간대상 전이를 강조함으로써, 다른 전형적인 전이들이 나타나는 고전적 유형의 정신신경증 형태들에서 자기애성 환자와 경계성 환자를 구별해냈다. 자기애성 환자는 폐쇄적인 체계 속에서 자기충족적인 환상을 유지하려 하기 때문에 중간대상 전이가 생기지 않는 반면, 경계성 환자는 "강렬한 대상 전이"를 형성한다. 리틀(1981)이 기술하고 있는 원초적 전이들과 기타 전이들은 생사life-and-death를 좌우하는 전이들로서, 치료자는 이런 환자의 생사여탈권을 쥐고 있는 셈이다.

이것은 하나의 기술적 묘사지만 초심리학적으로는 혼란스럽다. 이런 식의 기술은 경계성 인격 장애와 정신분열증의 구별을 흐리게 하며, "대상"과 "대상 표상들의 총합"은 서로 다르다는 점을 간과한 것이다. 그러나 지지적인 분위기가 치료를 촉진하는 분석 환경이 될 수 있다는 점은 변함없이 강조되고 있다. 위니캇(1958)은 일관성 있고 믿음직한 분석가의 판단, 환자 고유의 정체성을 간파해내는 분석가의 능력, 분석가의 일관되고 신뢰할 만한 인격 등이 가져오는 만족감을 강조한다.

모든 논의와 이론들을 종합해 볼 때, 기본적으로 서로 다른 두 치료 모델 사이에 딜레마가 존재함을 알 수 있다. 한 모델은 분석가의 중립적인 해석의 태도를 중시하고, 다른 모델은 분석적인 상호작용 가운데 환자를 돌보고 변화시키는 분석가의 역할을 강조한다. 이를테면 컨버그나 미국의 많은 "고전적" 분석가들은 첫 번째 방식을 사용하는 입장에 있는 반면 발린트, 위니캇, 코헛 등은 분석관계 안에서 환자로 하여금 외상이 일어났던 발달단계로 퇴행하여 그 지점에서부터 다시 성장해 나오도록 해야 한다는 입장에 있다.

이 책에서 빈번히 다루게 될 딜레마는 다음과 같다. 중립적인 해석의 태도가 지배적일 경우 딱딱한 분위기 때문에 엄청난 저항이 생겨날 수 있다는 점. 그러나 중립성과 해석을 희생시키고 자기 및 대상 이미지에 대한 엄밀하고 전형적인 분석을 선행하지 않은 채 양육적-재구성적 경험을 강조하는 것도 환자에게 좋은 관계경험을 가져다주긴 어렵다는 것이다. 볼칸(1976)은 "치료자가 원초적 이미지로부터 분화되었을 때 비로소 환자가 치료자의 기능을 내사하고 동일시한 것이 이전 구조를 변화시키거나 새로운 구조가 형성되는 데 작용한다"(p. 87)고 말한다.

대상관계 이론의 문제점들

대상관계 이론의 기본 가정을 샤피로(1978)는 다음과 같이 기술한다.

> 우리는 사람들 사이의 관계를 그들이 상대방에 대해 갖고있는 내적 이미지들을 조사해 봄으로써 이해할 수 있다. 매우 건강한 사람들은 상대방에 대해 비교적 현실에 맞는 이미지를 갖고 있으며, 새로운 정보가 유입되고 통합됨에 따라 이러한 이미지를 수정해 나간다. 그러나 정신적으로 덜 건강한 사람들은 상대방에 대해 정형화되고 고착된 이미지를 갖고 있으며, 새로운 정보가 들어와도 이러한 이미지를 잘 바꾸지 않는다(p. 1309).

대상관계 이론은 선의의 치료자가 환자에게 미칠 수 있는 영향이 왜 그리 미미한지, 정신치료에서 교정적 정서체험corrective emotional experience은 왜 그토록 더디 일어나는지, 환자는 왜 빈번히 치료자에게 역전이의 좌절을 느끼게 하는지 등의 문제를 이해하게 해준다. 그러나 대상관계 이론은 중세 스콜라철학처럼 이론의 세부사항에 집착하는 경향이 있다. 그러나 이것은 오이디푸스 이전 단계의 엄마-유아 관계를 직접 고찰한다는 점에서 그 진가를 발휘한다(Mahler et al. 1975).

대상관계 이론은 논쟁적인 문제들을 많이 안고 있다. 원래 대상관계 이론은 성인 치료에서 파생된 것이기 때문에, 컨버그가 기술했듯이 여러 발달단계에 대한 대상관계 이론의 적실성을 확인해 줄 마땅한 방법이 없다(Abend et al. 1983). 그리고 관찰자의 선입견 없이 이렇게 재구성된 내용들을 전오이디푸스기 엄마-유아 관계에 대한 직접적 관찰 결과들과 연결 할 수 있는 방법도 존재하지 않는다.

"내재화된 원초적 대상관계들"에 대해 학자들은 동의하지 않는다. 이것들은 동기의 원천이자, 욕동이론으로는 충분히 설명할 수 없는 행동의 유일한(또는 일차적) 원천인가? 아니면 욕동이론에 대한 부가적 설명인가? 이것들 중 어떤 견해도 행동에 영향을 미치는 내재화를 발생시키는 것이 무엇인지 명확히 밝혀주지 못한다. "욕동"과 "내재화"의 관계 또한 분명하지 않다. 게도(1979)는 다음과 같이 말한다. "분석가들이 죽음본능을 거부함으로써, 반복강박의 항목으로 분류될 수 있었던 임상자료들이 어떤 이론적 토대도 갖지 못하게 되었다. 내가 보기엔, 초기 대상관계를 인간 동기의 또 다른 원천으로 개념화하는 것이 초심리학의 공백을 메우는 주된 방법이 된 것 같다"(p. 366).

더구나 "내재화"의 문제는 복잡하다. 셰이퍼(1968)에 의하면, 내재화란 한 주체가 현실이나 상상 속에서 환경과 더불어 상호작용한 내용을 점점 내면의 규칙이나 성격적인 것으로 변형시켜 나가는 전 과정을 의미한다. 지각은 내재화와 다르며 대상표상의 인지적 창조와도 다르다. 내재화가 구조적인 것이라면, 지각과 인지적 창조는 경험적인 것이다. 이 이론에서는 구조적인 것과 경험적인 것 사이의 연관성이 규명되어 있지 않은데, 경험적인 것에서 구조적인 것으로의 이동은 중대한 문제로 이미 여기에는 특정한 자아 능력이 전제되어 있다.

대상관계 이론가들이 마이스너(1978, 1980a)가 말하는 대상관계, 즉 "실제로" 관찰 가능한 사람들 사이의 상호작용을 뜻하는 대인관계와, 대상관계(쌍방이 관계 안에서 내적으로 경험하는)를 항상 구별하는 것은 아니다.

또 다른 혼란은 "대상표상object representation"과 "내사물introject"의 연관성에 있다. 볼칸(1976)에 의하면 컨버그와 제이콥슨은 "내사물"이라는 용어를 전적으로 기피하는 반면 지오바치니는 이 용어를 "대상표상"과 동일하게 사용한다. 다시 말해서 저자마다 이 용어를 다르게 사용하고 있다.

볼칸은 애도 과정을 연구한 뒤 다음과 같이 정의했다. 내사물이란 "동일시에 이르기 위해 자기표상으로 흡수되고자 하는, 이미 구별된 특별한 대상표상들"(p. 59)이다. 그리고 내사물은 대상표상과 달리 "기능적인 것이며 정신구조를 형성하거나 변화시키는 기능을 수행할 수 있다"(p. 59). 나는 이 문제를 분명히 하고자 한다. 볼칸에 의하면 내사물은 내적 현존으로서 경험된다. 내사물은 존재being와 대상표상object representation의 중간 정도의 것으로 아직 자아의 정신 구조 안에 흡수되지 못한 상태이다. 볼칸 역시 지오바치니처럼, 분석가에 관한 내사물을 정신구조 안으로 흡수하여 예전의 좋지 않은 내사물들을 대체하거나 완화시킴으로써 자아 구조를 수정하고 재구성하는 것이 치료라고 보았다.

내재화의 기제는 종종 혼란스럽게 표현된다. "동일시"는 가장 성숙한 기제로서 충동에 덜 직접적으로 의존하고, 가장 적응력 있는 선택을 하며, 양가감정이 매우 낮다. 이는 누군가를 모델로 삼는 과정으로 처음에는 부모를 본받는다. 동일시는 자동적이며 대개 무의식적으로 일어나는 정신과정으로, 이를 통해 개인은 한 가지 혹은 여러 측면에서 타인을 닮게 된다. 이것은 일종의 학습과정이며, 동시에 공포의 대상이나 상실한 대상에게 적응하는 과정이기도 하다. 동일시는 성장을 돕고 적응력을 키워준다. 적응력의 향상은 임상에서 중요한 부분을 차지한다. 프로이트는 내사라는 용어를 두 가지 방식으로 사용했다. 그는 이 용어를 『애도와 멜랑콜리』에서 처음(1917) 사용했는데, 상실된 대상이 정신구조 안에 받아들여지고 그것의 일부가 되어있는 상태를 의미했다. 그러나 나중에는 (Freud 1933) 부모의 요구를 자신의 요구인 것처럼 받아들여 초자아를 형성하는 과정을 뜻하게 되었다. 여기서는 주체가 동일시 과정에서처럼 대상을 단순히 선택적으로 모방하는 것이 아닌 보다 포괄적인 과정이 일어난다. 프로이트의 원래 개념은 보다 상위 수준의 뉘앙스를 풍기는데 이러한 동일시 과정에는 응집된 자아감각과, 비교적 잘 작동하는 자아와 더불어 기능하는 억압 장벽이 전제되어 있다.

함입은 내사의 한 형태 또는 모델로, 타인의 특성들을 마음 속에 받아들이는 것이다. 여기에는 구강섭취와 삼킴의 환상이 관여한다. 함입에 의해 이루어진 동일시는 마치 어떤 환자가 "나는 배고픈 늑대처럼 너의 책을 먹어 치울 거야"라고 말한 것처럼 식인적 환상과 연결된다. 함입은 대인관계에 대한 원시적 환상이다. 이는 일차 과정적 관념화로 환상 속에서 "대상과 연결되어 있음 object relatedness"의 한 형태이다. 한때는 모든 내사에 이러한 환상이 뒤따른다고 믿었지만 요즘은 그렇지 않다.

셰이퍼(1968)는 내사를 다시 현대적으로 고찰하면서 대상표상들이 내사물로 바뀌거나 그렇게 변화되는 과정을 내사로 이해한다. 그에 따르면, 내사물은 일종의 내적 현존으로 우리는 그것과 더불어 지속 혹은 간헐적으로 역동적 관계에 있다고 느낀다. 그는 임상적으로 커다란 가치가 있는 내사물의 특징을 다음과 같이 열거한다.

1. 이것은 사람과 비슷한 사물이나 동물로 개념화될 수 있다.
2. 이것은 무의식적인 것일 수도 있고, 전의식적인 것일 수도 있고, 의식적인 것일 수도 있다.
3. 이것은 주체의 통제 노력과 상관없이 주체의 상태나 행동에 압력과 영향력을 행사할 수 있다.
4. 이것은 외부 대상을 모방한 것이 아니다. 왜냐하면 이것은 "개인의 과거사와 현재의 발달단계 또는 역동적 위치에서 나오는 환상, 투사, 상징화, 오해, 이상화, 폄하, 선택적 편견 등과 같은 것으로 이루어져"(p. 73) 있기 때문이다.
5. 일단 형성되고 나면 내사물은 외부 대상의 영향력을 감소시킨다. 바로 이것이 중대한 요점이다. 내사물은 외부 대상과의 불편한 관계를 변형시키려고 노력하는 가운데 느끼는 실망이나 심한 양가감정에서 비롯된다.
6. 내사물은 일단 형성되고 나면 외부 대상과의 관계를 변화시킨다. 그리고 이제는 그 대상의 영향력이 줄어들기 때문에 그 대상과의 후속 경험은 내사된 내용을 수정하지 못한다.
7. 내사는 정신구조의 측면은 물론 대상표상이 정신에서 차지하는 위치 면에서도 하나의 사건이며 변화이다. 유아의 자아 안에서 이것이 어떻게 활발하게 기능하는지 주목하라.

내사물과 내사에 관한 이러한 기술은 8장에서 소개될 코헛의 변형적 내재화 개념과 비교하기 위해서라도 꼭 이해해야 한다. 내사는 자아의 경계와 현실검증능력에 퇴행적 수정이 일어나고 있음을 나타낸다. 내사는 결여와 양가감정을 내부로 전치함으로써 이를 영속화한다. 내사는 변형적 내재화 과정과 달리 성장을 촉진한다기보다 수동적인 숙달방식이며 그것 자체로는 적응적인 것이 아니다.

대상관계 이론가마다 다른 의미로 사용(Pruyser 1975)하는 분열splitting은 자아의 통합 능력에 결함이 있음을 드러내는 것으로, 중요한 전오이디푸스적 함의를 지닌다. 프로이트(1940)는 이것을 부정disavowal과 연결시킨다. 어떤 상황에서든지 이것은 현실을 등지는 행동들–꿈, 도착, 신경증, 정신증 등을 포함하는–에서 핵심적인 역할을 한다.

후기 대상관계이론가들의 정의에 따르면 투사는 에너지와 영향력으로 충전된(즉, 내사물이 된) 대상표상과 자기표상이 자기의 경계 바깥에서 나온다고 경험하는 과정을 가리킨다. 자기의 경계 바깥이란, 분석가나 독립된 대상 또는 생물이나 사물(예를 들어 영향을 미치는 기계)을 가리킬 수 있다. 관계를 활발히 지속시키는 투사적 동일시와 달리 투사는 수용할 수 없는 것들로부터의 분리를 야기한다.

대상관계 이론에서의 "자기"

컨버그(1982)는 "자기"를 "대상"과 대립되는 개념으로 사용하지 말 것을 제안한다. 왜냐하면 이런 식의 용법은 사회심리학적 기술에 해당하기 때문이다. 컨버그에 의하면, 정신구조로서의 자기는 리비도와 공격성이 투여된 대상표상들에서 기원한다. "간단히 말해서, 자기란 자기표상의 요소가 자아의 다른 기능들을 포함하는 특별한 구조 안으로 통합됨으로써 점차 발달하는 자아의 기능과 구조를 말한다"(p. 905). 그러므로 정신 안에는 이러한 자기표상들의 총합이, 자폐증 환자에서 정상인에 이르기까지, 다양한 정도의 내적 모순과 불일치 또는 통합성과 더불어 존재한다. 자기표상들의 최종적 형태는 이러한 초기 표상들이 얼마나 잘 통합되고 발달했는가에 달렸다. 대상표상들에 대해서도 마찬가지 원리가 적용된다.

적응력 있는 행동은 자기표상과 대상표상이 비교적 잘 조직, 발달, 통합되어 있음을 전제로 한다. 현대 대상관계이론가들은 자기표상과 대상표상을, 본질적으로 행동에 이르게 하는 주관적 관념화 혹은 경험의 이정표로 간주한다. 그러나 내사물은 개인이 원하든 원치 않든 간에 그의 생각과 행동에 영향을 미친다고 본다. 그러나 문헌에서는 종종 이러한 구분이 명확하지 않다. 그린버그와 미첼(1983)에 의하면 컨버그는 자기를 표상으로 정의하는 하트만을 따르고 있다. 다시 말해 그는 "자기를 구조라고도 말한다"(p. 335)는 것이다.

컨버그 이전에 이미 제이콥슨(1964)은 나르시시즘의 이해와 관련해서 자기표상들과 대상표상들의 변화를 자세히 논했다. 그녀는 건강한 나르시시즘을, 리비도가 자아에 투여된 상태라고 정의하는데, 자존감은 이보다 더 복잡한 현상이라고 말한다(Teicholz 1978). 자존감을 흔드는 요소는 모두 자기애성 장애를 일으킬 수 있는데 이러한 장애 요소로는 분열되고, 불안정하고, 너무 무가치하거나 과대적인 자기표상을 들 수 있다.

> 자아의 지각 기능과 판단능력이 잘못돼서 자아이상이 자아와 대상에 대한 원시적 이상화의 요소를 너무 많이 포함하거나, 초자아의 비난이 성숙된 자아에 의해 완화되지 않고 지나치게 엄격하다면, 그리고 리비도나 공격성이 자아에 투여되는 것을 초자아가 조절할 수 없고 이러한 리비도나 공격성 충동들이 충분히 중화되거나 적절히 통합되지 못할 때 자존감은 손상을 입는다(Teicholz 1978, p. 848).

타이콜쯔는 제이콥슨의 입장을 개괄하면서 그녀가 제시한 대상관계이론의 학문적 복잡성을 보여 주었다. 이에 대해 그린버그와 미첼(1983)은 "머리카락을 쪼개고 또 쪼개다 보니 제이콥슨의 주장은 거의 온데간데없다"(p. 306)고 묘사한다.

제이콥슨에게 크게 영향 받은 컨버그의 이론은 정상적인 내적 대상관계와 비정상적인 내적 대상관계에 관한 이론이다. 그의 주장들은 대상관계와는 거의 관련이 없고, 경험된 대상관계가 내재화되어 생긴 파생물들에 초점을 둔다. 컨버그는 이를 "대상관계들이 내재화된 것"이라고 불렀다. 마이스너(1978)는 이것은 "다른 맥락에서 '내사물들'로 기술된 것과 매우 흡사해 보인다"(p. 587)고 말한다. 컨버그의 이론은 대상과의 관계성object relatedness에 관한 이론이라기보다 대상표상에 관한 이론이다. 즉, 그는 실제 대상들과의 관계에는 거의 관심이 없고 내재화된 대상관계, 내사된 대상, 내사물 등의 변천이나 "동화작용 metabolism"에 몰두한다(앞서 보았듯이 컨버그는 클라인의 유사생물학적 입장에 반대하는데 그도 이런 경향이 있음). 마이스너(1978)는 계속해서 "결국 이 이론의 위험성은, 좀 더 후기의 병리나 보다 분화된 병리의 발달에 대해서도 대상 관계성의 원초적 변천이라는 견지에서 해석하는 환원주의적 경향에 있다"(p. 588)고 말한다.

컨버그의 발달 단계들

컨버그(1976)는 내재화된 대상관계들의 발달단계를 5가지로 구분한다. 첫 번째 단계는 "일차적 미분화"의 단계로, 말러가 말하는 "정상적 자폐" 단계와 유사하다. 대상관계 이론은 전오이디푸스기(역주 : 0~3세) 초기의 엄마-유아 단위를 직접 관찰하고 이를 구조화하는 것에 중점을 둔다. 이 단계에서는 자기표상도 대상표상도 없다. 컨버그는 이 표상들을 이미지라는 말로 바꿔 부르기도 한다. 이 단계가 1~2개월 정도 지속되고 나면 두 번째 단계가 시작된다. 두 번째 단계는 말러의 공생단계에 해당하며 생후 2~6개월에 걸쳐있다. 말러는 이것을 생후 6~8(9)개월에 해당되는 분리-개별화 단계 중 "분화"가 이루어지는 첫 번째 하위단계로 본다.

이 단계에서는 표상들이 존재하지만 자기와 대상이 구별되지 않은 미분화된 덩어리를 이루며, 단지 좋은 것과 나쁜 것으로만 구별되어 있다. 따라서 이

단계에서는 자기와 대상 사이에 어떤 구별도 존재하지 않는다. 컨버그는 "일차적이고 미분화된 '좋은' 자기 및 대상 표상들" 즉, 즐거운 경험들과 연결되어 있으면서("순수 쾌락자아") 리비도로 감싸인 "덩어리"와, 고통이나 좌절과 연결되어 있으면서 공격성을 띠는 "일차적이고 미분화된 '나쁜' 자기 및 대상 표상들"을 가정한다. 컨버그가 말하는 "자기-대상-정서 단위"의 개념과 코헛이 말하는 "자기대상selfobject"을 혼동해서는 안 된다. 자기대상은 경험에 가까운 개념으로 완전히 다른 방법론과 이론에 속하기 때문이다. 이것에 관해서는 2부에서 기술할 것이다.

세 번째 단계는 6~9개월 사이에 분리-개별화 단계의 첫 고비를 넘기면서 시작되는데, 일차적인 두 개의 덩어리들("좋은" 대상들과 "나쁜" 대상들)로부터 자기표상과 대상표상이 분화되면서 시작된다. 이 단계는 말러의 분리-개별화 단계처럼 3세경에 끝나는데, 이때 "좋은" 자기표상들과 "나쁜" 자기표상들이 일관된 자기 개념으로 통합되고 "좋은" 대상표상들과 "나쁜" 대상표상들이 "전체total" 대상표상으로 통합된다. 결국 대상에 대한 일관된 태도와 내부 및 외부 세계를 구별할 수 있는 견고한 능력(즉, 안정된 자아 경계)의 획득은, 이 단계의 성취 여부에 달렸다.

컨버그(1976)는 "내재화된 대상관계가 이런 발달단계에 병적으로 고착되거나 이 단계로 퇴행할 때 경계성 인격이 형성된다"(p. 65)고 주장한다. 그에 따르면 이 세 번째 단계에서 "분열기제의 사용으로 인해, 리비도가 투여된 자기 및 대상 표상들과, 공격성이 투여된 자기 및 대상 표상들 간의 분리가 강화되는데, 이는 이상적이고 좋은 엄마와의 관계가 나쁜 자기표상들과 엄마에 대한 나쁜 표상들로 오염되는 것을 막기 위한 노력이다"(p. 67). 보통 이러한 분열은 줄어들지만 컨버그는 경계성 인격에서 두드러지게 나타나는 병리를 특별히 구별하기 위해 다음과 같이 말한다: "경계성 인격조직에서 분열기제가 중심적 방어기제가 되는 이유는, 공격성이 투여된 정신내적 구조와 리비도가 투여된 정신내적 구조를 분리된 상태로 유지하기 위해서다. 이 정신내적 구조는 초기 대상관계에 뿌리를 두고 있다"(p. 67). 비록 정상적인 발달에서는 세 번째 단계가 끝날 즈음에 대상표상과 구별되는 견고한 자기 개념이 존재하지만, 자기 개념 속에는 좋고 나쁜 자기표상들의 분열이 여전히 작용한다. 이와 마찬가지로 "처음에는 엄마, 그 다음에는 아빠와 형제자매 순으로 나타나는 대상표상들 안에도"(pp. 66-67) 분열기제로 인해 좋은 대상표상과 나쁜 대상표상이 여전히 "공존"한다. 그러나 분열기제의 작용은 점점 줄어든다.

3세 후반에 시작되는 네 번째 단계는 오이디푸스기를 거치는데, 이 시기 동안 "리비도와 공격성이 투여된 자기표상들이 통합됨으로써 최종적인 자기 체계가 형성된다. 그리고 리비도와 공격성이 투여된 대상의 이미지는 '전체' 대상표상으로 공고화된다"(p. 67). 이 단계에서 자아와 초자아는 정신내적 구조로서 "견고하게" 자리 잡는다. 이 단계에서 형성되는 전형적인 병리는 신경증과 성격병리로, 컨버그는 이를 "보다 상위수준"(컨버그의 표현)의 병리라고 부른다. 여기서 "병리를 형성하는 갈등은 주로 자아와, 비교적 잘 통합되어 있으나 지나치게 엄격하고 처벌적인 초자아 사이에서 발생한다"(p. 67).

이 단계에서 형성되는 성격병리의 하나가 자기애성 인격장애다. 컨버그에 의하면 이것은 비정상적인 공고화로 인해 병적 "과대자기"가 형성된 결과이며, "경계성 장애와 유사한"(p. 68) 방어기제의 작동에서 기인하며, 세 번째 발달단계로의 퇴행에서 비롯된다.

컨버그에 따르면, 네 번째 단계의 발달과제는 "좋은" 자기표상들과 "나쁜" 자기표상들을 종합해 자아 안에 비교적 뚜렷하고 잘 통합된 현실적 자기표상을 형성함과 동시에, 이와 같은 방식으로 "좋은" 대상표상들과 "나쁜" 대상표상들을 종합하여 자아 안에 통합된 대상표상을 형성하는 것인데, 경계성 환자의 경우는 이 단계에서 실패한 것이다. 이러한 실패는 타고난 자아의 결함 때문일 수도 있고 과도한 공격성 때문일 수도 있다. 과도한 공격성은 환자를 세 번째 단계로 고착 또는 퇴행시킴으로써 네 번째 단계에서 이루어야 할 종합과 통합의 과제를 성취하지 못하게 할 수 있다. 이러한 종합은 하트만의 중립화 개념과도 관련이 있다. 중립화는 에너지가 자아 기능과 보다 높은 수준의 억압에 사용될 수 있도록, 일종의 반-리비도투여countercathexes를 설정하는 것이다. 이것이 작동하지 않으면 약화된 자아는 주로 분열을 방어기제로 사용해야 한다. 그러나 그렇게 되면 자아는 더욱 약해지고 분열기제를 더욱 많이 사용해야 하는 악순환에 빠지게 된다.

다섯 번째이자 마지막 단계는 6~7세에 해당하는 시기로, 오이디푸스 단계가 종결되고 초자아가 공고해지며, 자아와 초자아 간의 대립이 감소됨으로써 내적 조화와 "자아 정체성"이 보다 공고해지는 시기이다. 컨버그에 따르면 정상적 발달에서 분열기제는 3개월경에 시작되어 몇 개월 뒤에 정점에 이른 후, 만 2~3세 초엽에 서서히 사라진다. 그리고 이 시기가 지나면 억압을 비롯해서 보다 고차원적인 방어기제들이 발달한다(p. 69).

초자아에 대한 컨버그의 견해

초자아와 나르시시즘에 관한 컨버그의 개념화는 클라인보다 제이콥슨에 더 가깝다. 그러나 제이콥슨은 엄격한 단계별 기술을 피했고, "원초적 내사들 간의 갈등보다는 부모가 아동과 맺는 의미있는 상호작용을 더 중시했다"(Abend et al. 1983, p. 163).

컨버그는 초자아의 주된 구성요소들이 2~5세에 형성된다고 보는데, 이는 프로이트의 견해보다 시기적으로 앞당겨진 것이다. 컨버그에 의하면 이러한 요소들은 4~6세에 통합되고 5~7세에 공고해진다(즉, 탈개인화되고 추상화됨). 가장 초기의 초자아 구조는 "적대적이고 매우 비현실적인 환상속의 대상 이미지들의 내재화에서 비롯되는데, 이러한 대상 이미지들은 '추방되고' 투사되고 재내사된 '나쁜' 자기-대상(코헛의 자기대상과 혼동하지 말 것) 표상들을 반영한다"(p. 71). 전성기기의 좌절과 기질적 공격성이 강할수록 초자아 전조들의 가학성은 월등해진다. 그리고 가학적 초자아는 네 번째 발달단계가 시작되는 시점에서 절정에 이른다.

또한 두 번째 원시적 초자아 구조가 있는데 이는 응집되고, 마술적이고, 이상화된 "전적으로 좋은" 자기 및 대상 표상들로 이루어져 있다. 그리고 이것들은 "원시적 이상화"를 통해 자아이상의 핵을 형성한다.

네 번째 발달단계에서 초자아 전조들의 두 가지 측면은 "통합"되는데, 그 결과로 방어적인 투사가 줄고 오이디푸스기 동안 부모의 현실적 요구와 금지들을 내재화할 수 있게 된다. 이러한 통합과 내재화는 초자아의 원시적이고 원초적인 측면을 보다 조절되고 합리적인 것으로 "길들이는" 역할을 한다. 다섯 번째 발달단계에서는 길들여진 초자아가 더욱 통합되어 자아와 조화를 이루는데, 이때 자아정체성이 확립되고 초자아는 더욱 추상화되고 탈개인화된다.

컨버그의 이론에 의하면 두 가지 유형의 초자아 실패가 발생할 수 있다. 첫 번째 유형은 가학적 초자아의 전조들이, 호의적 혹은 원시적으로 이상화된 초자아 전조들과 통합되지 못한 경우이다. 이렇게 되면 보다 현실적인 오이디푸스적 부모 이미지가 내재화되지 못하고 원시적인 가학적 초자아가 영속화되며 과도하게 재투사가 활성화되어 마침내 편집증을 일으킨다.

두 번째 유형의 실패는 경계성 인격에서와 비슷한 유형의 통합 실패에서 기인하는데, 이것은 위험스러운 원초적 이상화에서 비롯된다. 이는 외부 대상들이 투사된 나쁜 대상들에 의해 파괴될 수 없다는 확신이 들 만큼 완전히 좋아 보이는 것을 말한다. 이러한 현상은 너무 일찍 그리고 지나치게 극단적인 방식으로 일어나는데, 지나치게 많은 공격성을 방어할 필요에서 생겨난다. 그러므로 여기서도 이상화는 공격성에 대한 일종의 방어로 비친다. 게다가 원초적으로 이상화된 초기대상 이미지들의 이상화는 불가능한 내적 요구를 형성시켜 진퇴양난에 빠지게 한다. 다시 말해서 이런 비현실적인 이상화 대상들과 "외부의 박해자들" 또는 투사된 나쁜 대상들과의 "위험한 융합"이 이루어지는 것이다. 이것은 가학적 초자아의 핵을 구성하며 재투사와 재내사에 의해 영속화된다. 이것은 초자아가 보다 현실적인 부모의 금지들을 내재화함으로써 조절되는 것을 방해하고, 초자아 자체의 통합은 물론 초자아와 자아의 조화에도 방해가 된다. 이러한 조화가 방해되면 자아정체성의 형성 또한 방해를 받게 된다. 이렇게 되면 일관되고 견고하게 통합된 자아라는 개념에 결손이 생기는데, 이것이 바로 DSM-Ⅲ가 기술하는 경계성 환자에게서 나타나는 전형적 특징이다.

기타 임상적인 면들

컨버그는 치료자와의 융합 경험을 특징으로 하는 정신증 환자와, 현실검증능력을 대부분 유지하고 있는 경계성 환자를 구별한다. 그는 자신의 대상관계이론은 자아심리학의 한 부분으로 통합될 수도 있지만, 무엇보다 감정과 동기에 관한 학설이라고 주장한다(1980). 컨버그의 이론은 "정신분석적 욕동심리학drive psychology과 사뭇 다르며 매 장chapter마다 변화를 거듭한다"(Greenberg and Mitchell 1983, p. 331).

컨버그에 의하면 기질적으로 결정되는 불쾌 혹은 유쾌한 주관적 상태들은 우선 미분화된 정신생리학적 자기 안에서 일어나는데 내재화된 "좋은" 대상관계와 "나쁜" 대상관계의 맥락에서 통합, 분화되며 본능적 욕동들이 리비도와 공격성으로 분화되는 데 매우 중요한 역할을 한다. 컨버그에 따르면, 프로이트의 구조이론이 말하는 세 가지 구조물id, ego, superego은 내재화된 대상관계에서 발생한다.

이 이론에는 일차적 나르시시즘(또는 일차적 피학성향)과 같은 개념이 없다. 그리고 가장 초기의 리비도 투여도 미분화된 자기-대상(코헛이 말하는 자기대상과 혼동하지 말 것) 표상 안에서 일어난다고 본다. 컨버그(1980)에 의하면 "충동들"은 전반적인 동기부여 체계로, 리비도와 공격성의 덩어리들로 형성된 위계구조로부터 나온다. 우리는 "선천적인 감정의 경향"이라는 말을 쓰는데, 이는 "좋은" 또는 "나쁜" 감정의 상태로 자기 또는 대상관계 안으로 통합되며 "충동체계들(가장 넓은 의미로 본다면 리비도와 공격성)에 관한 하나의 총체적 위계 구조"를 형성한다(p. 108).

컨버그(1980)는 분리-개별화 단계 중에서도 분화가 이루어지는 단계와 관련된 소그룹을 따로 구별해, 분열적 경계성 환자들이라고 불렀다. 그에 의하면 이들은 지지를 필요로 하는 그룹이다. 나머지 경계성 환자들의 경우는 "전적으로 나쁘거나" "전적으로 좋은" 자기표상들과 대상표상들을 치료자에게 투사하는 것을 해석해 줌으로써 치료했다. 컨버그는 매스터슨(1976)과 다른 의견을 갖고 있는데, 컨버그에 따르면 매스터슨은 경계성 환자의 오이디푸스 콤플렉스와 이에 대한 왜곡을 간과하고 있다. 컨버그는 오이디푸스기와 전오이디푸스기의 문제는 항상 고려의 대상이 되어야 한다고 말한다.

컨버그에 의하면, 집중정신치료의 경우 지지적인 방법과 해석적인 방법은 서로 효능을 상쇄시킨다. 왜냐하면 이 두 가지 방법을 함께 사용하면 환자의 분열기제와 투사가 활성화되기 때문이다. 자기애성 환자와 경계성 환자에 대한 집중정신치료의 기본 가정은 바로 이러하다: 전이의 성격을 띤, 분열된 투사들을 해석해 줌으로써 보다 나은 융합을 이끌어내고, 종국적으로 정상적인 전이를 형성시켜 보다 현실적인 대상관계를 유도해낸다. 이렇게 되면 오이디푸스 단계가 정식으로 해결된다는 것이다.

컨버그는 인지적인 이해와 해석의 노력 외에도 진지한 염려를 통해 환자를 수용해 주는 방법을 곁들이고자 한다. 이러한 진지한 염려는 환자의 자율성을 존중해 주는 데서 나타난다. 이러한 염려는 환자의 공격성에 개의치 않고 중립적인 태도를 잃지 않으면서 공감과 지지를 보낼 수 있게 한다. 컨버그는 경계성 환자에게 흔히 나타나는 원초적 전이들을 다루는 데는 일종의 균형 감각이 필요하다고 말한다.

코헛과 달리 컨버그는 자기애성 인격장애 환자의 전형적 방어기제와 경계성 환자의 방어기제가 유사하다고 본다. 자기애성 인격장애에서도 경계성 환자에게서 볼 수 있는 강한 구강 공격성을 토대로 한 분열, 부인, 투사적 동일시, 원초적 이상화, 전능감 등이 나타난다는 것이다. 단지 자기애성 인격에서는 병적으로 형성된 과대자기가 원초적 공격성향을 은폐하기 때문에 사회성이나 업무면에서 일견 더 나아 보일 뿐이라는 것이다. 오랜 기간을 지켜보면 컨버그가 지적했듯이(1975), 이런 사람들에게서는 소위 "화려함 뒤의 공허"라 할 수 있는 깊이의 결여를 엿볼 수 있다(p. 230). 컨버그와 코헛의 기본적 견해 차이에 대해서는 11장에서 논하기로 한다.

컨버그(1976, 1980)에 의하면 이러한 과대자기는 병적이며 반드시 제거되어야 할 방어구조물로, 자기이미지와 다음의 것들이 병적으로 융합된 결과이다. a) 유년시절에 실제로 받았던 특별한 대우 b) 이상화된 자기이미지(보상적이고 영예로운 자기이미지) c) 이상화된 대상이미지(이 또한 보상적인 것인데 영원히 사랑하고 베풀어주는 부모를 갖는 환상과 관련이 있음). 이러한 융합은 병적으로 과도한 자기를 형성하며, 이렇게 형성된 자기로 하여금 의존을 꺼리게 하고, 폄하된 외부 대상들로부터 공격을 예견하여 방어하도록 만든다. 투사로 인해 외부 대상들이 매우 위험한 힘으로 덧입혀진 듯 보이며, 따라서 세상은 환자 자신만큼이나 증오와 복수심에 찬 것처럼 보인다. 환자는 이런 위험한 타자들을 폄하해야만 하는데, 여기에는 현실의 부모도 포함된다. 그리고 이러한 평가절하는 모든 사람에 대한 실망으로 합리화된다.

컨버그 이론에 대한 비판

하이만(1966)에 따르면 컨버그가 말하는 분열 개념은 퇴행적인 자아기능을 뜻하는 것이지, 유아에게 전형적으로 나타나는 정상적인 모습은 아니다. 홀쯔만(1976)도 컨버그의 근거 없는 가정들과 복잡한 용어와 주장들에 대해 공격하면서 이것들은 명료하지 않으며 불필요하게 컨버그의 생각들을 복잡하게 만든다고 지적한다. 그는 또한 컨버그가 이론화한 모델 속의 인간은, 사고 능력 없이 내사에 의해서만 살아가는 인간이라고 주장한다.

칼렙과 와인쉘(1979)에 따르면 컨버그의 기본 가정들은 명료하게 설명된 적이 없다. 이들은 멜라니 클라인의 이론을 발췌해서 만든 컨버그의 이론을 정당화시켜 줄 근거가 무엇이냐고 질문한다. 이들은 또한 컨버그의 임상 자료들의 출처를 의문시하며 이것들은 컨버그 자신이나 다른 사람들이 한 치료에서 닥치는 대로 끌어 모은 것이라고 주장한다. 이들에 의하면 컨버그의 자료들은 서로 종류가 다른 정신치료와 정신분석에서 나온 것임에도 불구하고, 해당 치료법의 영향에 관한 언급도 없이 소개되고 있다. 게다가 이 자료들은 치료가 어느 단계에 있는지도 밝히지 않는다고 이들은 불평한다. 왜냐하면 치료가 막 시작된 지점에 있는지, 아니면 중간단계에 있는지 혹은 상당히 진행된 상태인지에 따라 자료의 의미는 달라지기 때문이다. 칼렙과 와인쉘은 또 컨버그의 어려운 용어 사용을 비판한다. 이들에 의하면 컨버그의 용어들은 개인 고유의 의미로 정의되고 또 사용된다. 이들은 경계성 인격구조와 같은 하나의 질병단위를 이토록 세밀하게 체계화해서 기술해도 되는지 의아해하며, 컨버그의 이론은 분석단위와 분류기준이 너무 많아 그야말로 "정신적 서커스"를 보는 것 같다고 말한다.

다른 저술가들처럼(Abend et al. 1983) 칼렙과 와인쉘도 극히 불안정한 환자들에게는, 치료자에게 "전적으로 나쁜" 자기표상들과 대상표상들을 투사하는 것과 같은 강한 원초적 방어 기제들을 해석해 주는 것이 자아를 강화시킬 수도 있지만 실제 퇴행을 불러올 수도 있다고 주장한다. 이들에 의하면, 컨버그가 계속해서 자신의 주장을 바꾸고 변경하는 이유는 경계성 인격의 형성에 관한 그의 개념화에 신중을 기하기 위해서다. 이들은 또 이 모든 투사와 투사적 동일시가 일어나는 도중에도 어떻게 경계성 환자들이 치료 안팎의 상황에 대해 현실검증능력을 유지할 수 있는지 의아해한다. 이들에 의하면 대상관계이론은 프로이트의 역동적 구조이론과 양립할 수 없으며, 프로이트의 구조이론 또한 컨버그의 대상관계이론으로 분명히 대체되었다. 칼렙과 와인쉘은 진단명이 내포하는 것을 토대로 한 "고정관념이라는 프리즘"으로 환자를 바라보지 말라고 우리에게 경고한다. 이것은 "크레펠린의 분류법으로 되돌아가는"(p. 489) 일종의 퇴행이라는 것이다.

칼렙과 와인쉘은 컨버그의 접근법과는 확실히 다른 자기심리학에 대해서도 몇 가지 문제점을 제기한다. 이들은 근래에 정신분석 이론을 수정하려는 "주장들이 넘쳐나는" 희한한 사회현상이 빚어지고 있다면서, 아직은 이런 수정안들을 특정한 형식 안에 모두 포괄할 수 없다고 말한다. 이것들은 "대개 일시적인 중요성이나 인기만을 생각하고 있다"고 그들은 경고조로 말한다(p. 487). 칼렙과 와인쉘은 이러한 수정안들이 오이디푸스 콤플렉스의 중요성과 성정체성의 변천에 관한 강조에서 벗어나, 정신적인 삶에서 공격성과 전성기기적 요소들이 하는 역할에 관심을 쏟는 점을 염려한다. 이들은 지금의 문제가 방어적 퇴행이나 "(심리학) 발달사에서 중지 또는 결함"(p. 488)을 뜻하는지는 더 논의해 보아야 한다고 말한다.

클라인과 트리비히(1981)는 컨버그가 프로이트의 욕동이론을 제거하고 그 자신만의 새로운 초심리학을 도입했다고 평가한다. 프로이트를 이해하는 열쇠는 내부로부터 무언가를 방출하고자 하는 욕구에 의해 움직여지는 인간 개념이다. 이들에 의하면 컨버그는 애착 대상을 프로이트가 말하는 욕동해소의 대상과 혼동하고 있다. 이들은 또한 프로이트는 분열기제를 부인denial과 부정disavowal에 연결시키지만, 컨버그는 분열기제를 프로이트와는 다른 방식으로 사용한다는 점, 그리고 인간행동의 근원적 동기로서 컨버그는 욕동이 아닌 인간대상들을 향한 욕구를 제시한다는 점을 지적한다. 클라인과 트리비히(1981)에 따르면 이러한 견해는 컨버그 자신이 인정하는 것보다 훨씬 더 보울비의 "애착이론"에 가깝고, 정신병리를 보다 대인관계적 측면에서 이해하는 것처럼 보인다. 또한 이들에 의하면 컨버그는 공격성의 기원 문제를 교묘히 피하거나 혼동하며, 리비도와 공격성의 의미를 욕동으로부터 환경적 경험에서 축적된 감정상태들로 옮겨놓았다(Goldberg 1985 참조).

클라인과 트리비히는 컨버그가 하트만의 용어인 융합fusion과 중화neutralization를 오용한다고 비판하면서, 컨버그가 다른 대상관계이론가들을 비판하는 것은 문제가 있다고 주장한다. 이들은 "대조적이고 경쟁적인" 관계에 있는 프로이트의 본능이론과 대상관계이론을 접근시키고 조화시키려는 컨버그의 시도는 "이론적으로 증명되지 않았으며" "혼란과 왜곡과 불일치"만 불러왔을 뿐이라고 하면서, "이런 와중에 정리한 내용들이 그의 이론이 되었다"(p. 27)고 결론짓는다. 이들의 견해는 그린버그와 미첼(1983)의 연구에 의해서도 지지되었다.

자기애성 장애와 경계성 장애에 관한 일반적인 정신분석학적 지식이나, 전반적인 동의를 얻고 있는 정신병리에 관한 정신분석학적 초심리학 체계는 존재하지 않는다. 자기심리학은 몇몇 학자들이 암시하는 것처럼 어떤 특이한 이단도 "컬트"나 분파그룹도 아니다. 자기심리학은 임상 현상에 접근하는 현대의 다양한 방법 중의 하나로 고전적인 해석으로는 풀리지 않던 임상 자료들을 설명해 준다.

제2부
코헛의 자기심리학

6장 | 자기에 대한 정의들

자기심리학을 공부하려는 사람들이 맨 먼저 부딪치는 문제는 바로 "자기"에 대한 정의이다. 이 용어는 저자마다 약간씩 다른 의미로 사용한다. 아마도 "자기"라는 용어의 가장 잘 알려진 용법은 조지 허버트 미드(1962)의 용법일 것이다. 그는 화용론pragmatics (현실에서 언어가 어떻게 사용되는가를 연구하는 언어학의 한 분야 :역주) 학자로 정신과 신체의 평행론parallelism을 지양하면서, 정신과 자기는 사회적 상호작용으로부터 생겨나는 것이지 별개의 내적 존재들이 아니라고 주장했다. 미드에게 자기란 두 단계를 거쳐 형성되는 사회적 자기를 뜻한다. 첫 번째 단계에서 한 개인은 특정한 사회적 행위들에 참가하면서, 타인들이 서로간 혹은 그에게 취하는 태도들을 구조화함으로써 개인적 자기를 형성한다. 두 번째 단계에서는 "일반화된 타인 또는 그가 소속된 전체로서의 사회집단이 갖는 사회적 태도를 구조화한 것"이 추가된다(p. 158). 그러므로 미드에 따르면 정신이나 자기는 사회적 경험이 "반영"됨으로써 형성된다. 이러한 시각은 "대인관계 학파"(Chessick 1974, 1977a/ Greenberg and Mitchell 1983)를 형성한 설리반(1953)에게도 영향을 준 것 같다. 이런 시각은 "사회적 행동주의"를 의미하며, 정신이나 자기에 관한 심리학에까지 경험주의를 확대하려는 시도라고 볼 수 있다. 맥콜(Mischel 1977)은 이를 가리켜 "사회적 시각으로 자기에 접근하기"라고 했는데 이러한 접근법에서는 자기가 기본적으로 사회적 구조물이다.

코헛이 자기를 정의하게 된 임상적 배경

미드의 접근법은 코헛의 자기심리학과 전적으로 대조된다. 왜냐하면 코헛의 자기심리학은 사람의 주관적 경험, 즉 자기에 대한 내적 감각에 초점을 두기 때문이다. 치료자는 공감이나 상대방을 대신한 대리적 내성vicarious introspection을 통해 상대방의 자기감각을 알아내고 자존감의 변화를 이해하고자 한다. 자존감은 한편에서는 거의 무의식적 야망들과 연결되어 있고, 다른 한편에서는 대개 무의식적 이상들과 연결되어 있다. 미쉘[1](1977)은 다음과 같이 설명한다.

> 이것들은 타인과의 관계에서 발전하는 자기 감각에 뿌리를 둔 것으로 보인다. 타인과의 관계는 유아가 자신에게 젖을 주는 엄마와 맺는 관계에서 시작되는데, 이러한 발달은 비교적 응집된 자기를 형성한다. 그렇지 않으면 건강염려증에서처럼 분열을 일으키거나 성도착 경험 또는 자신이 느끼기에도 비이성적인 행동들을 야기한다(p. 26).

이렇게 명백한 "비이성"이 환자에 의해 경험될 때 이것은 임상적으로 중요하다고 울프(Mischel 1977)는 강조한다. 미쉘은 남자친구가 여행을 떠나는 바람에 그와 6주간 떨어져 지내야 했던 S양(대학원생)의 사례를 보고한다. 그녀는 그가 그립고 슬펐지만 한편으로는 그가 다른 여자를 만나 그녀를 잊어버릴 거란 생각을 떨쳐버릴 수 없었다. 그들의 좋은 관계를 볼 때 이것은 이성적으로 근거 없는 두려움이었다. 그러나 그녀는 불안, 우울, 피로, 약간의 불면증, 학습능력 저하 등을 피할 수가 없었고, "다른 여자들을 대할 때 그녀들과 애무하고 성교하는 환상이 있음을 알고 혹시 자신이 동성연애자가 되는 건 아닌지, 분석가와의 상담이 필요한 것은 아닌지 염려되었다"(pp. 205-206). 자기심리학의 관점에서 보면 이런 사례는 불안한 자기 상태에 대한 환자의 주관적 지각 즉, 비이성적인 생각

1) 코헛의 후기(1984) 저작의 예를 따라, 저자인 나는 본 책 내내 self(자기)와 object(대상)를 하이픈으로 연결하지 않은 selfobject(자기대상)라는 용어를 쓸 것이다. 물론 코헛 특유의 의미로 사용된 상황에서만 이 용어를 쓸 것이며, 이 용어에 관한 설명은 2부에서 하기로 한다.

이나 원치 않은 환상들에 대한 환자 자신의 지각을 보여주는 것으로서, 환자의 지각은 뭔가 잘못되었다는 느낌으로 나타나는데, 그녀는 이것을 자신이 신경증 환자가 되거나 미치거나 변태적이 되는 것으로 묘사했다. 이런 느낌들 때문에 그녀는 의사에게 도움을 청하였던 것이다.

자기심리학자들에 따르면, 자기심리학은 프로이트가 채택한 자연과학적인 틀과는 본질적으로 다르다. 자기심리학자들에 의하면 프로이트의 구조 모델-이드, 자아, 초자아-은 정신 혹은 "정신장치"의 바깥에 있는 과학자가 안에 있는 정신을 기술하려는 시도이다. 울프는 이렇게 설명한다.

> 그러나 코헛의 자기/자기-대상 모델은 이런 내용들이 정신장치의 내부로부터 경험되는 것임을 명시적으로 인정하는 모델이며, 정신분석적 자료들에서 얻은 통찰들을 개념화할 수 있게 해준다(p. 209).

울프는 S양의 사례를 사용해 이러한 차이점을 증명한다. 고전적인 구조이론에서 본다면 S양이 남자친구와 맺고 있는 관계는 자기애적이다. 이는 자신이 열중해 있는 대상을 잠시 동안만 잃어도 자기애성 리비도가 자아 속으로 철수-U 튜브 이론을 따르자면-하는 것을 보여주는 것으로, 이제 이것은 변형을 거쳐 상실된 대상과의 동일시까지 포함하게 됐다. 공격성은 원래 잃어버린 대상을 향한 것이었는데, 자아가 공격성의 표적이 되면서 자아는 우울을 경험하게 된다. 이것에 대처하기 위해 자아는 새로운 형태의 자기애성 대상 선택을 하게 되는데, 이 사례에서는 그것이 동성애적 환상으로 표현된 것이다. 우리는 여기서 S양이 그 남자친구를 선택한 것 또한 자기애적인 선택이었음을 가정해 보아야 한다. 즉, 원래부터 그가 그녀를 닮았거나 그녀가 되고자 하는 사람과 닮았기 때문에 그가 선택되었을 가능성이 있다. 프로이트의 이론에서 자기애적인 사랑은 진정한 대상사랑과 대조되는 것으로, 자신이 갖고 있는 독특한 성향들을 가졌다는 이유로 타인을 사랑하는 것이다.

코헛의 모델에서는 분석가가 내담자의 정신 안에 머무르면서 그의 주관적 경험을 개념화하려고 시도한다. S양은 남자친구가 여행을 떠나기 전에는 자신의 "자기"가 비교적 잘 기능한다고 느꼈다. 그러다가 잃어버린 무언가를 찾는 사람처럼, "이전의 고요와 평안을 되찾아줄 무언가"(p. 210)를 미친 듯이 찾고 있는 사람처럼 그녀는 긴장과 우울과 불안을 느끼기 시작한 것이다. 치료자는 공감과 대리적 내성을 사용하여, S양이 예전의 자기처럼 느끼지 못하고 응집되어 있던 자기에 분열이 생겨나고 있음을 느끼는 상황에 대해 경험적으로 개념화한다. 이런 상황을 불러온 것은 바로 남자친구의 부재이다. 남자친구는 그녀에게 어떤 심리적 기능을 하고 있었는데 그가 여행을 떠나면서 비로소 이 점이 분명하게 드러났던 것이다. 그는 외부에 존재하는 접착제로서 "어느 정도" 그녀의 자기응집성에 기여했던 것이다. 자아의 응집상태가 소실되면 잃어버린 부분을 대체함으로써 전일성을 회복하려는 필사적인 탐색이 이루어진다.

자기의 응집성이 사라지면 "조화롭게 균형 잡힌 체계 안에서 마치 성sexuality이 그 고유의 기능을 상실하기라도 한 것처럼"(p. 211), 분열의 산물로서 종종 강렬한 성욕이 나타난다. 마치 소실된 자기 응집성 때문에 생긴 죽을 것 같은 느낌을 성적 흥분이나 만족감이 없애주기라도 할 것처럼, 자기분열의 경험에는 대개 성적 방종이 뒤따르는데 이는 임상에서도 흔히 볼 수 있는 현상이다. S양은 그녀가 새로운 자기대상을 찾고 있음을 병적으로, 성적으로 표현하고 있음을 보여준다. 그린버그와 미첼(1983)은 정신분석가 에리히 프롬이 "나약한 자기감각을 유지하기 위해 성과 방종을 활용하는 것"(p. 106)에 관해 처음으로 기술했음을 인정한다.

코헛(1966)도 지적하듯이 자기를 응집적인 형태로 개념화하고 전인 건강의 느낌을 수반한 자기감각으로 개념화하는 일은, 자기에 대한 사회적 정의들과는 전적으로 다르다. 코헛은 초기 연구에서 경험적인 면을 거듭 강조하며, 얼마나 자기분열(자기 응집성의 상실)이 불안과 심지어 공포를 동반한 우울이나 빈사상태와 같은 극도의 곤란을 경험하게 하는지에 관해 기술했다. 응집성이 잠시만 사라져도 건강염려증이나 자존감의 동요와 같은 증상들이 나타날 수 있다. 또한 이런 주관적인 상태들은 중독성을 띠며 환자로 하여금 눈물을 글썽이게 하거나 과시적인 행동을 하도록 부추긴다. 따라서 명백하게 비이성적인 증상, 환상, 행동들이 치료자와 떨어져 있는 주말 동안 발생하면 이는 자기응집성을 유지하는 데 치료자가 중요한 역할을 하고 있음을 뜻한다. 지금까지 알 수도 없고 너무나도 불합리하게 보이던 임상 현상들이 모두 갑작스럽게 이해되는 것을 보라!

원래 코헛이 말하는 자기감각은 치료자가 대리적 내성과 환자와의 공감을 통해 얻어낸 주관적 경험을 뜻한다. 이렇게 본다면, 자기감각은 프로이트의 구조이론과 꼭 양립불가능한 것이 아니며, 자아 기능들을 바탕으로 한 것이라고 생각할 수 있다. 그러나 코헛의 이론이 발달하면서 의인화의 언어들이 자기심리학 안에 들어오기 시작했다. 이는 프로이트가 말기의 저작들에서 "자아"를 "인간 안에 있는 작은 인간"으로 의인화했던 방식과 비슷하다.

후기에 코헛이 제시한 "두 개의 극을 가진 자기"

코헛(1977, 1984)은 그의 후기 저작에서 초월적 자기 개념에 양극적 성격을 부여함으로써 이를 정교하게 다듬었다. 이러한 양극성은 무엇보다 자기의 응집성이 부실할 때 나타난다. 초심리학적 에너지 개념은 포기되고 이제 인격 안에서 자기가 "중심적 위치"를 차지하는 것을 볼 수 있다. 이러한 초월적 자기는 핵심자기core self나 핵자기nuclear self에서 발전한 것으로(코헛이 일찍이 생각했듯이) 흩어진 핵들이 교합하여 생긴 것이 아니라 생애 초기부터 이미 초월적 형태를 띤다. 이러한 초월적 형태는 "공간과 시간 속에서 우리의 몸과 마음이 일체를 이루고 연속성을 지닌다는 경험과 함께, 우리가 중대한 포부와 이상들을 갖고 자발성과 지각의 중심체로서 독립성을 느끼게 하는"(Kohut 1977, p. 177) 토대가 된다. 이제 자기는 "모든 자발성이 시작되고 또 거기서 모든 경험들이 끝나는"(Kohut 1978, p. 95) 우리 존재의 중심부로서 제시된다. 코헛이 두 개의 극을 가진 자기의 구성요소들을 논했을 때 그는 완전히 새로운 패러다임을 도입하고 있었다. 이제 자기self는 고전적인 용어들을 사용해 초심리학적으로 정의되는 심층심리학적 개념이 아니다. 이것은 정신장치 내부에 있는 어떤 단위도 아니며, 정신의 네 번째 "행위인자agent"도 아니다. "자기의 영역과 그것의 변천 과정"(Kohut 1978, p. 753)은 이제 프로이트의 정신분석과는 별개의 것이 된다. 코헛(1978)은 이것을 "자기의 과학"(p. 752n)이라고 불렀다.

칸트와의 유사성

칸트와 코헛은 자신들의 초기 이론과 후기 이론에서 자기 개념을 달리 사용한다는 점에서 공통점이 있다. 이 점은 10장에서 자세히 논할 것이다. 이 두 사람 간의 유사성은 코헛(1977)의 자유의지에 관한 논의에 잘 나타나 있다. 선택, 결정, 그리고 자유의지는 "정신의 형태를 가정하는 것으로 자기란 그것의 형성의 역사가 어찌 되었건 자발성의 중심부 즉, 자기 고유의 길을 가고자 하는 단위가 된다"(p. 245)고 코헛은 말한다. 이러한 개념과 유비는 "전체 우주The Universe in toto"에 관한 문단에 나오는데, 이는 칸트가 『순수이성비판』(1781)에서 기술한 세 가지 "이성에 관한 관념들" 중 두 가지에 해당하며, 선택과 자유의지의 가능성을 설명하기 위한 그의 도철학(『실천이성비판』)에서도 이러한 개념과 유비를 사용하고 있다.

코헛은 자기의 경험적 정의를 유지한다고 주장하지만, 칸트 철학이 일차적으로 "소극적 의미에서의 본체적 자기noumenal self"를 가리키고 있듯이, 그도 칸트와 비슷하게 점점 초월적인 자기 개념 쪽으로 기울어갔다. 코헛이 초월적 성격을 띤 "두 개의 극을 가진 자기" 개념을 사용한 것은 칸트가 설명적 개념으로서 "적극적인 의미에서의 본체적 자기" 개념을 사용한 것과 비슷하다. 우리는 코헛에게서 이러한 진화과정을 볼 수 있다. 1972년에 쓴 『자기를 찾아서The Search for the Self』(31장)에는 그가 일찍이 어떻게 "자기"를 정의할 것인가에 관해 고민하는 모습이 나타나 있다. 그 후에 우리는 그가 『자기의 회복』에서 강조한, 두 개의 극을 가진 자기와 만나게 되는데 이 자기 개념은 자유의지라는 주관적 현상과 관련된 철학적 딜레마를 해결해 주는 초월적 개념으로서의 자기를 의미한다. 이러한 변화의 전환점은 코헛(1978, p. 935)이 1974년에 쓴, 자기의 형성에 관한 논고-『자기를 찾아서』(45장)-에 잘 나타나 있다.

원래 코헛이 말한 자기 개념은 보다 경험 측에 가까운 추상개념으로, 몇 가지 임상 현상들로 분할되는 특징이 있다. 이런 점은 분명히 전통 정신분석 이론과도 통하는 부분인데, 나중에 코헛이 제기한 자기 개념은 전통적인 이론에서 다소 벗어난다. 그가 자신의 개념들을 정신분석의 경험에서 계속 끌어오면서도 자기를 자발성의 중심으로 여기는 것은, 본능적 충동들 외에도(이것들을 대신하든 이것들에 추가되든) 뭔가 미스테리한 것이 인간 행동과 사고의 주된 원천임을 시사한다. 실제로 코헛은 충동의 행동화를 인간본성의 근본성향으로 여기기보다 "분열의 산물"로 보았다. 코헛과 울프(1978)에 의하면 "유전적 요인과 환경적 요인들의 경합을 통해서 자기가 결정화되면, 자기는 그것의 특수한 실천프로그램을 실현하고자 한다"(p. 414). 이러한 개념은 마르크스주의자들의 관심을 끈다. 왜냐하면 이들은 주로 인간의 자기형성과 일생의 진로, 태도, 신념 등은 개인이 속한 사회의 사회경제적 환경의 산물이라고 보기 때문이다(Wood 1981).

중요한 것은 코헛이 말하는 "두 개의 극을 가진 자기"는 자발성과 행위의 중심인 자기를 뜻하기 때문에 이것을 이 용어의 통상적 의미와 혼동하지 말아야 한다는 점이다. 코헛의 제자들이 사용하는 "자기"라는 용어는, "본질적 자기 essential self"(코헛은 "공리적 자기axiomatic self"라고 부름)와는 완전히 다르다. 본질적 자기란 철학자들이 자유의지의 핵심으로, 그리고 인간행동에서 책임감의 근원으로서 제시하는 개념이다. 이 "본질적 자기" 개념에는 장구한 철학적 배경이 있으며, "실체substance"라는 형이상학적 개념과 "영혼"이라는 신학적 개념을 포함한다. 본질적 자기 개념에는 무의식적인 요소나 발달적 측면이 없고, 이것의 본질을 밝히기 위한 임상실험도 불가능하며, 공감이나 내성의 방법도 적용되지 않는다. 그러나 키에르케고르나 어거스틴은 개인의 내적 성찰이 때로는 진실하고 진정한 철학적 자기 즉, 자신의 선택들을 책임지는 그런(본질적) 자기를 보여준다고 생각했다.

자기에 대한 사르트르의 정의

이러한 프로그램적 자기의 현대적(실존주의적) 버전도 현상학적인 심리학만을 사용하는데, 이 버전은 자기는 어떠한 본질도 없고 개인이 인생을 살아감에 따라 이런저런 방식으로 형성될 뿐이라고 가정한다. 사르트르와 다른 실존주의 철학자들은 그들의 가정이나 신념을 정신분석학에서 나온 경험적 자료들과 통합하려는 어떠한 시도도 하지 않았다. 다음 장에서 논의될 영국학파는 환자를 둘러싼 세계의 실존적인 의미를 강조했다. 이들은 임상의학자들로 자신들의 이론을 프로이트의 견해와 조화시키고, 적어도 정신분석학적 임상 실험들과 무의식을 사용하고자 했다.

머독(1980)에 의하면, 사르트르(1964)의 『구토』는 인간조건에 관한 논평이다. 사르트르는 우리가 존재와 직접 연루될 때, 우리는 그것에 대해 "우울"하고 "끈적이는" 느낌을 갖게 된다고 말한다. 그러나 사르트르는 왜 그러는지에 대해서는 설명하지 않는다. 이런 개념은 그의 『전쟁일기War Diaries』(1984)에서 처음 나온 것 같다. 사르트르에게 있어 존재란 야만적이고 이름이 없으며, 근본적으로 스스로 존재하며 부조리하다. 그리고 존재는 우리에게 직접적으로 다가온다.

『존재와 무』의 한 장은 "존재를 드러내는 것으로서의 질Quality as a Revelation of Being)"을 다루고 있는데, 사르트르(1973)는 여기서 "끈적이는 것들의 매혹"에 대하여 논한다. 존재는 실존적인 범주로 직접적이고 구체적이다. 사르트르의 "현상학"에 따르면, 우리가 부조리하고 야만적인 존재 자체를 직접적으로 경험할 때 구토가 일어난다.

개별 존재는 다른 모든 존재하는 것과 존재 그 자체(Being-in-itself:즉자)를 공유한다. 그리고 개별 존재는 존재 그 자체를 향해 있는 존재(Being-for-itself:대자)를 포함하는데, 이는 인간의 의식에서 기인하는 불가피한 결과다. 또한 존재는 사르트르가 타자들을 향해 있는 존재Being-for-others라고 부른 세 번째 유형의 존재를 포함한다. 이 세 번째 유형의 존재는 인간으로 하여금 타인들과 필연적으로 연결되게 하는데, 예를 들어 타인의 시선에 의해 생겨난 어떤 상황에서 경험되는 즉발적인 수치심 같은 것이 이것의 통로가 된다.

사르트르는 실존이 본질에 앞선다고 말하며, 개인들은 선택을 피할 수 없기 때문에 자신이 원하든 원치 않든 스스로를 만들어 나간다고 주장한다. 그는 신에게서 온 인간성이란 존재하지 않으며, 인간에게는 본질이 없고 따라서 신도 없다고 말한다. 인간은 각자 자신의 목표와 이상을 만들어내며, 이것이 그들의 행동 속에 반사되어 나타난다고 그는 주장한다. 그에 의하면 우리는 자유라는 "형벌을 받았으며" 자유에 대한 인식에는 고통이 따른다. 이런 고통을 피하기 위해 우리는 신, 유전형질, 양육내용, 환경, 무의식 등을 탓해보지만, 사르트르는 이 모든 것들이 허위의식mauvaise foi 이라고 말한다.

개인에게 영향을 미치는 이상, 이상적 자기, 가치관 등은 행동 속에서 나타난다. 이것들은 무엇보다 본원적 선택original choice 혹은 기본계획basic project에서 비롯되는데, 우리는 사람들의 행동을 관찰함으로써 그들의 기본계획을 알 수 있다. 즉, 그들의 기본계획은 개인이 미래를 향해 움직여 나감에 따라 나타난다는 것이다.

모든 사르트르의 추종자들은 인간이 행동, 의식, 전의식적 의도의 총합에 불과하다는 관념을 강조한다. 모든 실존주의자들은 기본적이고 의식적인 선택이야말로 삶의 열쇠라고 강조한다. 이들에 따르면 프로이트의 무의식, 행동주의와 같은 결정론적 심리학은 허위의식의 행동화에 불과하다. 실존주의자들은 인간의 정신을 이드, 자아, 초자아 등의 성분으로 쪼개는 것에 반대할 것이다(Chessick 1984 참고). 인간은 어떤 본질이나 단위가 아닌 하나의 과정이다. 왜냐하면 삶은 주어진 자유를 통해 의식적으로 선택할 수 있는 가능성을 부여받은 것이며, 그리하여 행위들 가운데 드러나는 자기를 구현하는 것이기 때문이다.

브라운과 하우스만(1981)과 솔(1981)은 사르트르가 프로이트에게 가한 공격을 프로이트의 실제 이론과 조화시키고자 했다. 핸리(1979)는 실존주의 철학자들과 정신치료자들(프로이트학파의 정신분석가들을 포함하여) 사이에는 태도와 방법 면에서 화해할 수 없는 차이점들이 존재한다고 설득력 있게 주장했다. 코헛이 후반기(1977)에 제시한 "자기심리학(넓은 의미의)"은 무의식의 개념을 유지하지만 인식론적 입장에서 볼 때 프로이트보다 사르트르의 철학론에 더 가깝다.

사르트르와 프로이트는(어떤 상황에서는 알 수도 있으나) 인간이 모르는 어떤 것이 존재한다는 데 동의한다. 프로이트에게 이것은 억압과 무의식을 의미한다. 사르트르에게 이것은 스스로를 조롱하는 통일된 정신, 곧 자기기만이나 신념을 뜻하는데, 프로이트 식으로 말하자면 "부정"이고 코헛 식으로 말하자면 "수직분열vertical split"에 가깝다.

사르트르에 의하면 완전히 압도하고 소외시키는 세상 속에서 인간은 자신의 자유를 실현시키기 위하여 투쟁한다. 사르트르의 후기 저작(1976)은 물리적인 현실을 "실체적이고 변동하지 않는" 상태로 묘사하는데, 전반적인 환경이 우리의 계획을 방해하고 우리의 지식을 제한하지만 이것이 또한 우리가 살아가는 유일한 수단이라고 말한다. 다시 말해 인간은 우연적인 존재로, 자신에게 적대적인 세상에 내던져졌다는 것이다. 사르트르는 인간을 "소용없는 열정"이라고 암울하게 표현한다. 이는 기본계획을 성취하려는 인간의 자유와 대자Being-for-itself의 노력이 결국 죽음 때문에 실패하도록 되어 있다는 의미에서다.

인간의 자유라는 풀리지 않는 이 문제는 철학과 심리학에서 근본적이면서도 이론의 여지가 많은 문제이다. 사르트르가 말하는 "기본계획basic project"이나 코헛이 주장하는 "핵심자기의 기본계획basic program" 뒤에도 자유의 문제가 깔려 있다. 후자에 대해서는 다음 장에서 설명할 것이다. 사르트르의 "자기" 개념을 숙고한 바네스(1980-1981)는, 이것은 코헛이 말하는 정신분석적인 "자기" 개념과 완전히 다르다고 말했다. 코헛의 연구가 실존주의 철학의 한 버전에 지나지 않는다는 주장은 근거가 없음에도 불구하고 여전히 제기되고 있다.

드류드(1984)에 의하면 사르트르도 설리반처럼 언어 이전 단계의 발달사를 다루고 있다. 그러나 사르트르는 이 단계가 중요하지만 분석이 불가능하다면서, 후에 이 단계를 가리켜 "원역사protohistory"라고 불렀다. 드류드는 원역사가 분석

불가능하다는 사르트르의 말에 코헛은 동의하지 않을 것이라고 말한다. 그는 또한 사르트르와 설리반은 자기self를 일종의 타협의 산물로 간주하며, 이러한 자기는 위니캇이 말하는 "거짓자기"와 비슷하다고 말한다. 라캉(본서 17장 참조)도 자아를 "적"(pp. 234-235)으로 간주한다. 사르트르는 근본적으로 자기를, 선택들을 수행하는 대리자로 간주한다. 소위 그의 실존주의적 정신분석은 "개체 스스로가 인간이 되는 과정에서 하는 주관적 선택들"(Mitchell 1984, p. 258)을 밝히기 위한 방법론이다. 그러나 프로이트에 의하면 정신은 정신의 결정론적인 원칙에 따라 작동하며 인간은 이러한 결정론에 어떠한 영향도 미칠 수 없다. 이러한 이론에서 자유의지와 자유선택은 설 자리가 없다. 프로이트에 따르면, 인간의 경험은 거의 알 수 없는 세력들에 의해 추동되며 내적인 압력과 타협들의 직접적 산물이다.

코헛의 초기 자기개념

자기심리학의 형성에 결정적으로 공헌한 코헛의 초기 논문인 「나르시시즘의 형태와 변형Forms and Transformations of Narcissism」(1966)은 정신분석기관들의 폭넓은 지지를 받았다. 코헛의 연구를 살펴보면 "자기"와 관련하여 코헛, 프로이트, 사르트르 그룹과 다른 여러 철학자, 심리학자 군의 입장이 매우 다르다는 것을 알 수 있다. 「나르시시즘의 형태와 변형」의 서두에서 코헛은 나르시시즘에 반대되는 것은 대상관계들이 아니라 대상사랑이라고 지적한다. 많은 인간관계들을 가지면서도 대상사랑이 없는 개인이 있을 수 있고, 반대로 대상관계는 없으나 이론적으로 나르시시즘의 단계를 지나 대상사랑이 가능한 은둔자도 있을 수 있다. 실제로 한 개인이 엄청난 대상관계를 가질 수 있으며, 미국의 몇몇 대통령이나 대중매체의 병적 "인사들"처럼 인기를 누릴 수도 있다. 그러나 대상사랑은 대상에 관한 현실적인 정신적 표상을 바탕으로 하며, 대상과의 지속적인 관계 안에서 이러한 표상들을 변화시켜 나간다.

코헛은 자기애성 자기(후에 과대자기라 불리는)와 이상적 부모원상의 원초적 형성이라는 개념을 도입했다. 이것은 유아가 멋지게 경험한 일차적 나르시시즘의 균형이 깨지면서 불가피하게 생겨난다. 코헛에 의하면 자기애성 자기는 충동과 긴장들로 구성되어 있으며, 이상적 부모원상은 전적으로 충동조절과 관련이 있다. 이 두 가지 구조물(과대자기와 이상적 부모원상)에서 전의식적으로 파생된 것들(이상ideals과 포부ambitions)에 대해 코헛은 다음과 같이 말한다. "인간은 이상의 인도를 받으며, 포부에서 추진력을 얻는다"(p. 435).

「나르시시즘의 형태와 변형」에서 코헛은 프로이트가 자아와 성숙한 자기를 신중하게 구별했던 것처럼, 자기애성 과대자기와 이상적 부모원상이 자아의 망web 안에서 서서히 통합되어야 한다고 보았다. 「나르시시즘의 형태와 변형」에서 이미 "자아"라는 용어는 의식적인 정신과 거리가 먼, 보다 고정적인 것들(조직, 기능, 구조 등)을 가리키고 있는 반면 "자기"는 경험적으로 의식되는 것에 가까우며 개인이 주관적으로 자기 자신이라고 느끼는 그 사람을 대략적으로 표현하는 것이라고 기술되어 있다. 자기애적인 과대자기에 대한 통제의 개념은 아직 분명하게 나와 있지 않은데, 이는 자기애성 에너지를 활용하고 자기애적 형태들을 보다 분화된 새로운 정신상태로 바꾸어 주는 자아의 능력을 말한다고 할 수 있다.

코헛의 초기 논문에 의하면 과대자기에 대한 적절한 통제는 창조성, 관용, 공감능력, 유머감각, "지혜"의 발달 등으로 나타난다. 그러나 이것들은 나르시시즘이 변화되는 과정에서 자아가 훌륭하게 기능했을 때 나타나는 것들이다. 우리는 왜 코헛이 이렇게 중요한 논문에 만족하지 않고 자신의 처녀작인 『자기의 분석』(1971)에서처럼 고전적 정신분석의 주류에서 벗어나기 시작했는지 묻지 않을 수 없다. 이 질문에 대한 대답이야말로 자기심리학의 기원과 그것의 지속적인 영향력을 이해하는 열쇠가 될 것이다.

7장 | 자기와 대상 : 페어베언, 위니캇, 발린트, 랭

자기라는 개념을 사용하는 정신분석이론에는 세 가지가 있는데, 코헛의 이론과 닮은 점이 있어서 종종 그의 견해와 혼동된다. 페어베언, 위니캇, 랭의 이론들은 서로 다른 자기 개념을 사용하지만, 코헛과는 모두 공통점을 가지고 있다. 그 공통점은, 자기란 애초부터 어머니와의 상호작용에서 생겨난다는 것으로 위니캇(1965)은 이를 촉진적 환경이라고 불렀다. 이것은 특히 멜라니 클라인을 위시한 다른 대상관계 이론가들의 견해와 뚜렷이 대조되는데, 이들에 의하면 정신은 내사와 투사의 반복을 통해 내부에서 발달한다. 이러한 발달은 비교적 환경의 영향을 적게 받으며, 기질 정도나 충동들의 유전에 더 큰 영향을 받는 것으로 생각된다.

페어베언의 견해

페어베언(1889-1964)은 클라인에 대한 반동으로서 자신의 이론을 정립했다. 그는 소위 생물학적인 “이드”에 기초한 클라인의 이론은 폐기되어야 한다고 보았다. 페어베언에 의하면, 인간은 본래적 자아를 갖고 태어나며 자신의 내재된 에너지를 가지고 자기발달을 위해 분투한다. 그러나 그의 이론은 어려움에 직면한다. 왜냐하면 그는 모든 발달(병적 발달이건 정상적 발달이건)에서 자아가 분열된다고 가정하기 때문이다. 그러나 페어베언이 말하는 분열된 정신적 자기split-up psychic self가 초심리학적으로 무엇을 뜻하는지는 분명하지 않다. 예를 들어, 그는 “내재화된 대상”이라는 규정하기 힘든 개념을 사용한다. 페어베언의 이론에서

"자아"는 "정신적 자기"(Guntrip 1974, p. 833)를 뜻한다. 이렇게 분열된 정신적 자기가 바깥 세계와 투쟁하는 것이, 자아와 이드가 서로 투쟁하는 것보다 더 중시된다. 페어베언은 "이드"란 없다고 본다. 따라서 페어베언은 프로이트와는 근본적으로 다르며 완전히 새로운 초심리학을 도입하고 있는데, 이 점에 관해서는 랑겔(1985, pp. 306~310)이 상세히 논하였다.

페어베언, 위니캇, 발린트는 환경의 일차적 중요성과 엄마의 영향을 강조한다. "충분히 좋은 엄마good enough mothering"(Winnicott 1958)라는 조건이 제공되지 않으면 유아는 환상적 대상들을 찾아 점점 내부 세계로 들어가는데, 자아는 항상 대상들을 찾고 필요로 하고 그것들과 어떤 관계를 맺고 있다. 자아는 결코 기능들의 추상적 총합이나 하부체계로 간주되지 않는다. 페어베언에게 리비도는 완전히 비프로이트적 개념이었다. 그는 리비도가 방출을 추구하기보다는 항상 어떤 대상을 추구한다고 보았으며, 좋은 대상을 찾는 에너지로서 자아의 분화와 성장을 가능케 한다고 보았다.

코헛의 후속 연구에서처럼 페어베언도 공격성을 본능이 아닌 좌절된 리비도 충동에 대한 반응으로서 간주한다. 페어베언은 프로이트의 구강-항문-성기 단계들을 거부하고, 이 세 단계 대신 유아의 미성숙한 의존단계와 과도기적 단계, 그리고 마지막으로 동등한 성인들 간의 성숙한 의존단계를 제시한다. 마지막 단계는 표면적으로 볼 때 코헛의 후기 이론과도 닮은 점이 있는데, 코헛은 성인 모두에게 "공감적 모체"가 필요하다고 역설했다.

페어베언(Guntrip 1974)은 정신적 자기의 삼중 분할과, 그가 "내적 자아-대상 관계들"이라고 부른 내적 분투들에 관해 기술한다. 불만족 상태에 있는 유아의 리비도적 자아(프로이트의 이드와 유사)는 페어베언이 "흥분시키는 대상"이라고 부르는 내부의 나쁜 대상과 관련이 있다. 흥분시키는 대상이란 유아의 욕구를 자극만 하고 전혀 만족시키지 않는 대상을 말한다. 이 "자아를 흥분시키는 리비도적 대상"과의 관계는, 싫다는 여자를 계속 따라다니는 한 남성 환자의 꿈에 잘 나타나 있다.[2)]

---

2) 페어베언과 건트립(코헛도 그랬다고 함)처럼, 정신의 내적 상태나 자아의 상태를 설명하기 위해 드러난 꿈(manifest dream) 내용을 사용하는 일은, 고전적 분석가들로부터 상당한 비판을 받았다. 이 점에 관해서는 11, 19장의 논의를 참조하기 바란다.

자기의 또 다른 부분은 유아의 반리비도적 자아(프로이트가 말하는 초자아의 가학성)에 해당하는데, 자기를 거절하는 대상들과 동일시하고 개인의 리비도적 욕구에 저항한다. 자기의 이러한 모습, 즉 "반리비도적 자아-거부하는 대상"에 대한 임상 사례는 다음의 한 여성 환자의 꿈에서 볼 수 있다: "난 어린 소녀고 당신을 바라보며, '그에게 가면 안전할거야' 라고 생각해요. 그래서 당신에게 달려가기 시작하는데… 다른 여자아이가 내 얼굴을 철썩 때린 다음 나를 멀리 데려가버려요."

자기 또는 중심적 자아(프로이트 식으로 말하면 자아에 해당)의 세 번째 부분은, 현실에 대처하고자 하며 그럼으로써 부모(이상적 대상, 프로이트가 말하는 초자아의 도덕적 측면)를 이상화하는, 일상 속의 의식적 자기를 가리킨다. 그러므로 "중심적 자아-이상적 자기대상" 관계는 힘과 적응력을 얻기 위해 부모와 좋은 관계를 유지하고자 한다.

건트립은 페어베언[3]의 피분석인이자 제자로 페어베언이 말하는 '유아적인 리비도적 자아' 자체라고 할 수 있는, 분열성 환자에게서 나타나는 궁극적 분열의 개념을 추가했다. 이 상태는 두 가지로 나타나는데, 투덜대고 구강적으로 활발한 히스테리를 동반한 리비도적 자아로 나타나거나, 깊이 철수된 수동적인 분열성의 리비도적 자아로 나타난다. 후자와 같은 "퇴행적 자아"는 자고 싶은 충동, 고갈된 상태, 현실감의 부재, 자기의 일부를 상실한 느낌, 소통의 단절 등을 경험하게 한다. 이것들은 분열성 상태에서 흔히 볼 수 있는 현상들로, 이러한 경험은 자기와 세상 사이에 어떤 유리막이 있는 듯한 느낌으로 요약될 수 있다. 건트립(1974)에 따르면, 환자는 만성적인 분노를 갖거나 자신의 에너지 수준을 유지하기 위해 분투를 계속함으로써 무화되는 느낌으로부터 자신을 보호한다. 이것은 코헛(1977)의 후기 이론과도 비교할 수 있는데, 코헛 이론에 따르면 환자는 고갈되고 텅 빈 자기에 대한, 참을 수 없는 주관적 감각을 방어하기 위해 모든 것을 거의 극화pseudodramatization 시킨다.

3) 건트립이 페어베언의 이론을 어떤 이유로, 또 얼마만큼 왜곡했는지에 대해서는 아직 밝혀진 것이 없다. 이 점은 본서의 주제를 벗어나므로 여기서는 다루지 않겠다.

페어베언(1963)은 자신의 복잡한 견해들을 한 페이지로 요약했다. 건트립(1974)은 이것에 대해 설명하려고 시도하지만, 이 이론은 초심리학적으로 용인될 수 없는 개념인 내재화된 대상을 토대로 하고 있다. 컨버그(1980)는 건트립이 페어베언의 이론을 사용한 점에 대하여 몇 가지 참신한 의견들을 제시하면서, 두 사람 모두를 자신의 관점에서 비판한다. 클라인과 트리비히(1981)는 컨버그가 페어베언을 신랄하게 비판한 것을 다시 비판한다. 이들은 컨버그의 이론보다 페어베언의 대상관계이론을 더 선호하는 것처럼 보인다. 한편, 자기심리학은 페어베언의 대상관계이론과 유사한 점이 있지만, 영국학파나 컨버그가 정의하는 바와 같은 대상관계이론은 아니다. 그러나 자기심리학도 페어베언, 발린트, 위니캇과 같이 엄마-유아간 상호작용이 일어나는 환경이 인격형성에 중요한 요인으로 작용한다는 점을 강조한다. 이런 면에서 보면 자기심리학도 "현대적" 혹은 신 대상관계이론인 셈이다.

로빈스(1980)는 대상관계이론의 최근 논쟁들을 고찰하면서, 코헛의 견해와 페어베언의 생각이 놀라울 만큼 비슷하다는 것을 지적한다. 로빈스는 페어베언과 코헛의 견해를 클라인과 컨버그의 견해에 비교하면서, 그가 보기에는 클라인과 컨버그의 견해도 서로 유사하다고 말한다. 로빈스는 페어베언의 용어사용이 혼란을 일으킨다고 말한다. 그에 의하면, 페어베언은 자아를 정신내부에 있는 구조로서만 보지 않고 일차적 자기를 뜻하는 것으로 사용하는 등, 용어사용이 애매하다. 로빈스가 페어베언을 비판하는 이유는, 그가 유아에게 부분대상들과 감정들을 구별하는 능력은 물론, 경험을 내사하고 분리하고 구조화하는 능력까지 있다고 전제하기 때문이다. 로빈스에 의하면, 이러한 능력은 유아의 능력을 넘어서는 것이다. 그는 이렇게 덧붙인다.

> 페어베언의 핵심 견해들은 코헛 이론의 전조가 된다. 특히, 리비도에 대한 강조에서 벗어나 있다는 점, 공격성을 분열의 산물로 본다는 점, 역동적 구조로서의 자기와 공감적 자기-대상 간의 관계를 중시한다는 점이 그러하다. 이 같은 관계들이 무너지거나 약화되면, (페어베언과 코헛은 모두) 분노가 표출되고 방탕과 자위 현상이 나타나며 전반적인

고립과 냉담함이 생겨난다고 기술한다(p. 484).

위니캇의 견해

위니캇(1896-1971)은 직관이 발달한 뛰어난 의사였으나, 자아 오르가즘과 같이 의문스럽고 혼란스런 용어들을 사용했다. 그는 정신분석이 필요한 오이디푸스기 환자와 지지적 자아 적응환경(그는 이것을 "관리"라고 부른다)이 필요한 전오이디푸스기 환자를 구별해야 한다고 강조했다. 그의 가장 중요한 개념들은 "중간대상"이나 "촉진적 환경"과 관련 있는 참자기와 거짓자기의 개념이다.

거짓자기는 초기의 비공감적인 양육(엄마)에 대한 반응으로서 나타나는데, 이것은 자신의 진정한 자기나 욕구를 탐색하지 않고, 순응하기를 배우는 것과 관련이 있다. 코헛(1984)은 환자의 계속적 순응이야말로 정신분석 상황에서 가장 다루기 힘든 방어기제의 하나라고 여러 번 말한 적이 있다. 거짓자기는 내부의 경직성을 비롯해서 자율성이나 자발성의 결여를 가져오는데, 이것이 참자기를 숨기는 역할을 한다. 이런 환자는 비참여적이다. 위니캇에 의하면, 거짓자기는 보통 치료적 퇴행을 통하여 분쇄되어야 하는데, 이렇게 함으로써 병적이고 허위적인 자기순응self compliance이 사라지고(치료 상황 속에서) 진정한 느낌과 감정을 주고 받을 수 있게 된다. 이런 일이 일어나려면 먼저 깊은 의존적 퇴행이 일어나야 한다.

위니캇(1958)은 코헛보다 먼저, 환자가 분석가의 결함을 활용한다고 말했다. 그에 의하면 이러한 결함들은 치료적으로 사용될 수 있으며, 환자가 애석해 하는 과거의 실패들처럼 다루어질 수 있다. 이러한 참자기와 거짓자기의 개념은 경계성 환자보다, 그가 분열 계열schizoid subvariant–이는 위니캇의 용어임–이라 불렀던 환자들에게 더 해당한다. 왜냐하면 정신분석 상황에서 경계성 환자에게는 순응이 주된 문제가 아니기 때문이다. 그러나 위니캇은 참자기와 거짓자기로 분열되어 있는 환자를 기술하면서, 코헛이 자기애성 인격장애를 기술할 때와 상당히 비슷한 용어들을 사용한다. 위니캇(1965)은 이렇게 쓰고 있다. "이런 사람들에게서는 문화를 추구하는 모습보다는, 극도의 불안과 집중력의 부족 그리고 외부세계로부터 자극을 끌어 모으려는 욕구를 볼 수 있는데, 이들은 외부의 자극에 반응하다가 인생을 다 허비해 버린다" (p. 150).

전오이디푸스기에 상처가 있는 환자에 대한 관리와 그를 위한 충분히 좋은 양육의 개념을 강조하면서, 위니캇은 정신분석 치료에서 환경의 조성은 해석만큼이나(아니 해석보다 더) 중요하다고 말한다(Greenberg and Mitchell 1983). 위니캇에 따르면, 성숙은 이러한 촉진적 환경을 필요로 하고 또 그것의 질에 영향을 받는다. 이러한 환경에 놓인 유아는 대상을 창조하고 또 재창조한다. 위니캇(1965)에 따르면, 처음에 대상은 하나의 주관적 현상(그는 이를 "주관적 대상"이라고 명명한다)이었다가 나중에 객관적으로 지각되는 대상이 된다. 이런 식으로 "객관적인 주관"이 형성되는데, 이는 "자기에 대한 개념 혹은 정체성의 확인에서 오는 진정한 존재being real의 느낌"이라고 할 수 있다. 그러나 위니캇은 자기와 자아를 다르게 본다는 점을 유의하라. 위니캇(1971)에 의하면 자기란 "나, 고유한 바로 그 나"이며 성숙 과정을 통해 총체성이 획득된다. 여기서의 핵심은, 엄마의 홀딩holding의 질이 자기의 형성과 발전에 중대한 역할을 한다는 것이다.

캐시마티스(1984)는 코헛이 위니캇의 경구적인 사고들을 "확장하여 자기에 대한 분석(또는 존중)이 고전 정신분석의 방법이나 해석보다 선행되어야 함을 지적함으로써 중대한 공헌을 했다"(p. 69)고 말한다. 캐시마티스에 의하면, 위니캇은(코헛이 그랬던 것처럼) 참자기와 거짓자기의 문제들을 통해 임상적 정신분석과 정신치료에 "실존적인" 근거들을 도입했다. 캐시마티스는 위니캇과 코헛의 저술을 키에르케고르(1859)의 저술과 비교한다. 키에르케고르도 참자기true self이고 싶은 욕망에 대해 썼는데, 여기서 그가 말하는 진정한 자기는 신학적 뉘앙스를 풍기는 "진정한authentic" 개체를 뜻한다.

일차적 나르시시즘과 이차적 나르시시즘 : 발린트

우리는 일차적 나르시시즘과 관련하여 기본적이면서도 서로 대립되는 두 가지 견해를 구분해볼 수 있다. 발린트(1896~1970)는 일차적 나르시시즘이란 존재하지 않는다고 말한다. 페어베언처럼 그도 인간은 "일차적 대상사랑"을 가지고 태어난다고 주장한다(1953). 즉, 유아는 욕구를 드러내지 않아도 욕구를 만족시켜 주는 대상을 처음부터 찾는다는 것이다. 이러한 대상은 직관력이 있고 전적으로 공감하면서 전적인 사랑을 제공하는 모성적 대상이다. 발린트의 이런 이론에는 일차적 나르시시즘이 끼어들 자리가 없다. 그는 일차적 대상관계에서 성숙한 대상사랑으로 옮겨가는, 엄밀한 대상관계적 발달라인을 따라 성숙이 진행된다고 믿었다. 이 글(1984)은 이러한 견해를 뒷받침해주는 것으로 보이는(유아들과 아동들을 대상으로 한) 실험적 증거들을 고찰하고 있다.

바슈(Stepansky and Goldberg 1984)도 이러한 주제를 다루면서 인간발달에 관한 접근법은 페렌찌가 확립하였다고 주장한다. 이런 접근법은 성숙에 관한 코헛의 가정에서 절정에 이르는데 그의 가정에 따르면, 성숙이란 본능의 좌절이나 갈등에 기초한 것이 아니라 "본능적으로 잠재된 유전적 패턴과 잠재된 것을 방출" 하는 기제들 간의 "조화로운 작용에 달렸다. 그리고 이런 잠재력은 유아가 전달하는 감정을 보호자가 공감적으로 반응해줌으로써 실현된다"(p. 12). 바슈에 따르면, 인간발달에 대한 이러한 개념은 프로이트 이후에 이루어진 과학적 발견들에도 부합된다. 따라서 자기심리학은 "정신분석 이론에 과학적인 성격을 회복시켜주었다"(p. 37)고 할 수 있다. 그러나 코헛(1977)이 말하는 유아적 자기란 "가상적virtual" 자기(p. 101)를 말하며, 이것은 긴장의 증감 측면에서 기술되어야 한다. 즉, 클라인처럼 적어도 잠재적으로 언어화될 수 있는 환상들을 가지고서 이것을 기술해서는 안 된다. 대개 이런 점이 혼란을 불러오므로 코헛은 유아에게 복잡한 자아기능을 부여하지 않으려고 했다.

한편 프로이트에 따르면, 유아는 자아의 핵ego nuclei이 발달하기 이전에는 단순히 몸만 존재하는 자체성애autoeroticism 단계에 머물러 있지만, 점차 이런 초기상태에서 벗어나 자아의 핵이 형성되고 리비도가 그것을 둘러싸는 일차적 나르시시즘의 단계로 옮겨간다. 그런 다음 리비도가 자아(프로이트는 자기와 자아를 구별하지 않고 사용함)로부터 철수하여, 대상 또는 대상표상으로 집중되면서 일차적 나르시시즘의 단계는 서서히 대상사랑으로 옮겨가게 된다. 여기서 프로이트는 대상과 대상표상을 엄밀하게 구별하지 않는다.

이차적 나르시시즘은 여러 학자들에 의해 다양하게 정의되었는데, 프로이트가 말하는 이차적 나르시시즘은 리비도가 대상들로부터 방어적으로 철수하여 자아(또는 자기)로 집중되는 것을 말한다. 그러나 이러한 이차적 나르시시즘이 모두 병리적인 것은 아니다. 개중에는 구조 형성의 측면에서 볼 때 정상적인 것도 있는데, 말러와 그의 동료들(1975)은 이를 가리켜 "건강한 이차적 나르시시즘"이라고 부른다. 한편, 발린트는 일차적 나르시시즘이란 존재하지 않기 때문에 모든 나르시시즘은 이차적 나르시시즘이라고 주장한다. 코헛은 나르시시즘에는 별도의 발달노선이 있다고 주장하면서, 이차적 나르시시즘의 개념을 완전히 도외시하고, 일차적 나르시시즘이 성숙의 형태로 변화되는 과정을 기술한다.

프로이트는 자기애성 인격장애를 정신분석을 통해 치료하기란 극히 힘들다고 말한다. 대부분의 리비도가 자아 또는 자기에 몰려있는 환자들은 대상을 향한 여분의 리비도가 남아 있지 않기 때문에 전이가 형성되지 않는다는 것이다. 따라서 이러한 환자들은 프로이트 식의 정신분석에는 맞지 않는다고 본다. 프로이트의 정신분석은, 우선 전이신경증이 나타나고 이것이 해석에 의해 해소되는 방식을 따르기 때문이다. 이런 태도에는 나르시시즘에 대한 부정적인 시각이 담겨 있다.

발린트의 견해

발린트(1968)는 고전적 신경증이 나타나지 않고 억압기제가 고착되기 이전에 장애가 발생한 경우라면, 환자의 "기본적 결함basic fault"을 교정하기 위하여 정신치료자가 환자에게 "새로운 출발점"을 제공해 주어야 한다고 말한다. 즉, 초기에 엄마에게 받지 못한 공감적 지지를 정서적으로 경험할 수 있도록 치료자가 분위기를 조성해 주어야 한다는 것이다. 발린트를 추종하는 치료자들은 환자가 치료자로부터 받기를 원하는 전적인 공감을 강조하면서 부적절한 언어적 해석이 지닌 위험성을 지적한다. 이러한 환자들의 성공적 치료에는 전이 해석보다는 발린트가 말하는 공감적 상호작용이 더욱 중요하다는 것이다.

정신분석에서 최적의 퇴행–발린트(1968)는 이것을 양성적 퇴행이라 부르는데, 이는 절망과 열정이 혼재된 채로 만족만을 추구하는 악성적 퇴행과 구별된다–이 일어나면, 환자는 발린트가 말하는 "아르글로스arglos" 상태가 된다. 이런 상태에서는 만족을 얻으려는 환자의 욕구를 분석가가 인정해 주어야 하는데, 이런 만족이야말로 "새로운 출발점"의 핵심이자 환자가 기본적 결함에서 벗어나는 데서 중요하다. 아르글로스 상태는 발린트가 새 출발을 위해 반드시 필요하다고 생각한 것으로 환자가 이차적인 사랑을 갈구하는 상태라고 할 수 있다.

이러한 상태에 있을 때 제공되는 특별한 분위기는 대량의 만족보다는 인정해주기recognition와 더 관련이 깊다. 발린트의 견해가 변화됨에 따라, 욕구에 대한 상징적인 만족만 제공되고 직접적인 만족의 제공은 점점 줄어든다. 결국, 환자의 욕구를 인정해주는 것과 치료자가 함부로 침습하지 않는 것이 핵심 요소이다. 코헛 이론에 전조가 되는 자신의 이론에서 이미 발린트는 자신의 스승인 페렌찌의 그다지 세련되지 못한 이론에서 한 발짝 물러나고 있다. 페렌찌(1955)에 의하면, 치료자는 환자의 욕구를 대거 만족시켜 주어야 하는데 이런 과정은 환자와 치료자 모두에게 종종 혼란과 파괴를 불러온다(Chessick 1974).

발린트는 초기에 환자들이 자신 앞에서 줄넘기를 하고 재주넘는 것까지 허용했다. 그리고 자신은 소위 코헛이 말하는, 자기대상을 비추는 거울 역할을 했다. 그러나 그는 이런 종류의 "교정적 정서체험"은 일시적 효과밖에 없음을 곧 깨달았다. 그러나 환자의 과시적인 욕구들을 직관적으로 인정해주고 해석해주는 일은 자기심리학의 개념들로 가는 첫걸음이었다.

환자가 새출발을 할 수 있도록 치료자가 환자의 욕구들을 인정하고 있음을 임상적으로 가치 있게 전달하는 방법은 두 가지가 있다. 예를 들어, 발린트는 설명이나 해석을 통해, 또는 그 욕구들을 종종 상징적으로 만족시켜 줌으로써, 그런 욕구를 인정하고 있음을 알려주었다. 코헛의 방법은 보다 미묘한데, 환자는 치료의 분위기, 어조, 화술, 해석의 타이밍 등을 통해서 치료자가 자신의 욕구를 공감적으로 수용하고 있음을 경험한다. 발린트나 코헛은 환자에게 대량으로 직접적인 만족을 주려 한다는 부당한 비난을 받아 왔다. 실제로 이렇게 하는 치료자가 있다면 그는 정신분석가도, 정신분석적 정신치료자도 아니다. 이러한 행동은 충분히 분석 받지 못한 치료자에게서 나오는 행동이기 때문이다. 발린트와 위니캇은 전오이디푸스기 장애의 치료에 있어 원초적 전이archaic transferences라는 개념을 도입했다. 전오이디푸스기 장애 환자의 퇴행시에 발생되는 이 전이는, 유아적인 리비도적 욕구 방출 소망의 억압 장벽을 넘어가는 것을 뜻하지 않는다. 그보다는 어떤 원초적 유사전이transferencelike 상태가 발달하는데, 이것은 처음에 해석에 반응하지 않고(해석은 오히려 이런 상태를 방해할 수 있다) 치료자와 환자가 맺고 있는 관계의 질에 더 반응한다. 갈망longing의 경우는 더욱 "원초적"인데 모델, 리틀, 코헛, 게도 등의 여러 학자들이 이러한 "갈망들"에 관해 기술했다. 고전적 정신분석이론을 가지고서 이러한 원초적 전이들을 논하기는 어렵다. 갈망들을 이해하고 치료하려면 예민한 치료자가 필요하다. 코헛의 연구가 있기 이전에 재능 있는 임상 의학자들은 이러한 문제들을 대개 직관적으로 처리했다.

리틀(1981)은 "기본적 유대basic unity"를 논하면서, 원초적 전이의 한 예를 제시한다. 즉 공생단계 이전, 클라인의 편집-분열적 자리 이전에 원시적이고 완전히 미분화된 상태가 탄생과 더불어 나타난다는 것이다. 이러한 기본적 유대가 조기에 깨지면 멸절불안annihilation anxiety이 생겨난다. 리틀에 의하면, 경계성 환자들에게는 이런 기본적 유대가 중요한 문제가 된다. 이들은 이것을 환상에 불과한 것으로 치부해버리지 못하기 때문이다. 이들은 치료자와 함께 이러한 기본적 유대의 단계로 퇴행해서 정신분석적 치료를 통해 이 단계에서 벗어나는 연습을 계속해야 한다. 이러한 원초적 전이를 다룰 때 치료자는 무거운 역전이의 부담을 안게 된다.

불행히도 발린트나 리틀의 이론은, 유아를 성인 취급하는 오류들을 근저에 깔고 있어서 그런지 이해할 수 없는 측면들을 갖고 있다. 일부 환자들에게 특별한 분위기를 제공하기 위해 행해지는 주도면밀한 시도들 가운데는, 조종적인 면이 있으며 지나치게 극적이고 신비스럽기까지 하다. 치료자는 모든 환자들(Stone 1961)에게 의사로서의 소명은 물론 진정한 자기the authentic self까지 바쳐야 한다. 환자에게 이런 공감적 모체를 제공하는 데 어떤 특별한 기술이 필요한지에 관해서는 명확히 밝혀진 것이 없다. 충분히 훌륭한 지지가 무엇을 뜻하는가는 위니캇, 발린트, 리틀 등 직관이 뛰어난 임상의학자들의 치료방법에도 분명히 나와 있지 않다.

이미 1930년대에 발린트는, 정신치료 기법에 관한 고전적 개념에 중대한 이론적 변화가 일고 있음을 알아차렸다. 이러한 변화는 환자가 양성적 퇴행 가운데 치료자와 더불어 하는 실제 경험 혹은 "교육"[프로이트는 이를 "사후 교육after education"이라고 부름]에 대한 강조로 요약된다. 이런 치료는 고전적인 신경증보다는 전오이디푸스적인 경계성 장애나 자기애성 장애를 치료하는 데 더 효과적이다. 발린트는 치료유형을 오이디푸스 단계에 있는 환자의 치료와 "기본적 결함" 단계(=전오이디푸스기 : 역주)에 있는 환자의 치료로 나누고자 했다. 이것이 정신분석인지, 집중 정신분석적 정신치료인지 혹은 기준을 정한 정신분석인지의 여부는 오늘날까지도 이론의 여지가 많다. 위니캇이 말했듯이(1965), "점점 의존해오는 환자의 강한 욕구를 만족시킬 준비가 되어 있지 않은 치료자들은 사례 선택에 각별히 주의해야 한다. 그래야만 거짓자기의 모습이 끼어들지 않기 때문이다"(p. 151).

랭의 분열된 자기 개념

7장은, R. D. 랭(1960)의 『분열된 자기The Divided Self』를 다시 고찰함으로써 마치고자 한다. 이 책에서 랭은 소위 영국학파에 속하는 정신분석가들(위니캇, 페어베언, 발린트)의 업적을 사르트르와 키에르케고르와 같은 실존주의 작가들과 연결시킨다. 나는 여기서 랭의 "분열된 자기" 개념만을 논할 것이다. 그가 나중에 정신분열증, 가족, 집단적 상호작용 등에 대해 발전시킨 개념들이나, 그의 진보적 정견 또는 반정신의학적 견해들은 나의 논의 대상이 아니다.

사르트르의 저술에서와 같이, 행동하는 주체로서의 자기는 랭이 갖고 있는 개념의 핵을 이룬다. 랭에 의하면, 자기의 분열은 행위주체의 통제권 밖에 있는 어떤 힘에 의하여 유년기에 발생한다. 반면 사르트르는, 자기를 의식적 의도를 가진 의식적 행위주체로서 받아들이며 의도에 선행하는 어떤 인과론적 원인도 인정하지 않는다(Hunter 1977). 랭(1960)은 기질적, 생물학적, 유전적 요인들이 가족의 방침이나 압력과 더불어 자기의 형성과 분열에 영향을 준다고 말한다. 이후 저술에서 랭은 정신분열증에 관한 그의 개념들 중 이러한 내용들을 삭제하는데, 그렇게 함으로써 그가 정신분열증에 관한 주류적 시각에서 벗어나게 된 것 같다.

랭은, 왜 어떤 사람들은 분열된 자기로 인해 정신분열증에 이르고 또 어떤 사람들은 그렇지가 않은지에 관해 설명한 적이 없다. 후에 그는 정신분열증을 질병분류의 단위로 인정하지 않았고, "질병"이라는 틀이 정신장애에는 적합하지 않다고 보았다. 그에 의하면 정신적인 현상은 지적으로 이해가 가능한 것이다. 또한 그는 정신분열증이라는 용어에는 기준이 없으며, 과학적으로도 바람직하지 않은 개념이라고 말한다. 그는 "조증"을 이해하기 위해서는 그 개인뿐 아니라 반드시 가족도 함께 연구해야 한다고 말한다. 랭은 한 가족이나 정치집단에서 반항적인 사람들이 종종 부당하게 광인으로 분류되고 있으며, 통계학적으로 정상에 속한다고 해서 미친 것보다 더 나으리란 보장도 없다고 말한다. 즉, 그에 따르면 정상과 비정상의 개념은 사회적으로 정해진 상대적 개념이며, 광기는 자연 치유가 가능하다(Collier 1977).

그는 초기 저작에서, 인문과학에 관한 실존현상학적(그의 표현임) 토대를 마련한다. 이것은 분열성 인간이 두 가지 방식으로 분열을 경험한다는 것인데, 먼저 그는 세계와의 관계에서 불편하고 외로운 상태에 있다. 그리고 자기와의 관계에서 그는 자신의 몸과 분리된 듯한 느낌 때문에 자신의 신체 일부를 말할 때 마치 제3자를 지칭하듯 말한다. 이렇게 되면 소위 "인간의 비극"이라고 말할 수 있는 상태에 이르게 되는데, "인간의 비극"은 코헛의 개념인 '비극적 인간'에 상응하는 것으로 세계와 거짓자기 및 자기 몸으로부터의 이중적인 소외에서 비롯된다. 이것은 환자가 세상 속에 존재하는 방식인데, 우리는 이것을 랭의 실존 현상학적 방법으로 이해해야 한다. 랭의 이러한 방법론은 코헛이 공감과 대리적 내성을 통해서 타인의 세계와 그가 세계 안에서 존재하는 방식을 포착하려던 것과 유사하다. 물론 이 두 사람의 방법론은 인식론적인 토대가 완전히 다르다(Chessick 1980b). 사르트르와 달리 랭은 무의식을 거부하지 않는다. 그러나 그는 무의식을 형용사적 용법으로만 사용할 뿐, "일차적 과정"으로서 특별한 규칙들로 이루어진 영역으로 간주하지는 않는다. 무의식에 관한 코헛의 개념은 프로이트 편에 훨씬 더 가깝다.

랭은 이론적으로 지지하기 힘든 개념인, "존재론적 불안전ontological insecurity"이라는 용어를 도입해 하나의 중요한 임상현상을 설명하고자 했다. 계속성과 일관된 자기감각을 유지하지 못하는 환자가 바로 이 경우에 해당한다. 코헛이 말하는 응집된 자기를 가진 환자는 랭이 말하는 존재론적인 안전을 느끼는 환자에 비견될 수 있다. 그리고 코헛이 말하는 분열된 자기를 가진 환자는 랭의 표현을 따르자면, 존재론적 불안전 가운데 있는 사람이다. 이러한 일치는 존재론적 안전 가운데 있는 환자는 무엇보다 자기 자신의 만족을 추구한다는 랭의 진술에서도 확인된다. 이런 환자는 이제 리비도적 발달과 오이디푸스적 발달 단계에 진입할 준비가 된다. 코헛(1978, p. 163)의 표현을 따르자면, 응집된 자기를 가진 환자는 만족을 추구하는 반면, 병든 자기를 가진 사람은 안전을 추구한다.

존재론적 불안을 느끼는 환자는 자기를 유지하고자 애쓰며, 다음의 세 가지 근심 속에 갇혀 있다: 첫째는 삼켜지는engulfment 두려움이다. 이는 압도당하는데 대한 두려움으로 필사적으로 자기를 보존하려는 활동들을 불러오고 고립을 주된 방어기제로 사용한다. 둘째는 내적 붕괴implosion에 대한 불안으로, 이는 현실이 무너져 내려 공허한 자기를 멸절시킬 것만 같은 공포(즉, 현실이 박해자가 됨)를 말한다. 셋째는 석화petrifaction의 공포로, 이는 자신이 분자나 즉자(사르트르의 용어)로 환원되어버리는 데 대한 두려움을 가리킨다. 즉자는 보통 이인증depersonalization이라는 말과 함께 사용되는데, 이런 현상은 상대방이 피곤하고 귀찮게 할 때 환자가 반응을 멈추는 것을 말한다.

사르트르가 『존재와 무』 제 3편에서 제시하는 생각은 랭과 코헛에게서도 발견되는데, 이것은 상대방이 나의 자기를 활성화하기도 하고 가뜩이나 빈곤해져 있는 자기를 죽이기도 한다는 내용이다. 즉, 정상적인 관계에서는 보통 분리separation와 연결됨relatedness 사이를 오가는데, 진정한 상호의존이 아닌 "존재론적 의존"(Laing 1960) 상태에서는 자신이 기대고 있는 그 상대와의 합일과 고립 사이를 오간다는 것이다. 랭은 코헛 이전의 용어를 사용하면서, 반영해 주는 경험이 없다면 "존재론적인 자율성"도 없고, 고전적 의미에서의 갈등–프로이트가 말하는 무의식은 표현의 압박을 가하는데 자아가 이를 금지한다–도 없겠지만, 이렇게 되면 환자는 존재론적인 안전을 추구하게 된다고 말한다. 프로이트식의 갈등이나 욕동으로는 이러한 장애를 설명할 수 없다. 이것은 랭의 표현처럼 "쾌락 원칙을 넘어서는" 것이기 때문이다.

랭이 기술하는 R부인의 사례에서는 광장공포증이 문제였다. 그녀의 부모는 서로에게 너무 몰입된 나머지 그녀에게 신경 쓸 겨를이 없었다. 그녀는 다른 누군가에게 중요하고 의미 있는 존재가 되고 싶었다.

코헛과 비슷하게 랭도 R부인의 근친상간적 환상들이 홀로 남겨지는 공포로부터 그녀를 방어하는 기제로서 사용된다고 말한다. 그는 다음과 같이 결론을 내린다. "그녀의 성생활과 성적 환상들은 일차적으로 만족을 위한 것이 아니었다. 이것들은 무엇보다 존재론적인 안전을 얻기 위한 노력이었다. 성교함으로써 안전의 환상이 얻어졌고 이런 환상을 기초로 만족이 가능했던 것이다"(p. 61).

랭은 정상적으로 "몸에 통합된 안정된 자기"와 병적으로 떨어져 나간 "몸에 통합되지 못한 불안정한 자기"를 구별한다. 병적인 경우에는 비록 신체에 통합되어 있어도 방어적으로 형성된 순응적 거짓자기로부터, 몸에 통합되지 못한 참자기가 떨어져 나간다. 그러므로 분열되고 통합되지 못한 내면의 참자기는 몸에 붙어 있는 거짓자기를 부드럽고 쾌활한 눈으로 바라보게 되는데, 대개는 증오에 가득 차서 바라본다. 랭은 몸에 통합되지 못한 자기가 얼마나 초의식적이 되고 그것 자체의 원상imagos을 갖고자 하는가에 대해, 그리고 이런 자기가 자기 자체 및 신체와 더불어 얼마나 복잡한 관계를 형성하는가에 대해 설명한다.

랭(1960, pp. 101~102)은 아래와 같이 세 가지 구조의 거짓자기를 설명한다.

1. 정상적인 거짓자기의 구조에서는 우리 행동의 일부가 기계적일 수 있으나 그렇다고 자발성을 해칠 정도는 아니다. 자율성을 가진 어떤 낯선 몸이 우리에게 강제적으로 주어진 듯한 느낌도 없다. 강박의 느낌도 없으며 뭔가가 우리 몸 속에 살고 있다는 느낌도 없다.
2. 히스테리성 거짓자기의 구조는 만족을 추구하며 의식적으로나 전의식적으로 가장한다는 것이 특징이다. 이것은 사르트르가 말하는 허위의식과 관련되며 부정disavowal의 한 형태라고 할 수 있다.
3. 분열적 거짓자기의 구조는 빈곤하고 불만족스러운 상태에 있으며, 만족이 아닌 보존을 목표로 한다.

분열성 환자의 강박적 순응이나 "착하게 굴기"는 증오와 박해의 느낌과 관련이 있다. 분열성 환자의 자의식은 그에게 그가 존재하고 있음을 확신시켜 주고, 세상 도처에서 도사린다고 느껴지는 위험에 대한 그의 불안한 인식을 나타낸다. 랭은 다음과 같이 말한다.

> 그러나 엄마는 단순히 아이 눈에 보이는 어떤 것이 아니라, 아이 눈에 보이는 한 사람이다. 따라서 자기의 발달에 필수적인 요소는, 바로 엄마의 따스한 눈빛 아래서 자기 자신을 인간으로서 경험하

는 일이다… 엄마가 제대로 반응해주지 않으면 상당히 심각한 결과가 빚어지는 것 같다(p. 125).

랭의 이론은 비유적인 면이 강하다. 그러나 그는 분열성 인격을 설명하면서, 맨 처음으로 주관적 자기감각이라는 개념을 사용했다. 이 개념은 분열성이라는 진단 딱지를 받은 개인이 경험한 것을 그 사람 입장에서 공감할 수 있도록 해준다. 이런 방법은 심지어 문학적인 형태마저 띠는데, 우리로 하여금 분열증 환자의 이상한 행동과 그들이 사용하는 방어기제의 퇴행적 성격을 더욱 잘 이해하게 해준다.

랭은 분열성 및 정신분열증적 의사소통을 이해하는 데 천부적인 직관이 있는 사람이었다. 그는 한 극적인 문단에서(pp. 29-31), 역으로 흥분catatonic excitement 하는 환자를 치료했던 크레펠린의 고전적 강의(1905년)를 다시 고찰한다. 여기에서 크레펠린은 접근도 이해도 불가능한 환자에게 정신증이라는 진단을 내린다. 그러나 랭이 이 환자의 자료를 검토해 본 결과, 이 환자는 크레펠린에 대한 패러디에다 자신의 반항적이고 저항적인 자기self를 접목시키고 있었다. 자기심리학이 인기를 끈 것도 바로 이 같은 잠재력 때문인데 자기심리학은 예전 같았으면 "악성" 환자의 증상으로 낙인찍혔을 행동들은 물론, 증상들과 의사소통의 형태들을 이해할 만한 것으로 밝혀내고 집중정신분석의 대상이 되도록 만들었다.

8장 | 코헛의 자기심리학 : 첫 번째 버전

하인즈 코헛은 오스트리아 빈에서 태어나(1913년) 그곳에서 성장했고, 1938년에 빈 대학에서 의학박사 학위를 취득했다. 그는 자신이 기차역으로 달려가, 나찌의 강압에 못 이겨 빈을 떠나는 지그문트 프로이트–당시 그는 개인적으로 프로이트를 알지 못했다–에게 작별인사를 했던 일을 묘사하곤 한다(Goldberg 1982).

코헛도 아버지가 유태인이었기 때문에 1940년, 오스트리아를 떠나 시카고 대학에 정착하게 된다. 1953년에는 시카고 정신분석연구소에 합류하였다. 그는 신경학 분야에서 실질적인 훈련을 받았으나 후일 정신분석학으로 전과 한다. 정신분석학은 대학원 과정으로, 자신이 관심 갖고 있던 신경학과 문학과 프로이트의 사상적 에너지를 모두 통합한 분야였노라고 그는 말한다(Montgomery 1981). 코헛은 시카고 정신분석연구소에서 활동했으며, 미국정신분석학계의 주요 인물로서 그곳에서 정신분석학 이론을 가르쳤다.

코헛은 미국정신분석학회 회장(1964-1965)을 역임했고 국제 정신분석학회 부회장(1965-1973)으로 선출되기도 했다. 그러나 그는 "자기심리학"에 관한 저작들(첫 저서는 1971년에 출간됨)로 인해 많은 적을 갖게 되었다. 몽고메리(1981)는 그가 한 말을 이렇게 인용한다: "내 별명은 미스터 정신분석이었고 난 모든 클래스에서 환영 받았다. 그런데 이젠 모두가 멀게만 느껴진다. 내가 평지풍파를 일으킨 것이다."

타임지 12월 1일자(1980)에 따르면, 그는 "제자들이 그를 프로이트에 비교할 만큼 추종 인물이 되어가고 있었다"(p. 76). 개인적으로 코헛의 동료들을 만나보면, 그가 종종 선배 정신분석가들을 열광케 했음을 알 수 있다. 예를 들어, 나는 노스웨스턴대학 정신의학과에서 열린 한 강연에서 시카고 연구소의 한 저명한 연구원이, 코헛의 연구 성과들은 페니실린 발견 이후 최대의 의학적 진보라고 말했던 것을 기억한다.

코헛은 탁월한 교수라는 평가를 받았다. 체력이 약한 그는 금욕적 카리스마를 가진 것으로 알려졌는데, 정작 그 자신은 삶을 향유한다고 말했다(Breu 1979). 그와의 짧은 만남과 자기심리학에 관한 시카고 학술대회(1978년에 열렸고, 문건은 1980년에 출간됨)를 통해 내가 받은 인상은, 그가 명석하고 자신에 차 있으며 즉흥 연설에 뛰어나다는 것이었다. 자기 분야에서 일가를 이룬 사람으로서, "자칭 제자라는 사람들의 악영향 때문에 자신의 연구가 왜곡되는 점"(Kohut 1978, p. 884)에도 그는 상당한 인내심을 보여주었다. 한편, 코헛은 기성 정신분석학 전반에 도전하여 자신의 이론에 대한 저항들을 설명하는 데 자기심리학을 주저 없이 사용했다. 그렇게 함으로써 그는 동료들과 불화를 빚게 된다.

코헛의 방법론

먼저 코헛의 방법론부터 언급하는 것이 좋겠다. 그의 방법론은 그가 1959년에 발표한 논문인 「내성, 공감 그리고 정신분석 Introspection, Empathy, and Psychoanalysis」에 잘 나타나 있다(Kohut 1978). 여기에서 그는 "오직 내성introspection을 통하거나 타인의 내성에 공감하는 방식으로 관찰할 수 있는 현상만을 심리학적이라고 불러야 한다. 현상은 '신체적'이거나 '행동적' 혹은 '사회적'인 성격을 띤다"(pp. 208~209)고 말했다. 코헛은 훈련된 내성의 기술을 사용하는데, 이러한 기술은 내성의 연장선에서 분석가가 사용하는 하나의 테크닉이다. 그는 이러한 내성의 연장선을 공감, 혹은 타인의 입장에서 생각해보는 내적 성찰(이하, 대리적 내성)이라고 불렀다.

그는 키가 너무 큰 한 남성의 예를 자주 들면서, "우리가 그의 입장에서 생각해볼 때에만, 즉 대리적 내성을 통해 그의 키를 내 키인 듯이 느끼기 시작하고 이렇게 하여 유별난 것으로 드러난 그의 내적 경험을 되살리게 될 때 비로소, 우리는 평범하지 않은 그의 키가 그에게 어떤 의미를 갖는지를 평가하고, 비로소 심리적 사실들을 관찰할 수 있게 된다"(pp. 207-208)고 말한다. 그러므로 우리는 공감을 통해 다른 사람의 입장에 서게 되고, 대리적 내성을 통해서 다른 사람이 느끼는 것을 알 수 있게 된다.

대리적 내성을 강조한다는 점에서, 프로이트와 코헛의 정신분석은 설리반의 대인관계이론과 구별된다. 코헛은 "대인관계interpersonal라는 용어의 정신분석학적 의미"는 "내성적 자기관찰을 위한 인간 상호간 경험"을 시사하므로, 이는 "사회심리학자 등이 사용하는 대인관계, 상호작용, 교류 등의 용어가 뜻하는 바와 다르다"(p. 217)고 말한다.

정신분석학의 한계는 내성과 공감에 잠재되어 있는 한계이기도 하다. 예를 들어 코헛은 자유의지와 결정론의 문제를 고찰하는데, 위의 논문(1959)에서 내경험I-experience과 이런 경험에서 나오는 활동들의 핵은 더 이상 내성의 방법으로도 분석되지 않는다고 말한다. 즉, 자유의지에 대한 우리의 감각은 정신의 결정론적 법칙들을 뛰어넘는 것으로, 내성의 방법으로는 해명이 불가능하다는 것이다. 코헛에 따르면, 프로이트도 이런 문제에 대해서는 분명한 입장을 취하지 않았다. 왜냐하면 『자아와 이드』(Freud 1923)에서 프로이트는, 정신분석이란 환자의 자아에게 선택의 자유를 주기 위한 것이라고 말하고 있기 때문이다. 그러나 프로이트의 보다 초기 이론은 절대적 정신결정론을 지향하고 있었다. 그의 초기 이론에는 자아의 선택권(결정할 수 있는 자유)이라는 개념이 들어설 자리가 없었다. 코헛이 초기에 언급했던 내경험I-experience이 어떻게 두 개의 극을 가진 자기라는 그의 근본적 개념으로 정교화되는지에 관해서는 이후 다른 장에서 살펴보기로 한다.

전이

이 논문(1959)에 나와 있는 또 다른 주요개념은 다음과 같은 코헛의 주장에 잘 나타나 있다. 자기애성 환자들과 경계성 환자들에게,

> 분석가는 내적 구조물을 투사(전이)하는 스크린이 아니라, 그들이 초기에 경험했던 현실의 직접적 연장선이다. 너무 냉정하고 거부하는(그래서 의지할 수 없는) 것이어서, 견고한 정신구조로 변형될 수 없었던 바로 그 현실인 것이다. 분석가는 피분석자가 접촉을 유지하고자 하는 그 옛 대상이다. 피분석자는 이 대상으로부터 자신의 정체성을 끌어내고, 조금이나마 내적 구조를 얻고자 한다(pp. 218~219).

여기서 코헛은 전이에 관해 중요한 구분을 짓는데, 유아기적 대상 리비도 분투가 억압 장벽을 넘어서서 환자가 어린 시절에 자신에게 중요했던 사람인 것처럼 분석가를 대하는 전이현상과, 정신 깊숙한 곳으로부터 나오는 것이지만 대상을 향한 분투가 억압 장벽을 넘지 못하고 단지 내적 구조의 일부만 얻으려는 시도에 그치는 전이현상을 구별한다. 이러한 구별에 따른다면, 코헛이 말하는 자기애성 전이나 자기대상 전이(거울, 이상화, 제2 자아 전이 등)는 본래 초심리학에서 말하는 전이에 해당하지 않는다. 코헛은 특히 초기의 저술에서 이것들을 유사 전이 현상으로서 언급한다. 그러나 모든 저술에서 이러한 구별이 항상 뚜렷한 것은 아니다.

공감

「나르시시즘의 형태와 변화」라는 1966년의 논문에서, 코헛은 "다른 사람들이 생각하고 느끼는 것을 말할 때, 그들에 관한 심리적 자료를 수집하거나 직접 관찰할 수는 없더라도 그들의 내적 경험을 상상해 보는 방식"(Kohut 1978, p. 45에도

인용됨)으로서 공감을 정의한다. 그는 공감에 대해 다음과 같이 덧붙이고 있다.

1. 공감은 심리 관찰의 본질적 요소이며, 정신분석치료를 위한 자료 제공에 중요한 역할을 한다.
2. 공감 능력은 인간의 타고난 정신 장치이지만, 현실을 인지하는 이러한 본래적 공감 형태–유아가 엄마와 나누는 일차적 공감–는 성인에게 우세하게 나타나는 비공감적 인지 형태들에 의해 곧 가려지게 된다.
3. 분석가의 목표는 "완전한 공감적 이해"(p. 452)이다. 그러려면 분석가가 공감 능력을 오랫동안 사용할 수 있어야 한다. 꾸준히 경청하면서 가급적 메모를 피하고 현실적인 상호작용을 줄이면서 치료나 도움보다는 이해하려는 목표에 집중하는 태도는, "경험적 정체성들experiential identities에 관한 지각을 통해"(p. 452) 공감적 이해에 도달하려는 것이다.

특히 장기치료에서 공감을 방해하는 가장 중요한 장애물은 치료자 자신의 자기애성 장애이므로, "자기애적 태도를 버리게 하는 것이 교육분석의 특수한 사명이다"(pp. 452-453). 오랜 기간 공감적 태도로 관찰을 유지해나갈 수 있는 능력의 개발은 분석가의 수완에서 중요한 부분을 차지하는데, 코헛에 따르면 이는 어느 정도 타고난 재능과 어린 시절의 경험, 그리고 분석가가 받은 교육분석에서 기인한다. 이러한 장기간의 공감적 관찰과 대리적 내성의 능력 없이는 적절한 정신분석이나 집중 정신분석치료의 수행은 불가능하다.

공감이라는 주제에 관해서는 많은 사람들이 문헌(Lichtenberg et al. 1984, 1984a)을 남겼다. 바슈(1983)는 이 주제에 관해 고찰한 다음 이렇게 썼다.

> 감정의 공명이 빠르든 늦든 공감적 인지는 타인의 마음에서 일어나는 것을 직접 볼 수 있는 것의 문제는 결코 아니다. 이것은 우리 분석가가 느끼는 것(분석 상황인 경우)과 의식 혹은 무의식 속에서 피분석자가 경험하는 것이 일치함을 뜻하는 게 아닐까(p. 114).

일정 기간 동안 환자가 분석가에게 테스트와 수정을 통해 대리적 내성을 확대하도록 해주면 분석가는 환자를 공감적으로 이해하게 되는데, 이때의 대리적 내성은 투사도 동일시도 아니다. 우리는 환자의 언어적, 비언어적 의사소통에 감정적으로 반응하면서 환자를 알아 간다. 따라서 공감은 앎을 얻는 과정이다. 도움의 의도는 대개 공감해주는 사람에게 있지만 항상 그런 것만은 아니다. 공감이나 대리적 내성을 통해 획득된 지식은 좋게도 나쁘게도 쓰일 수 있다. 치료자는 공감적 이해를 시의적절한 개입과 해석을 위해 사용해야 한다.

공감을 강조하는 코헛에게 상당한 반론들이 제기되었는데, 이런 논쟁은 그의 생각이 변화한 데서 일면 기인한다. 이러한 논쟁은 그의 마지막 저서(1984)에 결론 형태로 정리되어 있다. 이 책에서 코헛은 공감적으로 이해 받는 경험이야말로 중요한(어느 정도는 일시적이지만) 치료효과를 준다고 주장한다. 그러나 이런 주장 때문에 그는 알렉산더의 "교정적 정서경험corrective emotional experience"과 유사한 이론이라는 비판을 받았으며, 정신분석에서는 해석만이 환자를 치료할 수 있다고 주장하는 일부 순수주의자들과 불화를 빚게 되었다. 그는 1977년에 이미 "환자를 치료하는 것은 해석이 아니다"(p. 31)라고 썼는데, 자신의 두 번째 책에서는 미국의 고전적 정신분석학과 결정적으로 멀어진다. 이 논쟁에 관해서는 10장에서 다루기로 한다. 자기심리학파 저자들 중, 돌봄이나 특별한 공감적 돌봄으로 정의되는 "공감"을 환자에게 제공하려는 사람은 없다. 자기심리학은 환자에게 사랑의 치유를 제공하려는 것이 아니다. 이것은 엄밀한 정신분석적 치료 이론이다.

"자기애성" 전이들

1966년의 논문 「나르시시즘의 형태와 변화」는 1968년의 논문 「자기애성 인격장애의 정신분석적 치료」(1978)와 함께 정신분석에 종사하는 사람들을 놀라게 했다. 그러나 이것이 코헛에게 개인적 시련을 가져온 것은 아니었다. 코헛은 리비도가 자기에게 집중되는 것으로서 나르시시즘을 엄격히 규정했던 하트만의 정의를 따른다. 여기에서 자기는 심리내적 자기표상들로서 본질적으로 자아의 하부구조라는 의미로 사용된다. 이것은 앞서 소개한 주류 정신분석가들의 견해에도 어느 정도 상응한다. 위에서 말한 1968년의 논문은 코헛이 나중에 여러 번 수정했지만, 자기심리학을 연구하려는 사람들에게 훌륭한 지침이 된다. 이 논문은 코헛이 말하는 자기애성 전이(후일 자기대상[4] 전이라고 부름)를 해결하는 데서 발생하는 문제점들을 명확히 기술한다. 이 논문은 코헛(1971)이 자신의 처녀작 『자기의 분석』에서 다루게 될, 보다 세밀하고 난해한 내용들을 상당부분 미리 다루고 있다.

일차적 나르시시즘이 유아에게 주는 기쁨은 모성적 돌봄의 불가피한 결함으로 인해 방해 받게 된다. 유아는 다음과 같은 것들을 추가함으로써 이러한 기쁨을 유지하고자 한다: (a)과대적이고 과시적인 이미지–자기애적 자기 (b)이상적 부모원상–상상 속에나 존재하는 전적으로 헌신적인 전능한 보호자. 적절한 발달 조건하에서 원초적 과대자기의 과시성향과 과대주의는 점차 수그러들며, 이런 구조 전체가 성숙한 인격으로 통합되어 자아 동조적인ego syntonic 목표와 포부를 갖게 한다. 그리고 이 같은 조건하에서는, 이상적 부모원상이 성숙된 인격 안으로 통합되어 우리를 이끌어가는 가치관과 이상이 된다. 중요한 것은 아동이 심한 자기애성 외상(후일 원초적 자기대상 실패로서 기술됨)을 입은 경우, 과대자기가 통합되지 못하고 "변화되지 않은 형태로 남아 그것의 원초적 목표를 추구하려 든다"(p. 478)는 점이다. 즉, 아동이 충격을 경험하면(자신을 돌봐주고, 자신이 추앙했던 성인에게 실망을 느끼면) 이상적 부모원상은 변형되지 않은 채로 남게 되는 것이다. 이렇게 되면 개인은 계속 원초적 중간대상을 찾아 그것에 집착하게 되는데, 이는 긴장을 조절하고 자존감을 유지하려는 시도이다.

코헛은 1968년의 논문에서 이상화 전이와 거울 전이를 기술하는데, 초심리학적으로 볼 때 불분명하고 느슨한 개념들을 사용한다. 예를 들어 이상화 전이

4) 보다 초기의 저작에는 "자기-대상(self-object)"이라고 쓰여 있는데, 원초적 대상들이 어떻게 경험되는가에 대해 의미를 보다 명확히 하기 위해서 나중에는 하이픈을 생략했다.

는 “총체적인 자기애적 완전성global narcissistic perfection의 경험 중 일부가 소실되지 않고 정신 안에 남아 초기의 상태가 치료 상황에서 되살아나는 것으로, 이것을 원초적 중간대상이나 이상적 부모원상에 투영함으로써 형성된다”(p.479)고 설명한다. 분석가는 환자에게 기쁨과 힘의 원천이므로 환자는 분석가와 떨어져 있을 때 공허와 무력감을 느낀다. 분석가는 이상적 부모원상의 전이 대상으로서 자신의 장점 때문에 사랑받는 것이 아니라, 환자가 유년기에 확립시키지 못한 정신장치 기능의 일부를 대신해줄 것을 요구받는 것이다. 코헛은 이것을 구조적 결함이라고 부른다.

임상 사례의 하나로–자기심리학 이론 전체는 임상경험과 밀접하게 연관됨–코헛은 A씨의 경우를 든다. A씨는 자신의 동성애적 경향 때문에 분석을 의뢰했다. 코헛은 A씨가 권력층의 남성들에게 끊임없이 인정받으려 한다는 점을 주목했다. A씨는 여러 권위자들로부터 인정을 받을 때만 자신이 온전하게 수용되고 유능하다는 느낌을 받았다. 반면, 이들이 조금이라도 동조하지 않으면 우울하고 화난 채 냉랭하고 오만한 고립 속으로 들어갔다.

이 사례는 자기심리학을 평가함에 있어 여전히 논쟁거리로 남아있는 문제 하나를 보여준다. 즉, 환자가 “방탕한” 성행위와 성적 환상을 호소할 때, 자기심리학은 이것을 성적인 것으로 바라보기보다 자기애성의 구조적 결함 문제로 해석하는 경향이 있다는 것이다. 일부 학자들은 자기심리학자들이 이러한 구조적 결함 측면 때문에 환자에게 부정확한 해석을 제공하지나 않을까 염려한다. 이들이 보기에 이러한 해석은 환자가 억압된 근친상간적 오이디푸스 갈등을 방어하도록 도와주기 때문이다. 그러나 자기심리학자들은 적절한 공감과 대리적 내성을 통해 환자의 일차적 장애가 자기의 결함에 있는지, 혹은 자기는 응집되어 있으면서 억압된 오이디푸스 갈등에만 장애가 있는지 알 수 있다고 응답할 것이다. 그러나 나중에 보면 알겠지만 코헛의 관점에는 변화가 생긴다.

코헛은 이상화 전이가 방해받지 않고 발달되도록 내버려둘 것을 강조한다. 일단 이러한 전이가 형성되면, 환자는 자신이 힘있고 선하고 유능하다는 느낌을 받는다. 그러다가 여러 가지 사정들, 예를 들어 휴가나 학회 때문에 환자가 분석가를 못 만나면, 이로 인해 환자는 자존감이 흔들리고 스스로를 무기력하고 무가치하게 느끼며 "원초적 이상화" 국면에 접어들 수 있다.

원초적 이상화는 어렴풋하고 탈인간화된, 초월상태에 가까운 종교적 느낌들을 가져오며, 과대자기로의 리비도 집중에서 비롯된 차가운 감정, 작위적인 언행, 수치심, 건강염려증 등을 불러온다. 이를 알아챈 치료자라면 올바른 공감적 분위기 속에서 환자의 느낌에 공명해 주고, 그간 일어났던 현상들을 설명하고 해석해 주어야 한다. 코헛은 이러한 작업이 잘 이루어질 경우 현재의 경험을 가져온 역동적 원형과 관련된 의미있는 기억들을 대거 떠오르게 할 수 있다고 주장한다.

> 환자는 유년기 외로웠던 시간들을 떠올릴 것이다. 당시 그는 파편화된 느낌, 건강염려증, 죽음의 감정 등을 극복하려고 했을 것이다. 이런 현상은 이상화된 보호자로부터의 분리에서 비롯된 것이었다. 그러고 나면 환자는 어떻게 자신이 이상적 부모원상과, 그것의 기능을 대신해줄 애로틱한 대체물을 만들어내고 과대자기에 조적으로 몰입했는가를 떠올리며 이를 차차 이해하게 된다(p. 488).

코헛은 거친 표면에 얼굴 비비기, 엄마 사진 쳐다보기, 엄마 서랍을 뒤쳐 속옷냄새 맡기 등과 같이, 임상에서 흔히 볼 수 있는 아동의 광기어린 행동들을 예로 든다. 나는flying 경험과 그런 상황에서 경험했을 수퍼맨 환상 같은 기억이 떠오를 수 있다. 성인 환자의 경우에는 자기대상인 분석가와 떨어져 있는 동안 위에서와 비슷한 행동들이 나타날 수 있는데 예를 들어, 관음증, 가게에서 물건 훔치기, 무모한 운전 등이 그것이다.

"최적의 좌절optimal frustration"이 일어날 때마다 이러한 설명을 곁들이고 유년기의 기억들을 떠올리게 하면(고전적인 정신분석에서처럼), 환자의 자아는 분석가가 부재하더라도, 때로 공감적인 지지를 얻지 못하더라도 더 잘 견딜 수 있는 여유가 생긴다. 환자의 정신이 구조화되려면, 이상화 대상이 수행하던 몇 가지 기능들을 환자 자신이 수행할 수 있어야 한다. 이런 식으로 가다보면 코헛의 변형적 내재화 개념에 이르게 되는데, 이것은 나중에 살펴보기로 한다.

이상화 전이와 비슷한 것으로 코헛은 거울 전이를 기술하는데, 자기심리학 초창기 이론에서 이것은 치료적으로 과대자기를 재생시키는 것을 의미했다. 과대자기의 팽창으로 원초적 형태의 융합이 생기는데, 여기서 하나의 중간형태-이는 나중에 전이의 또 다른 유형으로 기술됨(Kohut 1984)-의 전이가 나타난다. 이런 중간형태의 전이 속에서 환자는 분석가와 자신이 닮았다는 전제를 하게 되는데, 이것을 제2 자아 또는 쌍둥이 전이라고 부른다. 가장 덜 원초적인 형태의 거울 전이에서는 환자가 분석가를 독립된 개체로서 인식한다. 그러나 이때 분석가는 환자의 성취를 반영해주는 사람으로서의 의미밖에 없다. 후자는 "좁은 의미에서의 거울 전이"로 다음과 같은 발달단계를 재현한다.

> 이 시기에는 엄마의 눈빛이 유아의 과시적 행동들을 반영해주고, 유아의 자기애적 쾌감들에 엄마가 참여함으로써 유아의 자존감이 강화된다. 엄마는 점점 선택적인 반응들을 통해서 유아를 현실적 방향으로 유도한다(p. 489).

코헛은 탁월함을 드러내고자 하는 환자의 유아적 환상들을 의식 차원으로 끌어올리기 위해 저항을 해소하려다 겪게 되는 어려움들을 보여주는 몇 가지 사례들을 소개한다. 이러한 환상은 종종 수치심과 건강염려증을 동반하는데, 때로는 매우 공포스럽다. 왜냐하면 과대자기와 과시적인 자기애성 리비도가 무차별적으로 자아에 집중될 위험이 있기 때문이다(p. 491).

거울 전이가 방해를 받은 결과 정신과 행동에 장애가 생기고 충동이 일어나면 이러한 거울 전이를 해소하는 데도 비슷한 과정이 일어난다. 코헛은 여기서 분석가와 떨어져 있는 주말 동안 피분석자가 경험하는 관음증을 예로 든다. 관음증은 공중화장실에서 남자 환자에게 흔히 나타나는데, 이는 분석가가 부재하는 동안 자신이 쳐다보고 있는 그 남성과 융합하는 느낌을 얻기 위해서다. 이러한 거울 전이의 동요에 있어서도 분석가는 이상화 전이에서처럼 적절하고 공감적인 분위기에서 설명과 해석을 제공해야 한다. 이렇게 하면 과대자기가 "자기에 대한 현실적인 인식으로 통합되고, 삶이란 그저 자기애적이고 과시적인 소망들의 일부만을 이루어 줄 뿐이라는 깨달음으로 통합된다"(p. 492). 이렇게 되면 보다 합리적인 포부들이 통합되고 형성된다.

자기애성 전이에 대처하면서 범하는 실수들

일찍이 코헛은 분석적 정신치료에서는 이상화 전이를 적극적으로 유도하지 말고 그것이 자발적으로 일어나게 하라고 특별히 당부했다. 자기애적(혹은 자기대상) 전이들을 다루는 데서 흔히 발견되는 두 가지 함정은 다음과 같다. 하나는, 분석가가 성급하게 환자의 나르시시즘을 도덕화하는 것이고, 다른 하나는 설명과 해석보다는 환자의 특정 경험과 관련해서 이론화를 서두르는 것이다.

코헛에 의하면, 치료자들에게는 "아직 조사를 통해 정신병리를 초심리학적으로 이해하지도 못한 상태에서"(p. 496) 훈계하거나 지도자 또는 선생이 되려는 경향이 있다. 그 다음으로는, 해석에 은근한 압력을 곁들임으로써 치료자의 인격이 점점 더 큰 비중을 차지하도록 하는 경향이 있다. 코헛은 잘 훈련되고 차분한 장인의 개념을 카리스마 넘치는 재능을 갖고 영웅적으로 치료해내는 사람에 비유하면서, 치료자들이 장인과 같은 접근법을 사용할 수 있도록 자기애성 인격들에 관한 이해를 제공하고자 한다. 이렇게 되려면 분석가는 이상화 전이와 거울 전이에 대한 반응들을 이해해야 한다. 분석가는 이상화 전이를 거부하는 경향이 있다. 이것이 치료자 자신의 억압된 과대성을 자극하기 때문이다. 그리고 거울 전이에서는 분석가의 역할이 환자의 유아적 나르시시즘을 반영해주는 거울로 축소되기 때문에, 분석가는 지루함을 느끼고 이런 상황을 견디지 못하게 된다.

자유연상에서 "굴뚝청소chimney sweeping"의 기법을 발견해낸 브로이어와 프로이트의 환자였던 Anna O와 비슷한 사례로, 코헛은 1978년 논문 말미에서 F양의 사례를 인용한다.

그녀는 끊임없이 그에게 거울역할을 요구하고 있음을 알게 해준 첫 환자였다. 그녀는 단지 자신이 말한 내용을 코헛이 요약하거나 반복하기만을 원했는데, 이러한 한도를 넘어 그가 해석이라도 하면 곧 경직되었고 자신의 자존심을 건드렸다며 큰소리로 분노를 터뜨렸다. 오이디푸스적 수준에 근거한 해석은 특기할 만한 점이 없었으나, 아주 어린 아이의 어조로 자신이 옳다는 확신을 표현하는 그녀의 고조된 목소리는 코헛으로 하여금 자신이 거울 용도로 사용되고 있으며 그녀가 지금 스스로의 정신구조에서 결여된 부분을 찾고자 애쓰고 있다는 점을 알게 해주었다.

여기서 코헛은 "유년기의 요구에 억지로 따라주기"(Kohut 1978, p. 507에서 재인용됨)라는, 자기심리학에서 큰 논쟁거리가 된 또 하나의 개념을 도입한다. 그는 이것이 어느 순간 일시적으로 생겨나서 과대자기를 없애주는 출발점이 된다고 생각했다. 거울기능의 제공은 환자가 엄마에게 바라는 것으로서 교정적 정서경험이 된다. 그러나 코헛은 억지로 따라주는 것이 치료 요소라고 주장하지는 않는다. 다만 고전적인 방법으로 거울 전이를 해소하고 해석의 단계에 이르기 위해서는 때로 이것이 불가피하다는 것이다.

자기심리학의 첫 번째 완결판

『자기의 분석』(1971)의 출간은 자기심리학이 고전적인 정신분석 이론에서 분기되어 나가는 시발점이 되었다. 무엇보다 이 책은 비교적 낮은 수준에서 비교적 경험에 가까운 것으로 자기를 새롭게 정의했다. 자기란 마음의 행위인자가 아니라, 모든 마음의 행위인자들 속에 존재할 수 있는 정신적 구조물이다. 그러므로 코헛은 전통적인 구조이론(이드, 자아, 초자아)에서 벗어난다. 코헛의 이론이 발전되면서 자기의 정의에도 변화가 있었다. 자기의 정의는 여전히 논쟁거리가 되고 있으며, 자기심리학에서 가장 까다로운 부분이기도 하다. 원래 코헛의 자기개념은 경험에 근접한, 추상적인 정신분석적 개념이다. 이것은 환자의 자기감각이 응집되어 있는지 혹은 해체되어 있는지를 공감이나 대리적 내성의 방법으로 관찰한 것을 토대로 한다. 이것이 바로 "좁은 의미의 자기심리학"이며, 이는 프로이트적 초심리학의 연장선에 있다고 할 수 있다. 그러나 프로이트의 심층심리학은 별도의 발달라인을 따르는 자기애적 형태의 리비도를 도출하기 위한 코헛의 초심리학 모형과 결국에는 상충된다.

훌륭한 홀딩 환경에서도 엄마나 분석가의 사소한 결점은 불가피하게 나타난다. 이러한 결점은 아기나 환자가 엄마나 치료자가 그들을 위해서 해온 것들을 점차 흡수하도록 해준다. 이러한 과정에서 충동조절과 욕동유도drive channeling의 구조가 형성되며, 이러한 구조는 자기의 구성에 기여하고, 코헛이 말하는 변형적 내재화transmuting internalization에 기여한다. 이것은 내사와 대조되는 미시적 내재화microinternalization이다. 내사에서는 부적절한 실망으로부터 대량의 융합이 생기고 대상이 정신 안에 자리를 잡음으로써 자기와 대상의 관계가 내사물로서 지속된다. 최적의 정신 구조는 내사에 의해 형성되지 않는다. 대개 내사는 만족스럽지 못한 관계를 지속시키고 외부 대상에 대한 의존성을 없애줄 뿐이다.

코헛은 대상관계object relations와 대상사랑object love을 구별하게 하려고, 자기대상selfobject의 개념을 도입했다. 예를 들어, 어린 아동에게는 대상관계가 있지만 대상사랑은 없다. 아동은 자기대상인 타인과 관계를 맺지만 이런 관계에서 대상은 자기의 일부로서 인식되며 대상 자체로서의 삶은 존재하지 않는다. 두 종류의 자기대상이 있는데, 하나는 아동의 위대함과 완전함에 반응하고 그것을 확인해 주고 반영해 주는 대상들이다. 다른 하나는 아동이 존경하고 융합할 수 있는 대상들이다. 두 번째 범주의 자기대상은 자기애적 평정narcissistic equilibrium에 필요한 차분함과 전능의 이미지를 제공한다.

무엇보다 자기대상은 자기를 위해 사용되거나 자기의 일부로서 경험된다. 아래의 것들은 반드시 서로 구별(Kohut 1971, pp.50~51)되어야 한다: 1. 자기애적으로 경험되는 원초적 자기대상 2. 자기애적으로 경험된 원초적 대상에서 "리비도가 점진적으로 철수"하면서 생겨난 정신적 구조물들(충동조절과 통합 등, 이전에 외적 대상이 수행했던 적응적 기능들을 계속해서 수행) 3. 마지막은 "대상 리비도로 투자된 진정한 대상들(정신분석적 의미에서)인데, 이들은 원초적 대상들로부터 분리된 정신에 의해 사랑과 미움을 받는 대상들을 가리킨다"(p. 51).

코헛의 개념들은 흥미롭고 중요하다. 많은 환자들의 원초적 "전이들" 속에 이러한 개념들이 나타나며, 치료 상황에서 나타나는 특정 행위의 측면들을 이해하는 데 도움이 되기 때문이다. 이러한 이해가 없을 때 치료자는 대개 짜증이나 거부반응을 보인다. 집착적 의존성을 보이는 환자를 자기애적 대상관계의 측면에서 이해하고, 환자가 치료자와 떨어지는 것에 분노하는 것은 환자가 치료자의 욕구를 생각할 여유가 없고 자신이 치료자를 통제할 수 없다는 것을 수용하지 못하기 때문임을 이해한다면, 치료자는 보다 적절하고 공감적인 반응과 해석을 제공할 수 있다.

코헛은 수직 분열vertical split과 수평 분열horizontal split의 개념을 제시한다. 별로 주목받지 못했던 이 도식에서 코헛은 수직 분열을 프로이트(맥락은 다르지만)가 말한 부정disavowal에 대응시킨다. 인격에서 수직적으로 떨어져 나간 부분, 즉 인격에서 부정된 부분은 자기애성 인격장애로 나타나는데, 노골적인 유아적 과대망상이 환자의 기본 인격과 혼합되어 나타난다. 실제로 이러한 환자는 대개 자존감이 낮고 부끄러움을 잘 타며 건강염려증이 있다. 정신치료는 수직 분열부터 다룬다. 왜냐하면 환자에게 일상적인 의식적 사고와 행위들에서 수직적으로 떨어져나간 부분들을 찾아보게 할 수 있기 때문이다. 이것은 노골적으로 드러난 유아적 과대망상을 없애주고 수평 분열에 의해 감추어진 억압된 자료들이 드러나도록 압력을 가한다.

낮은 자존감, 부끄럼을 타는 경향, 건강염려증은 수평 분열로 감추어진 것에 대한 반동형성이다. 수평 분열은 프로이트가 말하는 억압장벽repression barrier과 유사하다. 수평 분열의 기저에는 만족되지 못한 자기애적인 원초적 욕구들이 억압되어 있다. 이러한 욕구들은 엄마의 따스한 눈빛으로 인정받아야 했으나 그러지 못했던 아동의 참자기를 표상한다. 부정된 유아적 나르시시즘이 표현되는 것을 가로막으면 원초적인 자기애성 욕구의 압력이 커져서 원초적 과대망상이 나타난다.

임상자료와 논평

다음의 삽화는 환자에게 접근하는 문제와 관련되며, 자기심리학과 고전적 정신분석학이 어떻게 다른지를 보여준다. 2년 동안 집중정신치료를 받아온 환자가 다음과 같은 꿈을 꾸었다: "엄마가 있는데 내게 그녀를 범하고 싶은 충동이 생겨요. 다음 장면에서 엄마가 죽어요." 이 환자는 심한 자기애성 인격장애가 있는데, 회사에서 상관에게 상처가 되는 말을 들었다. 그의 어머니와 아내는 언변이 매우 날카로운 사람들이었다. 그의 연상들은 통제수단으로서의 "성관계"와 혼외정사들에서 느낀 만족감과 관련이 있는데, 그는 "그 여자들은 내가 끝내준다고 하는데, 제 아내는 그런 식으로 행동하지 않아요. 그녀는 그냥 '하고 싶으면 해요' 라고 말하죠." 이 환자에게 "성교"는 성적 가치가 우선하는 것이 아니라, 여성들에게 경탄과 탄성을 자아내기 위한 수단이었다. 이 여성들은 그가 필요로 하는 어머니의 대체물이며, 반영해 주는 자기대상들이었으며, 그녀들에게 주어진 과제는 그의 성적 위용을 감탄하는 일이었다. 어머니가 그를 인정해주지 않으면 그는 어머니, 아내, 그의 상관 모두를 매혹시켜야만 한다.

이러한 해석과 전통적인 오이디푸스적 해석을 비교해보라. 이러한 해석이 얼마나 숨겨진 근친상간적 소망들을 경시하는지, 그리고 명백히 오이디푸스적 내용을 담고 있는 꿈이 어떻게, 반영해 주는 자기대상을 통해 자기애적 균형을 회복하려는 처절한 욕구와 자기애성 격노를 표현하고자 하는 숨겨진 욕망으로 해석될 수 있는지에 주목하라.

코헛의 이론을 이것의 기초가 되는 경험적 자료들에 대응시키기 위해, 몇 가지 임상적 논평을 덧붙이고자 한다. 관찰자는 과대자기를 가진 환자를 보면 거만하다고 생각할 것이고, 이상화 전이를 가진 환자를 보면 이 환자가 치료자를 항상 따를 수 있는 전지전능한 사람으로 생각하는 데 놀랄 것이다. 이전에는 이러한 상황에서 환자의 현실검증능력을 바로잡아주는 것이 마땅했으나, 코헛은 “자기대상 전이들이 방해받지 않고 형성될 수 있도록 그냥 두라”고 말한다. 치료자는 공감과 대리적 내성을 바탕으로, 지금 발전되고 있는 전이가 대상과 관계된 것인지 아니면 자기애성 전이인지 판단해야 한다. 이것이 전이 해석에 도움 되기 때문이다. 예를 들어, 대상과 관련된 이상화 전이에 오이디푸스적 적개심이 감춰져 있다면, 이는 반드시 해석되어야 한다. 만약 거울 전이가 형성되고 있다면, 분석가는 “우리는 닮았어요”와 같은 환자의 말을 수정하지 않고 그냥 두어야 한다. 왜냐하면 이를 수정하면 “직선적인 공격”으로 느껴지면서 자기애성 상처를 입기 때문인데, 이렇게 되면 환자에게 이러한 자기대상 전이가 필요함에도 불구하고 이를 발달시키지 못하게 된다. 전이가 필요 없어지면 환자는 저절로 전이를 멈춘다. “교정”은 환자를 위축되게 하거나 거만하게 만들고, 자신만의 찬란한 고립 속에서 과대자기로 후퇴하게 만든다. 환자를 “현실”에 직면시키기보다는 자기대상 전이를 수용해 주는 분위기를 제공해야 한다. 때로는 이상화 전이와 융합전이를 구별하기 어렵다. 환자가 치료자를 이상화할 때 환자는 치료자와 융합되기를 원한다. 거울 전이와 같은 융합전이에서는 환자가 치료자를 마치 자신의 일부인 것처럼 대한다. 그러나 이상화 전이에서는 무엇보다 환자가 치료자를 전지전능하다고 생각한다. 코헛은 이상화 전이 역시 수정하지 말고 그냥 받아들이라고 말한다. 환자가 필요를 느끼지 않으면 저절로 사라진다는 것이다.

자기애성 상처와 그에 따른 자기애성 격노는 이러한 이상화 전이의 해소에 불가피하게 따라온다. 자기애성 상처는 환경이 예상과 다른 방식으로 반응할 때 생긴다. 이러한 상처는 치료자가 공감해 주지 않았을 때도 생길 수 있는데, 치료 외의 환경에서라면 훌륭한 과업을 이뤄냈음에도 불구하고 보상이 주어지지 않을 때에 자기애성 상처가 생긴다. 사소한 자기애성 상처에도 격노하는 것에 대해 치료자는 은근한 오만이나 격노로 반응해서는 안 된다. 오히려 환자에게 무슨 일이 일어난 건지 반복해서 설명해 주어야 한다. 이러한 설명을 이해하게 되면서 환자는 사물을 바라보는 치료자의 합리적 시각을 수용하게 된다. 사물을 바라보는 치료자의 시각을 받아들이고 그럼으로써 자기 자신에 대해서도 보다 부드러운 시각을 갖게 되는데, 이는 변형적 내재화의 일부를 구성한다. 예를 들어 환자의 자기혐오와 분노는, 기대했던 찬사를 받지는 못했어도 최선을 다 했으니 만족스럽지는 않아도 존중받은 것으로 됐다는 식의 감정으로 바뀐다.

자기심리학자들이 느끼는 바에 따르면, 이러한 접근법은 치료자가 더 많이 개입하게 함으로써 치료 분위기를 보다 인간적이고 따뜻한 것으로 만든다. 그러나 코헛과 그의 제자들은 거울기능을 제공하고 이상화를 부추기기 위한 용의주도한 시도들을 결코 옹호하지 않았다. 이러한 시도들이 있었다면, 이는 단지 치료자 편에서 튀어나온 자기애성 역전이에 불과하다. 자기대상 전이들은 그것을 직접 공격하거나, 성급하게 수정하거나, 명석함을 드러내기 위해 섣불리 해석함으로써가 아니라 그것을 수용함으로써 활성화된다.

이상화 전이는 원초적인 것에서 보다 성숙한 형태에 이르기까지, 그야말로 "광역에 걸쳐있기" 때문에 외상의 병리지도pathognomic 상에서 위치를 설정하기가 어렵다. 보다 중요한 것은 임상에서 볼 수 있는 이상화 전이의 양태들이다. 이것들은 절망에서 과대자기에 이르기까지 다양한 모습으로 나타난다. 이것은 전에 이상화 대상이었던 치료자에게 차갑게 대하는 것으로 나타나고, 생각과 말의 원시화 경향—허풍이나 거친 신조어의 사용—이나 우월적인 태도, 자의식과 수치심의 증대, 건강염려증적 몰두 등으로 나타나기도 한다. 때로 환자는 철수하거나 침묵한다.

치료 첫 단계에서 자기대상 전이들이 방해 받으면, 환자는 퇴행에 대한 저항에서 비롯된 전형적인 불안한 꿈을 꾸고 이런 전이가 다시 활성화되는 것을 보게 된다. 코헛(1971, p. 87)은 거울 전이가 나타날 때 추락하는 꿈을 꾸는지, 그리고 이상화 전이가 생겨날 때 높고 장엄한 산에 오르는 꿈을 꾸는지 주목하라고 말한다. 이미 전이가 형성되었다면 이상화 전이는 방해 받을 때 의존성이 늘고, 거울 전이의 경우는 분노 경향이 증가한다. 이러한 힌트는 지금 어떤 전이가 우세한지를 판단하는 데 도움이 된다. 일단 자기대상 전이가 형성되면, 유년기에 외상으로 인해 중단되었던 변형적 내재화 과정이 다시 시작될 준비가 된다.

매 상황마다 할 것과 하지 말아야 할 것을 분별하게 해주는 자아 구조는 수많은 경험들을 통해 점점 발달한다. 우리 모두는 이러한 경험의 도서관을 가지고 있다. 인간관계의 능력은 이러한 내면의 도서관과 관련이 있다. 긴장을 줄이고 자기애적 평형을 이룬다는 측면에서 엄마와 아동 사이에 형성된 이성적이고 공감적인 분위기는 아이로 하여금 엄마가 완벽하지 않다는 것을 깨닫고 예전에 엄마가 해주던 것들을 스스로 할 수 있게 만든다. 이것이 변형적 내재화의 개념인데, 아동은 거울기능과 이상화 대상을 자신 안에 들임으로써 서서히 자아 조직을 구축해 나간다.

> 코헛(1977)은 성공적인 정신분석에서도 이와 비슷한 과정이 일어난다고 말한다. 그에 의하면, 일단 자기대상 전이가 형성되면 미세한 내재화의 과정들이 수없이 일어난 결과, 불안을 진정시키고 지각을 수용해 주던 분석가의 이미지는 그의 다른 현실적인 측면들과 더불어 피분석자의 정신적 장치의 일부가 된다. 마찬가지로 분석가가 늘 곁에 있어주기를 바라는 피분석자의 요구에 대한 "미세한" 좌절도 환자의 정신적 일부가 된다. 요컨대 변형적 내재화 과정을 통해서 새로운 정신 구조가 형성된다(p. 32).

코헛에 의하면 치유란 정신의 "미세구조"(p. 31)가 변화되는 것이며, 환자에 대한 정신분석적 측면에서 본다면, 근본적인 구조 변화는 이렇게 서서히 진행되는 내재화의 결과로서 생긴다(p. 30).

자기심리학을 활용한 임상 작업 : 세부사항들

코헛의 첫 저서는 중간부분이 다소 어렵다. 코헛은 종합적인 분석을 통해, 유년기의 유전적 영향이 자기대상 전이가 변화되는 과정에서 나타나리라고 생각했다. 유년기에 먼저 이상화를 시도하고 그것에 실패함으로써 과대자기가 생긴 것이라면, 치료 중에도 먼저 일시적인 이상화 전이가 발달하고(이는 일종의 퇴행으로 가는 중간 단계) 그 다음에 보다 안정적인 거울 전이가 나타날 것이다. 이러한 전이들은 방해하지 말고 자연스럽게 진화하도록 두어 환자의 유년기에 대한 실마리를 제공할 수 있도록 해야 한다.

코헛은 환자의 자기 응집력을 기준으로 모든 질병을 분류한다. 자기애성 인격장애를 가진 환자들이 거울 전이와 이상화 전이 속에서 실망하게 되면, 곧바로 원초적이고 과대적인 자아 이미지에 리비도를 투여하고 적개심, 냉정함, 거드름, 침묵, 심지어 건강염려증까지 동원해서 방어한다. 그러나 이것은 비교적 짧은 시간 내에 치료자의 영향력과 설명에 의해 전복이 가능하다. 경계성 환자와 정신증 환자는 자기대상인 분석가에게 실망할 경우 회복불능의 분열을 보이기 때문에, 코헛은 정신분석적 치료방법이 이들에게 맞지 않는다고 보았다. 이들에게는 안정적인 자기애성 전이가 형성되지 않고, 생긴다 해도 금세 회복불능의 상태로 부서지고 만다. 따라서 경계성 환자와 정신증 환자에게는 집중정신분석치료나 정신분석을 적용하는 것에 회의적일 수밖에 없다면서, 자기애성 상처를 피하기 위해 고립을 선택하는 분열증 환자에게는 이런 치료법을 피하라고 경고한다. 코헛은 이러한 환자들과의 관계에서 "경솔"하지 말 것을 경고한다. 브란샤프트와 스톨로로우(Lichtenberg et al. 1984a)는 자기심리학이 경계성 환자에 대해 갖고 있는 이러한 어두운 전망을 수정했다. 그러나 이들이 주장하는(p. 344) 바에 따르면, 코헛은 자신의 견해와 이 두 사람의 견해 사이에 별반 차이가 없다고 본다. 이 점에 대해서는 13장에서 자세히 논하기로 한다.

이상화 전이에서 과대자기로의 이동에 대한 해석이 확정되는 때는, 이와 유사한 상황에 대한 유년기의 기억들이 떠오를 때이다. 주말이면 포르노 영화를 보아야 하는 어떤 환자를 예로 들어보자. 그는 영화가 주는 강렬한 자극들로 자신의 무력감과 치료자를 못 보는 데서 오는 상실감을 방어한다. 코헛의 사례에서는, 환자가 남자화장실로 가서 다른 남자의 상상적 페니스(강하고 생동하는)와 결합하는 환상을 갖는다. 환자가 유년기에 자기애적 좌절들에 관음증적 흥분으로 대처했던 기억을 떠올리면서 이러한 설명을 납득하게 되면, 환자는 합리적이고 안정적이고 차분함과 평안함을 주는 치료자의 태도를 서서히 내재화한다. 이렇게 승화시킴으로써, 환자는 주말에 사진을 많이 찍는 사진작가가 될 수도 있다. 이는 임상에서도 여러 번 확인되었다. 심한 스트레스 하에서 그리고 자기애성 상처를 입었을 때 환자는 보다 원초적이고 마술적인 관음증적 행위들로 퇴행한다.

재능 있는 자아는 과대자기의 원초적 기대들을 실현시킬 수도 있고 초년에 놀라운 성공을 거둘 수도 있다. 그러나 성격적으로 그는 이러한 성공에 결코 만족하지 못한다. 성취에 대한 끝없는 욕망 때문에 성공한 사람들은 전형적으로 중년 우울증을 경험한다. 이들에게 삶은 고역이며 어떠한 성공도 휴식을 가져다 주지 못한다. 이러한 사람들은 이상한 욕구를 가진 분열된 과대자기에 의해 추동되는데, 자기심리학의 견지에서 보면 많은 부분이 이해된다.

숨겨진 원초적 과대자기를 보여주는 보다 미묘한 임상사례들이 있다. 자신이 모든 것을 알지 못한다는 것을 받아들일 수 없어서 낯선 도시에서 방향 묻기를 부끄러워하는 환자나, 자신의 대답이 환호와 찬사를 받지 못할까 봐 수업 중에 한 마디도 못하는 학생의 예가 바로 그것이다. 마찬가지로 거짓말, 허풍, 이름 나열하기 name dropping 등도 과대자기의 기대에 부응하려는 시도들일 수 있다. 그러나 이것들은 정신치료에서 훈계나 "현실검증능력"의 교정 등으로 대개 잘못 다루어지고 있다.

위험스러운 일이지만 과시적 과대성과 관련된 유아기적 환상을 동원하는 일도 임상에서는 흔히 볼 수 있다. 여기서의 불안은 거세불안이 아니라, 코헛(1971, p. 152)이 말하는 "자기애적 구조들과 그것의 에너지들이 자아로 무차별적으로 침습해 들어가는 것"이라고 부를 수 있는 불안이다. 이러한 침습이 임박했을 때 나타나는 증상은 희미하지만 다음과 같은 증상을 동반할 수 있다.

1. 절정감을 주는 이상적 부모원상과의 융합을 통해, 또는 신이나 우주와 더불은 "유사종교적 퇴행" 속에서 갖게 되는, "현실의 자기를 잃어버릴 것만 같은 두려움"(p. 153)
2. 극심하고 비현실적인 과대성의 경향 또는 과대망상이 불거져 나오면서 생기는, 현실과 동떨어질 것만 같은 두려움

3. 과시적 소망들에 대한 의식의 개입에서 비롯된 수치심과 자의식
4. 건강염려증: 코헛에 따르면 이것은, 환자가 자신이 느끼는 불편함을 신체 탓으로 돌림으로써 생기는 자기의 분열을 뜻한다. 이것은 자아에 의해 "원초적 이미지들이 분열된 몸-자기body-self를 침범함"(p. 152)으로써 생긴다.

자기애적 구조들이 의식 안으로 폭주해 들어오는 것과 관련된 불안과, 오이디푸스적 거세불안은 구별이 가능하다. 거세불안의 경우 임상 자료들이 오이디푸스적 삼각관계를 암시하고, 보다 세부적이고 정교한 것들을 담고 있으며, 위험한 사람으로서의 대적자 개념을 포함한다.

또 다른 위험은 과대자기의 행동화이다. 이것은 치료 도중 리비도가 지나치게 자기로 집중될 때 나타나는 것으로 환자를 위험에 빠뜨릴 수도 있다.

코헛의 거울 전이와 이상화 전이는 정상적 발달단계로의 퇴행을 뜻한다. 이는 클라인이 투사적 동일시–이는 이상화 전이와 유사하다–와 내사적 동일시(거울 전이와 병행되는)를 기술하는 방식과 대비된다. 성인 환자의 치료 도중에 나타나는 투사적 동일시와 내사적 동일시는 병적인 것이지만(클라인의 이론에서 말하는), 자기와 대상을 구별할 수 있는 보다 높은 수준의 인지적 역량을 암시한다. 일부 저자들에 의하면, 이러한 동일시는 임상적으로 볼 때 코헛이 말하는 자기대상 전이와 비슷하다. 그러나 이것들은 일차적으로 대리적 내성이나 공감을 통해 경험할 수 있는 것들이 아니다.

코헛의 초기 저작에서도 치료 분위기는 치료자 쪽에서 더 많이 참여하는 것으로 되어 있다. 이것은 과거에 대한 해석보다는 치료자가 분리에 대한 반응들을 다루고 환자가 현재 경험하고 있는 것에 더 가까이 머문다는 측면에서 더욱 그러하다. 코헛은 치료자들에게 경험에 가까이 머무르는 것이 먼 과거를 파헤치는 것보다 낫다고 조언한다. 사실, 과거에 대한 해석은 환자의 입장에서 좌절을 주는 것일 수 있다. 환자가 과거를 바꿀 수는 없기 때문이다(자기애성 환자들은 자신이 통제할 수 없는 것에 극도로 민감하다). 자기심리학자들은 전반적인 치료 분위기가 유익할 때 자기대상 전이가 촉진된다고 말한다. 전통적인 분석가들은 이러

한 조언은 새로울 것이 없다고 주장한다.

이러한 분위기는 자기애성(그리고 경계성) 환자들이 사람들과 경험하는 통상적인 관계와 대조된다. 대개 이들의 과대성은 분노에 찬 거부감을 가져오고, 이들의 이상화는 짜증을 불러오기 때문이다. 이런 환자와의 관계에서는 훈계나 제안이나 설교를 줄이고, 환자가 그렇게 느끼고 행동하는 원인을 설명하는 데 노력을 기울여야 한다.

성격적으로 부정적인 역전이를 불러오기 쉬운, 이런 힘든 환자들과 작업하면서 분석가는 일종의 보상을 받는다. 여기서 보상이란, 힘든 치료 작업에 진전이 있을 때 느끼는 기쁨과 이런 일이 어떻게 성취되었는가를 이해하면서 얻게 되는 지적 희열이다. 치료자는 수많은 유익한 설명들을 환자에게 해줄 수 있어야 하는데, 자기애성 격노와 자기애성 전이들을 수용하는 데는 때로 크나큰 노력이 요구된다. 그러나 치료자는 달콤한 해석이라든가, 치료시간에 이루어진 환자와의 일시적 융합에서 벗어나지 못하는 것과 같은 지나친 공감은 경계해야 한다. 코헛의 기본 개념에 의하면, 해석은 전기심장그래프를 해독하는 것과 같아야 한다. 즉, 이러한 해독은 객관적으로 관찰하고 보고하는 것이어야 하며, 설명과 해석들은 항상 환자의 성숙한 자아를 위해 제공되어야 한다.

초기의 비판들

복잡한 초심리학적 이론들로 인해, 코헛의 초기 연구들은 많은 비판을 받았다. 지오바치니(1977)와 같은 저자들은, 코헛의 기본 개념들은 기하학을 사용해 프로이트의 용어들을 다시 언어화한 것에 불과하다고 주장했다. 그는 특히 퇴행에 해당하는 "수평 분열"–코헛은 이것이 오이디푸스기 이전에 나타난다고 주장–을 비판한다. 그는 어떻게 전오이디푸스기의 미성숙한 정신 안에서 정신적 원상 imago의 "퇴행"이 일어날 수 있는지 의아해한다. 그리고 분열이라는 용어는 대개 수평 분열과 수직 분열 모두를 표현하기 위해 사용되는데, 지오바치니에 따르면 코헛은 사실 서로 다른 두 가지 기제를 제안하고 있다.

자기애성 리비도와 성적 리비도(이 둘은 발달 노선이 다름)라는 두 개의 발달 노선을 가정함으로써 프로이트의 초심리학을 변화시킨 것을, 우리는 코헛의 "이중 축 이론"이라고 부른다. 이것은 많은 혼란과 논쟁들(Loewald 1973)을 불러왔는데, 이 점에 관해서는 9장에서 논하기로 한다.

유아는 자기와 대상을 인지적으로 구별하고 이상적 부모원상을 형성할 수 있는가? 그러나 일부 학자들은 그렇게 할 수 있으려면 보호자와 외부세계를 인식할 수 있는 능력이 요구된다고 주장하지 않는가? 과대자기라는 개념에도 비슷한 문제가 있다. 이후의 반론들은 이런 점에서 코헛이 단순화의 오류를 범하고 있다고 공격한다. 왜냐하면 임상적으로도 정상적인 발달의 한 단계에 고착된 경우는 볼 수 없기 때문이다. 어떤 단계에서건 충격을 받으면 상흔이 남고, 병적 형태와 왜곡들은 이후의 모든 단계들로 이어지기 때문이다. 그러므로 성인에게 과대자기가 나타났을 때, 이것은 단순히 유년기에 형성된 것과 동일한 버전으로 볼 수 없다. 이 외에도 다른 많은 세부적 비판들이 리히텐버그(1973)와 로왈드(1973)에 의해 제시되었다.

다음 두 장에 걸쳐 살펴보겠지만, 코헛은 이러한 비판들을 점차 수용했다. 그리고 "보다 넓은 의미의 자기심리학"을 발전시킴으로써, 프로이트의 초심리학에서 점점 더 멀어졌다.

9장 | 과도기의 코헛

초기의 자기심리학

초기 또는 “좁은 의미에서의” 자기심리학을 요약해 보면, 우리의 나르시시즘이 일련의 특징적 발달경로를 따라 변화되고 성숙하면서 우리에 대한 타인의 평가가 달라지듯이 자기self에 대한 우리의 평가도 달라진다는 것이다. 이러한 발달경로들은 환경에서 오는 자극에 반응하면서 후생적인epigenetic 예정프로그램에 의해 자체성애 단계에서 일차적 나르시시즘–이때 유아는 환희 속에서 세계를 자기 자신처럼 느낀다–단계로 진행했다가, 자기애성 전능감에 대한 불가피한 실망으로 인해 과대자기와 이상적 부모원상을 형성하게 된다. 과대자기는 자신이 매우 강력하고 심지어 전능하다는 확신을 주는데, 자기대상이 반영을 통해 이것을 확인해 주기를 원한다. 이상적 부모원상이란 모든 전능한 힘을 어떤 마술적 인물에게 귀속시키는 것으로서, 이때 이 인물은 통제해야 하는 자기대상 혹은 함께 융합해야 할 대상으로 간주된다.

과대자기는 적절한 환경에서 일어나는 미세한 변형적 내재화 과정을 통해 자아(또는 자기) 안으로 통합되어, 포부(후기 이론에서 이것은 자기의 한 극이 됨)를 형성한다. 포부ambitions란 현실적으로 승화될 수 있는 욕동 혹은 추진력으로서, 스스로 욕동의 방향을 설정하고(Kohut 1971, p. 187) 동기가 부여된 적극적인 활동들을 낳는다. 이상적 부모원상은 자아이상(후기 이론에서, 이것은 자기의 또 다른 극이 됨)으로 통합되는데, 자아이상은 개인을 특정한 목표로 이끌어가고 충동을 조절하는 역할(Kohut 1971, p. 186)을 한다. 이러한 자기애성 구조물들이 적절히 통합되면, 개인은 이후의 변화들을 거쳐 유머감각, 공감능력, 지혜 등을 갖추게 되고 삶의 유한

함을 수용하면서 자신의 한계 안에서 창조활동을 할 수 있게 된다.

과대자기가 자아의 현실적인 목표에 점차 통합되지 못하면, 과대자기의 파생물들은 부정(수직 분열)되거나 억압(수평 분열)되어 원초적 형태로 남게 된다. 이렇게 되면 개인은 스스로에 대한 의식적이고 비이성적인 과대평가와 꺾인 야망에 대한 자기애적 수치심에서 비롯된 열등감 사이를 오가게 된다. 이상적 부모원상이 자기이상에 통합되지 못하면 원초적인 상태로 억압된다. 이렇게 되면, 환자는 자기애적 평형을 회복하려는 욕망 때문에 외부에 있는 이상화된 자기대상에게 무의식적으로 집착한다. 이리하여 융합하고 싶은, 전능하고 강력한 사람을 찾아 영원히 떠돌게 된다(이런 사람의 지지나 인정을 받을 때만 자신의 완전한 능력과 보호가 보장되기라도 하듯이).

원초적인 구조들을 제대로 통합시키지 못한 발달상의 문제들로 인해, 전형적인 자기대상 전이들(Kohut 1977)—이전에는 "자기애성 전이(Kohut 1971)"라고 부름—이 나타난다. 이런 "자기대상 전이들"은 유년기에 충족되지 못한 자기애성 욕구들을 해소하려는 욕망 속에서, 무의식적이고 원초적인 자기애성 구조물들(과대자기와 이상적 부모원상)과 분석가에 대한 표상들을 혼합시킨 결과이다. 엄격한 의미에서 이것들을 전이라 부를 수 있는가 하는 문제는 아직도 의문의 여지가 있다. 왜냐하면 이것들은 본능적 긴장을 해소하기 위한 욕구에서 생겨난 것도 아니고, 분석가에게 대상 리비도를 집중시킴으로써 생겨난 것도 아니기 때문이다. 이것을 유사전이 현상으로 보려는 사람도 있겠지만, 나는 이것을 코헛 후기 저작에서처럼 자기대상 전이로 취급하고자 한다.

이상화 자기대상 전이의 목표는 융합을 통해 분석가의 힘과 전능성을 마술적으로 함께 나누는 것이다. 이상적 부모원상을 치료적으로 동원해낸 결과로서 나타나는 이러한 전이에는 두 가지 기본 형태(둘의 정도 차이는 다양함)가 있다. 가장 분명히 나타나는 형태는 대개 아버지를 이상화하지 못한 데서 오는 것으로, 인정과 보호의 느낌을 얻기 위해 반드시 기대야 할 어떤 이상적 보호자를 찾는 것이 핵심이 된다. 보다 원초적인 유형의 자기대상 전이는 두 번째에서 볼 수 있다. 이것은 대개 엄마와의 문제와 연결되는데, 신과 같은 이상적 보호자와의 에

로틱한 융합이나 신비로운 연합이 강조된다.

이러한 전이가 형성된 다음에 전이가 동요될 경우 환자는 냉정함과 무심함, 분노와 격노 속에서 철수하는데, 이러한 모습은 과대자기로의 회귀를 뜻한다. 또한 치료자와 분리되면서 파편화의 느낌과 건강염려증이 생길 수 있는데, 조적인 행동과 환상들(특히, 다양한 형태의 관음증)을 통해서 빈자리를 메워줄 에로틱한 대체물을 만들어내기도 한다.

이상화 자기대상 전이(Kohut 1971)에 대한 전형적인 역전이는, 치료자에게 분석되지 않고 남아 있는 원초적 과대자기가 발동됨으로써 나타난다. 이럴 때 곤경에 처한 치료자는 환자의 이상화를 부인하거나, 농담조로 받거나, 해석을 통해 이러한 이상화를 적극적으로 없애고자 하는 등, "노골적으로 무장" 하게 된다. 이러한 역전이는 환자로 하여금 전형적인 동요의 신호들을 나타내게 하고, 위에서 언급한 과대자기로 후퇴하게 만든다.

세 가지 형태의 거울 자기대상 전이들은 억압되고, 통합되지 못한 과대자기가 치료 상황에서 발동한 것이다. 이러한 전이의 목표는 환자의 과시적 과대성(위대성)을 치료자와 공유하는 것이며, 환자의 가상적 과대성에 치료자가 동참하거나 치료자로 하여금 환자의 과대성을 반영하고 확인하게 함으로써 성취된다. 원초적 융합 형태의 거울 전이에서는, 환자가 치료자를 자신의 일부로 느끼며 치료자가 자신의 속마음을 알아주기를 기대하고 마치 자신의 팔다리처럼 치료자를 통제하고자 한다. 제2 자아 또는 쌍둥이 타입의 거울 전이가 형성되면 환자는 자신과 치료자가 심리적으로 또는 외모적으로 닮았다고 주장한다. 마지막 저술에서 코헛(1984)은 이러한 전이를 자기대상 전이의 세 번째 범주에 포함시켰다.

세 번째 유형의 거울 전이, 즉 "본래적 의미의 거울 전이"에서는 환자 자신이 치료자와 닮지 않았음을 인정한다. 환자는 다만 치료자에게 한 가지 임무–환자의 업적과 위대성을 칭찬하고 반복하고 반영해주는 일–만을 부여한다. 코헛은 이것을, 엄마가 아기를 바라볼 때 "엄마 눈에서 반짝거리는 영롱한 빛"과 연결시킨다. 때로는 어떤 유형의 자기대상 전이가 형성된 것인지 구별하기가 어렵다. 특히 보다 덜 원초적인 전이들이 그러한데, 그럴 때는 반영을 지나치게 요구하는 것인지 아니면 이상적인 보호자에게 인정을 받고자 하는 것인지 구별하기 어렵다.

거울 전이에 동요가 일어나면, 자기가 무너지는 느낌과 건강염려증이 생기고 신체나 정신 기능의 일부 혹은 활동들 중 일부에 리비도가 지나치게 집중되는 현상이 일어난다. 충동적인 성(노출증과 다양한 성적 문란)의 측면들이 종종 드러나는데, 이는 무력감이나 공허한 자기와 싸우기 위해서다. 이것의 목표는 자기감각과 정신적으로 "살아있는" 느낌을 마술적으로 회복하려는 것이다. 『돈 : 자살노트(Money: A suicide note』(Amis 1985)는 무너지는 자기를 회복하려는 처절한 몸부림을 보여주는 훌륭한 문학작품이다.

거울 전이에 대한 전형적인 역전이 반응(Kohut 1971)은 지루해하기, 환자에 대한 관심부족, 냉소적 태도 등이다. 치료자의 역노출성향에서 나오는 훈계 경향이나 권고와 설득을 통해 통제하려는 경향도 바로 이러한 역전이에 해당한다.

임상에서 우리는 자기대상 전이의 전조를 알아 볼 수 있다. 공감을 빠뜨리거나 공감해 주지 않을 때, 또는 회기 사이에 간격이 있을 때 환자는 방탕한 형태의 성적 행동화, 건강염려증, 거만하고 짜증스런 행동, 고통스러울 만큼 울적한 기분, 공허감, 탄식 등으로 이러한 상황에 반응한다. 이러한 전조들은 자기대상 전이가 방해 받음으로써 자아에 부분적인 분열이 일어난 것으로 이해할 수 있으며, 고통스런 긴장들을 해소하고 회복하려는 시도라고도 볼 수 있다.

자기대상이 아동의 과대성을 기꺼이 수용하고 인정해 주기를 바랐던 유년기의 욕구와 "전능한 환경"에 대한 유년기의 욕구가 충족되지 못했을 때, 자기대상 전이들은 이런 만족되지 못한 자기애성 욕구들의 해소를 목표로 삼는다. 코헛과 울프(1978)에 의하면, 이러한 욕구들은 "유년기에 충족되었어야 할 건강한 욕구들"(p. 424)이다. 이러한 욕구들에 반응해 주면, 자기애적 평형과 균형감각이 생겨난다.

시기부적절한 단계에서 일어나는 이상적 부모원상에 대한 실망은 엄마와의 경험에서 일찌감치 나타나는데, 이는 이상적 보호자에게 적절한 위안을 얻고 싶은 욕구를 불러오거나, 자극 차단 기능이 제대로 작동되지 않을 경우 마약을 찾게 만들기도 한다. 이런 환자는 바로 이 같은 이유 때문에 정신치료에도 중독될 수 있다. 전오이디푸스기 후반기에 주요 자기대상들과 관련해서 이상적 부모원상에 부적절한 좌절이 생기면, 전성기기적 충동들이 다시 성적으로 표현되거나 방탕한 상상들과 행동들이 불거져 나온다.

이상화된 오이디푸스적 대상에게 극도로 실망하면, 이제 갓 형성된 아직 불안정한 이상적 초자아가 잠재기 초반에 해체되어 버린다. 이렇게 되면 외부에서 완전한 대상을 찾게 되는데, 정신 구조에서 떨어져나간 부분이라고 생각되는 이상적 자기대상을 찾아 그런 대상에게 철저히 의존하게 된다. 이런 환자에게는 어떠한 성공도 잠시 기분만 좋게 할 뿐 자존감을 높여주지 못한다. 이는 환자가 자신의 외부에서만 이상적 부모원상을 찾으려 하기 때문인데, 이러한 발달 국면에서는 외부에서만 인정을 받고자 한다.

이상화

이상화 전이는 신경증에서도 나타날 수 있는데, 전이 안에서 사랑에 빠진 것과 같다. 전이 신경증에서는 이상화가 일어난다 해도 대상의 현실적 모습이나 한계들이 전혀 안 보일 만큼은 아니다. 전형적인 신경증의 경우 피분석자는 이상화된 초자아를 분석가에게 투사함으로써 긍정적인 전이가 형성되거나, 전이에 의한 적개심을 물리치기 위해 방어적 이상화가 형성되기도 한다. 그러나 자기애성 장애들의 경우는 무의식이 이상화된 자기대상에게 고착되어 있기 때문에 대상에 대한 동경은 지속된다. 이런 사람들은 외부에 있는 전능하고 강력한 사람들을 계속 찾아 다니고, 그들의 인정이나 지지에서 힘을 얻고자 한다. 그러므로 자기애성 전이들 안에서는 다소 섬뜩하고 막연한 이상화가 일어난다. 치료자를 신이라고 생각하는 극단적인 망상에서도 이런 이상화가 핵심을 이룬다. 이때 치료자는 환자와 인간 대 인간으로서 관계 맺는다는 느낌을 갖기보다, 섬

뜩하고 비이성적인 고양 상태 앞에서 당황하거나 부정적인 반응을 보이게 된다. 이런 반응은 이상화에 대한 개념적 이해가 부족하기 때문에 나타난다. 이렇게 왜곡이 심한 상태를 지켜보면서, 치료자는 환자가 얼마나 처절한 상태에 있는지를 가늠해볼 수 있다. 처절한 몸부림은 치료자로부터 더 많은 위안을 요구한다는 증거다. 이때 치료자는 일관성 있는 치료구조를 제공하고 설명을 반복해 주면서 현실에 초점을 맞출 필요가 있다.

해 소

이러한 발달상의 문제들을 다룸에 있어서 치료자는 특히 치료 공백에 대한 반응들과 전이 속에서 경험하는 실망들을 잘 다루어야 한다. 또한 치료자는 과거에 대한 심도 높은 해석보다는 일상적인 경험들에 더 주목해야 한다. 사실, 과거에 대한 해석은 환자에게 수정할 수 없는 과거에 대한 무력감을 느끼게 하므로 자기애성 상처가 될 수 있다. 이러한 해석에 대한 분노는 자기애성 상처에서 나온 결과이지, 흔히 오해하는 것처럼 전이의 일부가 아니다. 치료자는 부드럽게 접근해서 환자로 하여금 자기대상 전이를 형성하게 하는데, 이것은 장인의 작업과도 유사하다.

자기대상 전이는 유아기에 자기와 자기대상 간의 관계가 어떠했는지를 보여준다. 치료의 전반적인 분위기에 의해, 그리고 환자가 자신의 욕구에 대해서 경험한 내용을 치료자가 공감해 줌으로써 유아기적 욕망들과 이상화는 다시 발동한다. 사소한 실망들이 감지될 때는 조심스럽게 현재와 과거에 대한 해석을 곁들인다. 이렇게 하면 환자는 변형적 내재화 과정을 통해 자신의 내면세계를 변모시키고 자기조절 능력을 발전시키는데, 이는 마치 아동이 발달과정을 거치는 것과 유사하다. 이러한 원초적 과정 속에서 과대적인 욕구들은 자기조절의 형태로 바뀌고 아동에게 가능한 기준들이 확립되는데, 정신치료에서도 이와 비슷한 과정이 환자에게 일어난다. 이러한 치료과정이 유년기의 발달과정과 얼마만큼 비슷한지에 관해서는 아직 명확하게 밝혀진 것이 없고, 이론의 여지 또한 남아 있다.

변형적 내재화 과정과 창조성

변형적 내재화는 다른 내재화 과정들과 다르다. 치료자의 힘과 테크닉에 대한 전반적 동일시는 무의식적인 요구에서 비롯되는데, 이러한 동일시는 마술적이고 영원하지 않다. 코헛은 이러한 동일시가 나타나지 않으면 치료상 좋은 신호라고 말한다. 공격하는 사람과의 동일시는 주로 분석가가 공격자로 느껴질 때 생기는데, 이는 실제로 분석가가 공격적이었을 수도 있지만 환자의 무의식적 투사에서 온 것일 수 있다. 유년기(성인의 정신치료에서도 마찬가지)의 변형적 내재화 과정은 내재된 자율적 요소들과 아동이 외부로부터 받은 돌봄이 어떻게 균형을 이루는가와 관련이 있다. 변형적 내재화의 개념은 중요한 자기대상들이 어떤 영혼을 가졌는가, 그들의 반응이 얼마만큼 시기적절했는가에 초점을 맞춘다.

코헛(1977, p. 287)을 비롯한 자기심리학자들은 유진 오닐의 희곡들을 종종 인용하는데, 예를 들면 『위대한 신 브라운The Great God Brown』은 주인공이 평생 동안 자기분열과 싸우는 모습을 그려내고 있다. 아버지와의 냉담한 관계와 어머니와의 병적인 융합은 주인공으로 하여금 자기를 온전히 붙잡아 줄 "접착제"를 끊임없이 찾도록 만든다.

매우 창조적인 개인들은 때로 자신의 창조 활동 속에서 이러한 "접착제"를 발견한다. 예를 들어, 전기 작가인 레온 에델(1969)은 헨리 제임스가 자신의 희곡들이 계속 실패했을 때 받았던 극심한 자기애성 상처를 묘사했다. 비난과 불운에도 불구하고 헨리 제임스는 단편소설로 방향을 바꾸어 자기-재창조를 이루어냈다. 지속적인 애정 관계는 누리지 못했지만 그는 자기 분야의 훈련에 집중함으로써 중년의 고독을 받아들일 수 있었다. 이렇게 간접적으로 정신을 위로함으로써 그는 자신의 세계관을 넓힐 수 있었고 자신의 인격에 따스함을 더

하고 활기찬 자기를 느낄 수 있었다.

사람들 중에는 환상을 창조해내고 자신이 창조한 이상들을 내재화함으로써 자기애적 평형을 얻고 스스로를 위로할 줄 아는 사람들이 있는데 이것은 특별해 보인다. 이것은 종교의 형성과 예술적 형상화에 어떤 단서를 제공하는 것일 수도 있는데, 이런 현상들을 부정적으로 해석하는 프로이트의 입장과는 아주 다른 견해라고 할 수 있다.

예술과 종교에 대해 완전히 차별화된 견해를 보이는 자기심리학은 정신분석과 집중정신치료 기법에도 커다란 영향을 미쳤다. 예를 들어, 코헛(1978)은 자기애로 "무장한" 환자에게 훈계로 공격하는 빌헬름 라이히의 모습에서 보이는 치료자의 공격적 이미지를 이렇게 묘사한다: "라이히는 환자와 치료자 사이에 적개심과 분쟁과 갈등을 암시함으로써 공격적인 이미지를 창출해냈다. 환자의 저항을 뚫기 위해 치료자는 공격자로 돌변해 피분석자의 갑옷을 깨뜨리려 한다"(pp. 548-549). 코헛은 또 다른 예를 드는데, 이것은 치료 초기에 무심코 환자가 잘못 말한 것에 집착해서 "모든 것은 신중히 해석되어야 해. 그것도 진정한 공감을 가지고서 말이지"(p. 552) 하고 말하는 분석가의 예이다. 적절하고 은근한 말솜씨와 타이밍의 중요성, 분석가는 환자가 해석을 어떻게 받아들일까를 알고 있어야 한다는 것을 여기서 다시 한 번 확인하게 된다.

자기애성 격노

코헛(1971)의 『자기의 분석』이 출간된 뒤 이 책에 쏟아진 비난 중의 하나는, 자기애성 환자들을 치료함에 있어서 함께 싸워야 할 가장 힘겨운 모습이 자기애성 격노임에도 불구하고 이 책은 그것을 다루지 않는다는 것이었다. 아마도 이런 곤경에 대한 응답으로서, 코헛(1978)이 그의 가장 중요한 논문인 「나르시시즘과 자기애성 격노에 관한 고찰Thoughts on Narcissism and Narcissistic Rage」(1972)을 쓴 게 아닌가 싶다. 이 논문에서 코헛은 개인적인 문제들은 물론 중요한 세계사적 문제들에 대해서도 자기심리학을 적용하는 방향으로 나아갔다. 위 논문은 하인리히 폰 클라이스트(1777-1811)가 쓴 『마이클 콜하스Michael Kohlhaas』(1976)라는 위대한 소설에 대한 묘사로 시작된다. 클라이스트는 자신의 짧은 생애를 자살로 마감했는데, 독일 문학사에서 그의 위치는 괴테(Maass 1983)에 버금가는 것으로 평가되고 있다. 클라이스트의 소설처럼 끝없이 자기애성 격노에 사로잡힌 인간을 그린 이야기로 보다 익숙한 것으로는 멜빌의 『모비딕』이 있다. 과대자기에의 욕망이 억눌렸을 때 집단적인 자기애성 격노가 분출되면 이상적 자기대상과의 합일을 꿈꾸게 되는데, 이런 점은 히틀러의 등장과 나치 하의 독일 상황에 적용될 수 있다.

인간에게는 타고난 공격 욕동이 있고 이 욕동은 문명에 의해 겨우 아슬아슬하게 방어되고 있으며, 이것이 전쟁의 원인이 된다는 프로이트적 전제에 코헛은 전적으로 반대한다. 그의 입장은 인간의 공격성이란 자기애성 격노에서 나왔을 때 가장 위험한 형태를 띠는데, 이는 자기대상에 대한 극심한 실망에서 오는 일종의 붕괴나 부산물이라는 것이다. 자기애적 취약성을 지닌 사람은 실제 또는 예상되는 자기애성 상처들에 반응할 때 얼굴을 붉히면서 고립을 자처하거나 자기애성 격노를 보인다. 이 논문에는 자기애성 격노들의 다양한 임상 형태가 훌륭하게 묘사되어 있다.

"예방적 공격"과 끝을 모르는 복수심 속에서는 자아 기능의 모든 측면이 자기애성 격노로 모아지는데-이는 미국이 소련과 벌이는 핵무기 경쟁에서도 잘 나타난다-실제로는 자기애성 격노가 자아를 볼모삼고 있는 상황이라고 할 수 있다. 자기애적 취약성을 지닌 사람은 사소한 자기애성 상처에도 엄청난 자기애성 격노를 보일 수 있다. 격노는 환자가 자기애적으로 지각한 현실에서 결코 용납할 수 없는 원수라고 느껴지는 "적"(또는 악의 제국)에게로 향한다. 환자는 전적이고 완전한 장악을 기대하므로 자기대상이 독립성을 보이거나 말을 듣지 않을 때 이것을 일종의 공격으로 받아들인다.

자기대상이 절대적 복종의 기대에 못 미칠 때 자기애성 격노가 나타나는데, 기분을 거스른 사람에 대한 전적인 냉담이 특징적으로 나타난다. 자아는 단지 복수의 도구가 되며 이것을 위해서만 합리적이 된다. 만성적인 자기애성 격노는 훨씬 더 위험하다. 왜냐하면 이차적 사고과정이 원초적인 공격성에 집중되어 있고, 자아는 모든 실패 원인을 비협조적인 자기대상의 악의 탓으로 돌려버리기 때문이다.

이러한 격노는 하나의 대상인 자기에게 향할 수도 있는데, 이렇게 되면 우울증이 생긴다. 또 이것이 몸-자기로 향하게 되면 정신신체 장애를 일으킨다. 이는 집단적 과정들에도 적용될 수 있는데, 국가 위신과 같은 요구가 적절히 해소되지 못하거나, 어떤 집단이나 종교의 가치가 파괴되면 "자기애성 격노의 불길"(p. 658)이 일게 된다. 이때 이것은 세계 평화를 위협할 수도 있다.

이는 또한 임상에서 치료의 진도를 가늠하게 해준다. 환자가 성숙함에 따라 자기애성 격노는, 현실적이고 원숙한 확신을 가지고 가치있는 목표를 추구하는 모습으로 바뀐다. 그리고 집중 정신치료 초기에 빈번히 나타나던 원초적인 분노폭발도 점점 사그라진다.

커져가는 공감의 중요성

1970년대 중반 즈음 코헛은 원초적 과대성과 이상화를 불러오는 구조적인 결함에 대한 정확한 해석을 강조하던 데서 벗어나 공감에 초점을 맞추기 시작했다. 그는 분석적 개입이 지니는 가치보다도 공감이 치료 관계에 미치는 영향을 점점 더 중시했다. 그는 분석가의 "공감적인" 분위기가 실제로 치유력을 발휘한다는 점을 강조하기 시작했다. 이는 임상에서 환자가 치료자에게 당당히 요구할 수 있는 권리를 인정하는 치료적 자세이기도 하다.

이런 움직임이나 행보와 더불어 코헛의 체계는 점점 더 돌봄의 심리학으로 바뀌어갔고, 코헛은 자신과 고전적 분석가들의 차이점은 바로 가치관의 차이라고 말하기 시작했다. 진실이나 현실적 도덕에 관한 강조에서 공감을 이상화하는 쪽으로 가치관이 크게 변화될 때, 정신분석이 속도조절기의 역할을 해야 한다고 그는 주장한다. 일방적 관점과 독선적인 합리주의를 고집하는 태도에서 과학적으로 검증되고 성숙한 자기를 바탕으로 한 자긍심으로 변화되도록 하는 것이 정신분석의 역할이라는 것이다. 지난날의 세계는 독립된 정신의 세계요, 위풍당당하고 명료한 시야를 가진, 자만에 찬 과학자들의 세계였다. 그러나 현재와 다가올 미래의 세계는 카프카의 『변신』에 나오는 "그레고르 잠사"의 세계요, 『소송』과 『성』에 나오는 "K"의 세계이다. 가족과 사회로 구성된 세상은 "K"에게 무의미하다. 그는 자신이 이해할 수 없는 무언가를 찾아 공허하고 무덤덤한 세상을 떠돈다. 이런 세상에서는 인간적인 공감만이 무감각한 공간들과 미친 듯 내달리는 별들로 이뤄진 우주 안에서 인간의 의미를 확보하게 해주고, 인간의 유한함과 죽음을 허무나 절망에 연결시키지 않게 할 수 있다.

『자기를 찾아서』(1978)에 소개된 일련의 논문들은 코헛의 자기심리학이 다른 분야들로 확대되는 모습을 보여준다. 자기라는 개념은 핵심자기에서 기원하는 경험에 가까운 개념인데, 코헛은 원초적인 핵들이 결합되면서 자기가 생겨난다는 자신의 초기 개념을 차츰 수정한다. 그는 이제 초보적인 형태라 할지라도 자기는 태어나면서부터 존재한다고 가정한다. 이러한 일련의 변화들에 관해서는 폴 오른슈타인(Kohut 1978)이 놀랍도록 자세히 코헛의 개념 변천사를 보여주고 있다.

공감은 가장 중요한 이슈가 되었고 관찰의 한 방법으로서의 위상을 떠나, "긍정적인 분위기" 또는 인간적인 상호작용이 이루어지는 정서적 분위기를 뜻하게 되었다. 정신적인 접착제로서 그리고 영양제로서 공감은 "사회적으로 건전한 영향력"(p. 707)을 미칠 수 있다. 따라서 공감적 관찰은 공감적인 분위기를 제공하는 방향으로 다시 설계되었다. 정신치료의 상황과 모든 인간조건에서, 더 나아가 세계평화를 위한 필수조건으로서, 공감적인 분위기가 지닌 중요성은 코헛의 사고에서 점점 더 핵심을 이루게 된다.

없어서는 안 될 문화적 힘으로서의 정신분석

자기심리학에 매우 주목할 만한 측면이 있다면, 그것은 이 이론이 인간의 다양한 현상들을 이해하려는 열정을 갖고 있다는 점이다. 이는 왜 다양한 분야의 학자들이 자기심리학을 그토록 열렬히 주목해왔는지를 설명해 준다. 이것은 자기심리학에 관한 학술대회에서 출간된 여러 자료집(Goldberg 1980, Lichtenberg and Kaplan 1983)을 봐도 알 수 있다. 자기심리학을 옹호하는 사람들은 코헛의 연구가 정신분석 전반에 활기를 불어넣고, 프로이트의 기법으로 이미 발견될 만한 것은 다 발견되었다는 통상의 개념을 반증해 보였다고 주장한다.

이제 과도기 단계의 논문(Kohut 1978, vol.2)들을 간략히 살펴보도록 하자. 이것들이 쓰인 시기는 대략 코헛(1971)이 『자기의 분석』을 쓸 무렵부터 두 번째 책인 『자기의 회복』(1977)을 출간할 때까지다. 1970년에 코헛은 베를린 자유대학에서 베를린 정신분석연구소 개관 50주년 기념 강연을 했다. 그는 다음과 같이 말했다: "자신의 삶의 핵-전통과 이상을 보존하는 것-을 잃지 않으면서 새로운 환경에 적응하는 일이 불가능한 많은 지바고들(볼세비키 혁명 속의 닥터 지바고처럼 시대적 변화에 적응하지 못하고 방황하는 사람들을 비유 : 역주)이 도처에서 죽어가고 있다"(p. 513). 이것은 일종의 도덕적 강연으로, 코헛은 정신분석이 생명처럼 필수적인 문화적인 힘이 되어야 한다고 주장한다. 그는 "내 동료들은 대단한 자제력을 갖고 있다. 그들은 인류 행보에 관한 고민으로 밤잠을 설치기보다는 구체적인 임상 문제들에만 관심을 쏟고자 한다"(p. 517)고 말하면서, 자신과 자신의 동료들을 대조시킨다. 코헛은 정신분석이 강력한 문화적 잠재력으로서, 현대 세계에서 울부짖는 고삐 풀린 공격성의 문제를 해결할 수도 있다고 말한다. 인간은 동료 인간에 대한 잔혹성을 조절할 수 없는 것처럼 보인다: "인간은 자신과 다른 의견이나 이해충돌에 대해서 오직 한 가지 방식, 즉 싸우고 파괴할 태세로 밖에는 응대하지 못하는 것 같다"(p. 526). 여기에서 코헛이 제시하는 해결책은, 인류의 내면적 삶을 밀도 있게 만들고 정성스럽게 가꾸고 확장시키는 것이다. 이 점은 창조적인 예술가들의 작업과, 예술에서 기쁨을 얻는 사람들의 정신적 활동을 통해서도 알 수 있다. 코헛은 지적으로나 감성적으로 재능 있는 사람들에게는 자기가 담겨있는 정신적 기능을 사용하는 일이 만족스러운 활동이 될 수 있으며, 삶을 향유하고 자신의 에너지를 만족스럽게 사용하는 방식이라고 말한다.

자기와 자아의 관계

자기에 대한 최초의 언급은 1970년에 발표되었는데, 여기에서 코헛은 자기를 "추상화된 것"으로 보는 니체와 동일한 견해를 보이다가 자기를 "지속적인 것"으로 보는 베르그송의 견해로 옮겨간다. 그는 다음과 같이 말한다: "그러나 자기self는 정신분석적 상황에서 나타나 비교적 낮은 수준에서, 즉 비교적 경험에 가까운 방식으로 개념화된다. 다시 말해 정신장치의 한 내용을 의미하는 정신분석적 개념으로 추상화된다. 따라서 자기는 정신의 행위인자agency가 아닌, 정신 안에 있는 하나의 구조물로서 본능적 리비도로 투여되어 있고 시간 속에서 계속성을 띤다. 즉, 지속된다"(pp. 584-585). 이 과도기의 논문에서 코헛은 구조이론과 자기심리학 사이에서 갈등하는 모습을 보인다. 그러나 이 두 이론은 서로 갈라서게 된다.

응집된 자기와, 자아 기능에 대한 강력한 리비도 투여는 서로를 강화시키는데, 코헛 이론에서 이것은 임상적으로 중요하다. 내가 보기에, 하부구조를 갖는 자아 개념에서 자기 개념을 구별해내는 데에도 이러한 관계는 중요한 논거로서 사용되는 것 같다. 임상적으로 볼 때 자아가 제대로 기능하기 위한 조건으로서, 인간은 자신이 누구인지에 관한 확실한 느낌을 필요로 한다. 자기가 리비도로 투여되어 있지 않으면 자아의 기능들은 시들해지고 서로 긴밀성이 떨어지며 확고한 목적의식도 부족해진다. 한편 응집적인 자기를 강화시키기 위해 자아 기능을 활성화시키는 현상 또한 흔히 일어난다. 코헛은 자존감의 상처를 회복하는 방법들을 제시하는데, 예를 들어 육체적인 운동(이때 몸-자기로 리비도가 상승)이나 집중적인 정신활동을 통해서 자신감을 불러올 수 있다고 말한다.

코헛은 정신분열증의 연구에서 얻은 중요한 사례 하나를 소개한다. 정신증의 전단계에서 환자는 자기의 분열을 인식한다. 그리고 환자는 "이상하다"는 느낌과 덜 "현실적인" 느낌을 갖게 된다. 이 환자는 이런 분열현상을 극복하기 위해 리비도를 자아기능에 조적으로 집중시켜 " 억지로 생각하고 말하고 쓰고 스스로에게 육체적, 정신적 노동을 강요한다"(p. 588). 이러한 "과로"는 환자나 그의 가족에 의해 종종 잘못 평가된다. 주위 사람들은 이를 자가치유의 시도라기보다 질병의 원인으로 바라보는데 사실, 이것은 붕괴되는 자기를 고정시키고 정신분열적인 파편화를 막아보려는 시도이다.

코헛(1972)은 간단한 논의를 통해 "자기"를 개념화하려는 시도를 이어간다. 이 논의에서 그는 핵심자기를 경험되는 최소단위로 규정하고, 이것이 변화에 가장 크게 저항한다고 보았다. 이러한 핵심자기는 청소년기에 또래들과의 관계를 통해 확고해지는데, 이러한 관계들은 공감적인 접촉을 강화하고 반영해 준다.

이 논문에서 코헛은 청소년기에 자신이 비밀단체의 회원이었음을 밝히면서 자신의 사적인 얘기들을 넌지시 꺼낸다. 그는 성인인 지금에도 그 집단에서 "전형적인 이상주의"(p. 661)를 섭취하고 있는 것 같다고 말한다. 코헛은 스스로 열광하는 능력은 물론, 자신이 믿는 대의에 타인들도 열광하게 만드는 능력이 있는데, 그는 이런 힘이 제자들의 에너지에서 나온다고 말한다. 그러나 그는 노화가 심지어 핵심자기에도 변화를 가져온다면서 이렇게 말한다: "열정은 줄어든 반면(낙천주의도 줄었다), 내가 추구해온 가치들이 계속 이어지기를 바라는 심려는 더욱 커졌다"(p. 661).

그는 영화 『마지막 사진 쇼The Last Picture Show』에 대한 비범한 논평을 끝으로 글을 맺고 있다. 이것은 니체가 최후의 인간을 묘사한 것과 상당히 유사하다: "부모들은 젊은 세대와 죽어가는 마을과 마을의 시들어가는 사교계에 관심이 없다. 이것은 부모들의 무반응, 즉 그들의 비공감적 자기탐닉을 상징한다"(p. 662).

가치들에 대한 재평가

1973년에 발표된 코헛의 논문 「정신분석의 미래The Future of Psychoanalysis」는 "가치들의 재평가"라는 부제를 달고 있는데, 여기서도 니체적인 분위기가 풍긴다. 60세 생일을 기념한 것이어서 그런지, 그는 서두에서 자신이 품고 있던 아버지에 대한 생각을 피력한다.

> 정신적인 시련의 순간에 내게 온전함을 유지하게 해주는 내 내면의 동지가 삶을 돌아보고, 사고하고, 의미를 추구하라고 내게 가르쳤다. 나는 즉흥적인 만족을 주는 무절제한 행동을 택하기보다, 이렇게 정신적인 활동이 주는 기쁨을 선택했다(p. 665).

코헛은 정신분석가들이 강력한 이상과 가치들을 계발함으로써, 자신들의 원초적 대상(즉, 프로이트)을 극복해야 한다고 주장한다. 왜냐하면 프로이트는 종교나 정신증과 같은 주제에 관해서는 옳지 않았기 때문이다. 프로이트가 이른바 미친 사람들에 관해서 한 "감격스런 시인"을 그는 이렇게 인용한다: "나는 그런 환자들에게 신경 쓰지 않습니다. 그들은 귀찮고 낯설 뿐 아니라 인간적인 것과는 완전히 동떨어져 보이거든요"(p. 672). 프로이트가 종교에 관해 피력한 견해들은 내가 다른 책(1980) 안에 정리해 놓았다.

코헛은 "이제 진실과 현실적인 도덕을 강조하기보다, 공감을 이상화하는 쪽으로 초점을 옮겨야 한다고 주장하면서 일방적 관점과 독선적인 합리주의에서 벗어나 과학적으로 검증된 성숙한 자기를 토대로 건전한 자긍심 쪽으로 나아가야 한다"(p. 676)고 주장한다. 다음에 그는 다양한 학문분과들을 부질없이 고립시키는 "도구와 방법론에 대한" 자만을 멈추라고 말한다. 어제의 세계에는 독불장군이 어울릴지 몰라도 내일의 새 세상에는 새롭고 팽창된 내면의 자기가 탈출구로서 필요하다고 그는 역설한다. 이러한 해결책 외에도 그는 다가오는 세상에 대처할 두 번째 방법을 이렇게 제시한다: "자기가 확대되고 다양한 타인들을 수용할 만큼 자기의 용량이 커지는 것은, 의식적으로 공감능력을 쇄신하고 배양하고 심화시킴으로써 생긴다"(p. 682).

이 논문은 어떻게 이 모든 것이 가능해질까에 관해서는 별로 언급하지 않은 채, 다음 논고인 「학자 사회에서의 정신분석가The Psychoanalyst in the Community of Scholars, 1973)」로 넘어간다. 여기서도 코헛은 사적인 얘기를 꺼내는데, 다시 태어나면 자신은 역사가가 되겠다고 말한다(그의 아들이 실제 역사학자다). 이 논문은 학제간 교류를 막고 각 분야를 내부적으로 고립시켜 생명력을 잃게 하는 도구들과 방법론들의 속물근성을 다시 한번 언급한 뒤, 인식론과 과학철학에서 가장 까다로운 몇 가지 문제를 다룬다.

코헛은 또한 학자 사회가 정신분석학을 받아들이지 않는 점에 대해서도 설명한다. 그에 의하면, 학자들은 그륀바움(1983, 1984)이 강조하는 것처럼 정신분석학이 근본적으로 인식론적인 결함을 갖고 있어서가 아니라, "정신분석적 방법론을 인정하면 기존의 과학적 사고가 무너질까 봐 두려워서"(p. 696) 정신분석학을 거부한다. 현대인의 정신은 객관적이고 과학적인 연구를 위해 무던히 노력해 왔으며, 자신의 사고과정에서 주관성과 같은 원초적이고 유아적인 것들을 제거하고, 애니미즘적인 자연관이나 어설픈 가설로 이어질 수 있는 직관적 인상들을 배제하려고 노력해 왔다. 그런데 이제 와서 다시 인간내면의 삶을 연구하게 되면, 현대인의 "인정되지 않지만 여전히 잔존하는 애니미즘적인 사고와 은유적 관념들로 되돌아가려는 욕구"(p. 696)가 터져나올 수 있다는 것이다.

코헛은 예술로서가 아닌 과학으로서 정신분석의 편을 든다. 공감과 대리적 내성은 정신분석 고유의 관찰도구요 자료수집의 수단이다. 이렇게 수집된 데이터들은 통상적인 실험과학의 엄밀한 방법을 통해 처리된다. 이 점은 코헛에 관해서 오해하는 부분이기도 한데, 그는 다음과 같이 쓰고 있다. "나는 오늘날 정신분석이 유행의 일부로서 받아들여지는 것에 반대한다. 이것은 정신분석이 그저 특별하고 세련된 기술(공감을 통해 사람을 이해하는 기술)에 불과하다는 잘못된 인식에 바탕을 두고 있다"(p. 701).

코헛은 또한 정신분석이 결국 과학적 관찰이라는 고전적인 방법-예를 들어, 아동의 발달에 대한 경험적 연구와 치료적 상호작용에 관한 통계적인 연구

등(Eagle 1984)—에 눌릴 것이라고 주장하는 사람들에게도 이의를 제기한다. 이러한 입장은 서구사상의 발달에 있어, 정신분석이 남긴 분명한 발자취(코헛이 주장하는)를 과소평가하는 태도라는 것이다. 그에 의하면 정신분석은 공감과 고전적인 과학적 방법론을 종합한 것으로서, 정신분석의 데이터들은 공감과 대리적 내성에 의해 규정되고 제한을 받는다. 이러한 주장은 리쾨르(1970, Chessick 1985에서 개괄하고 있음)의 주장과도 흡사하다. 리쾨르도 해석학과 에너지론을 종합해 새로운 인식론을 만들어내는 데 정신분석이 일조했다고 본다.

코헛은 정신분석이 다른 학문에도 공감 개념을 도입해, 이것이 관찰도구나 근거가 될 수 있기를 희망한다. 이는 과학이 인간성과 분리되거나 우리를 비인간적으로 지배하는 일을 막기 위해서이다. 코헛에 의하면, 공감의 중요성은 인간 삶에서 세 가지로 나타난다.

1) 다른 사람의 자기self를 인식함에 있어 공감은 필수적인 관찰도구다.
2) 타인을 포용하도록 자기를 확장시킨다는 점에서, 공감은 사람들 간에 강력한 정신적 접착제가 된다.
3) "자기가 내보내는 인간적인 메아리를 수용하고 강화하고 이해하는 것은(p. 705)" 삶의 모든 발달단계에서 정신적 영양소가 된다.

첫 번째 의미의 공감은 하나의 도구를 뜻하는데 이는 잘못 사용될 수 있다. 왜냐하면 여기서의 공감은 가치중립적인 개념이기 때문이다. 두 번째 의미의 공감은 절망에 빠진 사람들 간에 공감적인 다리를 놓음으로써 분노와 파괴성을 줄일 수 있다. 자기심리학은 "신비주의적인 치료법들에서 말하는, 사랑을 통한 돌봄과 같은 비과학적인 방법들"(p. 707)을 제시하는 것이 아니라고 코헛은 거듭 강조한다.

코헛은 세 번째 의미의 공감을 사용해, 철학뿐 아니라 현실 속에도 만연해 있는 우리시대의 존재론적 불안을 설명하고자 한다. 그는 "우리에게 불안한 경향이 있는 것은 핵심자기가 형성되는 중요한 시기에 공감적인 반응을 충분히 받지 못했거나 제대로 받지 못한 탓이다"(p. 713)라고 말하는데, 이는 래쉬(1978)가『나르시시즘의 문화』에서 밝힌 견해와도 상통한다.

이 논문의 나머지 부분은, 중대하고 시급한 현대 철학의 몇 가지 문제들을 정신분석적으로 조명하고 있기 때문에 기본적인 철학 강의로서 연구되어야 한다. 논문은 이렇게 기술하고 있다: "신학교와… 철학과에서는 사고의 흐름을 쉽게 따라갈 수 없는 경우가 너무 많다. 최고의 우등생들조차 그것의 부적절함을 오래 인식해 왔음에도 불구하고 영혼의 침묵을 지킬 뿐이다"(p. 716). 코헛은 "인간은 자기 자신과 동료들에게 정서적으로 유익한 지지를 보냄으로써 본질적 자기essential self를 만족시킬 수 있다"(p. 715)라는 새로운 휴머니즘을 바탕으로, 이러한 학과들에 활기를 불어넣고 대학을 진정한 학자공동체로 다시 부활시키고자 한다. 비록 어법은 좀 다르나 이러한 시각은 사르트르의 후기 저작에 나타나는 기본적 태도와도 매우 흡사하다. 사르트르에 의하면 인간은 모든 개인이 자유롭지 않은 한 결코 자유로울 수 없으며, 참여는 행동이지 말이 아니다(De Beauvoir 1984).

마지막으로 코헛은 거대한 제도가 낳은 비인간화의 영향을 살펴보는 데 좋은 지표가 되는 대학병원을 연구해 보라고 권한다. 이들 병원에 있는 환자들은 분명히 이런 비인간화를 경험해 본 적이 있다. 니체와 비슷한 선상에서 코헛은 다음과 같이 결론을 내린다: "생존 유지는 인간의 궁극적 목표다"(p. 722). 이것은 새로운 대중사회에서도 마찬가지다. 이 문제를 코헛은 다음과 같이 간단히 요약한다: "대학의 실패는, 인간이 스스로 창조해 놓은 비인간적인 환경 속에서 질식하고 있는데도 대학들이 이러한 비극에 눈 감고 자신들의 분파적 노력 가운데 재래식의 과업을 수행해 왔다는 데 있다"(p. 724). 그러나 내가 알기로는 대학사회가 코헛의 이러한 견해에 주목한 적은 별로 없었다.

넓은 의미의 자기심리학의 등장

자기의 형성에 관해서 쓴 편지(1974년에 쓰임)는 코헛이 "좁은 의미의 자기심리학"에서 "넓은 의미의 자기심리학"으로 옮겨가는 전환점으로 볼 수 있다. 이 편지는, 그가 임상에서 관찰한 바에 따르면 자기는 자기대상 실패에 세 가지로 반응한다는 내용으로 시작한다. 첫째 건강염려증, 헝클어진 외모, 이상한 말과 몸짓으로 특징지어지는 분열증상이 일시적으로 나타난다. 둘째 침습적이고 파괴적인 욕구를 지닌 원초적 과대자기와 이상적 부모원상으로의 퇴행이 일어날 수 있다. 그리고 셋째, 공허한 우울과 자존감의 저하가 생길 수 있다. 그는 정신분석은 경험과학이지 예술이 아니며, 자기는 부분들이 접합됨으로써 생성되는 것이 아니라고 거듭 주장한다. 그는 또한 아동의 자기 경험은 신체부분의 경험과 별도로 일어나며, 자기의 운명은 독자적인 발달노선을 따르는데 이것은 "쾌락 원칙을 넘어선다"(p. 753)고 말한다.

현재 우리는 인간의 조건을 두 가지 방식으로 이해한다. 고전적인 정신분석에서는 쾌락추구의 욕동 때문에 갈등하는 인간을 "죄책감에 짓눌린 인간"으로 보는 반면, 자기심리학에서는 자기실현의 시도가 가로막힌 인간을 "비극적 인간"으로 정의한다. 프로이트가 말하는 죄책감에 짓눌린 인간은 쾌락을 추구하며 죄책감과 불안에 대항하여 싸우는데, 이것은 유년기에 부모들이 아동의 신체부분들과 아동의 신체적, 정신적 기능들에 어떻게 반응했는지를 총체적으로 보여준다. 그러나 이렇게 부모로부터 얻은 반응들과, 아동이 자기 자신을 "보다 크고 일관되고 지속적인 구조(즉, 자기)로서 경험하는 시점이 겹쳐지는"(pp. 755-756) 또 다른 영역이 존재한다.

기본적인 포부와 이상들 중 어떤 것들은 생애 초기에 형성된다. 코헛은 이를 핵심자기라고 불렀다. 자기는 포부 편에 위치해 있건 이상 편에 위치해 있건, 자극이나 긴장의 이완을 통해 쾌락을 추구하기보다는 이러한 핵심포부와 이상의 실현을 통해서 만족을 얻으려 한다. 코헛에 의하면, 이러한 만족은 욕동의 만족처럼 쾌락을 가져오는 게 아니라 쾌락 원칙을 넘어선 승리와 기쁨을 가져다 준다. 그리고 이것이 실현되지 못하면 불안의 신호가 아닌, 수치심과 공허한 우울이 나타난다. 이는 "자기의 소망이 결국 이루어지지 않을 것이며, 자기가 파괴되고 말 것이라는 어두운 예측 속에서 절망하는 모습이다"(p. 757). 비극적인 인간은 인간의 속성을 부질없는 열정으로 묘사한 사르트르와 유사한 시각을 갖고 있다. 이들은 핵심자기의 목표에 도달하기 전에 죽는 것을 두려워한다.

프로이트(1920)가 『쾌락 원칙을 넘어서』에서 우려했던 것처럼, 코헛도 이러한 견해들이 사변적이고 철학적이고 비과학적으로 비칠까 봐 염려한다. 코헛은 이러한 인간의 주된 목표들이 임상 현상들을 설명해 준다고 말한다. 왜냐하면 이 두 가지 주된 경향–쾌락을 추구하고 자기의 실현을 위해 노력하는 것–은 함께 조화되기도 하지만 서로 충돌할 수 있기 때문이다.

이 난해한 편지 형태의 논고는 나머지 부분에서, 이러한 충돌에서 생길 수 있는 창조성을 다룬다. 코헛은 아동의 신체부위나 핵심자기에 반응해 주는 것 외에도 아동을 새로운 독립된 인격 혹은 차세대의 독립되고 창조적인 자기self로 인정해 주는, 제3자와 같은 보호자적 태도를 권장한다. 이렇게 하면 자기가 담겨있는 창조적 고독을 누릴 수 있는 개인의 능력이 독립된 발달노선을 따라가게 된다는 것이다. 여기서 코헛은 창조성을 이해하는 데 자기심리학을 적용하고자 한다.

두 개의 짧은 후속 논고("역사 속의 자기"와 "여성성에 대한 메모")에서, 그는 자기심리학적 관점에서 자기애성 상처와 "남근기"를 다룬다. 나는 다른 데(Chessick 1983b, 1984a)서 이러한 주제를 상세히 다룬 적이 있다. 코헛이 과도기에 쓴 마지막 논문 「창조성, 카리스마, 집단심리학」에는 그가 프로이트의 자기분석에 대해 어떻게 생각했는지가 잘 나타나 있다. 이 논문이 쓰인 1976년 즈음 코헛은 고전적 정신분석의 이론과 논의들로부터 동떨어져 있었는데, 이 논고를 보면 알겠지만 그는 점점 더 거센 비판을 받았고 제도권 정신분석으로부터 거의 따돌림을 당하고 있었다.

코헛의 프로이트 연구

코헛은 프로이트를 객관적으로 대하는 것이 얼마나 어려운가를 언급함으로써 서두를 시작한다. 그는 프로이트를 "전형적인 전이 인물"(p. 793)이라고 불렀다. 왜냐하면 우리 분석가들은 프로이트에게 이상화 전이를 형성하거나 반동형성을 통해 그로부터 우리 자신을 방어하려 하기 때문이다. 분석가들은 대개 분석가로서의 자기가 형성되는 중요한 시기에 일찌감치 프로이트를 만나게 된다. 코헛은 프로이트의 『집단심리학과 자아분석』을 직접 인용하면서, 프로이트에 대한 이상화가 정신분석 집단에게 결속력을 가져다 준다고 말한다. 슈테르바(1982)는 초기 비엔나학파 정신분석가들 사이에서 프로이트가 얼마나 "영예로운 찬사"를 얻고 있었는지에 관한 개인적 회고담을 들려준다.

분석가들이 가지는 프로이트에 대한 이상화는 순응주의를 낳고, 새로운 아이디어 앞에서 지나치게 신중하도록 만든다. 이상화는 창조성에 있어서도 불리한 정신적 조건을 형성한다. 왜냐하면 정신분석가들이 자신의 잠재된 창조성과 자기애적인 노력들을 집단의 이상화된 목표에 지나치게 쏟아 붓기 때문이다. 여기에는 근원적 창조성은 무엇보다 과대자기에서 나오는데 전통에 얽매인 학예활동들은 "이상화 방향으로 에너지가 쏠린다"(p. 801)는 점이 전제되어 있다. 코헛에 의하면, 프로이트에 대한 이상화는 정신분석가로 하여금 수치심 경향이나 시기, 질투, 분노, 자존감의 동요 등에 휘말리지 않게 해준다. 그러므로 프로이트에 대한 이상화에서 벗어나려고 해본들 프로이트를 객관적이고 현실적으로 바라보는 데 오히려 방해만 된다는 것이다.

프로이트의 자기-분석과 관련해서, 코헛은 창조적 전이transference of creativity의 측면에서 프로이트와 플리스의 관계를 기술한다. 플리스는 전이 인물로 사용되었는데, 통찰로도 이러한 전이는 해소되지 못했다. 코헛에 의하면, 집중적인 창조의 시기에 사람들은 자신이 이상화할 수 있는 다른 사람을 필요로 한다. 이것은 자기애성 인격장애의 정신분석적 치료에서 나타나는 이상화 전이와 유사하다. 그렇다고 창조적 개인들에게 원초적인 융합경험을 추구하는 인격장애가 있다는 뜻은 아니다. 다만 일부 창조적 인사들은 기본적 나르시시즘 구조 안에 어떤 "유동성fluidity"이 있으며, 바로 이 점이 그들의 정신구조가 갖는 특징이라는 것이다.

자존감이 안정적으로 형성되고 이상화된 내면가치가 확립되면 자기애적 평형이 이루어지는데, 이 시기야말로 치밀한 집중력을 가지고 끈기 있게 일할 수 있는 시기이다. 이 시기는 창조성이 개화되기 직전에 나타나는 공허와 불안의 시기가 지난 이후에야 찾아오는데, 공허와 불안 속에서는 대개 중독성을 띤 타락된 욕망을 갖게 되고, 업무수행에 어려움을 느끼며, 신념이 쇠퇴하고 자존감도 낮아진다. 그러다가 마침내 창조의 시기가 도래하는데, 이 시기에는 "집착이 없는 자기애성 리비도(이상과 자기로부터 물러나 있던 리비도)의 상승이 일어나면서 창조적 활동에 이 에너지가 쓰인다. 즉, 독창적인 사고와 집중력을 가지고 열정적으로 일하게 된다"(p. 816).

이것은 이미 심리학적 저술들(예, 엘렌버거 1970)을 통해 창조적 질병creative illness으로 기술된 바 있다. 그러나 자기심리학을 바탕으로 이를 초심리학적으로 세밀하게 논한 것은 코헛이 처음이었다. 창조적인 사람들은 집중적인 창조의 시기에 자기가 약해지는 느낌이 드는데, 이때 이들이 형성하는 전이는 자기의 분투를 뜻한다. 이것은 거울 전이 또는 이상화된 대상에게서 힘을 얻으려는 욕구를 통해 자기응집력을 보존하려는 분투이다. 이러한 전이들은 이상적 자기대상 전이와 유사하며, 오이디푸스적 인물이 일차적으로 개입되지는 않는다.

이어서 제시되는 것은 나이가 들면서 동성애자로 퇴행하는 한 화가의 사례이다. 그의 동성애 경향은 붕괴해 가는 자신의 예술적 승화 능력을 지연시키려는 몸짓이었다. 이것은 토마스 만의 유명한 소설 『베니스에서의 죽음Death in Venice』에 잘 묘사되어 있다. 결국 우리는 원을 한 바퀴 돈 셈이다. 왜냐하면 이 이야기는 코헛이 1948년에 쓴(Kohut 1978에 재인용) 그의 첫 논문에서도 나타나기 때문이다.

코헛에 의하면, 프로이트가 플리스에게 가졌던 전이는 어떤 해석에 의해 해소된 것이 아니었다. 프로이트가 플리스에게 품었던 창조성과 관련된 이상화 전이는 프로이트의 첫 번째 창조 작업이 마무리되면서 희미해졌고 자연스럽게 없어졌다는 것이다. 프로이트는 통찰에 의한 전이 해소와 달리, 자신의 첫 작업을 끝낸 뒤에 플리스의 위대함에 대한 환각에서 벗어날 수 있었다는 것이다. 최근에 출판된 『프로이트가 플리스에게 보낸 서간모음Complete Letters of Sigmund Freud to Wilhelm Fliess』(Masson 1985)을 자세히 살펴보면 코헛의 주장이 옳다는 것을 알 수 있다.

집단심리에 대한 코헛의 견해

1976년에 쓴 긴 논문의 나머지 부분은 프로이트(1921)의 『집단심리학과 자아분석』에 대한 부록이라고 볼 수 있다. 집단 이상화에 적합한 개인은 부동의 자신감을 갖고 있으며 절대적인 확신하에 의견을 표명한다는 특징이 있다. 코헛은 자신을 과대자기와 동일시하는 카리스마형 인물과, 자신을 이상적 부모원상과 동일시해 "타고난" 지도자가 되는 구세주형 인물들을 묘사한다. 이들은 신축성이 전혀 없는 사람들로 자기애성 인격장애에서 정신증에 이르기까지 다양한 모습을 보인다.

코헛은 한 집단의 역사 가운데서 평상시와 위기시를 비교한다. 그는 창조적인 사람이 일시적으로 누군가를 필요로 하듯이 집단도 위기에 빠졌을 때 어떤 카리스마적 인물(영국전투에서의 처칠과 같은)을 원한다고 말한다. 이러한 논의들은 슈레버의 아버지와 히틀러 그리고 플리스와 같이 카리스마 넘치는 메시아적 인물들의 어린 시절도 다루고 있다.

> 이들은 자신의 능력에 절대적인 확신을 갖고 있으며 자신의 이상이 지니는 타당성에 대해서도 절대적 신념을 갖고 있다. 그러나 이들에게는 많은 감정과 요구들을 이해하고 타인의 권리와 그들이 소중히 여기는 가치들을 공감적으로 이해하는 능력 또한 절대적으로 결핍되어 있다. 자신이 살고 있는 환경도 이들에게는 자신의 자기애적 우주의 연

장선에 불과하다(p. 834).

논문은 개인의 핵심자기와 집단의 핵심자기에 관한 비교로 끝을 맺는다. 우리는 개인의 자기에 대한 탐구에서 얻은 결과를 집단 현상에도 적용해 볼 수 있을 것이다. 각주(p. 837)에서 코헛은 무의식적 자기-과대자기의 주된 무의식적 야망들과 내재화된 이상적 부모원상의 주된 무의식적 가치들-가 형태를 갖추지 못하면 신경증적 갈등, 고통, 증상, 억압 등과 상관없이 개인은 자신의 삶에서 실패한 듯한 강한 느낌을 갖게 된다고 말한다. 코헛에 따르면, 집단 현상도 이와 유사한 방식으로 숙고해 볼 수 있다. 코헛은 한 논고에서 "집단에서 벌어지는 일들은 대부분 자기애적 동기에 의해 촉진된다"고 말하는데, 이 논문을 쓸 무렵 그는 이미 정교한 자기심리학을 마련해 놓은 상태였다. 자기심리학은 프로이트의 기본 논리 및 일부 이론과 상충된다는 비판을 받았는데, 그는 이러한 비난에 이렇게 응대했다: "심층심리학에서의 중요한 발전은, 불안에 시달리면서도 혹평과 따돌림을 마다하지 않는 연구자가 개인적으로 용감한 행동에 나섬으로써 이루어진다고 나는 확신한다"(p. 843).

10장 | 코헛의 자기심리학 제 2판

퀸(1980)은 "나는 어쩌면 완전히 동떨어진 두 개의 전혀 다른 삶을 살았다"는 코헛의 말을 인용한다. 코헛의 어머니는 신실한 카톨릭 신자였고 아버지는 불가지론자로 보이는 유태인이었다. 나치의 인종규정으로 볼 때 코헛은 위험한 상태였다. 독일과 오스트리아 문화에 심취해 있던 그는 프로이트 보다 1년 뒤에 비엔나를 떠나야 했다. 프로이트가 비엔나를 떠난 것은 그에게 "내가 추구해온 모든 것"을 잃은 것과 같았다. 코헛은 삶에서의 이러한 단절이 자신에게, 분열된 자기의 문제와 어떻게 자기self가 치유를 위해 노력하는가의 문제를 일깨워 주었다고 한다. 그러나 자기심리학이 프로이트의 고전적 정신분석에서 떨어져 나간 것은 임상자료가 쌓이면서 서서히 진행된 것이었다고 그는 말한다(Goldberg 1980).

브로이(1979)에 의하면 코헛의 아버지는 그가 여섯 살이 되기까지 오스트리아 군대에서 5년간 복무했었다. "나는 젊고 활기찬 아버지를 상실한 상태였다… 아버지의 자리는 노인인 할아버지가 대신했는데 그것은 결코 대신할 수 없는 자리였다. 결국 나의 교육에는 남자 선생님들의 영향이 컸다"(p. 63). 나와 같은 경험을 가진 사람이라면, 부모가 어떤 일을 하느냐보다 부모가 어떤 인간이냐가 아동의 자기형성에 더 큰 영향을 미친다고 말할 것이다. 결국 코헛은 이렇게 결론(Breu 1979) 내린다: "우리가 세상에 존재한다는 것을 알기 위해서는 어머니와 아버지의 반응이 필요하다. 우리는 태어나서 죽을 때까지 이것을 필요로 한다"(p. 63).

두 개의 극을 가진 자기

『자기의 회복』(1977)과 『정신분석은 어떻게 치료하는가 ? How does Analysis Cure ?』(1984)에는 "보다 넓은 의미의 자기심리학"이 무엇을 뜻하는지에 관한 코헛의 최종적 견해가 담겨있다. 「나르시시즘의 형태와 변형」(1966) 이후 기나긴 여정을 거치면서, 그는 고전적 초심리학과 결별하고 두 개의 극을 가진 자기라는 독특한 개념에 초점을 맞춘다.

두 개의 극이란 자존감과 길잡이 역할을 하는 이상guiding ideals을 가리킨다. 자존감은 과대자기와, 찬사와 반영을 얻으려는 과대자기의 과시적이고 야망에 찬 분투에서 나오는 것이며, 다른 쪽 극을 이루는 이상들과 이에 대한 추구는 이상적 부모원상의 내재화에서 비롯된다. 정신치료에서는 한쪽 극에 결함이 있을 때 이를 보완하기 위해 다른 쪽 극을 강화시킬 수 있는데, 이는 자기의 기능을 회복시키기 위한 하나의 절차로 알려져 있다. 이러한 결함을 위장하기 위해 방어적 구조물들(가학적으로 강요된 통제나 찬사에 관한 환상들)이 발달할 수도 있지만, 보다 희망적인 보상적 구조물들(보다 건설적인 목표 추구와 이의 성취)이 한쪽 극을 강화함으로써 다른 쪽 극의 결함을 채울 수 있다. 이렇듯 코헛에게 있어 치료의 과정이란, 전이 가운데 내재화의 방식을 변화시킴으로써 자기의 결함을 보완하는 것, 또는 보상적 기제들이 신뢰성과 현실성과 자율성을 갖고 기능할 수 있도록 이것들을 강화시키는 것을 뜻한다. 고전적 정신분석에서라면 이것(=자기의 결함)은 치유되지 못한다. 그래서 슬랩과 레빈(1978)은 "코헛은 그것을 정신분석이라고 말하지만, 그의 치료법은 통찰이나 갈등 해소 또는 무의식적인 것의 의식화가 아닌 권고와 학습을 바탕으로 한다"(p. 507)고 말한다.

임상에서 볼 수 있는 방어 구조의 또 다른 예는 유사활력pseudovitality이다. 이는 비정상적인 정신 및 신체 활동들을 통해 내면의 무력감을 물리치고자 하는 것인데, 스스로를 자극함으로써 고갈되고 텅 빈 자기에 맞서려는 것이다. 코헛은 또한(Lichtenberg and Kaplan 1983, p. 138) 방어적 구조물로서, 총체적 동일시gross identification와 총체적인 거시적 내재화gross macrointernalizations를 언급한다.

앞서 보았듯이 코헛은 프로이트가 말하는 "죄책감에 짓눌린 인간"과 자기애성 인격장애를 가진 "비극적 인간"을 대조시킨다. 비극적 인간은 핵심포부와 이상의 실현에 실패했기 때문에 중년이 중대한 시련기가 된다. 이 시기에 비극적 인간에게는 삶이 무의미하다. 코헛은 자기의 두 극 사이에 위치해 있으면서 행동을 촉진하는 "긴장의 호" 혹은 "경사면"에 대해 말하는데(좁은 의미의 자기심리학에서는 기하학적인 표현을 많이 쓴 반면, 넓은 의미의 자기심리학에서는 물리학적인 표현을 씀), 바로 이곳에 두 극의 원형pattern을 실현하는 데 필요한 수행적 기능과 기술들로 이루어진 "중간지대"가 위치한다.

치료란 자기감각을 강화시킴으로써 환자로 하여금 "올바른 선택들"을 하게끔 하는 것이다. 이것은 현실적이고 장기적인 목표를 위해 환자의 재능을 조절하는 것이며, 가학적으로 강요된 찬사에 대한 환상들을 줄여나가는 것이다. 이러한 선택들은 그 사람이 가진 진정한 재능, 기회, 목표들과 분명히 조화된 것이어야 한다. 올바른 선택을 했다면 환자는 의미 있고 창조적인 노력(그 노력이 아무리 보잘것없다 하더라도)을 통해 삶의 희열을 맛보게 된다.

따라서 2세에 부상하는 핵심자기에는 두 개의 극이 있는데, 한 쪽에는 자존감(포부, 노출성향-이것들은 과대자기에서 나옴)이 자리하고 다른 쪽에는 길잡이로서의 이상(이상적 부모원상과 융합되어 있으며 가치를 추구하고 관음증적 측면이 있다)이 자리한다. 그리고 수행하는 능력과 기술들로 이루어진 중간지대–긴장의 호 혹은 경사면이라 불리는 것이 행동을 촉진하는 조건을 형성–가 이 두 극을 연결하고 있다. 종종 에로틱한 과시성향은 포부의 극에 결함이 있음을 뜻한다. 그리고 이상의 극에 결함이 생기면 에로틱한 관음증이 나타난다.

자기의 정신 구조 안에 있는 결함은 교정 활동을 통해 드러난다. 이러한 교정 활동들은 방어 기제들(유사활력, 유사드라마, 무력감을 없애줄 힘에 대한 가학적 환상)일 수도 있고 한 쪽 극을 강화시켜 다른 쪽 극의 결함을 보완하려는 보상적 구조물일 수도 있다.

따라서 치료는 자기대상 전이와 변형적 내재화 과정을 통해 이러한 결함을 보완해 주거나, 환자에게 또 다른 삶의 기회를 제공하는 것으로서(코헛은 이것을

"기능적 회복"이라고 부름) 보상적 기능들이 단단하고 자율적으로 기능하도록 해주는 것이된다. 제대로 방향 잡힌 포부와 이상을 위해 기능과 재능을 선용하는 일은 만족감을 준다. 이때의 자기는 온전하고 충만하게 느껴진다. 이와 반대로 자신의 기능과 재능을 포부와 이상을 위해 사용하지 못하면 자기는 공허하고 무가치하게 느껴진다.

자기대상 전이들은 지체된 성숙 및 발달의 형태로 볼 수 있는데, 치료에서는 두 가지 측면에 초점을 맞춘다. 하나는 자기구조의 내재화 과정을 변화시키는 것이고 다른 하나는 보상적 기제들을 강화시키는 것이다. 자기대상 환경은 자기의 구조 형성에 매우 중요하다. 파괴적인 공격성과 자기애성 격노는 자기 병리의 결과이지 그 원인은 아니다. 단언하는 태도는 건강한 공격성의 전조로서, 두 개의 극을 가진 건강한 자기의 일부를 이룬다. 결국 한 쪽 극에는 단호함과 포부가 자리하고 다른 쪽 극에는 내적 가치, 목표, 내적 긴장을 조절하는 능력이 자리한다.

아동이 성장하면서 반영이 이루어지고 이상적 부모원상에 집중하게 되면, 자기의 보상적 기제들이 강화될 수 있다. 초기에 반영이 잘 이루어지고 만족할 만한 이상화가 진행되면, 핵심자기의 일차적 구조가 건강하게 형성된다. 희열이 있는 창조 행위는 핵심자기라는 구조물에 깊이 뿌리내리고 있는데, 이 핵심자기의 성패는 엄마가 아동의 욕구에 얼마나 전적으로 공감하느냐에 달렸다. 여기에는 아동에게 불안과 분노가 자라날 때 적절한 신호로써 그것을 제지해 주는 것도 포함된다. 이러한 제지는 자아의 원초적 감각에 분열이 생기지 않도록 양육자가 아동을 적절히 위로해 주는 것이다.

자기심리학에서의 "욕동"의 위치

자기심리학에서는 나르시시즘을 오이디푸스 콤플렉스에 대한 방어로 보지 않는다. 실제로 치료가 기쁨 속에서 종결될 때, 치료 끝 무렵에 약간 오이디푸스 시기가 나타나는데 이는 자기의 기능이 개선된 데서 생긴 결과이다. 따라서 이것은 유년기에 남아있던 오이디푸스 콤플렉스가 재현된 것은 아니다. 코헛에 의하면, 이러한 오이디푸스적 국면은 자기를 강화하는 데 도움이 되고 긍정적인 면을 갖고 있으며 단계에 맞는 기회를 뜻한다. 그리고 그는 이러한 국면에서는 공감적 자기대상 환경이 필요하다고 본다. 정상적인 상황에서는 이것이 오이디푸스 콤플렉스로 이어지지 않는다. 자기심리학에서는 자기가 약화되거나 분열되어 있을 경우에만 오이디푸스 갈등에 병적 고착이 이루어져 전이 신경증 가운데 비정상적인 오이디푸스 콤플렉스가 되살아난다고 본다. 프로이트는 오이디푸스 콤플렉스가 편재한다고 개념화했으나, 자기심리학에서는 이것이 보편적으로 존재한다고 보지 않는다. 자기 장애를 무엇보다 오이디푸스적인 것으로 해석하는 것은, 비공감적으로 느껴질 수 있을 뿐 아니라 환자가 자기주장을 할 때 이러한 적극적 행동을 치료자가 수용하지 않는다는 것을 뜻한다.

정신분석치료에 대한 전통적 사고(의식의 인지적 확대를 통해 갈등을 해결한다는)와 달리 코헛은 자기응집력의 획득과 반응적인 자기대상들과의 공감적 친밀을 통한 자기의 회복을 강조한다. 삶을 성취하고 향유할 줄 안다는 것은 치유가 되었다는 명백한 증거이다. 코헛(1984)은 또한 자신의 마지막 저서에서, 스스로 공감적인 자기대상 모체를 형성하고 그것을 평생 동안 유지해나가는 능력을 강조한다. 자존감이란 응집적이고 제대로 기능하는 자기가 가지고 있는 기능으로, 스스로를 위로하는 능력과 자존감이 안정적으로 유지될 수 있도록 내적 긴장을 조절하는 능력이 특히 강조된다.

1971년에서 1977년 사이에 변형적 내재화 과정의 의미에 미세한 변화가 있었다. 1971년의 저서에서는 미세한 구조들이 이미 자아 조직 안에 형성되어 있다고 간주되었다. 그러나 이제 변형적 내재화는 두 개의 극을 가진 자기 안에서 발달하는 구조와 기능으로서 간주된다.

성적 "욕동들"은 분열의 산물로 자기애성 상처를 입은 자기를 위로하거나 자극하기 위해 부차적으로 사용된다고 본다. 그리고 엄마의 공감이 전반적으로 부족할 경우 자기구조에 직접적인 손상이 생긴다고 하는데, 이 점은 대상관계

이론에서 말하는 콤플렉스의 형성과 대조된다. 이것 때문에 자기심리학은 밀도 높은 심층심리학에 가깝기보다는 경박한 실존주의로 흐른다는 비판을 받았다. 비판에 따르면, 실존주의도 자기심리학처럼 무의식적인 욕동과 갈등의 중요성을 간과하는 경향이 있다. "욕동들이 정신장치를 가동한다는 사고를 수용하느냐 않느냐에 따라 '정통' 정신분석인지 아닌지여부가 갈린다"(Green and Mitchell 1983, p. 304)는 점을 기억하라.

넓은 의미의 자기심리학은 고전적 정신분석과 상당히 다른 체계로서 논쟁의 대상이 되고 있다. 이것이 유용하고 타당한 이론인지의 여부를 알기 위해서는 연구자가 우선 자기탐구를 많이 한 후에 환자를 대해야 한다. 이것은 중요한 심리학적, 철학적 체계로서 정신분석의 실천과 집중정신치료에는 물론 철학과 정치학에도 접목될 수 있다.

넓은 의미의 자기심리학

자기애성 장애와 경계성 장애가 있는 환자들을 대할 때, 치료자는 치료 과정을 철저히 파악하고 있어야 한다. 치료 도중에 환자는 자기애성 전이 속에서 조금만 실망을 느껴도 특유의 반응을 보이는데, 치료자는 환자에게 이 점을 차분히 설명할 수 있어야 한다. 이러한 개념적 이해가 없으면 치료 외적인 행동을 모두 실행에 옮기고 싶은 유혹이 생긴다. 이러한 유혹의 일부는 역전이적 적대감에서 비롯되며, 다른 유혹들 또한 이런 적대감에 대한 반응으로서 생긴 것이다. 그 원리는 다음과 같다. 즉, 치료자가 차분하고 온화한 장인의 역할에서 벗어나고픈 유혹을 느끼는 것은, 치료 상황에서 벌어지는 일들을 이해하지 못하거나 역전이가 불러온 것이 무엇인지를 알지 못하기 때문이다. 제대로 분석 받지 않은 치료자는 환자를 악용하며, 환자에 대한 보복을 정당화하기 위해 온갖 핑계를 갖다 댄다.

자아이상이 불충분할 경우, 환자는 타인의 거부로부터 자신을 보호하고 더 이상 자기애성 상처를 입지 않기 위해 의기양양함으로 철수하는 경향이 있다. 그러나 이러한 모습은 사람들을 불쾌하게 만들기 때문에 환자는 더욱 거부당한다. 그리고 이러한 거부반응으로 인해 환자는 더욱더 고립된다. 게다가 이런 환자들은 엄격하고 비판적인 자신의 초자아에 기대기 때문에 자기 자신에게 더욱 엄격해진다. 이것은 이상적인 부모원상에 대한 사랑이 아직 내재화되지 않았기 때문이다.

이상화 전이가 생기면 자기애적 평형과 임상에서의 진전이, 기능적인 개선과 함께 전형적으로 나타난다. 그러나 이상적 부모원상과 융합하려는 욕구가 강렬할 경우, 이러한 전이는 자아 영역의 손실이나 융합에 대한 두려움으로 연결될 수 있다. 즉, 부정적인 치료결과가 나올 수 있다. 자아의 경계를 지키려고 치료자와 닮는 것을 지나치게 경계하다 보면 환자는 융합을 거부하게 된다.

재능 있는 사람들은 과대자기의 무한한 기대들을 일부 실현할 수 있다. 그러나 그는 어떤 성공에도 만족하지 못한다. 계속해서 엄청난 업적에 대한 욕망에 사로잡히기 때문이다. 예를 들어, 반복적인 일로 돈과 권력은 얻었지만 자신의 성공이 어떠한 휴식도 가져다 주지 못하기 때문에 결국 중년 우울증에 빠지고 마는 사람들을 볼 수 있다. 이러한 환자들은 찬사와 더 큰 성공을 끊임없이 원한다. 이들은 많은 소망을 성취할 수 있는 재능을 가졌지만, 이상한 욕구를 지닌 분열된 과대자기에 쫓기기 때문에 전혀 만족을 얻지 못한다. 이러한 환자에게 나타나는 "거짓말"과 이름 나열하기 등의 습관은 과대자기의 기대에 맞추려는 노력으로 이해할 수는 있으나, 치료자는 암묵적 훈계를 통해 이것들을 반드시 제거해야 한다. 바슈(Stepansky and Goldberg 1984)는 이렇게 설명한다: "힘과 중요도가 떨어지는 자신의 현실에 지능적이고 피상적으로 적응하는 태도나, 중심이 아닌 부심에 자신의 위치를 설정하는 태도는, 자기애적 요구에 대한 초기 감각이 흔들릴 때 나타난다"(p. 28). 이쯤에서 독자는 3장에 기술된 라이히(1960)의 사례로 돌아가, 병리에 대한 고전적 정신분석의 설명과 자기심리학적 방법을 서로 비교해 보아야 할 것이다. 이와 비슷한 사례인, "작가 M씨"에 대한 자기심리학적인 설명을 원한다면 코헛(1977)을 참조하라.

두 개의 극을 가진 자기의 발달

자기애성 환자들의 경우는 그들의 전형적인 전이를 다루는 것이 치료의 핵심이다. 이러한 자기애성 "전이들" 가운데서는 동원된 과대자기의 억압 장벽과 이상적 부모원상이 교차하는 반면, 오이디푸스 신경증에서처럼 환자가 치료자에게 대상 리비도를 집중시키는 일은 없다. 그러므로 이러한 구조들이 변화, 발전하는 것에 관한 코헛의 개념을 세밀하고 정확하게 이해하는 것이 중요하다.

코헛에 따르면, 생후 8개월에서 3세에 이르는 시기에 정상적 발달단계의 하나로서 과도기가 나타나는데, 이 시기에는 자기애성 리비도가 "과대자기"(자기에 대한 웅장하고 과시적인 이미지)와 이상적 부모원상(융합하고 싶은 전능한 자기대상의 이미지)에로 집중된다. 이러한 정신적 형태들은 점차 정신구조 속으로 내재화되고 통합된다. 그리고 과대성은 시의적절한 작은 좌절들을 통해 견고해진다(Kohut 1977, p. 178). 과대성은 자기 안에 있는 포부 극의 핵심이며 개인에게 추진력이 된다. 이것은 대개 엄마와의 관계에서 파생된다. 넓은 의미의 자기심리학에서 "자기"는 자아와 다른 개념인데, 내재화된 과대자기가 자기의 중요한 극인 포부의 극을 형성한다고 본다.

오이디푸스기인 4~6세(Kohut 1977, p. 178)에 이르면, 양쪽 부모로부터 파생된 이상적 부모원상도 내재화와 통합의 과정을 거친다. 좁은 의미의 자기심리학에서는, 초자아와 자아에 사랑과 존경(원래 이상적 부모원상을 향한 것임)이 혼합된 것이 이상적 부모원상인데, 이것은 자존감의 내적 원천이자 초자아의 자아이상적 측면의 토대가 된다. 자아이상은 개인이 갈망하는 것들로 이루어진 체계이다. 그러므로 인간은 핵심포부가 뒤에서 밀고 자아이상이 앞에서 이끄는 존재라고 할 수 있다. 넓은 의미의 자기심리학에서는, 견고해진 이상적 부모원상이 자기의 또 다른 극인 이상의 극을 형성한다고 본다. 이러한 두 개의 극을 가진 자기 개념은 자기심리학에서 매우 중요한 개념이다.

나중에 코헛(1984)은 제3의 "별도의 자기대상 발달노선"(p. 198)을 추가하는데, 이것은 4~10세경(욕동심리학에서는 이를 초기 잠재기라고 부름)에 경험하는 중요한 쌍둥이 관계(= 제2 자아)와 관련된다. 예를 들면, 어린 소녀가 할머니와 함께 부엌에서 나란히 밀가루반죽을 한다거나, 어린 남자 애가 아빠 곁에서 "면도" 하거나 아빠의 연장을 들고 "일하는" 것이 그것이다. 이러한 자기대상의 필요는 포부의 극과 이상의 극과 더불어, 자기를 구성하는 중간지대(기능과 기술들이 여기에 위치함)에 반응함으로써 이 부분(중간지대)을 강화시킨다.

세 가지 주요 부분이 어느 정도 강화되고 나면, 강하고 응집적인 자기감각이 생겨 개인은 오이디푸스 단계를 넘어 계속해서 발달해나갈 수 있다. 욕동심리학의 용어로 말하자면, 초자아가 형성되어 거세불안이 도덕적 불안으로 대체된다. 이때 억압 장벽이 확립되는데, 이것이 잠재기와 청소년기를 거치면서 견고해지면 불안은 신호(신호불안은 컨버그가 말하는 "다섯 번째" 단계의 핵심이다)로서만 기능하게 된다. 그러나 코헛에 의하면, 청소년기 이후에도 나르시시즘에는 변형이 일어나며, 이것이 결국에는 삶의 우연성을 받아들이고 공감, 창조성, 성숙한 지혜, 유머감각 등을 갖게 한다.

좁은 의미의 자기심리학에서는, 이상적 부모원상이 내재화되었을 때 이것이 전오이디푸스적 자아와 초자아 안에서 욕동을 통제한다고 본다. 오이디푸스적 초자아 안에서는 이것이 이상화된 초자아를 형성하고 개인을 인도해 나간다. 유아적 과대자기는 핵심포부로 변화되고, 조야하고 유치한 과시성향은 방향이 잘 잡히면서 사회적으로 의미있는 행동과 업적으로 변형된다. 따라서 적절히만 변형된다면 나르시시즘은 정상적일 뿐 아니라, 인격성숙의 측면에서 절대적인 역할을 한다. 이제 나르시시즘은 더 이상 부정적인 용어가 아닌 것이다.

"넓은 의미의 자기심리학"에서는 이렇게 내재화된 것들이 두 개의 극을 가진 응집된 자기로 변화되며, 프로이트가 기술한 것 이상의 보완적 역할들이 오이디푸스 단계에 주어진다. 부모들은 아동의 리비도적 분투와 공격성과 과시성향을 반영해 줌으로써(때로는 부모 자신의 자긍심으로 이에 맞서기도 하고, 때로는 반영을 통해 아동의 발달을 강화하기도 하면서) 이러한 내재화 과정이 일어나 순조롭게 통합되도록 한다. 프로이트의 이론에 따르면, 소년은 아버지에게 거세당할까 봐 두려워 아버지와 동일시하고 아버지의 가치관을 내재화한다. 그러나 코헛은 오이디푸스기에 나타나는 소년의 단호한 자기주장과 그의 모방 노력을 아버지가 뿌듯하게 여김으로써, 그리고 소년이 어머니를 차지하지 못하는 것에 대한 실망에서 벗어남으로써 이상적 부모원상을 자기의 핵심 극으로서 확고히 내재화할 수 있다고 말한다.

엄마와 아빠가 아동의 오이디푸스적 갈등에 혐오를 느끼고 아동을 고립시키면 이러한 내재화 과정은 일어나지 않으며, 아동은 이상적 부모원상을 부착할 수 있는 대상을 찾아다니는 단계에 고착된다. 이럴 경우, 아동의 내적 자존감은 매우 낮아지고 이런 자존감과 자기감각 때문에 이상적 부모원상을 지녔다고 판단되는 외부 대상에게 끝없는 지지를 요구하게 된다. 그리고 이러한 지지가 제공되지 않으면 심각한 절망과 자기애성 격노를 느끼고, 심지어 자기가 금방이라도 쪼개질 듯한 느낌을 갖게 된다. 자기심리학의 보완적 이론이라 불리는 이 이론(=두 개의 극을 가진 자기 이론)은 새로운 개념도구와 프로이트의 구조이론까지 모두 동원하여, 자기애성 인격들의 흔하면서도 당혹스러운 측면들을 설명하고 있다.

자기의 연속성은 핵심자기를 구성하는 요소들의 내용은 물론 이 요소들의 활동에서도 비롯되는데, 이러한 구성요소들 간의 관계로부터 자기의 연속성이 확보된다. 이러한 관계는 "특정한 활동이 없을 때조차"(Kohut 1977, p. 180), 포부와 이상이라는 자기의 두 극 사이에 "활동을 촉진하는 조건" 혹은 "긴장의 경사면 tension gradient"을 제공한다. 코헛은 "부모의 인격과 아동이 자라난 환경의 영향"이 "핵심자기의 특성은 물론 그것의 장단점과 취약성까지 설명해 준다"(Kohut 1977, pp. 186-187)고 거듭 강조한다. "좁은 의미의 자기심리학"과 "넓은 의미의 자기심리학" 사이에 근본적 차이가 있다면, 그것은 전자가 자기를 정신구조의 한 내용물로 보는 반면, 후자는 자기에게 "중심적인 위치"(Kohut 1977, p. 207)를 부여한다는 점이다.

정신병리와 정신건강에서 두 개의 극을 가진 자기가 차지하는 위치

코헛은 과대자기와 이상적 부모원상이 통합되지 못할 때 생기는 두 가지 중대 결과에 주목한다. 첫째는, 자기가 원초적인 구조들에 에너지를 빼앗김으로써 성인으로서의 기능 및 인격의 측면이 빈약해진다는 점이고 둘째는, 원초적 요구들을 가진 원초적 구조들이 새어나오거나 침습해 들어옴으로써 성인으로서의 활동이 저해된다는 점이다. 이렇게 통합되지 못한 구조들을 억압(코헛은 이를 "수평 분열"이라고 부름)하거나 부정(코헛은 이를 "수직 분열"이라고 부름)하면, 자기애성 환자나 경계성 환자가 되어 정신치료를 요하게 된다.

환자들은 치료자가 그의 소유물이라도 되는 것처럼 그에게 반응해 주기를 바란다. 이럴 때는 분노나 엄격한 비난으로 반응하기보다는, 이러한 욕구를 긍정해 줌으로써 환자가 스스로를 나쁘게 대하거나 오만한 우월감 속으로 철수하는 것을 막을 수 있다. 이런 환자의 치료에서 어설프게 성공을 거두면 환자의 기분만 일시적으로 좋아질 뿐, 초자아에 대한 이상화(=자아이상의 형성)는 이루어지지 않는다. 왜냐하면 이러한 환자는 이상적 부모원상을 자신의 외부에서 찾는 단계에 고착돼 있으므로, 계속해서 외부로부터 인정받으려 하기 때문이다. 자기애성 상처는 엄청난 격노를 일으키는데 이러한 격노는 전이 안에서 자기대상이 이상화 기준에 못 미칠 때에도 일어난다. 자기애성 환자와 경계성 환자들은 언제라도 불이 붙을 것만 같은 정신구조를 보여주는데, 이들은 자아이상이 빈약하기 때문에 분노폭발과 분열을 중화시키지 못한다.

컨버그(1976)는 경계성 환자들을 다룰 때, "치료자는 과거 자신의 어떤 문제 때문이 아닌 환자의 미숙하고 극렬하고 무질서한 전이 때문에, 그리고 정신적 스트레스와 불편함을 견뎌내는 치료자 자신의 능력 때문에 치료 초기에 강한 정서적 반응을 일으키게 된다"(p. 179)고 경고한다. 컨버그는 사실, 치료자 쪽에서 강렬하고 미숙한 감정적 반응을 보인다는 것은 환자가 그만큼 심각한 퇴행 상태에 있음을 뜻한다고 말한다.

억압되고 분열된 과대자기가 이상한 욕구를 갖게 되면, 앞서 보았듯이 환자는 과대자기의 기대에 부응하기 위해 계속 "거짓말"을 하고, 허풍 떨고, 사람들의 이름을 거명한다. 그리고 살아있다는 느낌, 전능감, 위대성에 대한 확신을 얻기 위해 특정 유형의 위험한 행동화에 이르기도 한다. 나의 여성 환자 한 명은 안개로 시야가 흐려질 때면, 고속도로로 나가 오토바이를 질주하곤 했다. 이러한 환자들과 작업할 때는 분리와 실망에 대한 반응들을 잘 다루어야 하며, 전능감과 과대성에 대한 현재의 느낌과 그에 대한 분투를 주시해야 한다. 자기애성 환자와 경계성 환자의 정신치료에서는 환자를 온유하게 수용해 주고 개념적으로 설명해 주고 교육시키는 일이 중요하다.

차분하고 평온한 치료자에게는 전이의 변화와 격노의 출현이 오히려 환자가 자신의 원초적 나르시시즘을 이해하고 변형시킴으로써, 현실적 포부와 목표와 이상을 추구하는 데 이러한 공격성을 사용하게끔 도울 수 있는 기회가 될 수 있다. 정지되었던 발달이 다시 시작되고 나르시시즘이 적절히 변형되었음을 알려주는 신호는 두 가지 영역에서 나타난다. 첫째, 자기감각이 강화되면서 대상사랑이 증가한다. 즉 정체성과 수용의 측면에서 보다 안정적이 되고, 사랑을 주는 능력이 커진다. 둘째, 포부가 좀 더 현실성을 띠게 되고 유치한 과시성향은 사회적으로 의미있는 활동으로 변화되며, 욕동조절과 욕동해소의 방향이 개선되고 초자아는 보다 나은 이상화 과정을 거친다. 우리는 공감, 창조성, 유머, 그리고 종국적으로 지혜를 얻는 것으로써 치료가 종결되기를 희망한다.

"넓은 의미의 자기심리학"에서 보면, 자기self란 삶의 기쁨을 얻고 주어진 능력과 기회와 목표에 알맞은 올바른 선택을 하는 데서 중요하다. 우리는 자기가 응집되어 있을 때 다른 사람과 공감대를 형성할 수 있다. 그러나 올바로 작동하는 자기의 기능은-"이상을 추구함으로써 자존감이 높아지면 과시성향과 포부가 지닌 약점을 보완"(Kohut 1977, p. 1)하게 되듯이-보상적 구조들의 성공적 발달에 의해서도 보장된다. 제대로 기능하는 자기란 "포부와 기술과 이상이 혼연일체가 돼 기쁘고 창조적인 행위를 가능케 하는 정신의 영역"(p. 63)을 뜻한다. 자존감을 유지하는 활동은 심지어 "중독"의 성격까지 띨 수 있다. 이로 인한 보상의 기쁨이 너무나 강력하기 때문이다.

"중독"-코헛은 "농담 반 진담 반"(Goldberg 1980, p. 497)이라고 쓰고 있는데-은 "메아리처럼 돌아오는 선순환"(Kohut 1977, p. 135)이다.

> 강화된 자기는 개인의 기술과 재능들을 조직하는 중심부로서 이러한 기능들이 잘 발휘될 수 있게 만든다. 이렇게 잘 발휘된 기술과 재능들은 다시 자기의 응집력과 활력을 증가시킨다(1977, p. 135).

그러나 여기서 주의(Kohut 1984, p. 161)할 점은, 정신건강의 한 형태에 이렇게 "중독"이 되면 이러한 활동이 포기되거나 침체될 때 이전의 불안정과 불균형이 되돌아올 수 있다는 점이다. 다음과 같은 점을 명심해야 한다. 코헛(pp. 179~180)에 의하면 핵심자기를 구성하는 요소들의 내용에서, 그리고 "이러한 구성요소가 압박하고 인도한 결과로서" 행해진 활동들과 그 구성요소들 간의 상호관계(이것이 활동을 촉진하는 여건을 제공)로부터, 자기-연속성의 감각이 생겨난다. 이렇게 창조적 긴장을 바탕으로 한 지속적인 노력들과 활동들은 삶의 우여곡절에도 불구하고 계속성의 감각과 삶의 기쁨을 유지하게 하는 핵심 요소들이다. 프로이트(Schur 1972)가 자신의 팔순 생일에도 썼듯이, "이 나이에 삶은 쉽지 않다. 그러나 봄은 아름답고, 사랑 또한 그렇지 않은가!"(p. 480).

두 개의 극을 가진 자기 : 정의상의 문제들

정신치료사나 정신분석가의 의료적 소명은 외과의사나 컴퓨터와 같은 것이 아니라고 코헛은 거듭 강조한다. 고전적인 신경증 환자에게는 마치 아이들인 것처럼 심하게 자극을 가했지만, 자기병리를 가진 환자들과는 좀 더 거리를 좁힐 필요가 있기 때문이다. 이렇게 하지 않으면 자기애성 격노가 일어나는 것을 볼 수 있다. 코헛에 따르면 이러한 분노는 공감의 문제이지, 클라인 학파가 말하는 것처럼 타고난 유아적 공격성과 그로 인한 공포와 죄책감에서 나오는 것이 아니다. 분석가가 욕동과 관련된 갈등에 초점을 맞추게 되면, 교육적인 태도(자제를 촉구하는 등)를 취하거나 환자의 지속적인 자기애성 격노에 필요 이상으로 비관하게 된다.

계속해서 문제가 되는 것은 코헛(1977)의 다음과 같은 태도이다.

> 내성과 공감을 통해 우리가 자기self 안으로 들어갈 수는 없다. 단지 내성과 공감을 통해 자기가 정신적으로 드러나는 것을 볼 수 있을 뿐이므로 자기의 본질을 정확하게 정의하라는 요구는, "자기"란 추상화된 과학적 개념이 아닌 경험적 자료로부터 일반화시킨 개념이라는 사실을 간과한 처사다(p. 311).

때로는 자기가 선택을 위한 행위인자agent인 듯이 실존적인 의미로 사용되기도 하는데, 코헛과 그의 제자들은 이를 속기법이나 수사법(Kohut and Wolf 1978, pp. 415-416) 정도로 봐주기도 한다. 칸트와 코헛은 사고를 전개해나가는 데 있어 자기를 애매한 용법으로 사용한다(Chessick 1980a).

칸트(1781)에 따르면, 우리는 "내적 감각"이나 "경험적 인식"을 통하여 정신을 경험하는데, 이것은 자기상태가 내적으로 나타나는 것을 우리가 의식한다는 걸 뜻한다. 흄과 칸트 모두 동의하듯이, 여기에는 영원하고 지속적인 "자기"가 없다. 심리학에서 연구되는 자기는 현상학적인 자기로, 시간 속에서 일련의 정신 상태의 연속으로서 우리에게 경험적으로 다가온다. 왜냐하면 칸트가 『순수이성비판』(1781)에서 말했듯이, 시간은 내적 감각의 선험적 형태이기 때문이다.

이러한 자기는 본체적noumenal 자기나 초월적 자기와 구별된다. 본체적 자기나 초월적 자기는 앎의 주체이자 지속되는 자기로, "실재로really" 존재하는 자기이다. 칸트에 의하면, 우리는 "이것의" 실재성reality과 "실재적real" 앎knowing을 행하는 자기에 대해 사고할 수는 있으나 이것들을 직접적으로 알거나 진술할 방도가 없다.

칸트와 프로이트는 모두 이 현상적 세상의 "바깥" 또는 "너머"에 또 다른 현실이 존재한다는 것과, 현상적 자기 너머에 정신의 또 다른 일부가 존재한다는 것을 가정한다. 프로이트에게서 칸트의 본체적 자기와 유사한 개념을 찾는다면, 직접 파악되지는 않지만 우리가 자기를 경험하는 데 커다란 영향을 주는 것인 지형학적 이론상의 무의식적 체계를 들 수 있다. 구조이론에서라면 이것은 이드 그리고 자아와 초자아의 일부에 해당할 것이다. 프로이트(1940a)는 이렇게 쓰고 있다: "우리 존재의 핵은 애매모호한 이드로 이루어져 있다. 이드는 외부세계와 어떤 직접적인 소통도 하지 않는다. 그러므로 우리가 그것에 접근하려면, 또 다른 인자를 매개로 해야 한다"(p. 197).

"오성의 순수개념들에 대한, 초월적이고 근본적인 연역"에 관한 칸트의 주장은 자의식self-consciousness의 초월적 통일성, "나는 나"라는 감각, 단일한 자기에 대한 응집된 감각을 전제로 한다. 자기 고유의 경계와 자기-경험을 외부세계로부터 오는 경험과 구별하기 위해서는, 자의식의 지속적인 핵이 필수적으로 요구된다. 칸트는 흄이 자기-인식self-awareness과 지각된 대상에 관한 인식이 서로 어쩔 수 없이 의존하고 있음을 간과함으로써 큰 실수를 범했다고 지적한다. 여러 가지 이유로 의식의 주관적 통일성이 흐트러지면, 인간은 자기 자신과 자기-경험을 외부세계에서 오는 경험들과 혼동하게 된다고 그는 주장한다. 따라서 칸트마저도, 자기감각이 파편화되면 자아의 경계들이 흩어지고 현실검증능력이 소실된다고 보는 셈이다.

칸트가 본체적 자기와 현상적 자기에 대한 이론에서 매우 일관성이 있었을 때, 그는 이것들을 다음과 같이 정의했다: 현상적 자기는 경험적으로 얻어지는 자기상태들로만 구성되어 있는데, 고전적인 심리학은 내적 상태나 경험에 대한 내성적 성찰로부터 이것(자기상태)들이 드러난다고 본다. 한편 본체적 자기는 이성이 우리에게 우리의 현상적 자기를 탐구함으로써 발견하게 하는 비경험적이고 "제한하는 개념limiting concept"이다. 그러나 제한하는 개념으로서의 본체적 자기는 우리의 경험이 그것을 직접 이성에 제시한다는 점에서 경험에 가까운 개념이다. 칸트의 용어로 말하면 본체적 자기는 규율적인 개념regulatory concept으로 이성이 우리의 현상적 자기경험들을 기술하고 분류할 수 있도록 해준다. 그러나 이것은 너무도 순수한 이성적 개념이기 때문에 이에 관해서는 더 이상 말할 것이 없다(Ewing 1967). 칸트가 본체적 자기 개념을 이런 식으로 말할 때는, 본체적 자기를 소극적 의미로 사용하고 있다. 즉, 통합적이고 설명적인 개념들을 만들어내기 위해, 이성이 경험적 자료들에 작용했을 때 정당히 도달할 수 있는 곳이라고는 자기에 대한 비경험적–칸트라면 이것을 초월적이라고 부를 것이다–개념뿐이라는 것이다.

칸트는 그의 철학의 다른 부분에서는 본인의 이런 주장을 무시한 채 본체적인 자기 개념을 아주 다르게 사용한다. 칸트 철학에서 해결되지 않은 이러한 모순에 관해서는 스크러튼(1982 5장)이 명철하게 논하였다. (실천)철학에서는 본체적 자기가 독립된 행위인자로서 사용되고 이에 대한 적절한 타협안도 제시되지만, 소극적 의미의 본체적 자기에서 이러한 적극적 의미로의 변동은 흔히 신중치 못한 처사로 평가된다. 이것은 직접적인 경험들로부터 사유하는 본래적 자기 개념에서 훨씬 복잡하고 경험과 동떨어진 본체적 자기 개념으로 옮겨간 것으로, 이러한 변동은 칸트 자신이 『순수이성비판』에서 제시한 철학으로도 정당화되지 못한다.

이러한 본체적 자기(칸트와 다른 사람들이 거론하는)는 코헛(1978, pp. 659~660)이 공리적 자기라고 부르는 것인데, 신앙과 방법론상의 문제들을 밝히기 위해 적극적인 의미로 사용되었다. 자기라는 개념을 이런 식으로 사용하면 우리는 과학에서 멀어지게 된다. 다음과 같은 코헛의 말에는 이 같은 뜻이 담겨있다: 자기란 "본질적으로" 정의될 수 없다. 왜냐하면 이러한 정의는 "공리적" 자기를 가정(코헛은 이러한 공리적 자기를 비과학적으로 보았으며, 그는 옳았다)하게 되고 무의식의 중요성을 폐기하기 때문이다(Kohut 1978, pp. 95~96에 나와 있는 오른슈타인의 논의를 참조할 것).

스미스(1962)에 따르면 칸트는 자기self를 모든 통일성의 유일한 원천으로 본다. 그러나 브로드(1978)는 다음과 같이 결론 짓는다: "인간의 자기가 가진 본성과 그 자기가 스스로를 아는 것에 관한 칸트의 설명은 너무 복잡하다. 그의 잡다한 언설로부터 하나의 일관성 있는 논리를 추출하기란 어렵다"(p. 234).

코헛(1978)은 정신분석적 사실 발견의 측면에서 근본적인 진보가 있다면, 그것은 치료자에게 환자를 대신해서 그의 내면을 들여다보고 환자를 둘러싼 세계와 환자의 내적 자기를 마치 환자 자신이 들여다보듯이 경험하게 하는 새로운 방법의 계발일 것이라고 말한다. 이것은 환자의 상태에 대해 다른 방법으로는 얻을 수 없는 중요한 정보를 제공한다. 코헛의 초창기 자기 개념은 "공리적인" 것이 아니라, 특정한 시기에 환자가 가지는 자기감각에 공감적으로 동일시함으로써 얻어지는 개념이었다. 우리는 환자의 자기감각이 응집되어 있는지 아니면 분열되어 있는지를 대리적 내성을 통해 진정으로 이해함으로써, 환자가 왜 그리고 어떻게 내부와 외부 세계를 지각하고 거기에 따라 행동하는지를 설명할 수 있게 된다.

이것은 프로이트의 초심리학보다 더 경험에 가까운 개념이다. 왜냐하면 여기서는 추가적 장치들이나 구조들을, 사람의 뇌 속에서 행동의 결과를 결정하는 호문쿨루스(고대 의학에서 정자 속에 들어 있다고 여겨진 미세 인간 : 역주)로 간주하지는 않기 때문이다. 코헛은 환자의 지각과 행동은 특정한 시기의 환자의 자기감각과 직접 관련이 있다고 보았다. 코헛의 방법론은 프로이트(1937, p. 225)가 말하는 "마녀 초심리학The Witch Metapsychology"을 멀리하지만, 이해의 정도는 근본적으로 치료자가 환자의 내적 상태에 얼마나 공감하느냐에 달렸다.

그러나 코헛도 칸트처럼 적극적인 의미의 자기 개념에 빠질 때가 있다. 그가 자기에 대해 텅 비어 있다거나 고갈되어 있다거나 반영과 융합을 "갈망한다"는 등의 표현을 쓸 때가 바로 그런 때이다. 이런 상황에서는 자기가 "마치 ~하듯이"의 개념으로 사용되는데, 그는 이렇게 의인화된 표현 때문에 비판을 받기도 했다. 『자기의 분석』에서 코헛(1971, p. 130)은, 시간 속에서 자기에 대해 응집된 느낌을 갖는다는 것은 연속체continuum로서 자기를 경험하는 것과 같다고 말한다. 그런데 이러한 연속체 개념은 칸트가 말하는 내적 상태inner state와 동일한 개념처럼 보인다. 같은 문단에서 코헛은 자기 응집성의 "폭과 깊이"라는 말을 사용하는데, 이에 대한 정의는 어디서도 찾아볼 수 없다.

자기의 분열과 응집

자기의 분열이라는 개념은 한번도 명확히 설명된 적이 없다(Schwartz 1978). 이것은 정신증 현상과 거의 동일하게 취급되는데, 정신증의 경우는 치료자와의 관계에서조차 현실검증능력이 소실될 위험에 있다. 특히 자체성애를 비롯하여 분열된 자기의 상태는 퇴행 현상으로서의 특징이 나타나는데, 이는 코헛(1971)이 말하는 응집된 자기 상태와 대조된다. 코헛은 응집된 자기를 "하나로 통일된 신체와 정신이 공간적으로 응집되어 있고 시간적으로 연속성을 띠는 그러한 상태의 자기"(p. 118)로 기술한다. 여기서 코헛은, 시간이야말로 우리의 내적 감각의 유일한 형태라고 주장하는 칸트의 입장에 반대하는 것처럼 보인다. 코헛은 또한, "대상 및 자기 일관성의 발달"(p. 55)에 관한 제이콥슨(1964)의 논의를 염두에 두면서 공간에 대해서도 언급한다.

응집된 자기에 대한 코헛(1971)의 본래 개념은 주관적인 안녕의 느낌과 자아의 기능적 개선을 가져오는 "자기애성 리비도의 명백한 상승"(p. 119)과 관련되어 있었다. 이후의 저술들에서는 이런 초심리학적 설명들이 사라진다. 자기분열의 신호들이란 자기상태를 불안해하는 주관적 느낌과 자아기능이 손상되고 있음을 알리는 주관적, 객관적 신호들을 말한다. 코헛(1971)은 자기분열이 일이나 성적인 면에서 여러 가지 괴상한 행동을 불러온다고 말한다: 이는 무엇보다 "자기분열이라는 고통스러운 느낌과 싸우기 위해, 여러 가지 행동들을 억지로 하는 것이다. 예를 들어, 육체적 자극이나 체력단련을 비롯해 업무와 사업상의 과로 등이 그것이다"(p. 119). 코헛은 초기 저작에서 자기의 분열을 "자기의 자기애적 통일성이 무너지는 것"(pp. 120~121)이라고 불렀다. 자기의 분열은 전형적으로 건강염려증이나 퇴행을 막기 위한 괴상한 활동과 같은 주관적인 감각들로 표현된다.

코헛(1971)은 응집된 자기에서 분열로의 퇴행은 "나르시시즘에서 자체성애"(p. 253)로 퇴행하는 것과 비슷하다고 본다. 이러한 임상적 기술은 자기를, "자아 활동을 조직하는 중심부"(pp. 296~298)로 보는 관점에 기초한다. 자기가 파편화될 때, 이러한 퇴행에 참여하지 않은 인격personality은 중심부의 분열에 대처하려 하지만, "파편화된 몸 - 정신 - 자기body-mind-self와 자기 - 대상의 경험은 심리학적으로 설명이 불가능하다"(p. 30).

『자기의 회복』(1977)에서 두 개의 극을 가진 상위 개념의 자기는, 특히 자기 응집력이 약할 때 임상적으로 주목 받는다. 초심리학적인 에너지 개념들은 사라지고, 이제 자기는 인격 안에서 "중심적 위치"를 차지한다. 자기의 분열은 결국 자기self가 만들어내는 경험들에 의해 정의되는데, 이 책에서는 자기가 "이것을 형성하는 부분들의 총합 이상의 의미를 지닌 상위의 형태"(p. 97)를 가리킨다.

처음에 코헛은 정신분석의 경험에서 얻은 경험에 가까운 추상 개념인, 소극적 의미의 자기를 제안했다. 그런데 연구를 계속하면서 점점 자기에 초점을 맞추더니 결국에는 자기를 중심적이고 초월적인 위치로 끌어올렸다. 코헛의 자기에 대한 강조는 칸트가 자유의지–우리 존재의 중심이 되는 것으로, 모든 자발성이 여기서 나오고 또 모든 경험이 여기에서 끝남–를 설명하기 위해 적극적인 의미로 사용했던 본체적 자기 개념과 유사한 데가 있다. 그러나 코헛(1978, pp. 659~660)은 칸트의 이러한 개념을 거부한다.

두 개의 극을 가진 자기는 프로이트의 초심리학을 보완하는가?

코헛은 두 개의 극을 가진 상위의 자기와, 그것의 구성요소에 관심을 기울이면서 새로운 개념들을 도입했다. 이제 더 이상 자기는, 고전적인 용어를 사용해 초심리학적으로 규정할 수 있는 심층심리학적 개념이 아니다. 자기는 이제 더 이상 정신장치의 내부에 있다거나, 정신의 네 번째 "행위인자"로서 간주되지 않는다. 코헛(1978, p. 753)이 "자기와 자기의 변천"이라고 부르는 이것은, 프로이트의 정신분석과 근본적으로 다른 학문이다. 이것은 마치 『순수이성비판』의 현상세계에 대한 탐구와 『실천이성비판』의 본체적 세계에 대한 탐구가 서로 다른 영역인 것과 같다. 코헛(1978)은 스스로 이것을 "자기의 과학"(p. 752n)이라고 명명했는데, 이는 그가 새로운 학문 분과를 세우고자 했음을 시사한다.

프로이트가 살아있었다면, 코헛의 넓은 의미의 자기심리학을 "보완적" 체계로 간주하지 않았을 것이다. 그는 이것이 자신의 정신분석치료에 설명을 제공하고 관련은 있지만, 조금 다른 이론이라고 생각했을 것이다. 코헛(1977)의 새로운 이론은 자이가르닉Zeigarnik 효과(1927) [11장에서 논의할 것임]를 토대로 한 것인데, 그는 발달되지 못한 구조들에는 기회가 주어질 때 다시 발달을 시작하려는 내적 동기가 존재한다고 가정했다. 이러한 동기의 배후에 있는 에너지는 프로이트가 말한 본능적 욕동과는 다른 것인데, 이것의 기원에 관해서는 설명이 없다. 내가 보기에 이것은 일종의 생물학적 생장능력을 뜻하는 것 같다. 자기심리학에서 말하는 치료의 밑바탕에는 "자기대상 전이들"이나 전이와 비슷한 구조물들이 적절하게 발달하면 생장능력이 회복되고, 결국 변형적 내재화 과정을 거쳐 자기의 발달이 다시 시작된다는 가정이 놓여있다. 이것은 전이신경증의 해석을 통해 갈등을 해결하는 방법과는 근본적으로 다르다.

이것은 새로운 과학적 패러다임을 뜻한다. 그러나 이것은 인간의 지식발달의 논리에 맡기는 것이 더 좋겠다. 어떻게든 초창기의 코헛과 후기의 코헛을 조화시키려 하거나, 프로이트의 정신분석과 "넓은 의미의 자기심리학"을 조화시키고자 하는 학생들은 가망 없는 혼란에 빠질 것이다. 적극적인 의미로 사용된 칸트의 본체적 자기처럼, 보다 넓은 의미로 사용된 코헛의 자기는 삶의 기쁨과 올바른 선택을 좌우하는 요인이 된다. 『순수이성비판』이나 "좁은 의미의 자기심리학"에서 가정하는 독립적인 상위 단위는 이제 끼어들 틈이 없다. 코헛(1978) 자신도 인정하듯이, 이런 상위의 자기는 정신적 결정론의 법칙을 넘어서는 것으로서 전통 정신분석의 한계를 벗어나는 것이다. 신앙을 굳건한 반석 위에 올려놓으려는 도덕적 의도에서 칸트의 윤리철학이 발전했듯이, 코헛의 "넓은 의미의 자기심리학"도 스스로 조성한 비인간적 환경에서 살아가는 현대인들의 비극을 덜어주기 위해 제안되었다.

욕동심리학과 자기심리학의 비교

자기심리학 학술대회에서 출간되어 나온 두 개의 문건(Goldberg 1980, Lichtenberg and Kaplan 1983)은 이 개념들을 자세히 논하고 있다. 골드버그(1980)가 『자기심리학 내의 최신 견해Advances in Self Psychology』의 서두에서 밝힌 바에 따르면, 정신분석학에서 새로운 개념에 부여되는 위치는 많은 연구 끝에 결정되기도 하지만, 불편함 가운데 매우 개인적으로 결정되는 경우도 많다. 코헛 자신도 우리에게 좀 더 자기심리학에 빠져볼 것을, 그리고 결정을 내리기 전에 좀 더 인내심을 발휘할 것을 재차 강조한다.

자기심리학자들이 전통적인 자아심리학파에게 기본적으로 이의를 제기하는 점은, 발달이 "독립"을 향해서 진행된다는 프로이트식 개념이다. 코헛은 여기에서 근본적 가치관의 차이를 발견한다. 그는 응집된 자기감각을 위해서는, 공감적 자기대상 모체가 평생 동안 필요하다는 것을 더욱 강조한다. 그에 의하면, 자기가 제대로 기능하기 위해서는 공감적으로 반응해 주는 자기대상들로 이루어진 환경이 언제나 필요하고, 이러한 핵심목표가 달성되지 못하면 중대한 문제가 생기며, 인생의 한 시점에서 자기대상들로부터 "독립"하게 되면 심각한 병리 – 흔히 편집증 혹은 "히틀러식 유사생산성"과 같은 – 를 일으킨다.

여기서 코헛과 컨버그의 견해가 충돌하는 것을 볼 수 있다. 컨버그는 적개심이 우선한다는 것과, 클라인이 말하는 방어들을 강조하면서 오이디푸스 콤플렉스를 분석함으로써 환자가 융합에서 자율로 옮겨가도록 하는 것을 중시한다. 반면, 코헛은 전 생애에 걸쳐 나타나는 일련의 자기-자기대상 관계에 관심을 쏟는데, 그는 이러한 관심이 새로운 정신체계를 바탕으로 한다고 보았다. 그는 지속적인 자기대상 모체가 없을 경우, 창조적이고 생산적인 활동이 중단되고 자아 기능이 훼손되며 분열의 조짐이 생긴다고 주장한다. 많은 독거노인들의 유사치매 현상은 상당 부분 이런 식으로 설명될 수 있을 것이다.

이것은 정신건강에 대한 새로운 정의를 암시한다. 이러한 정의에 따르면, 적어도 포부와 기술과 재능과 이상화된 목표들이 견고한 연속체를 형성할 수 있는 구역이 하나쯤은 있어야 한다는 것이다. 그러나 이것들의 내용은 사람마다 다르고 건강도 사람마다 차이가 있으며, 포부와 기술과 재능과 이상화된 목표들 중 어느 것이 기능적으로 우세한가는 핵심 구성요소의 선택과 각 구성요소들의 중요도에 달렸다. 이러한 차이들이 결국 개인의 정신건강을 결정짓는 행동의 차이를 가져온다.

코헛은 정신적으로 건강한 사람은 핵심자기의 계획대로 산다고 말한다. 이렇게 하는 것이 사회적으로 유익한 결과를 낳으며 또 공감적 자기대상 모체를 꾸준히 조성시켜 준다는 것이다. 건강은 단순히 적응만을 의미하지 않는다. 인간은 핵심목표를 구현하기 위해 적절히 기술과 재능을 동원할 줄 알아야 하며 이러한 추구 끝에 자유롭게 선택한 공감적 자기대상들로 이루어진 모체를 발견해야 한다는 것이다.

프로이트가 말하는 독립적인 "일과 사랑" 또는 하트만이 말하는 "적응"과 대조적으로, 코헛은 위와 같은 내용을 특히 강조했는데 그(1984)의 마지막 저서, 『정신분석은 어떻게 치료하는가 ?』에 이 점이 잘 정리되어 있다. 이 저서의 한 부분은 『자기의 회복』에 쏟아진 많은 비판들에 응답하기 위해 할애되었다. 코헛은 공감적 자기대상 모체에 대한 현대인의 일차적 욕구를 보다 직접적으로 체험한 사람들이 자기심리학을 받아들였다고 주장(pp. 61-63)한다. 그는 자기심리학을 거부하는 사람들은 부차적이고 자만심에 찬 부정을 통해 자기애성 상처(이런 모체를 벗어나서는 자기가 성공적으로 존재할 수 없다는)를 방어하는 것 같다고 말한다.

코헛은 정신과적 임상현상을 대할 때 전통 정신분석에서 말하는 "갈등"을 통한 설명에서 점점 멀어져 갔고, 치료요소의 하나로 정신분석의 "꽃"이라고 불리는 해석의 역할 또한 줄여 나갔다. 이 점에 관해서는 다음 장에서 자세히 논할 것이다. 코헛(1984, p. 78; p. 153)은 자신이 알렉산더가 말하는 "교정적 정서체험"의 한 형태를 옹호한다고 비난 받으리라는 예상을 하고 있었다. 왜냐하면 그가 공감과 대리적 내성의 역할을 거듭 강조했기 때문이다. 방어와 저항에 관한 전통적 개념들도 코헛은 이러한 용어들을 사용함으로써 재해석했다. 그에 의하면, 치료자는 "정신의 장치"가 작동하는 것을 관찰함으로써 환자의 느낌들을 체험한다기보다, 공감과 대리적 내성을 통해 환자가 경험하는 바를 느낀다.

코헛(1982) 사후에 발표된 논문 「내성, 공감 그리고 정신건강의 반원」은 공감에 대한 그의 주장들을 고찰하고 있으며 인간 이해의 기초가 될 완전히 새로운 가치체계에 관한 그의 제언들을 다시 한 번 강조한다. 아버지를 살해한 오이디푸스 이야기(호머[5]가 썼다고 그는 말한다)와 어떻게 오디세우스가 그의 어린 아들을 보호했는가에 관한 이야기를 대조시키면서, 코헛은 세대계승을 위한 부모의 노력은 일차적이고 정상적인 것임을 입증하고자 한다. 즉, 그는 세대 간의 갈등이나 서로 죽이고 파괴하려는 욕망을 비정상적인 것으로 본다. 그는 이렇게 쓰고 있다: "보호자의 자기가 응집되어 있고 활기차고 조화롭고 정상적이고 건강한 상태가 아닐 경우에만, 보호자의 자기는 자부심과 사랑 대신 경쟁심과 유혹의 성향을 갖고 반응한다"(p. 404). 5세의 아동이 지금까지와는 다른 차원의 확신과 관용과 애정을 향해 나아갈 때 보호자가 자기의 결함으로 인해 아동의 경험에 공명해주지 못할 경우에만, 아동은 자기가 분열되고 적개심이나 탐욕(오이디푸스 콤플렉스를 이루고 있는 요소들)과 같은 부산물을 갖게 된다. 이것은 오이디푸스 콤플렉스가 모든 아동에게 정상적인 성장의 원동력이 되고 모든 신경증의 핵을 이룬다는 프로이트의 주장에 정면으로 도전하는 것이다.

코헛은 그 나이에 정상적으로 경험하는 상태를 가리키는 오이디푸스기와, 이 시기에 생기는 병적 왜곡을 뜻하는 오이디푸스 콤플렉스를 서로 구별한다(Lichtenberg and Kaplan 1983, p. 211). 다음과 같은 코헛의 말은 자주 인용된다.

> 우선 나는 자기심리학에서는 욕동이나 갈등을 병리적인 것으로 보지 않는다는 점을 다시 강조한다. 자기심리학은 극심한 불안이나 죄책의 경험도 병리적인 것으로 보지 않는다. 오히려 자기심리학은 욕동과 갈등에 건배를 보낸다!! 이것들은 삶의 일부이자 건강한 자기의 실존적 정수가 아니던가? (p. 388)

---

5) 이 이야기는 호머의 책에 있지 않고 『파불라이』(Graves 1955)라는 책에서 발췌한 것이다. 이 책은 그리스 비극 작가들의 작품에서 신화적 전설들을 모아놓은 것이다. 보통 『파불라이』는 라틴 학자인 히기누스(Hyginus)가 쓴 것으로 잘못 알려져 있는데, 사실은 A.D. 2세기경에 한 무명작가가 쓴 것이다.

코헛은, 자기심리학은 보완적 전망을 제시할 뿐 욕동심리학을 대체하려는 것이 아니라면서 그를 여전히 욕동심리학자로 간주하는 주장에 맞선다. 그러나 그린버그와 미첼(1983)은 "코헛은(프로이트 이론을) 보완하고 있기 때문에 양자택일의 필요성은 낮다"(p. 363)고 말한다. 코헛(Lichtenberg and Kaplan 1983)은 이렇게 말한다.

> 이런 장애들 앞에서는, 욕동과 관련된 갈등의 역할을 바라보는 우리의 시각을 수정해야 한다. 잠재된 자기대상 실패가 오이디푸스기에 자기의 분열을 야기한다는 점과, 이것이 성적 경향과 공격성(오이디푸스 콤플렉스에 전형적인)을 낳는다는 점까지도 설명할 수 있도록 이론을 수정해야 한다(p. 399).

일차적 갈등들이 정신에 선천적으로 내재되어 있는 것은 아니라고 그는 주장한다. 그러나 그는 양보하여 충격으로 인한 손상은 구조를 형성하는 데 있어 결함이나 결손을 가져올 수 있는데, 이것은 이차적 갈등을 야기할 수 있으며 이러한 갈등은 욕동심리학과 같은 일반적인 정신분석적 방법(그 시점에서 유익하다면)으로도 연구할 수 있다고 본다. 코헛은 이렇게 주장(Goldberg 1980)한다: "심리학적으로 개념화된 욕동들이 자기의 파괴에서 나온 부산물이라는 내 주장은 경험적으로 입증된다… 이것은 관찰된 자료와도 일치한다. 그러나 욕동을 우선시하는 이론에서는 그렇지 않다"(p. 489). 코헛(Goldberg 1980)은 이렇게 결론 내린다.

> 욕동을 인격의 중심부에 두는 견해에서는 욕동을 처리하는 질이 치료의 성패를 가늠하는 기준이 된다. 그러나 자기를 인격의 중심부에 두는 시각에서는 자기의 기본계획을 성취하는 정도가 치료의 성패를 결정짓는 척도가 된다(p. 509).

제3부

임상적 적용

11장 | 코헛 특유의 임상 관찰과 분류

특정한 임상 현상들

우선 코헛에 의해 확인된, 특정한 임상 현상들을 살펴보자.

외상

외상(Kohut 1971, pp. 229-238)에 대한 새로운 임상적 개념은 자아의 조절기능이 적절히 내재화되어 있지 않아, 자기애성 리비도와(때로는) 구강 가학적 격노가 정신내부에 집중되어 있는 상태를 가리킨다. 여기에는 두 가지 유형이 기술되어 있다. 첫 번째 유형은 좌절과 자기애성 상처들에 비특정적으로 반응하는 것으로 파티에서 스텝을 잘못 밟는 것을 예로 들 수 있다. 두 번째 유형은 역설적이게도 정확한 해석의 결과로서 나타나는데, 무엇인가에 대한 깊고 압도적인 동경과 이상화가 그것이다.

임상적으로 볼 때 환자들은 불편함, 과도한 책임, 지나친 부담 등을 느낀다. 이들은 모든 것을 성적으로 연결시키는데 충동적 자위행위나 가학적 지배의 형태로 표현된다. 이들은 또한 내면의 무력감과 싸우기 위해 피학적이거나 음란한 환상들을 동원하고 과시적이고 관음증적인 행동을 한다. 환자는 헝클어진 외모를 보이거나 심지어 햄릿처럼 일시적으로 "제 정신이 아닌" 상태가 될 수도 있다. 더 나아가 감각적인 자극들, 예를 들어 소음, 불빛, 아이들의 TV 프로에 몹시 짜증을 내고, 냉소와 비아냥거림을 넘어 위험한 활동을 하거나 운전 중의 말다툼으로 경주를 벌이기도 한다. 또한 낯설고 비정하고 자신을 박해하는 듯한 이 세상 전체에 대해 분노와 분풀이를 표한다 (1976년에 공화당 대통령 후보 지명전에서 패한 록펠러가 자신의 손가락 신호(욕설)를 널리 광고한 것도 바로 이런 예가 될 것이다).

이런 시점에서 환자에게 들어오는 요구나 요청은 모두 귀찮게 느껴지고 분노를 자아낸다. 환자는 다시 자기대상들을 통제하고 "모든 것을 제자리로 돌려놓기 위한" 유사 강박행위들을 하거나 종교적으로 중요한 역할을 하는 사적 의례행위들을 통해 균형을 되찾는다.

전형적으로 분열불안disintegration anxiety은 요구에 부응하지 않는 자기대상 때문에 생겨나는데, 자기애성 상처나 집중정신치료에서 생기는 걷잡을 수 없는 퇴행에 의해서도 일어난다. 이러한 불안은 꿈이나 경험적 현상에 있어 거세불안이나 분리불안을 토대로 한, 프로이트의 구조이론에서 말하는 고전적 신호불안과 다르다. 이것은 사랑을 잃는 것에 대한 두려움보다 자기감각의 붕괴–이것은 자기대상과의 강렬하고 원초적인 결합이 상실될 때 일어나며, 근원적인 정신증을 불러온다–에 대한 두려움과 더 관련이 깊다. 이러한 불안은 애매모호해서 임상적 설문에 의해서도 파악되지 않으며 정밀한 표현도 불가능하다. 또한 이것은 공포의 대상처럼 어떤 상황과 관련된 것도 아니다.

자기상태 꿈

코헛(1977, p. 109)이 "자기상태 꿈"이라고 부르는, 크나큰 불안을 예고하는 이러한 꿈들은 연상을 통해서도 어떤 결과도 얻지 못한다. 치료자는 불안에 대한 환자의 "설명"에 맞서지 말아야 한다(이는 오이디푸스적 불안에 접근하는 방법과는 다른 접근법이다). 이처럼 환자 스스로 "설명하는 것"은 편집증 환자가 일어난 일에 대해 "설명하는 것"과 마찬가지로, 긴장을 줄이는 지적 구조가 되어주기 때문이다. 결점을 찾아내거나 논쟁하려 들지 말고, 환자의 설명에서 이러한 불안을 일으킨 자기애성 상처를 찾아내 그것과의 인과관계를 환자에게 설명해 주는 데 주력해야 한다.

이러한 유형의 꿈은 "자기상태 꿈"이라는 특징이 있는데, 자기심리학을 비판하는 사람들은 이것을 강력히 부인한다. 코헛(Lichtenberg and Kaplan 1983)은 이 문제를 직접 해결하고자 했다. 왜냐하면 이러한 사태는 자신이 쓴 『자기의 회복』(Kohut 1977, pp. 109-110)의 어느 한 문단을 잘못 이해함으로써 빚어진 현상이었기 때문이다. 연상들을 무시할 수는 없지만, 자기상태 꿈임을 알려주는 단서는 연상이 어떠한 유의미한 결과에도 이르지 못한다는 점이다. 드러난 내용만으로 이런 꿈들을 해석할 수 있다는 태도는 옳지 못하다. 코헛은 자기상태 꿈임을 알려주는 단서는 이러한 연상이 어떠한 유의미한 결과에도 이르지 못한다는 점이라고 말한다. 이때 "연상들이 제공하는 것이라곤 꿈에 드러난 내용과 별 차이가 없으며, 또 다른 상상만을 제공할 뿐"(Lichtenberg and Kaplan 1983, p. 402)이라는 것이다. 중요한 것은, 이런 자기상태 꿈의 환상 안에 나타난 환자의 자기상태를 분석가가 정확하게 이해해야 한다는 점이다. 왜냐하면 "자기대상인 분석가가 자기의 상태를 정확히 이해한다는 느낌이 들 때에만 피분석자는 안심하고 나아갈 수 있기 때문이다"(p. 406). 역동-유전-갈등에 기초한 해석을 위해 연상을 계속 이어가도록 환자를 압박한다면 이것은 환자에게 공감의 결여로 느껴질 수 있으며, 환자에게 격노와 "저항"을 불러오게 된다. 그러나 대개의 꿈들은 자기상태 꿈(p. 404)이 아니므로 고전적인 방법으로 이해해야 한다는 데는 코헛도 동의했다.

이러한 유형의 꿈을 알아차리는 것은 정신치료를 적절히 운영하는 데서 중요하다. 예를 들어, 순간 정신착란을 경험한 적이 있는 어떤 여성환자는 정신치료를 통해 점점 좋아져 이제 심한 스트레스에도 정신신체 증상(조기 심실수축, 신경성 대장염, "소화불량" 등의) 정도만 보이게 되었다. 그녀의 일시적 분열 상태가 계속 개선되고 이해되면서, 스트레스 상황에서 임박해오는 분열은 이제 자기상태 꿈을 통해 예고되기 시작했다. 어느 한 주간은 남편이 그녀와 아이들의 부탁을 특히나 잘 잊어버리곤 했다. 그녀는 이제 갓 새 일을 시작하던 참이어서 모든 일을 홀로 처리해야 한다는 엄청난 압박감을 느꼈다. 그녀는 다음과 같은 꿈을 꾸었

다: "선생님 상담실을 향해 난 계단을 오르고 있었어요. 누군가가 나를 불러 세웠고 심부름을 부탁했어요. 근데 무슨 일이 일어난 건지 세 시간이 지난 후에야 제가 선생님 상담실에 도착한 거에요." 그녀는 큰 불안 가운데 꿈에서 깨어났다. 시간의 흐름을 놓쳤을 뿐 아니라 세 시간 동안 어디 있었는지도 모르는 "전혀 자기답지 않은 모습" 때문이었다. 그녀는 잘 정돈된 신중한 사람이었는데, 이 꿈이 그녀 상태가 비정상적임을 경고하고 있다는 걸 깨달았다. 연상은 현재 그녀가 처해 있는 과중한 업무상황과, "심부름"을 잘 해주던 남편이 비공감적이고 다른 데 정신 팔려있는 데 대해 그녀가 느낀 실망을 말해주고 있었다. 그녀는 스트레스를 줄이지 않으면 정신신체적 분열이 재발할 것임을 이 꿈이 경고하고 있다고 확신했다. 임상에서 이런 꿈들은 어떤 분열을 예고하는데 연상이 대개 어렴풋해서 갈등에 대한 깊은 이해로 이끌지 못한다.

건강염려증

건강염려증은 코헛의 이론에서 중요하게 다뤄지는데, 프로이트의 구조이론보다 코헛의 이론이, 이를 더 잘 설명한다. 알로우와 브렌너(1964)가 설명했듯이 프로이트의 이론은, 예를 들어 정신증 환자들이 호소하는 기이한 신체 증상을 설명하는 데 사용된다. 왜냐하면 "건강염려증의 증상들은, 본능적인 소망과 이에 대한 방어가 타협함으로써 생겨난 환상이 신체언어로 표현된 것"(p. 173)이기 때문이다. 그러나 이것은 자기애성 환자, 경계성 환자, 분열증 환자들의 치료에서 건강염려증이 얼마나 애매하고 파악하기 어려운 증상인지, 그리고 해석을 제공해도 이런 증상들이 얼마나 끈질기게 남아있는지를 간과한 말이다.

한편 코헛은 분열불안이 생기면 "부재중인 자기대상에 대한 열망에서 비롯된 자기분열로의" 퇴행을 특정 신체부위가 담당하게 된다고 말한다. 즉, 이러한 신체부위들이 건강염려증의 통로가 된다는 것이다. 불안과 불만들은 신체 일부와 연결되는데, 이는 자기분열을 복구하려는 시도임과 동시에 이런 분열 상태를 설명해준다.

분열증 환자에게 있어 자기의 일부는 분열되어 떨어져 나가고 그 부분에서 리비도는 완전히 철수하게 되는데, 이는 나머지 부분이나마 회복시키려는 시도이다. 이것은 환자가 신체 부위를 쓸모 없는 것으로 여긴다거나, 그 부위를 원치 않는 것처럼 보인다거나, 그 부위를 아예 잘라내 버리는 것으로 표현된다.

임상에서 흔히 나타나는 건강염려증의 발달 양상은 다음과 같다: 1. 자기대상의 부재나 자기대상의 비공감적 태도로 인해 자기애성 상처가 생긴다. 2. 그리하여 분열불안이 나타난다. 3. 건강염려증과 정신적 외상의 상태가 발생한다. 4. 불면증. 5. 성적으로 표출하는 경향이 생기고 그런 식으로 자신을 위로한다. 6. 자아기능의 훼손: 이는 종종 보상적이고 비정상적인 신체 및 정신 활동의 증가를 가져오는데, 예를 들어 스스로를 자극함으로써 내면의 무력감과 싸우는 "과로" 현상이 나타난다.

이런 단계에서는 판단력이 흐려지고 기억력이 온전치 않으며 머리는 헝클어지고 혼란에 빠진 모습이 나타날 수 있다. 분석가는 자기애성 상처와 자기분열이 어떻게 자아기능의 훼손보다 먼저 일어나게 되는지를 알아야 하고 또 "과로"가 분열의 원인이 아닌 분열의 증상임을 알아야 한다. 환자는 어느 정도 구체적인 사고는 할 수 있으나, 비유적 표현이나 지시어 등을 문자 그대로 해석함으로써 혼란에 빠질 수도 있다. 매우 세련된 한 환자는 은행 현금인출기에 "현금인출은 5회에 한해 가능"이라고 쓰인 문구를 보고 5달러짜리 지폐만 인출 가능하다고 생각했다.

자기애성 격노

전오이디푸스기 환자들과 작업할 때 나타나는 격노들을 임상적으로 분류해 보자. 자기애성 격노는 가벼운 짜증에서 긴장성 분노에 이르기까지 매우 다양한데, 모두 자기대상에 대한 기대가 무너지면서 나타난다. 이것은 전형적으로 굴욕감을 동반하는데, 급성으로 나타날 수도 있고 만성적 잔인성과 함께 나타날 수도 있다. 또한 이것은 두통이나 고혈압 등과 같이, 급성 혹은 만성적 신체증상들로 표현되기도 한다. 최악의 경우는 자기애성 격노가 투사되어 고착된 편집증 상태가 생길 수 있는데 이런 환자는 종종 매우 위험하다.

텅 빈 자기의 세계에서는 우울이 자해나 자살로까지 이어진다. 희망 없는 절망 상태에서 인간은 생기와 탄력을 잃는다. 혹은 왠지 모를 동요상태가 일어나 자신도 걷잡을 수 없게 된다. 종종 이는 자기대상에 대한 실망에 뒤따르는 것으로, 핵심자기의 중대한 취약성을 보여준다. 이런 핵심자기는 위로와 이상화의 대상인 외부 대상과의 관계를 통해서만 겨우 유지될 수 있다. 이런 모습의 환자들에게는 대개 경계성이라는 딱지가 붙는다.

가학성과 피학성이 공존하는 행동에는 분노와 회복활동이 혼합되어 있다. 피학증이란 반복적인 활동을 통해 자기위로를 얻고, 강하고 전능한 가학자가 주는 고통이나 그와의 동일시를 통해 살아있다는 느낌을 얻는 것을 말한다. 가학증은 힘과 지배에 대한 확신을 심어주는 환상들을 떠올리고 그것을 행동화하는 것으로 자위행위 시의 환상들에서 흔히 나타난다. 이는 포르노그라피의 중심적 요소이며 강간에 의해 구체화된다. 항상 현존해있는 분열의 위협 때문에 이러한 회복 활동들은 거의 강제적이고 반복적으로 나타나며, 급기야는 완전히 몸에 배게 된다.

정상적인 사람은 자기주장성을 가지고 선택을 하고 성취를 하며, 실망하더라도 이를 수용할 줄 아는 균형 감각이 있다. 긴장을 완화시킬 줄 아는 것만으로는 충분치 않다. 코헛에 의하면 자기주장성 또한 그 자체의 발달노선이 있는데 자기애성 상처가 매우 크거나 자기대상들로부터 공감을 얻지 못하면, 이것이 분노와 공격성으로 바뀔 수 있다.

치료에서 우리는 격노에 주목하기보다 분열의 산물인 자기애성 격노를 가져오는 자기 상태에 주목한다. 자기심리학에 기반한 치료법은 바로 이런 점에서 갈등에 기초한 다른 일반이론들과 구별되는데, 우리의 관심사는 성이나 공격성의 "욕동들"이 아니다.

욱하는 분노tantrum는 아무런 목적도 갖고 있지 않다. 코헛에 따르면 "욕동들"은 분열의 부산물로, 유년기에 자기대상 모체로부터 공감을 얻지 못한 데서 기인한다. 그러므로 자기심리학은 개인 전체와 개인이 이루어낸 업적에 초점을 맞추며, 인간이 쌓아온 모든 업적과 활동들이 욕동과 방어기제가 충돌한 결과라고 보지는 않는다. 코헛에 따르면, 프로이트의 악명 높은 비관주의는 그의 욕동이론의 피할 수 없는 귀결이며 이것은 그의 초심리학에서 기인한다. 여러 저자들은 1차 대전의 재앙과 딸 소피의 죽음으로 인해 프로이트가 비관주의에 빠지게 되었다고 말한다. 프로이트의 비관주의는 『쾌락 원칙을 넘어서』(1920)와 『문명 속의 불만』(1930)에 잘 나타나 있다.

코헛에 의하면 공격성은 본능의 발산이 아니라 분열의 위협을 받고 있는 자기self의 반응이다. 전쟁에서 공격성을 해소한다고 세상의 공격성이 감소되는 것은 아니다. 전쟁이 일어나면 보호자인 자기대상들이 그들의 자녀에게(또는 그들 상호간에) 공감적 태도를 보일 수 있을 만한 안전하고 안락한 여건이 제공되지 않기 때문이다.

노출증, 관음증, 구강 및 항문 가학성 등과 같이 격노의 요소를 담고 있는 모든 활동들은 부차적 위로의 수단이거나 자기대상 모체의 실패에서 생긴 부산물에 불과하다. 코헛은 이것이 "성인의 내면 깊숙한 곳에 자리하고 있는 어린 아이의 절망"을 나타낸다고 보았다. 그러므로 자기대상 개념은 자기심리학자가 임상 자료를 조직하는 중심축이 된다.

공포증

자기심리학에서는 공포증 또한 다른 방식으로 이해된다. 예를 들면, 코헛(Goldberg 1980, pp. 521-522)은 광장공포증의 예를 드는데, 이 사례에 등장하는 여성 환자는 누군가(보통 자신보다 나이든 여성)를 동반하지 않고는 거리에 나가지 못한다. 프로이트는 이것을 오이디푸스기에 뿌리를 둔 매춘하고픈 그녀의 욕망에 대한 방어로서 설명하는데, 이와 달리 코헛은 이렇게 묻는다: "자기대상 모체(아직 획득되지 않았다 하더라도) 안에 있는 그 무엇이 환자로 하여금 외출할 때 자신보다 나이 든 여성이 그녀를 동반하도록 만드는가"? 프로이트와 코헛은 랭과 대조적인 방식으로 광장공포증을 설명한다는 점, 그리고 여기에서 초점과 관심이 상당히 변한다는 점을 주목하라. 코헛도 프로이트처럼 광장공포증을 해석했지만, 그는 성적 욕망 자체는 오이디푸스적 욕동의 발현이 아닌 존재론적 불안을 나타낸다고 보았다. 코헛과 랭에 의하면, 새롭게 부상하는 인간은 본질적으로 만족만을 추구하는 길들여지지 않은 욕동 덩어리가 아니다.

또 다른 예로 전오이디푸스기 상처를 가진 거미공포증 환자가 있었다. 그는 거미만 보면 공포에 떨고 어쩔 줄 몰라 하면서 일순간 마술적인 보호자가 나타나 거미를 없애주기를 바랐다. 여기서도 다양한 해석이 가능한데, 설리반(1953)은 거미가 "나 아닌 것" 또는 "걱정하며 격노하는 엄마"를 상징한다고 보았다. 자기심리학에 따르면, 이런 환자는 자기self에서 분열된split off 부분을 찾고 있으며 전능한 자기대상을 추구하고 있다. 즉, 이 개인은 아직 자기 안에 이상적 부모원상을 통합하지 못한 상태다.

자기심리학에서는 구강기에 고착됨으로써 나타나는 양가적 경향이나 다양한 이유로 공격성을 무마시키지 못한 데서 우울증의 원인을 찾지 않고, 자기에 대한 부적절한 이상화에서 우울증이 비롯된다고 본다.

자기 병리들의 분류

코헛과 울프(1978)는 자기self 병리를 분류했다. 나는 앞으로 이들의 논문과 코헛(1977, pp. 191-193)을 주로 인용할 것이다. 자기 병리는 이차적 장애와 일차적 장애로 나눌 수 있다. 이차적 자기 장애는 구조적으로 손상되지 않은 자기가, 삶이나 건강에서 비롯된 자연스러운 굴곡에 반응하는 것으로서 나타난다. 여기서는 위기에 대처하는 것과 청소년기의 적응 문제를 이해하는 것이 관건이 된다. 이차적 장애에 대한 정신치료는 반영해 주고 이상화된 자기대상이 되어 줌으로써 자기가 저절로 강화되게 하는 데 있다. 환자의 자기기능은 점차 향상되며 어려움과 굴곡도 특별한 해석 없이 비교적 간단히 해결될 수 있다.

때로 이러한 방법은 일시적으로 퇴행적 분열이 일어나는 심각한 자기 장애를 앓고있는 청소년의 정신치료에서 우리가 할 수 있는 전부이기도 하다. 나는 직관이 뛰어난 한 분석가가 일시적으로 정신착란을 일으킨 소년과 함께 어떤 성경구절의 신학적 의미를 토론함으로써 그를 성공적으로 치료한 예를 기억한다. 나는 몇 시간 동안 오토바이에 대해 얘기한 다음 기능이 탁월하게 회복된 소년의 예도 본 적이 있다. 나는 아무런 해석도 하지 않았는데 그 이유는 그가 해석을 원하지도, 활용할 수도 없다고 느꼈기 때문이었다. 그래도 그 환자는 치료과정에 몰입해 있었다.

일차적 자기 장애는 5가지 범주로 나눌 수 있다.

1. 정신증의 경우로, 이것은 핵심자기에 심한 타격이 있고 이러한 결함(생물학적이건 아니건)을 보완할 만한 실체적 방어구조가 아직 형성되어 있지 않을 때 생긴다.
2. 경계성 상태는 정신증과 동일한 결함을 갖고 있지만, 이것이 복잡한 방어기제들에 의해 가려져 있다. 적응력을 향상시키기 위한 것이 아니라면 치료자는 이런 방어기제에 함부로 개입해서는 안 된다. 앞서도 언급했듯이, 경계성 상태에 대한 이런 비관적 전망은 비판 받은 적이 있다. 이 점에 대해서는 13장에서 논하기로 한다.
3. 분열성 인격과 편집증적 인격은 자기에 장막을 치고 다른 사람과 일정한 감정적 거리를 유지하는데, 이는 "자기의 파손이나 약화 혹은 심각한 왜곡이 지속되는 것"(Kohut 1977, p. 192)을 예방하기 위함이다. 여기서도 코헛(1971)은 이런 환자에게 다가갈 때 "경거망동" 하지 말 것을 경고한다. 그러나 이것은 지나치게 비관적인 태도인 것 같다. 치료자가 공감적이고 비교적 인내심이 있다면, 이런 환자는 종종 안정적인 자기대상 전이를 형성함으로써 많이 좋아질 수 있기 때문이다.

4. 자기애성 행동장애의 경우 타락, 중독, 비행 등의 증상이 나타나지만 여기서 자기는 일시적으로 왜곡되어 있거나 약화되어 있을 뿐이다. 이런 환자들은 위에서 언급한 환자들보다 자기복원력이 훨씬 크기 때문에 치료효과도 더 크다. 그렇다고 경계성이나 분열성 인격장애 환자들보다 더 치료하기 쉬운 것은 아니다.
5. 자기애성 인격장애는 한 가지만 빼면 자기애성 행동장애와 같다. 행동장애가 두드러지기보다는 건강염려증, 초조, 권태, 우울, 사소한 일에 대한 과민반응 등과 같은 증상을 보인다. 코헛은 자기애성 행동장애와 자기애성 인격장애만 정신분석이 가능하다고 말한다. 왜냐하면 처음 세 가지 범주는, 자기애성 욕구들이 다시 활성화되면 자기가 이것을 견디지 못하고 분열을 일으키기 때문이다. 역逆으로 정의하자면, 이것은 자기애성 전이가 안정적으로 형성되느냐 그렇지 않느냐와 깊은 관련이 있다.

코헛과 울프(1978)는 자기 장애들을 확인함에 있어 몇 가지 임상적 증후들을 고찰한다. 충분히 자극되지 못한 자기는 유년기에 자기대상들에게 지속적인 자극을 충분히 받지 못함으로써 생기는데, 이런 사람은 생기가 부족하고 권태를 느끼며 공감능력이 부족하다. 이런 환자들은 고통스러운 무력감을 뿌리치기 위해 자극적인 것을 동원해야만 할 수도 있다.

파편화되는 자기fragmenting self는 예를 들어, 치료자가 공감해 주지 않을 때 생기는 자기애성 실망 때문에 환자가 자기감각을 상실하면서 나타난다. 이럴 경우 흐트러진 옷차림, 자세나 걸음걸이의 동요, 어렴풋한 불안, 시간개념과 방향감각의 상실, 건강염려증적인 염려 등이 나타나는지 주시해야 한다. 오랫동안 자존감이 억눌렸거나 생계가 지속적으로 지원되지 못했거나 연속적인 실패로 자존감이 흔들렸다면 자기의 분열은 누구에게나 나타날 수 있다.

코헛(1978, p. 738)에 따르면, 자기애성 상처는 초보적이지만 응집되어 있던 자기에 퇴행을 가져오고, 텅 빈 고갈 상태나 "쇠약" 혹은 일시적 분열을 가져올 수 있다. 이러한 퇴행으로 인해 정상적이던 자기주장성은 자기애성 격노로 바뀌고, 이상적 부모원상을 추구하는 가운데 관음증이 나타나고, 과대자기에 대한 반영을 추구하는 가운데서 조야한 과시성향이 나타난다.

과도하게 자극된 자기overstimulated self는 유년기에 자기대상으로부터 비공감적인 지나친 반응—신경질적인 부모가 지나친 염려로 인해 침습적이고 자기애적인 자극을 가함—을 받았을 때 생긴다. 과대적 과시성향의 극이 지나치게 자극된 경우에는 환자가 항상 원초적 과대망상에 빠질 위험이 있다. 이런 환상은 불안을 야기하고 정상적인 성공에서 느끼는 기쁨을 망가뜨린다. 이들은 자신의 강렬한 야망에 두려움을 느낀 나머지 정상적인 창조성과 생산성을 피하고 주목받는 상황을 회피한다.

자녀의 존경을 받으려고 스스로를 과시하는 부모에 의해 이상의 극이 지나치게 자극된 경우는 내재화가 일어날 수 없고 강렬한 융합 욕구가 그대로 남게 된다. 이렇게 되면 정상적인 목표와 이상을 향한 건강한 열정이 사라져버린다.

위의 내용과 관련이 깊은 지나치게 부담을 진 자기overburdened self는 유년기에 자기대상이 평온하지 않았던 경우다. 그리하여 전능한 자기대상의 침착성과 융합하지도 못하고 스스로를 위로하는 능력도 내재화하지 못했다. 위로해주는 자기대상이 없는 세상은 적대적이고 위험스럽게 느껴진다. 치료자가 공감해 주지 않으면 환자는 뱀이나 다른 생물들로 둘러싸인 해로운 환경에서 사는 꿈을 꾸고, 치료자의 진료실에서 나는 소음, 냄새, 온도 등에 대해 불평한다.

자기 장애로 인한 행동장애들은 코헛과 울프(1978)도 제시한 바 있다. 반영에 굶주린 인격은 자신을 칭찬하고 찬탄해 줄 자기대상에 목말라한다. "이들은 자신을 과시하고 타인에게 주목 받아야 한다고 생각한다. 일시적이라 하더라도 이는 내면의 무가치감이나 결여된 자존감과 분투하는 몸부림이다"(p. 421).

이상에 굶주린 인격은 명예, 권력, 아름다움, 지성, 윤리적 지위나 철학적 지위 때문에 존경할 수 있는 대상을 찾아 끊임없이 떠돈다. 이 같은 환자들은 이런 이상적 자기대상들과 연결되어 있을 때에만 자신이 가치 있다고 느낀다. 아마도 이에 대한 가장 병적인 예화는 알버트 스피어(1970)의 자서전일 것이다. 이 자서전에는 히틀러에 대한 그의 이상화 전이가 묘사되어 있는데 이런 전이는 그뿐 아니라 다른 많은 사람이 공유하고 있었던 것이 분명하다.

제2 자아 인격은 타인들도 자신이 느끼는 바를 느끼고 외모, 의견, 가치관까지 똑같기를 원한다. 이들은 반영에 굶주린 인격보다도 더 오랫동안, 이러한 관계에서 양분을 섭취하고 이들과 친구관계를 형성하기도 한다. 이러한 세 유형의 자기애성 인격들은 스피어처럼 극단적인 사례를 제외하고는 병리적이라고 볼 수 없다.

그러나 다음 두 가지 행동유형은 병리적이다. 하나는 융합에 굶주린 인격들로, 이들에게는 자기대상을 지배하려는 강박적 욕구가 있어 자기대상들의 독립을 허용하지 않으며 서로 분리되는 데 매우 민감하고 그들이 늘 곁에 있기를 요구한다. 문학적인 예로는 프루스트(1981)의 『잃어버린 시간을 찾아서』의 일부인 「포로들」에 나오는 알베르틴과 마르셀의 관계를 들 수 있다(Chessick 1985a 참조).

접촉을 회피하는 인격은 융합에 굶주린 인격들과 달리 사회적인 교류를 피하고 고립된다. 이들은 접촉에 대한 욕구가 너무 강해서 사소한 거절의 신호에도 극히 예민해진다. 이들은 이런 거절을 예방하기 위해 타인들로부터 철수한다.

자기애성 인격장애의 진단

코헛(1971, p. 23)은 다음과 같은 증상이 있을 때 자기애성 인격장애를 의심할 수 있다고 말한다. 우선 성적 차원에서 음란한 환상이나 성에 대한 관심부족이 나타난다. 사회적 차원에서는 노동을 억제하고 의미 있는 인간관계의 형성이나 유지가 불가능하며, 삶에 있어서는 비율 감각이 왜곡되어 있고 분노성향이 강하고 거짓말을 하고 사람들의 이름을 나열한다. 정신신체적 증상으로는 건강염려증을 비롯해서 자율신경계 쪽에 다양한 문제가 나타난다.

코헛은 안정적이고 자발적인 자기대상 전이가 형성되면 확실히 자기애성 인격장애로 진단한다. 이러한 전이들에는 무의식적인 자기애성 구조물(과대자기, 이상적 부모원상)과 분석가에 대한 심리적 표상들(중지된 발달을 다시 시작하려는 욕구에 사용됨)이 혼합되어 있다. 프로이트가 고전적인 신경증에서 나타난다고 말하는 전이들과 이런 전이들이 어떻게 다른지 비교해 볼 필요가 있다. 프로이트가 말하는 전이에는 대상을 향한 억압된 유아기적 소망들이, 피분석자의 전의식적 소망이 분석가를 향해 있는 방식과 뒤섞여 있다. 자기대상 전이들이 진정한 전이인지 아닌지의 문제는 "신경 쓰이는 문제"로, 코헛은 자기애성 자아나 경계성 자아는 신경증에서처럼 만족을 추구하지 않고 오히려 안심을 추구한다고 말한다.

코헛과 컨버그의 견해 비교

자기애성 인격장애에 대한 코헛의 임상적 견해를 분명히 이해하기 위해, 잠시 그의 견해를 컨버그(1974, 1974a, 1975, 1975a, 1980;Schwartz 1973)의 견해와 비교해보자. 코헛은 자기애성 병리의 핵심이 발달 중지에 있다고 본 반면, 컨버그는 자기애를 "투사된 구강적 분노와 관련된 편집증적 양상들에 대한 방어기제"(1975, p. 228)로 본다. 이러한 환자들이 임상에서 나타내는 특징에 관해서는 컨버그(Schwartz 1973, Kernberg 1974a)도 코헛과 같은 의견이다.

컨버그(1975, p. 229)에 의하면 이런 환자들은 우울하지 않고, 다만 분노와 격분을 느낄 뿐이며 상실이 일어날 경우 복수심 때문에 상대를 폄하하기도 한다. 코헛도 이 점을 인정하지만, 무엇보다 환자가 유년기에 가졌던 자기대상 경험이 임상 현상들을 설명하는 데 중요한 단서가 된다고 본다(Ornstein 1974).

컨버그(1974a, 1975)는 자기애성 환자의 방어기제가 경계성 환자와 비슷하다고 말한다. 즉 분리, 부인, 투사적 동일시, 전능감을 동반한 원초적 이상화가 두드러지게 나타난다. 컨버그(1975, p. 234)에 따르면, 자기애성 환자와 경계성 환자는 모두 강한 구강 공격성을 지니고 있는데 이것은 기질적인 것일 수도 있고 유아기의 좌절에서 생겨난 것일 수도 있다. 그는 이 점이 병리의 원인을 밝히는 데 중요한 단서가 된다고 주장한다. 자기애성 환자는 과대자기 때문에 경계성 환자보다 더 나은 사교능력과 업무능력을 가진 듯 보이지만 장기간 지켜보면 "그 현란함 아래에 공허함"(1975, p. 230)이 자리하고 있다.

컨버그(1974, 1974a)에 따르면 정신치료에 임한 환자는 치료와 치료자를 폄하하고 의존을 피하고자 하기 때문에 치료자는 긍정적 전이와 부정적 전이들을 주목해야 한다. 분석가를 폄하하고 조종하는 일은 치료에서 부속물처럼 따라오는데, 치료를 무력하고 지루하고 무가치한 것으로 보는 환자는 전형적인 역전이를 불러일으킨다(1975, pp. 245-248). 환자에게 치료자는 시기와 투사된 분노의 원천이므로 멸시하고 지배하고 파괴해야만 한다. 과대자기는 병적 방어구조이므로 반드시 깨뜨려야 한다. 코헛이 말하는 이상화 전이와 거울 전이는 융합된 병적 과대자기의 구성요소들을 대안적으로 활성화시킨 것으로서(Schwartz 1973, p. 621; Kernberg 1974, p. 260; 1974a, p. 223), 치료 초기에 나타나는 이상화 전이는 공포의 외부 대상(즉, 치료자)을 향한 시기심과 멸시에 대한 방어기제다. 결국은 격노가 문제의 핵심이다.

컨버그에 따르면 이상화 전이에 억지로 응해주는 코헛의 태도는 단지 기저에 놓인 것을 덮어버리고 환자의 증오심과 시기심을 회피하는 것에 불과하다. 이상화 전이는 멸시에 비해 역전이의 문제를 덜 일으키기 때문에 내버려두어도 될 것 같은 생각이 든다. 그러나 코헛은 이상화 전이를 수용해 줌으로써 환자가 과대자기를 보다 적응력 있게 사용하게끔 한다. 이것은 재교육을 의미하는 것으로 기본구조에 변화를 가져오는 것은 아니다(Kernberg 1974a). 따라서 코헛의 방법론은 경계성 환자들(Kernberg 1974, p. 257; 1974a, p. 217)에게는 적용될 수는 있으나, 컨버그가 경계성 환자들에게 추천하는 정신분석(Schwartz 1973, p. 622; Kernberg 1074, p. 265)은 아니다.

컨버그에게 있어서 "자기"는 자아의 일부이며 수많은 자기표상과 감정들을 담고 있다. 코헛과 달리 컨버그(1974, 1974a)는 자아의 구조 발달이 병적인 굴곡을 거치면서 과대자기가 형성된다고 보았다. 코헛은 정상적인 원초적 자기이미지가 반영된 것이 과대자기라고 보았으며 이를 병적 구조로 보지 않았다. 컨버그(1974, 1974a)에 따르면, 아동의 과대자기와 성인의 과대자기는 의미가 전혀 다르다. 즉, 성인의 과대자기는 요구가 지나치고 왜곡되어 있는 반면 어린 아동의 자기중심성에는 따스함이 있고 파괴성과 무모함이 덜하다. 그러나 코헛(1971,

pp. 124-125)은 어린 아동의 과대자기는 과대자기가 "퇴행적으로 변질된 것"으로, 분열의 산물인 가학적 욕동의 요소가 혼합되어 있다고 말한다. 그렇다고 이 점이 컨버그와 화해할 수 없는 차이점을 만드는 것은 아니다. 코헛은 나르시시즘이 별개의 발달노선을 따른다고 본 반면, 컨버그(1974a)는 나르시시즘의 발달은 리비도와 공격성과 내재화된 대상관계들의 변천과 깊이 관련되어 있다고 말한다. 즉, 컨버그에 의하면 나르시시즘에는 별개의 발달노선이 없다. 컨버그(1975a)는 코헛의 방법론이 과대자기를 보다 적응력 있게 사용하도록 할지는 모르지만, 과대자기를 분석하지 않음으로써 병적 대상관계에 큰 변화를 줄 수 없다고 주장한다. 컨버그는 나르시시즘과 리비도의 발달노선이 분리되어 있다는 이유만으로 병이 개선되는 것은 아니라고 말한다. 이 두 사람의 견해는 근본적으로 다르기 때문에 통합이 불가능하다.

코헛의 다른 임상적 기여들

또 다른 최근의 임상 개념으로, 코헛(1984)이 "진단을 내림에 있어 상대성의 원칙과 특정한 예후들"(p. 183)이라 부르는 것이 있다. 그는 사례 하나를 제시(p. 178)하는데, 분석가는 피분석자의 전이 왜곡을 공격하는 자신의 경향을 예방하기 위해 자기탐구를 바탕으로 자신의 비판적 업무를 수행한다. 전이에 대한 공격은 피분석자에게 "분석가도 그를 병들게 한 보호자(또는 다른 자기대상)처럼 교조적이고 자만에 빠져 있다는 확신만 강화시켜줄 뿐"(p.182)이다. 코헛은 환자의 이런 비난을 정신적 실재로서 긍정해 주라고 말한다. 이렇게 비난한 뒤에 환자는 분석가를 계속 주시하면서 공감적 유대를 방해하는 장애물들을 없애려고 노력하게 된다. 만약 이것이 성공하면 경계성 장애가 자기애성 인격장애로 변화되는 성과가 이루어진다. 코헛의 표현을 빌자면, 분석이 불가능했던 환자가 분석 가능한 환자로 바뀌는 것이다. 이것은 자기애성 인격장애의 치료에 관한 컨버그의 접근법에 코헛이 응답한 것이라고도 볼 수 있다.

코헛은 두 가지 타입의 꿈이 있다고 말한다. 한 부류는 충동과 갈등 그리고 이를 해결하려는 시도를 포함한 잠재된 내용을 표현하는 꿈이고, 또 하나는 "외상(지나친 자극이나 자기분열에의 공포<정신증>)의 비언어적 긴장들을 묶어놓기 위한 꿈이다. 두 번째 부류의 꿈은 어떤 통제되지 않는 긴장의 고조에 대해 갖는 두려움과 자기분열에 대한 공포를 표현하는 것이다"(1977, p. 109). 이것이 바로 앞서 말한 자기상태 꿈들이다. 위에 기술된 것으로부터 내릴 수 있는 결론은, 분석이 파고들 수 있는 최하 지점은 거세위협(남성에게)이나 남근의 부재(여성에게)가 아니라, 신체적 생존 자체에 대한 위협보다도 더 깊은 지점이라는 것이다. 코헛(1977, p.117)에 의하면 이는 핵심 자기에 대한 파괴 위협으로 이를 막기 위해서는 어떠한 대가도 치러질 수 있다.

코헛(1977, p. 121, p.124)은 길들여져야 하는 동물적 욕동으로서의 격노 발현에 초점을 두었던 클라인의 약점을 지적한다. 코헛에 의하면 격노란 자기대상에게 공감 받지 못하는 데서 오는 특정한 퇴행현상이다. 건강염려증에서는 신체의 특정 부위가 이러한 퇴행("부재중인 자기대상에 대한 그리움 때문에 자기분열에 이르는")을 감당하게 되는데 결국 이 부위가 "건강염려증적 염려가 꽃피는 지점이 된다"(Kohut 1977, p. 156).

코헛(1977)은 "행위사고action-thought"라는 임상 개념을 도입했는데, 이는 통상적 행동화와는 다른 개념이다(Chessick 1974). 이것은 자기 장애를 치료하는 환자가 정신적 균형을 찾아가는 과정에서 내딛는 발걸음들을 뜻한다. 이것은 환자가 자신의 실제 재능, 포부, 이상을 기초로 창출해낸 행동패턴들로, 분석 이후에도 자기애 부분에 정신경제적 균형이 안정적으로 유지되려면 이것들이 계속 수정, 보완되어야 한다. 교정적 해석을 통해 이러한 움직임이 없어질 것이라고 기대해서는 안된다. 왜냐하면 이것들은 퇴행의 발걸음이 아니라 발전하는 모습이기 때문이다. 이러한 움직임의 발전적 성격을 인정해 주지 않으면 환자는 공감 받지 못한다는 느낌을 갖는다.

M씨(Kohut 1977)가 바이올린 연주를 시작으로 한 소년에게 친구가 되어 주고 작문교실을 열기까지의 과정은 임상에서 관찰 가능한 행위사고의 좋은 예이

다. 환자가 자기대상들과 더불어 효과적으로 공감적 모체(이는 자기응집력의 향상과 원초적인 자기애성 구조들의 내적 통합을 반영한다)를 형성하게 되면 위와 비슷한 형태의 행위사고가 나타난다.

코헛은 임상적 병리 현상들 중에서도 특히 중년을 강조했다. 코헛에 의하면 중년 후반기는 이전의 발달이 성공적이었는지 아닌지를 최종적으로 결정하는 중대 시점이다. 특별한 죄책감 없이 좌절과 권태와 허탈한 우울을 느끼고 스스로에게 공격성을 보이는 환자라면 자기장애의 진단 가능성이 높은데, 이는 임상에서 흔히 볼 수 있는 현상이다.

코헛은 지속적으로 옳지 못한 선택들을 함으로써 고통스러운 결과를 얻고 나서 "불운한 상황"을 탓하는 환자들을 관찰한 다음 정신의학적으로 또 다른 중요한 공헌을 한다. 이런 환자들은 자기 안에 병리가 있어서 현실적인 선택이 어렵다. 현실적인 선택이란 "자신의 타고난 능력과 외부에서 주어진 기회가 조화를 이루는 선택으로 자신의 원칙에 부합하면서도 가능한 목표를 이루는 데 도움이 되는 선택"(Kohut 1977, p. 283)을 말한다. 자기 병리로부터 회복을 알리는 임상적 신호는 일관된 자기대상 모체가 확장됨은 물론, 생산적이고 창조적인 삶(앞서 말한 의미에서의)을 발견해내는 능력이 명백히 향상되고 그것이 현실성을 띠는 것이다.

이는 우리에게 다시 한번 "자이가르닉 현상"을 환기시키는데, 코헛은 이 현상으로부터 완수하지 못한 발달과제를 완수하려는 욕구로 인해 자기대상 전이가 발생한다는 가정을 도출해냈다. 이러한 가정에는 발달 과제가 유년기에 완수되었더라면 응집된 자기가 형성되었을 것이라는 내용이 담겨 있다. 실험심리학에서 자이가르닉(1927) 효과는, 어떠한 발달과제도 중지될 시에는 긴장을 불러온다는 것, 그리고 최대한 빨리 중단된 과제를 다시 시작하려는 경향이 이러한 긴장을 해소한다는 이론을 가져왔다. 이 이론에 따르면 자기애성 장애에서 나타나는 전이는 발달을 완수하고 구조를 형성하려는 욕구에서 비롯된 것이지, (고전적 초심리학에서와 같이) 대상을 통해 본능을 충족하려는 욕구에서 비롯된 것이 아니다(Kohut 1977, p. 217). 코헛(1984, p. 4)은 치료 상황에서 "결함 있는 자기의 발달 잠재력"을 다시 활성화시킨다는 개념이야말로 자기심리학의 "핵심 가정"이라고 말한다.

코헛 이론에 대한 가장 큰 반론 중의 하나는 이 개념이 갖고 있는 애매성을 지적한다. 반론에 따르면 개인이 자기 구조에서 부족한 부분을 어떻게 알 수 있느냐는 것이며, 환자에게 결함 있는 구조를 대체하거나 형성하게 하는 발달의 힘은 어디서 나오느냐는 것이다. 코헛의 가정은 다음과 같다: 즉, 치료가 제대로 진행되면 이 발달의 힘은 두 살 때 중지되었던 발달을 계속하기 위해 다시 생겨난다. 그리고 이렇게 자발적으로 생겨난 자기대상 전이들은 코헛(1984)이 말하는 치료의 기본 단위가 되는데, 이러한 단위(즉, 전이)는 오이디푸스기 갈등이 있는 신경증 환자와 자기애성 인격장애 및 자기애성 행동장애 환자들에게 흔히 나타난다.

치료의 첫 단계는 이해이다. 이것은 치료상 불가피하게 요구되는, 욕구의 활성화와 욕구의 적절한 좌절(욕구를 전적으로 만족시키지는 않음. 즉, "절제")로부터 시작된다. 이런 치료 과정은 직접적인 욕구만족보다 자기와 자기대상 간에 공감적 유대를 확립시켜 주는데 이러한 유대관계는 욕구의 불만족으로 인해 위협받기도 하지만, 공감을 통해 환자가 고통을 받고 있다는 기본적 인식을 주고받음으로써 형성될 수 있다. 때로 이런 식의 유대는 정신분석의 "학파"와 상관없이 "정교하지 못한 해석"을 통해서도 형성된다. 대체물로서의 이러한 유대는 구조적 성장에 제한적인 기여만을 할 수 있을 뿐이며 한시적 결과에 만족하는 정신치료의 한 형태(폭과 깊이가 부족하고 공감적 유대도 약한 상태에서 행해지기 때문에 불완전한)라고 볼 수 있다.

치료의 두 번째 단계는 설명인데 이 또한 공감에 의존한다. 이 단계에서는 환자의 전이 경험을 존중하면서 그의 역동을 설명해 준다. 즉, 환자의 취약성과 갈등과 관련된 유전적 소인들을 설명해 주는 것이다. 이는 보다 강력한 공감적 유대를 불러올 수 있으며 환자의 자기이해와 수용의 폭을 넓혀준다. 그러나 치유는 기본적으로 인식의 확대보다 정신구조의 성장에 달렸다. 이러한 치료 방법에서는 직면confrontation을 사용하기(1984, p. 173)보다 자기대상 전이들을 일관성 있게 해석해 주어야 한다. 코헛은 다음과 같은 결론을 내린다.

> 환자는 성숙하고자 하는 욕구를 동원해, 다시 부활한 유년기의 자기대상들을 변형적으로 내재화함으로써 구조를 형성해야 한다. 아동의 정신구조의 전조로서 이러한 자기대상들은 일정한 기능을 수행한다… 성인이 된 후에 정신은 가족, 친구, 직장 그리고 그가 속한 집단의 문화적 자원들로 이루어진 자기대상 모체의 도움으로, 유년기에 자기대상들이 수행했던 바로 그 기능들을 수행하게 된다(1984, p. 71).

치료의 분위기

자기심리학에 대한 많은 오해들과 달리 골드버그(1978)는 다음과 같이 말한다.

> 분석가는 적극적으로 위로해 주지 않는다. 그는 피분석자의 위로 받고 싶은 욕구를 해석해 준다. 분석가는 적극적으로 반영해 주지 않는다. 다만 확인 받고 싶은 욕구를 해석해 줄 뿐이다. 분석가는 적극적으로 찬탄하거나 과대적 기대에 부응하지 않으며 다만 정신경제에서 이들이 담당하는 역할을 설명해 줄 뿐이다. 그렇다고 분석가가 수동적인 침묵에 빠져있는 것은 아니다. 그는 환자가 왜 자신의 개입을 간섭으로 느끼는지를 설명해 준다(pp. 447-448).

분석 환경이 치료자의 합리적이고 인간적이고 전략적이면서도 굴욕감을 주지 않는 태도에 기초해 있다면, 분석과 치료 과정이 촉진되고 위로의 효과—이것 또한 해석의 대상이 될 수 있다—를 가져온다. 만족보다는 해석이 원칙이다. 그러나 차갑고 비판적이고 비수용적인 분위기를 피하려면 때로는 "마지못해 응해 주는 것"도 필요하다. 분위기가 나빠지면 특히 전오이디푸스기 장애의 치료는 붕괴된다.

평균적으로 받아들일 만한 환경이 필수적이다(Wolf 1976). 난방이 뜨거워서 환자가 "의자에서 반쯤 일어나거나 분석가에게 살짝 등을 돌리며"(p. 108) 겉옷을 벗어도 되느냐고 묻는데, 분석가가 차가운 침묵이나 무뚝뚝한 응시로 반응한다면 "전이 인공물transference artifacts"이 생겨난다. 이는 종종 전이에서 오는 공격성으로 오인될 수 있다. 왜 이러한 가상의 '고전적' 정신분석가는 환자의 요구에 이토록 차가운 반응을 보였을까? 치료자는 자신이 "절제 원칙"을 따르고 있다고 생각했을 수 있다. 분석가는 겉옷을 벗어도 되겠느냐는 환자의 요청에 에로틱한 욕구나 과시욕이 깔려있다고 보고 이를 만족시키지 않으려 했던 것이다. 그러나 이것은 기술적으로 타당할 수는 있어도, 평균적으로 기대되는 환경이 제공되지 않으면 자기애성 상처가 개입될 수 있다는 점을 간과한 처사다. 자기심리학은 우리가 이런 중요한 요소들에 주목할 수 있게 해 준다.

환자는 치료자가 제공하려는 분위기(어떤 이론적 배경에서 나왔건)에 적응해야만 한다. 예를 들어 코헛(1984)은 랑스(1981)의 관행을 언급하면서, 랑스는 환자를 만족시키는 어떠한 "개입"도 하지 않으려고 환자를 위한 "티슈박스까지 비판(pp. 162ff)" 한다고 지적했다. 물론 환자는 이러한 극도의 무미건조에 적응할 것이다. 그러나 자기심리학에 의하면 여기에는 대가가 따른다. 즉, 치료자로 인해 환자는 자기애적으로 위축되거나 거만한 반응을 보이게 된다.

치료를 원인으로 하여 생기는 퇴행(이는 해석으로도 해결하기 어려운 "저항"으로 굳어질 수 있다)의 중요성에 관해서는 스톤(1961, 1981)이 자세히 논했다. 립튼(1977, 1979)도 스톤에게 동의하면서, 이러한 현상은 프로이트의 견해를 잘못 이해하고 적용한 결과라고 말한다. 라이더(1983, 1984)는 논란의 여지가 많은 "분석적 중립"의 주제, 공감, 비해석적 개입의 역할 등에 관한 찬반론을 상세히 검토했다. 이러한 찬반론은 기본적으로 "정신분석 과정에서 분석가가 수행하는 근본 기능에 관한 견해 차이에서"(1983, p. 673) 비롯된다. 코헛의 연구는 이런 주제에 관한 논쟁에 다시 불을 지폈다. 이 점에 관해서는 후속 장들에서 자기심리학적 임상 사례들을 살펴보면서 알게 될 것이다. 결국 논쟁은, "고전적"(또는 신고전적)인 분석 태도가 너무 무반응이어서 오히려 분석 과정을 저해하지는 않나 하는 문제와, 코헛과 그의 추종자들이 취하는 "공감적" 자세가 도리어 전이를 오염시키고 나아가 분석에 지장을 주지 않는가 하는 문제들과 관련이 있다.

정신분석치료에 대한 코헛의 견해

이제 정신분석치료에 대한 코헛의 최종적 견해를 살펴보자. 앞서도 언급했듯이 공감에는 환자를 반영하거나 만족시키기 위한 어떤 시도도 필요 없다. 공감을 위해서는 기본적으로 치료자가 자기대상 전이를 수용해 주는 것이 필요하다. 궁극적으로 공감은 분석가가 치료적으로 개입하는 다음 두 단계에 항상 배어있어야 한다.

우선 치료자는 항상 공감을 통해서 환자가 경험하는 바를 이해하고 그것의 이유를 알아야 한다. 그리고 치료자는 공감의 결핍으로 자기대상 전이가 일시 중단될 때에도 이 점을 "반복해서(Kohut 1984, p. 206) 설명" 해주고, 유년기의 주요 자기대상들이 제공한 환경과의 역사적 맥락 안에서 이 점을 환기시킬 수 있어야 한다. 이를 위해서는 공감적인 치료자가 해석(예를 들면 이상화 전이에 의해 가려져 있다고 가정된 공격성을 이해하기 위한 해석)을 통해 자기대상 전이를 방해하는 일이 없어야 한다.

환자가 치료자의 이해와 설명을 반복적으로 경험하고 이런 개입들 전반에 공감이 스며 있다면, 변형적 내재화 과정을 통해서 새로운 구조가 형성된다. 바로 이것이 분석을 통해 자기 병리가 치료되는 과정이다. 코헛(1984)에 의하면 모든 정신병리에는 이런 자기 병리가 어느 정도 포함되어 있다. 치료의 "증거"는 추상적인 것이 아니다. 그것은 환자가 타인과 더불어 안정된 공감적 모체–코헛은 삶 속에서 자기응집력을 유지하는 데 이 모체가 핵심적이라고 말함–를 형성할 수 있는 능력에 있다(p. 77).

코헛은 자기심리학에 기초한 정신분석이 정신분석의 기본기법에 어떤 변화를 가져오는 것은 아니라고 주장한다. 정신분석과 집중정신치료는 "이해"의 단계를 공유하는데, 이 단계 이후로 3가지 세부과정이 뒤따른다. "이 세부과정들이 정신구조를 확립하고 분석적 치료를 위한 토대를 마련한다"(p. 103). 이 세 가지 하위 단계들은 다음과 같다: 1. 치료 상황을 가지고 욕구들을 다시 활성화시킨다. 2. "절제" - 자기대상인 분석가가 이런 요구들에 반응하지 않는다 3. 분석가가 환자의 내적 경험을 비교적 정확하게 이해하고 있다는 것을 환자에게 알려 줌으로써 공감적 유대를 재확립한다.

환자가 느끼는 바를 이해하고 환자의 분노가 자기대상 전이에서 비롯된 것임을 인정하면서도 분석가는 환자의 원초적 욕구에 직접적으로 부응하거나 행동하지 않아야 한다. 그러나 이를 이해하고 또 이것을 서로에게 소통함으로써 환자와 분석가 사이에는 공감적 유대가 확립, 또 재확립된다. 이것은 환자의 욕구충족을 대신하며, 변형적 내재화 과정을 통해 새로운 구조가 형성되도록 해준다. 이것들이 결함을 메워줄 새로운 구조물인지 아니면 보완적 구조물인지는 중요하지 않다. 정신분석치료의 두 번째 단계가 시작되기 전에 이해 단계만으로도 상당한 시간이 필요한 환자들도 있다.

분석치료의 두 번째 단계는 잘 다듬어진 해석을 통해 분석적 설명을 제공하는 것이다. 이것은 첫 번째 단계인 이해의 효과를 높여줄 뿐 아니라 환자에게 취약성과 갈등을 일으키는 유전적 원인들을 알게 함으로써 환자가 이해 받고 있다는 느낌을 심화시킨다. 이는 또한 환자로 하여금 앞서 일어난 전이 파괴에 따른 해석의 경험들이나 이와 유사한 경험들을 직면할 수 있게 해준다. 전이의 파괴는 분석가가 회기를 취소하는 것에 대해 피분석자가 일으키는 저항적 반응인데, 코헛(1984)은 이것이 이해 단계에서 이미 분석가와 피분석자 사이에 생겨난 공감의 물결에 "파동"(p. 67)을 일으킨다고 말했다.

두 번째 단계인 "설명" 단계에도 두 가지 하위단계가 있다(Kohut 1984, p. 106). 하나는 역동적 측면에서 이러한 파동을 설명해 주는 해석들로, 환자의 취약성과 갈등의 유전적 원인을 찾아 이것을 설명해 주는 것이다. 유전적 재구성은 지식적인 가치보다 환자에게 이해 받고 있다는 느낌을 강화시켜 준다는 점에서 중요하다. 이러한 두 하위단계를 거칠 때 진정한 정신분석적 치료효과가 나타날 수 있다. 이러한 치료 효과는 "이해단계에 그치는 치료 효과와는 질적으로 다르다"(p. 105).

코헛과 전통 정신분석 간의 방법론적 차이는 코헛(1984)의 다음 진술에 잘 나타나 있다: "정신분석치료의 기본적 치료 단위는 인지의 확장에 있지 않다. 즉, 치료란 피분석자가 자신의 투사된 욕동들에서 비롯된 전이의 왜곡을 감안해 자신의 환상과 현실 간의 격차를 인식하는 데 있지 않다"(p. 108). 치료의 본질은 피분석자의 요구나 소망이 적절하게 좌절됨으로써 정신구조가 성장하는 데 있다. 정신구조의 성장은 먼저 이해에 의해서, 그리고 환자의 취약성을 불러온 유전적 소인들에 대한 설명과 해석을 통해서 이루어지는데 이러한 성장은 자기의 영역에 근본적인 변화를 가져온다.

"자기와 자기의 핵심 프로그램"(Kohut 1984, p. 147)을 비롯해서, 구조형성의 측면에서 이해와 설명과 해석이 수행하는 역할을 강조한다는 점에서 자기심리학은 고전적 정신분석과 구별된다. 코헛은 이런 차이점을 강조하기 위해서, 정신분석가는 무엇보다 앎을 증가시키기 위한 전쟁에 참여하고 있다거나, 환자가 더 많은 것을 의식하고 풀려 나온 인지 내용을 분석가와 공유하는 방향으로 발전하는 것을 저해하는 모든 것을 "저항"으로 간주하는 태도는 수용할 수 없다고 말한다. 왜냐하면 가장 기저에 놓인 환자의 동기는 "환자 자신의 발달을 완수하고 자신의 자기 안에 있는 핵심 프로그램을 실현시킴으로써 자신의 오래된 소망을 드러내는 것"이기 때문이다.

정신치료와 정신분석의 차이는 다음과 같다: 환자의 자기 상태에 관한 분석가의 비교적 정확한 공감적 이해는 환자에게 전달되었을 때 개선을 향한 움직임을 촉진시키고 새로운 정신구조도 불러오지만 이런 결과는 "일시적"(p. 106)인 편이다. 두 번째 단계에서 이루어지는 역동과 유전에 관한 설명과 해석은 "환자가 자기 자신을 더욱 공감적으로 수용할 수 있게 해줄 뿐 아니라 현실에 대한 환자의 신뢰도를 강화시키고, 분석가가 환자를 이해하는 폭과 깊이를 환자에게 알려줌으로써 환자가 자신과 분석가 사이에 확립된 공감적 유대를 신뢰하도록 만든다"(p. 105). 코헛에 의하면 자존감의 향상은 기존의 구조들을 강화함으로써 뿐 아니라 치료 도중에 적절히 획득된 새로운 자기구조로부터 직접 생겨난다. 자존감이 향상되었다는 증거는 환자가 안정적이고 공감적인 자기대상 모체를 점점 더 잘 찾아내고, 자기의 극들 사이에 신나는 활동 영역을 하나쯤 계발하여 본래 자신이 갖고 있던 진정한 재능들을 현실적이고 장기적인 목표를 향해 조절해 나가는 것이다.

12장 | 코헛이 제시하는 임상 사례들

코헛은 많은 사례를 발표했는데, 평자들에 의하면 이것들은 너무 간략해 코헛의 가정을 뒷받침할 만한 충분한 임상적 증거가 되지 못한다. 아마도 코헛은 이런 비판들에 대한 응답으로서, 자신의 중요한 논문의 하나인 「Z씨에 대한 두 번의 분석」(1979)을 썼는지도 모른다. 이 논문은 곧바로 자기심리학 연구의 패러다임적 사례가 되었으며 다양한 반응들을 불러왔다.

평자들에 따르면 사례 내용은 여러 가지 방식으로 해석될 수 있어서 코헛의 가정들에 충분한 논거가 되지 못했다. 예를 들어 에델슨(1984)은 "코헛은 자신이 제시하는 증거들이 본인의 가정을 뒷받침한다고 주장하지만, 이런 주장이 설득력을 가지려면 어떻게 해야 하는지"(p. 61) 그는 모르고 있다고 말했다. 이러한 비판에 코헛은 다음과 같이 응대했다. "내 저서들에 빈번히 나타나는 짧은 삽화들이 아닌 사례 이야기들은 단지 예화에 지나지 않는다. 이것들은 전문가 집단 내에서 임상연구자가 동료들에게 학술적 정보를 명확히 전달하기 위해 사용하는 의사소통의 수단이다. 동료들이 메시지의 의미를 파악하더라도, 이 메시지를 본인의 연구에 활용할 것인가 아닌가의 문제는 그들 자신에게 달렸다" (1984, p. 89).

이 같은 논쟁들을 염두에 두고 Z씨 사례를 살펴보도록 하자. 먼저 이 사례를 요약한 다음, 퍼거슨(1981)과 오른슈타인(1981)을 비롯한 여러 연구자들의 논평을 살펴보기로 한다.

Z씨 사례 요약

Z씨가 코헛에게 상담을 요청해왔을 때, 그는 20대 중반의 대학원생이었다. 그는 창백하고 예민한 얼굴(몽상가나 사색가의 표정)에 근육질의 미남으로 묘사되고 있다. 기업의 성공한 임원이었던 아버지가 4년 전에 남기고 죽은 유산 덕에 그는 어머니와 풍요로운 환경에서 살고 있었다. Z씨는 외아들이었다.

그는 극심한 심장수축, 손바닥 땀, 위 포만감, 변비나 설사 등 가벼운 신체 증상을 호소했다. 그는 사회적 고립을 느꼈으며 여자 친구를 사귈 수 없었다. 학점은 좋았으나 자신의 능력을 충분히 발휘하지 못한다는 느낌이 들었다. 그는 외로웠고 미혼인 친구 한 명 외에는 어울리는 사람도 없었다. 그의 친구도 여자 관계에 문제가 있었다. 그러나 Z씨가 코헛을 만나러 오기 몇 달 전에 그 친구에게는 여자친구가 생겼고 그 후 그는 Z씨를 만나는 데 흥미를 잃었다.

그의 자위시 환상들은 지배적인 여성에게 구차하게 복종하는 피학적인 것들이었다. 그러나 그는 자신이 기억하는 한 어머니와 매우 좋은 사이였다고 말했다. 그가 3살 반 되었을 때 아버지는 중병으로 병원에 몇 달간 입원을 했다. 그때 아버지는 자신을 돌보던 간호사와 사랑에 빠졌다. 아버지는 집에 들어오지 않고 1년 반 동안 그 간호사와 살면서 가족은 거의 돌보지 않았다. 이혼은 없었고 아버지는 Z씨가 5세 되던 해에 집으로 돌아왔다.

초기 전이는 자기애성 전이였는데 정신분석 상황을 통제하거나, 늙은 어머니에게 찬사와 만족을 얻으려는 욕구들로 나타났다. 코헛은 이것을 오이디푸스적 승리에 대한 욕망으로 해석했는데, 이 해석은 Z씨에게 분노 폭발을 가져왔다.

첫 번째 분석에서 코헛이 해석을 하기 전에 "당연히 받아야 한다고 생각한 것을 받지 못하면 상처가 돼죠"라고 말해 줌으로써 중대한 전환점이 생겼다. 코헛은 이런 변화의 중요성을 모르는 채 자신이 환자의 주된 정신병리(오이디푸스 콤플렉스와 거세불안)를 향해서 나아가고 있다고 생각했다.

코헛은 그의 이런 나르시시즘을(성적으로 어머니를 소유하게 된) 돌아온 아버지에 대한 강력한 라이벌 의식에서 오는 고통에 대한 방어로 해석했으며, 또 아버지에게 품은 경쟁심과 적개심을 아버지가 알게 되면 거세당할지 모른다는 불안에 대한 방어로 해석했다. 따라서 이 사례의 핵심은 아버지에게 경쟁적으로 대항하는 것이 두려운 나머지 전성기기적인 욕동 추구로 퇴행한 데 있었다. 표준적이고 고전적인 정신역동해석에 따르면, 그의 꿈에 나타난 피학 성향은 어머니에 대한 전오이디푸스적 소유욕과 무의식적인 오이디푸스 경쟁심리에서 비롯된 죄책이 성적으로 표현된 것이다.

환자는 11세에 여름캠프 조교였던 30세의 교사와 동성애 관계를 가진 적이 있다고 고백했다. 주로 애무하는 관계였고 2년간 지속되었다. Z씨에게 이 관계는 행복한 것이었는데 그가 교사를 이상화했기 때문이었다. 그러나 Z씨에게 이차성징이 나타나면서 관계는 깨지고 말았다. 그리고 그때부터 성도착이 나타나기 시작했다. 사춘기는 그에게 고립감을 심화시켰고 그럴수록 그는 어머니에게 집착했으며 이성과의 성경험은 없었다.

겉보기에 첫 번째 분석은 몇 가지 좋은 결과를 가져왔다. 피학적 환상이 점점 줄어들었고 환자는 집에서 나와 자신만의 아파트로 이사했다. 그는 같은 또래 여성들과 데이트를 시작했고 긍정적인 성관계를 갖기도 했다. 분석 마지막 해에는 한 여성과 진지한 관계를 맺고 결혼까지 생각하고 있었다. 이 모든 진전은 코헛이 Z씨의 자기애적 기대들을 단호히 거부함으로써, 그리고 이런 기대들은 남성들의 자기주장성이나 그들과의 경쟁에 대해 Z씨가 갖고 있는 두려움에 대한 방어일 뿐이라고 코헛이 강조함으로써 생긴 것이었다.

치료가 끝나기 반 년 전쯤 환자는 중요한 꿈을 꾸었다: "그는 어떤 집 안에 있는데, 부서진 채 열려 있는 문 안쪽에 서 있다. 문 바깥쪽에서는 아버지가 선물 꾸러미들을 잔뜩 들고 들어오려고 한다. 그는 몹시 두려워 아버지가 못 들어오게 문을 닫으려 한다"(p. 8). 코헛은 이 꿈이 다음의 것을 확인시켜 준다고 느꼈다. 즉, 그가 아버지에게 이중감정을 갖고 있다는 것, 환자의 정신병리는 돌아온 아버지에 대한 적개심과 강한 성인 남성에게 느끼는 그의 거세공포증과 관련 있다는 것, 그리고 경쟁심과 남성적 자기주장성에서 물러나 "예전처럼 어머니에게 전오이디푸스적인 애착을 보이거나 방어적 차원에서 아버지에게 순종적이고 수동적인 동성애 경향을 갖게 되었다는 점"(p. 9)이다.

코헛은 돌이켜 보면서, 첫 번째 분석의 마지막 단계에서 뭔가 석연치 않은 것을 느꼈다고 말한다. 왜냐하면 전오이디푸스적인 어머니에 대한 이상화와 치료자에 대한 존경심에 관해 활발히 얘기하던 치료 초반과 달리, 환자가 정서적으로 빈약하고 덜 활발해 보였기 때문이었다. 분석은 "따뜻한 악수와 함께" 종결되었고 Z씨와는 4년 반 가량 거의 연락이 없었다. 그러던 중 문제가 생겨 그가 다시 연락해 왔다.

두 번째 분석을 위해 다시 만나던 날, 그는 현재 혼자 살고 있고 직장은 잘 다니지만 일이 즐겁지 않다고 말했다. 그렇다고 피학적인 자신의 성적 경향이 되돌아온 건 아니라고 그는 서둘러서 다소 방어적인 태도로 말했다. 코헛은 그의 피학적 성향이 일과 삶 전반으로 옮겨갔을 뿐이라고 느꼈다. 사실 그는 여자친구와 성교 도중에도 피학적 환상들을 불러와야만 했다. 그리고 이런 환상들을 "조루 예방"과 성감 강화 용으로 사용했다(어떻게 사용했는지에 관한 설명은 없다). 최근 여자친구와 헤어진 뒤, 갈수록 커져가는 사회적 고립감 때문에 그리고 다시 피학적 환상 속에서 자위행위를 해야 한다는 내적 압박 때문에 그는 경각심을 갖게 되었다. 이것은 다시 중독이 재발할 위험이 있는 중독 환자의 모습과 비슷했다.

5년 전, 첫 번째 분석에서 그가 어머니를 떠나 자신만의 아파트로 독립했을 때, 그의 어머니는 제한적인 일련의 편집증적 망상을 보였다. 처음에 코헛은 어머니의 분열이 그의 병을 재발시켰다고 생각했는데 그것은 오판이었다.

Z씨의 두 번째 분석은 코헛이 「나르시시즘의 형태와 변화」를 쓰고 있을 때 시작되어 『자기의 분석』 집필에 몰두하고 있을 당시 종결되었다. 이 두 번째 분석은 코헛이 자기심리학의 가정들을 실험하기 시작하던 때와 시기적으로 겹친다. Z씨는 두 번째 분석이 시작되자마자 바로 호전되었는데, 코헛은 이것이(엄마에게 벗어나 캠프조교에게 빠져있을 때와 비슷한) 이상화 전이의 시작을 뜻한다고 보았다.

이런 이상화 전이는 잠시 지속되었을 뿐, 첫 번째 분석 초기에 보였던 전이와 유사한 융합 형태의 전이가 곧 이를 대체하였다. 그러나 코헛은 이것을 고전적인 해석에서처럼 방어로 보지 않고 유년기의 상황이 재현된 것으로 보았다. 코헛은 "이러한 전이에 거부하는 태도"를 보이지 않았다. 왜냐하면 이것이 "분석에서 부담을 주는 치료 인공물들-나에 대한 비생산적인 분노나 이에 따른 나와의 충돌들—을 없애주기 때문이다"(p. 12). 코헛은 환자를 성장하게끔 하려 했던 자신의 치유 목표를 포기하고, 어머니의 병리적 성격에 휘둘린 그의 유년기의 경험들을 탐구하게 된 경위에 대해서 말한다.

결국 그의 어머니의 본 모습이 드러났는데 Z씨의 두 번째 분석의 대부분은 이 작업에 할애되었다. 어머니가 자신의 자기대상인 Z씨를 기이하게 다루었던 많은 예화가 제시되었다. 그녀는 그에게 관심이 없었고 다만 그의 배설물과 장운동, 그리고 나중에는 피부와 같은 특정 신체부위에만 신경을 썼다. 그리고 가학적으로 그를 괴롭혔는데 그는 저항도 못하고 이에 따를 수밖에 없었다. 그녀의 행동들에 관한 묘사를 통해 분명히 알 수 있었던 점은, 아들을 엄격히 통제함으로써 일시적으로나마 자신의 정신병을 감출 수 있었던 그녀가 아들이 집을 떠나자 결국 분열을 일으켰다는 점이다.

첫 번째 분석에서 코헛은 어머니의 성격에 관심을 두기보다 오이디푸스 콤플렉스로 인한 퇴행을 해석하는 데 초점을 두었기 때문에 이런 점이 드러나지 않았다고 말한다. 그러므로 첫 번째 분석에서의 호전은 전이의 치료였던 것이다. 즉, 환자에게 오이디푸스 문제를 암시했던 고전적 분석가로서의 코헛의 신념에 환자가 단지 순응했던 것이었다. 분석가의 진료실 밖에서 Z씨는 그의 증상들을 억누름으로써, 그리고 정상(분석가의 성숙한 정신이 정의하는 바에 따르면, 자기애에서 대상사랑으로 옮겨가는 것이 정상이다)으로 보이기 위해 행동을 바꿈으로써 분석가의 기대에 부응했던 것이었다.

두 번째 분석에서 어머니의 정신병리를 인식하고 그것이 Z씨의 정신병 유발에 끼친 영향을 이해하는 과정은 극도로 감정적이고 드라마틱한 것이어서 심지어 분열불안을 일으킬 정도였다. 이는 첫 번째 분석의 종결 무렵이 그리 감정적이지 않았던 것과 사뭇 대조적인 모습이었다.

어쩔 수 없이 어머니의 정신구조 안에 원초적으로 사로잡혀 있던 환자의 자기self로부터 우울한 측면이 사라지면서 새롭고도 확신에 찬 중대한 관심사들이 생겨났는데, 이는 Z씨가 독립심을 억누르며 어머니에게 복종하던 모습과는 사뭇 달랐다.

동성애 관계들에 대한 새로운 해석도 이때 제시되었다. 이것은 남근적 어머니에게로의 퇴행을 의미하기보다 아버지와 같은 강한 남자에 대한 동경, 혹은 Z씨가 갖고 싶어 했을 존경스러운 형에 대한 선망을 뜻했다.

치료 도중 한 중요한 순간에, 그 동안 미처 인식하지 못했던 어떤 강력하고도 긍정적인 관계가 자기대상이던 아버지를 향해 형성되어 있었음이 밝혀졌다. 이것은 무서운 일이었다. 왜냐하면 이는 자기대상인 어머니에게 묶여있던 원초적 자기로부터의 분리를 의미했기 때문이다. 이러한 원초적 자기는 그가 항상 자신의 유일한 자기로 여겨왔던 것이기에 더욱 놀라운 일이었다. 분석 도중에 "지금까지 알지 못했던 독립된 핵심자기(지금까지 인식되지 않았던 자기대상인 아버지에 대한 관계를 중심으로 결정화된)"(p. 19)가 다시 활성화되는 경우도 있다.

두 번째 분석은 첫 번째 분석과 완전히 다른 양상을 보였다. 이제 아버지와의 피할 수 없는 라이벌 관계를 떠나 그 자신 안에서 자긍심을 느끼는 방향으로 선회한 것이다. 코헛은 기저에 숨겨져 있던 것은 오이디푸스적 내용물이나 갈등이 아니었다고 술회한다. 환자는 분석가 아버지를 강하고 남성적으로 느꼈는데, 이 이미지는 자기구조를 강화하는 수단으로서 당분간 융합하고 싶은 남성 파워의 이미지였다. 두 번째 분석이 끝날 무렵에 앞서 언급한 그 꿈이(첫 번째 분석 종반부에 나타난) 저절로 다시 나타났는데 새롭고 놀라운 조합에 의해 이 꿈은 완전히 다른 의미를 갖게 되었다고 코헛은 말한다. 처음에는 이것을 오이디푸스적 라이벌[6]에 대한 아동의 이중감정으로 해석했지만 이제 이 꿈은 아버지의 갑작스런 귀환으로 설명된다. 이 귀환은 환자의 주된 정신적 욕망을 전적으로 만족시켜줄 잠재적 가능성을 뜻하게 되었다. 환자는 너무 갑작스럽게 모든 정

6) 코헛은 이를 기술함에 있어서 버질을 인용할 필요를 느꼈다. 이것은 프로이트가 『꿈의 해석』의 서두에서 버질을 인용한 것과 유사하다. 코헛이 인용한 문장은 "Timeo Danaos et dona ferentes"(Aeneid, Book Ⅱ, l.49)로 "나는 그리스인들이 선물을 가져와도 무섭다"라는 뜻.

신적인 선물–그가 은밀히 바랐던–을 다 받게 됨으로써 충격에 빠진 것이었다. 코헛은 이렇게 쓰고 있다: "이 꿈은 근본적으로 아버지의 귀환에 대한 깊은 열망 때문에, 정신의 대부분이 정신경제적 불균형에 노출되었었음을 다루는 것이지 동성애를 다루고 있는 것이 아니다. 특히 오이디푸스기에 토대를 둔 퇴행적이고 수동적인 동성애를 다루는 것은 더더욱 아니다"(p. 23).

코헛에 의하면, 이 분석에서 Z씨가 이루어낸 가장 중요한 정신적 성취는 "어머니와의 깊은 융합의 끈을 자른 것"(p. 25)이다. 분석 도중, 그의 자기를 구성하는 세 가지 요소들이 모두 결정적으로 변화되었다. 환자는 결혼했고 딸을 낳았으며 상당히 만족스럽고 기쁜 삶을 누리게 되었다.

Z씨 사례에 대한 논평

퍼거슨(1981)에 의하면 코헛은 Z씨의 두 번째 분석이 종결되고 10년이 지난 후에 이 사례를 발표했 다. " 분석이 Z씨의 삶에 영속적으로 유익한 영향을 끼쳤음을 코헛 자신이 확신할 수 있어야만 했기 때문"(p. 141)이었다. 퍼거슨은 코헛의 새로운 이론적 견해가 보다 명확한 개념을 제시하게 되면서, 설명을 통해 더 큰 치료 효과를 거둘 수 있었다고 말한다. Z씨의 사례는 정신분석 이론이 순환논리일 필요가 없음을 보여준다. 이론적 지향과 상관없이 명백히 관찰되는 것들이 있는데, 이것은 적용된 이론을 강화하는 것일 수도 논박하는 것일 수도 있다. 퍼거슨은 이 사례를 정신분석 발달사에서 흔하지 않은 사례로 꼽는다. 정신분석가가 아무리 과학적인 사고를 한다 해도 그것은 이미 이론적 선입관이나 개인적인 편견들로 오염되어 있다. 그러나 분석가가 위와 같은 사례를 염두에 둔다는 사실만으로도 발전적 패러다임의 선택은 가능해진다. 정신분석에서 관찰은 분석가의 이론적 지향에 영향을 받지 않지만 정신분석상의 가정이나 해석의 평가와 관련된 관찰들은 적용된 이론의 영향을 크게 받는다. 결론적으로 퍼거슨은 코헛이 Z씨에 대한 두 번의 분석이 정신분석에서 진보적이고 바람직한 이론적 변화를 뜻한다고 기술한 것에 기본적으로 동의한다고 볼 수 있다.

오른슈타인(1981)도 코헛이 자기대상이라는 개념을 토대로 새 패러다임을 형성했음을 인정했다(p. 357). 오른슈타인은 이를 중대한 이론적 진보로 보았으며 이후 많은 파장을 남길 것으로 기대했다. 오른슈타인은 코헛이 거울 전이를 오이디푸스 콤플렉스의 재동원에 대한 방어로 보지 않고 충분히 발달하도록 둠으로써, Z씨로 하여금 어머니가 자신의 내면에 형성해놓은 깊은 우울과 절망을 발견하고 또 경험하게 할 수 있었다고 말한다. 이렇게 해서 어머니와의 원초적 융합을 깨고 일반화된 순응적 태도와 유년기에 가졌던 피학적 환상들(자위시)을 해소할 수 있었다. 이런 환상들이 제거되자 비로소 강하고 힘 있는 아버지를 향한, 억압된 그리움에서 비롯된 이상화 전이가 형성될 수 있었다. Z씨는 "오래 전의 충격 때문에 궤도에서 이탈한 발달 과정을, 아버지를 이상화함으로써 다시 시작할 수 있었다"(p. 370). 분석 종결 무렵에 꾼 꿈을 오이디푸스적 경쟁으로 해석한 것은 첫 번째 분석에서 전이의 발달을 방해했다. 결국은 다음과 같이 새로운 해석이 주어졌다: Z씨는 오이디푸스적 어머니를 자신에게 묶어놓기 위해 아버지가 들어오지 못하도록 문을 닫으려 했던 것이 아니라 그에게 천천히 문을 열고자 했던 것이다. 즉, "발달에서 비롯된 변형적 내재화 과정을 통해 그것의 내용물을 흡수하고 자기 것으로 만들고자 했던 것이다"(p. 371). 오른슈타인은 변형적 내재화 과정을 통해 이상화된 남성적 파워를 획득한 것이야말로 "두 번째 분석 후반부에 일어난 중요한 사건"(p. 372)이라고 말한다.

오른슈타인은 듣는 방식이 공감과 대리적 내성으로 바뀌면서 어머니의 정신병리가 Z씨에게 미친 영향을 종합적으로 이해할 수 있었다고 결론짓는다. 자기심리학의 관점은 공감과 대리적 내성과 관련하여 분석가는 환자의 욕망과 욕구의 객체가 되기보다 그것의 주체가 되는 것이 어떤 느낌인지에 주의와 지각을 집중해야 한다고 강조한다(Schwaber 1979, Chessick 1985c). 오른슈타인은 고전적인 분석가가 어머니의 정신병리를 발견하고 그것이 Z씨에게 미친 영향을 발견한다 하더라도, 원초적 나르시시즘을 일종의 방어로 보는 단일 축 이론(고전 정신분석이론)에서는 분석 결과가 상당히 미흡했을 것이라고 덧붙인다. 오른슈타인은 이 사례에서 자기심리학적 방법이 보다 정확한 유전적 재구성에 도달했으며 Z 씨의 정신병리의 본질을 더 잘 파악함으로써 심오한 치료결과를 가져왔다고 찬사를 보낸다.

1979년은 코헛의 논문이 발표된 해로, 정신분석가 오스토우(1979)가 편집자에게 보낸 편지도 함께 같은 저널에 실렸다. 오스토우에 의하면 코헛의 보고서는 첫 번째 분석에서 그가 고전적 기법을 제대로 사용하지 않았으며, 두 번째 분석은 첫 번째 분석의 결함을 몇 가지 수정한 것에 불과하다는 점을 보여줄 뿐이다. 오스토우에 의하면 첫 번째 분석에서 코헛은 어머니와 평온한 관계를 유지했다는 환자의 주장과 전이 속에 나타난 적개심 사이에 모순이 있음을 간과했다. 오스토우에 따르면 전이는 어머니를 향한 억압된 적개심을 암시하고 있으며, 이러한 해석은 여성에게 굴욕을 당하는 피학적 환상(자위시)에 의해서도 다시 확인된다. 즉, 깊숙이 억압된 적개심이 너무도 강해 극심한 불안과 저항을 야기한 나머지, 어떻게든 어머니에게 애착을 유지하는 것이 그의 최대 욕망이 되어버린 것이다.

이러한 내용이 적절히 다루어지지 않았을 때는, 환자가 어머니의 마음에 들려고 애썼듯이 적당한 분석 자료를 제공함으로써 분석가를 만족시키려 했다. 그러나 "분석가는 이런 그의 전략을 인식하지 못했다"(p. 531). 환자가 전성기기적 자료에 몰두하는 모습을 오이디푸스적 불안과 거세불안에 대한 방어로 해석함으로써 실수를 범했던 것이다. 오스토우는 이 해석을 가리켜, "필수는 아니지만 임상 자료에 적용되는 잘 알려진 공식화"(p. 531)라고 부른다. 그에 의하면 어머니에 대한 숨겨진 적개심을 간과하고 자료에 부적합한 해석을 내림으로써, 분석가의 예상이나 소망과 맞지 않는다는 이유로 환자가 제시한 자료들까지 무시해버린 처사(첫 번째 분석 끝 무렵에서처럼)는 분석적 기법의 결여를 나타낸다. 따라서 어머니와의 병적 관계를 해소한 두 번째 분석은 첫 번째 분석에서 놓쳤던 것과 결함을 수정한 것에 불과하다는 것이다.

골드버그(1980a)는 사례에 대한 해석들은 논쟁 가치가 없다면서 이 사례의 발표는 보다 성공적인 분석을 가능하게 했던 자기심리학의 유효성을 입증하기 위한 것이라고 주장한다. 골드버그도 오른슈타인(1981)처럼, Z씨의 전반적인 병리에 관해서는 분명히 자기심리학이 가장 적절한 설명을 제공하고 있다고 강조한다.

고전적인 정신분석가인 오스토우였다면 고전적 기법으로 첫 번째 분석을 성공적으로 마무리했을까? 랑겔(1981)은 그렇다고 할 것이다. 그는 "코헛이 보고하는 'Z씨에 대한 두 번의 분석'은 한 번의 고전적 정신분석이 되어야 했다…"(p. 133)고 썼다. 정신분석적 저술들을 살펴보면 고전적인 분석가들은 Z씨에 대한 두 번째 분석은 첫 번째 분석의 수정으로, 첫 번째 분석이 제대로 이루어졌더라면 필요하지 않았을 것이라고 본다. 그러나 두 개의 분석 사이에서 발생한 전이를 다루기 위해 코헛이 실제 사용한 분석 기법에는 모든 사람이 찬성한다는 점을 주목하라. 코헛(Meyers 1981)도 말했듯이 차이점이 있다면 이전에는 부차적이고 방어적인 것으로 간주되었던 심리 자료가 자기심리학에서는 일차적인 것으로 간주되었다는 점이다. 코헛에 의하면 자기심리학은 분석 환경에 미묘한 차이를 가져오며 자기애성 상처를 가진 환자의 요구에 알맞게 분위기를 조성한다.

왈러스타인(1981)은 고전적 정신분석과 자기심리학의 간격을 좁히기 위해 다음과 같이 제안한다: 임상 자료가 변하면서 "우리는 일관된 자기self가 존재하는 오이디푸스적인 것과 일관된 자기가 존재하지 않는 전오이디푸스적인 것을 모두 다루기도 하고, 때로는 방어적 퇴행과 발달정지를 다루거나 방어적 전이와 저항을 다루기도 한다. 또 때로는 초기 외상 상태의 재현을 다루기도 한다"(p. 386). 두 개의 극을 가진 자기에 관한 심포지엄에서 가장 첨예하게 대립된 지점은, 자기를 초월적 개념으로 보느냐 아니면 정신 장치의 한 내용물로 보느냐 하는 것이었다. 이것은 중요한 논쟁 지점으로 이러한 대립에는 자기심리학적 방법이 전체로서 발달하는 초월적 자기와 더불어, 완전히 새로운 초심리학을 요구하는가 하는 문제가 깔려있다. 왈러스타인은 그렇다고 보지 않는다.

코헛의 사례 발표에 관한 기타 논평들

바슈(1981)는 교정적 정서경험(Stein 1979)이라는 코헛의 개념에 쏟아진 비난들을 강하게 반박한다. 그러나 공감을 점점 중시하면서 교정적인 정서 체험을 갖게 하려는 코헛의 노력에 쏟아진 비판은 자기심리학에 비판적인 사람들로부터 끊이지 않았다. 왈러스타인(1981)에 따르면 새로운 초심리학은 필요하지 않으며 자기심리학은 흔히 알려져 있는 다원결정overdetermination의 원리, 즉 왈더(1930)의 표현을 빌자면 다가함수multiple function의 원리를 따르고 있다. 전체적인 그림을 이해하는 데는, 결핍과 갈등을 포함하는 분석 자료의 모든 측면이 필요하다. 임상에서 언제, 어떤 식으로 해석과 설명을 곁들여야 하는가에 대한 판단과 마찬가지로 이 또한 결국은 재치와 타이밍의 문제이다.

Z씨 사례에 대한 또 다른 비판라인의 대표자는 미첼(1981)인데, 그의 주장에 따르면 코헛의 관점은 나르시시즘에 기초한 대인관계이론으로 옮겨갔으며 그의 임상적 논의들은 아동과 부모 인물들의 관계를 반영한다. 미첼에 따르면 Z씨의 사례보고에서 두 번째 분석이 "인간관계의 망 속에서 환자를 조명한" 것이라면, "첫 번째 분석은 실제 인간으로서의 부모의 부재"(pp. 320-321)를 놀라울 만큼 보여주고 있다.

캐너(1984)도 이와 유사한 견해를 보이면서 전체를 통찰하는 고전적인 분석태도에서 대리적 내성으로 이동한 것은, 내면의 본능적 환경을 중심으로 한 갈등에서 "개인의 '외적' 환경 즉, 대상과 관련된 공감적 환경의 만족 또는 조절을 위주로 한 갈등"(p. 110)으로 옮겨간 것이라고 주장했다. 캐너의 이런 주장은 코헛이 Z씨의 수직 분열을 강조한 데서 기인하였다. Z씨는 한편으로는 거만(어머니와 융합상태에 있는 한 어머니가 그를 과대평가해 주므로)했지만 또 한편으론 낮은 자존감, 우울, 피학 성향, 어머니에 대한 방어적 이상화가 있었기 때문에 과대성과 열등감 사이를 오갔다. 이제 연구는 무의식과 원본능을 벗어나 퇴행보다는 부정에 초점을 맞춘다. 병인론에 있어서도 심리내적인 것보다는 대인관계 쪽으로 초점이 옮겨간다.

로빈스(1982)는 보다 극단적인 비판을 제기하면서 자기심리학은 정신분석적 초심리학과는 동떨어진 것이라고 주장했다. 그는 "동떨어진 정도가 너무나 커 자기심리학자를 택하든지 보다 전통에 뿌리박은 정신분석가를 택하든지 해야 할 정도다"(p. 459)라고 말했다. 로빈스에 의하면 Z씨의 사례는 Z씨의 병리에 대한 코헛의 개념화와 그의 발달정지 이론이 서로 모순됨을 보여준다. 로빈스는 Z씨에 대한 자료들과 코헛이 논문에서 제시한 수직 분열과 수평 분열에 대한 다이어그램을 재해석하여 자신이 제시한 자기애성 인격장애의 공식에 더 잘 부합하도록 만들었다. 이것은 이미 보고한 분석 사례를 해석하고 또 재해석하는 일에 내재된 문제이기도 하다.

Z씨에 대한 두 번의 분석이 실은 하나의 분석이라는 주장은 왈러스타인(Lichtenberg and Kaplan 1983)의 논의로부터 다시 불거져 나왔다. 왈러스타인은 앞서 인용된 랑겔(1981)의 주장을 건설적으로 인용하였다. 오른슈타인(Lichtenberg and Kaplan 1983)은 이 인용은 "납득이 안 가는 주장"이라면서 다음과 같이 썼다: "어떻게 해서 자기대상 전이의 동원과 해소라는 개념이 코헛이 전통 정신분석에 공헌한 점임과 동시에 전적으로 전통 정신분석Rangell의 일부가 될 수 있는지 나로선 이해가 안 된다"(p. 380).

비판에 대한 코헛의 응답

코헛(Lichtenberg and Kaplan 1983, pp. 408~415)은 Z씨 사례를 반복 인용하면서 두 번째 분석이 진행되는 동안 자신은 어떤 다른 이론의 인도를 받았으며, 이 이론 덕에 좀 더 심리적 진실에 가까운 유리한 지점에서 Z씨의 인격장애를 볼 수 있었다고 주장한다. 이에 대한 가장 분명한 예는 아버지의 귀환과 관련된 꿈의 해석에 있다. 이 꿈은 첫 번째 분석이 끝날 무렵에 나타났고 환자가 자발적으로 기억해낸 것이었는데, 두 번째 분석에서 비슷한 시간을 들여 이 꿈을 새로운 각도에서 다시 분석하였다.

코헛은 이런 이론상의 변화를 새로운 패러다임의 창조로 보지 않았는데 이것은 퍼거슨(1981)이 주장하는 견해와도 합치한다. Z씨에 대한 두 번의 분석 사이에 생긴 이론적 변화의 중요성은, 설명력이 더 커지고 시야가 확대되었다는 점에 있다. 그러나 이것은 쿤(1962)이 말하는 패러다임의 전환과는 다르다. 코헛은 다음과 같이 결론 내린다: "첫 번째 분석에서 내 관심은 거의 전적으로 정신의 거시구조(다시 말해, Z씨의 갈등들)를 파악하는 데 있었으나, 두 번의 분석 사이에 생긴 이론상의 변화로 인해 두 번째 분석에서는 미시구조(Z씨의 자기 상태)를 탐색하게 되었다"(p. 415).

코헛(1984)은 Z씨 사례로 다시 돌아가, 두 번의 분석에서 나타난 명백한 분위기 변화를 강조한다. 그는 이 사례에 대한 논평들을 두 부류로 나눈다. 한 부류는 코헛이 첫 번째 분석을 잘못 진행했다고 말하거나 그가 역전이의 희생물이 되었다고 주장하는 적대적 동료 집단이고, 다른 한 부류는 기본적으로 불편해 하면서도 자기심리학자들이 환자에게 접근하는 방법이 더 인간적(이는 Z씨에 대한 두 번의 분석을 비교해 봐도 알 수 있다)임을 암시하는 호의적인 동료 집단이다. 코헛은 기법의 부족이나 역전이에 관한 비판 그리고 "선전선동" 한다는 비판은 받아들이지 않았다.

직관이 뛰어난 분석가라면 처음부터 두 번째 분석 방식으로 Z씨를 다루었겠지만, 그래도 코헛은 자신이 첫 번째 분석에서 사용한 기법이 고전적이고 수용할 만한 것이었다고 본다. 그는 고전적인 분석가라 하더라도 두 번의 분석 모두에서 나타난 자기상태 꿈을 제대로 해석하기란 어려웠을 것이며, 그들 또한 자신이 첫 번째 분석에서 한 것처럼 했을 것이라고 주장한다. 무엇보다 자기심리학으로 이동할 필요가 있었다. 즉, 듣기와 해석의 테크닉(마침내 환자에게 어머니와 병적으로 융합되어 있었음을 이해하게 한)을 바꾸기 이전에, 먼저 결함 있는 정신기능에 초점을 맞추다가 이 결함의 원인이 되는 결함 구조로의 초점 이동이 필요하였다.

코헛은 첫 번째 분석에서 Z씨에게 다소 짜증이 났었음을 인정했다. 그에 따르면 이 짜증은, 정신분석학의 이론과 실천에 자신이 어떤 중대한 초점 변화를 가져오고 있다는 것을 어렴풋이 인식한 데서 온 것이었다. 그는 다음과 같이 술회한다.

> Z씨에 대한 역전이를 극복하지 못한 게 진정 내 탓이었을까? 내가 어렴풋하게나마 인식하고 있었듯이 그 역전이는 동료들의 강한 반발을 불러오고 여생 동안 내 모든 지성과 감성을 동원하게 될, 어떤 학문상의 진보에 대한 압박에서 온 건 아니었을까(p. 89)?

Z씨의 첫 번째 분석에 나타난 임상 풍경은 고전적인 이론에서 오이디푸스 콤플렉스를 핵심 병리로 하는 신경증 환자를 다루는 것과 비슷했다. 코헛은 다른 많은 분석가들도 첫 번째 분석 후반부에서 그가 Z씨에게 보였던 단호한 태도로 반응했을 것이라고 말한다.

코헛은 Z씨 사례를 둘러싼 논의들에 관해 다음과 같이 결론짓는다: 자기심리학은 분석가가 나르시시즘을 방어구조의 일부로서 보거나, 욕동의 표출(특히, 환자의 격노)을 공감 결핍에 대한 반응으로서 보지 않고 일차적인 것으로 보는 치료 환경과는 전혀 다른 치료적 태도와 분위기를 제공한다. Z씨에 대한 두 번의 분석에서 얻은 가장 중요한 교훈은, 확대된 공감을 통해 임상의 문제를 풀어나가는 데서 가장 중요한 관건은 분석가가 자기대상 전이를 어떻게 이해하느냐이다.

정신치료에의 적용

정신치료를 어떻게 할까에 관해 정보를 얻고자 코헛의 사례집을 뒤져보는 치료자는 아마도 실망할 것이다. 우리는 코헛의 글이 전문 정신분석가의 글이며 정신분석가들을 대상으로 쓰였다는 것을 망각하곤 한다. Z씨 사례는 두 번의 정신분석의 결과를 발표하기 위한 것이었다. 바슈(1981)는 이 사례가 정신치료는 정신분석적 통찰에서 나온다는 점을 분명히 해주며, 정신분석과 정신치료를 구분하는 패러다임적 사례로 이용될 수 있다고 말한다. 아래와 같은 경우라면, 치료자는 정신분석을 실천하고 있는 것이다.

> 환자의 치유 또는 개선이 무엇보다 다음과 같은 과정을 거칠 때이다. 즉, 환자의 병리가 분석가를 향한 전이 안에 나타나고 그 전이가 환자 자신에 대한 이해를 강화시키는 방향으로 해석되고 해소되어, 이전에 제대로 작동하지 않았던 구조가 회복되고 결함 있던 구조들이 강화되어 환자가 생산적인 삶을 영위할 수 있게 된다면…(p. 345).

바슈의 관점에 따르면 자기애성 인격장애를 다루는 정신분석치료에는 어떠한 변형기법도 추가할 필요가 없다. 물론 코헛의 "마지못해 응해주는" 태도 또한 하나의 변형기법이라고 주장할 수 있지만, 예전의 방식처럼 압력이나 설득 또는 다른 분석상의 전략을 가지고 환자를 "성장"하게 하려는 직관적인 시도–Z씨의 첫 번째 분석에서도 조금 보였던–는 이제 불필요하다는 것이다.

바슈에 의하면 자기대상 전이에 관한 코헛의 임상적 발견은 우리로 하여금 정신신경증 환자들을 분석할 때와 동일한 방식으로 정신분석치료를 수행하게 해준다. 즉, 환자의 연상을 촉진하고 때이른 종결을 피하며, 다룰 자료나 시기적절한 해석의 제공은 무의식에 맡기고 통찰이 분명해질 때까지 환자를 문제 해결 과정에 참여시키는 것이다. 자기애성 환자에게 반영해 주거나 스스로를 잠재적 이상형으로 제시하려는 태도는 히스테리 환자를 유혹하는 것만큼이나 정신분석적이지 않다. 이것은 자기심리학이 고전적 정신분석에 굳게 뿌리 내리고 있으므로 이 둘은 경쟁적 패러다임이 아니라는 코헛의 주장과도 통한다. 코헛은 격언조로 다음과 같이 설명했다(Meyers 1981): 고전적 정신분석이 성인의 심층에서 아동의 절망을 발견했다면, "자기심리학은 아동의 심층에서 성인의 절망(손상된 핵심자기로 인해 경험도 만족도 해보지 못한 꿈)을 발견해냈다"(p. 158).

13장 | 코헛의 제자들이 발표한 사례

코헛 생전에 이미 그의 추종자들은 몇 가지 정신과적 진단들과 정신분석적 정신치료의 개념을 수정하기 시작했다. 이런 변화는 어떤 면에서는 개선을 뜻했지만 한편으로는 자기심리학을 더욱 애매하고 이해하기 힘든 것으로 만들었다.

"사례집" – 게도의 비판

코헛에게 감독을 받은 젊은 분석가들의 사례를 모은 {자기심리학 사례집}(1978)이 출간되었다. 이 사례집은 코헛과 같은 연구소 출신이지만 여러 면에서 상당히 견해 차이를 보이는 게도(1980)에 의해 다시 검토되었다. 게도는 이렇게 말한다: "우리는 코헛의 '체계'를 전반적으로 정죄하거나 열광적으로 숭배하는, 서로 적대적인 이데올로기 진영들이 형성되는 것을 보았다"(pp. 363-364). 게도는 이런 사례들이 넓은 의미에서의 자기의 분열에 대한 조작적 정의를 가능하게 해준다고 보았다. 자기라는 용어가 구체적인 인간을 표상하기보다는 초월적인 정신 구조의 의미로 사용된 이론들은 코헛 이전에도 있었다면서, 게도는 그러한 예들을 제시한다. 게도에 따르면 이 사례집은 코헛의 가정에 근거를 두고 있기 때문에 이러한 가정을 테스트하는 것으로서는 적당치 않다. 그러나 게도는 이 사례집에서 인용된 다음과 같은 문장의 중요성을 과소평가하고 있다: "나는 새로 발견된 분석 방법에서 개념적 도움을 받아 비로소 환자가 말하는 것의 의미를 '들을 수 있게' 되었다"(p. 203). 어느 분석가가 한 이 감사의 말은 Z씨 사례 보고의 요점과도 비슷한데, 바로 이 점이 자기심리학적 정신분석이 다른 비프로이트 계열 이론들과 다른 점이다.

코헛의 추종자들에 따르면 치료자는 자기심리학에 빠져봄으로써 자기심리학의 도움이 없었다면 환자에 대해 알 수 없었을 중요한 주제들을 발견하게 된다. 자기심리학은 지금까지 명백히 비합리적으로 보였던 자료들에 갑자기 질서가 드러나 보이게 함으로써, 노련한 정신치료자에게도 큰 충격을 줄 수 있다. 게도는 적어도 사례집 내용의 반은 "전이가 자연스럽게 형성되게끔 하는 모델이라 할지라도 문제가 있다"(p. 371)고 말하는데, 이 주장에는 근거가 있다. 그는 E씨와 R씨 사례만이 기본적으로 완성도가 있고 "기법 측면에서도 완벽하다"(p. 371)고 말한다.

게도는 발달상의 결함이 변형적 내재화 과정을 통해 치유되는 것에 의문을 제기한다. 그는 골드버그와 심하게 논쟁하면서 "골드버그의 사례집은 '분석가의 활동은 해석이다'(p. 9)라는 그의 주장과 합치하지 않는다"(p. 379)고 말한다. 게도를 비롯한 몇몇 사람들은 코헛과 그의 제자들이 다른 심리적 욕구나 소망이 성애화된 것으로서 성도착을 바라보는 태도를 비판한다. 예를 들어 게도(p. 381)는 코헛(1977, p. 201)이 보고한 사례를 보면, 펠라치오(남성의 성기를 구강으로 애무하는 것 : 역주)를 통해 남성의 파워를 흡수한다는 환상이 성적 흥분을 일으킨다고 하는데, 자신은 왜 그렇게 되는지 이해할 수 없다고 말한다.

마지막 비판은 공감에 대한 코헛의 견해와 관련 있는데 비판에 따르면, 사례집의 저자들은 공감을 관찰도구뿐 아니라 치료인자로 간주한다는 것이다. 게도는 이런 태도를 "공감을 분석가가 따라야 할 행동의 질로 보는 사람들이 갖고 있는 특유의 견해"(pp. 381-382)라고 부른다.

"사례집" 검토

사례집은 보다 풍부한 임상 자료를 원하는 임상가들의 요구에 따라 만들어진 것으로, 코헛과 그의 제자들은 연구 자료를 만드는 데 열성을 쏟았다. 코헛이 정의하는 각도에서 본다면, 6개의 사례들 중 경계성 환자의 사례는 없었다. 머리말에는, 여러 정신분석가들이 자료를 함께 논의했다, "환자들이 모두 대단한 수혜를 입은 것 같았다, 그리고 고전적 임상이론으로는 이런 변화를 거의 이해할 수 없다"(p. 3) 등의 언급이 있었다. 치료 목표에 대한 전반적인 생각은 다음과 같았다.

> 성공적인 결과는 다음과 같이 나타난다: 욕동 조절과 욕동 유도의 기제가 증가하고 이상화 전이가 줄어들면서 초자아가 이상화되고 과대망상들이 합리적인 목표와 포부로 통합된다.

여기서는 자기애성 전이의 발달을 대상-본능적 전이에 대한 방어—즉 "방어-전이defense transference"(p. 14)—라고 보지 않는다. 오히려 이것은 원초적인 자기애성 구조들이 동원된 것으로 간주되는데, 바로 이런 형태들이 분석의 중심에 놓여야 한다. 예(p. 115)를 들어 I씨는 자기애적 평형을 유지하는 데 문제가 있었기 때문에 분석가에게 강렬하고 중독적인 애착을 보였다. 즉각적이고 조적인 해소를 요구하는 과도한 자극 때문에 내적 긴장이 지나치게 큰 상태, 혹은 즉각적이고 비정상적인 자기자극을 필요로 하는(공허감으로 표출되는) 지나친 긴장부족 상태에 있었다. 이 사례는 집중정신치료에서 전형적으로 볼 수 있는 사례로, 교육적인 의미도 있다.

코헛(1977)이 기술한 M씨의 사례는 매우 자세히 소개되어 있다. 게도는 자기심리학자들이 성도착 행동들을 다른 욕구가 성애화된 것으로 여기는 태도에 불만을 갖고 있었는데, 코헛은 이렇게 답한다.

> 이후의 삶에서는 물론 유년기에 변태적 환상과 활동들이 나타나는 것은 고통스러운 감정들을 극복하기 위한 방어적 기능으로, 유년기에는 일부러 성애화함으로써 이런 고통을 견딘다. 성적 맥락은 고통스러운 감정들을 통제하는 느낌도 주지만 자기애성 긴장 – 좌절에서 왔건 과도한 자극에서 왔건 – 의 출구가 되어주기도 한다(p. 136).

코헛은 성적 충동을 공감실패 이후 자기분열에서 나온 파편들로 보는데, 사례집에는 이에 대한 이론적 논의가 거의 없다.『자기의 회복』에 바로 이어 출간된 이 사례집은 '좁은 의미의 자기심리학' 적 맥락에서 쓰였다.

M씨의 사례에서 보고 된(p. 157) 임상 문제는 무너진 결혼의 이면에서 흔히 볼 수 있는 것들이다. M씨는 목마른 예술가인 아내에게 공감도, 그녀에게 필요한 격려도 해줄 수 없었다. 해방과 성공 그리고 건강한 자기까지 모두 성취하고자 했던 그녀에게는 남편이 상호적 자기대상으로서 기능해 줄 필요가 있었다. 그러나 M씨는 너무 빈약한 사람이었기에 아내가 그에게서, 그리고 결혼으로부터 무얼 원하는지 알지 못했다. 결국 결혼은 실패로 돌아갔다. 코헛(1984)은 결혼생활에서 서로에게 자기대상이 되어주는 것과 공감의 중요성을 강조했는데, 이는 파트너에 대한 욕구가 변하면서 수많은 결혼이 너무도 비극적으로 끝나는 것을 이해하게 해준다.

사례집 4장은 힘든 환자 한 명을 소개하고 있는데, DSM-Ⅲ의 기준으로 볼 때 경계성 환자였다. Apple씨는 헌신적인 여자 분석가에게 치료를 받고 있었다. 환자는 엄청난 격노에 휩싸여 있었고 치료는 진전되지 않았다. 그러던 중 분석가는 코헛을 만나 그와 사석에서 대화도 나누고 그의 세미나에도 참석하게 되었다. 그 후로 그녀는 새로운 각도에서 문제를 바라볼 수 있게 되었다. Apple씨의 분석가는 분석 상황을 고통스럽게 만드는 세 가지 가능성을 언급했다: 1. 환자가 직접 치료direct cure를 고집하는 것은 오이디푸스기와 전오이디푸스기의 엄마에게 유년기의 격노를 다시 노출시키는 것에 대한 "저항"을 나타내는 것이 아니라, 환자가 분석가를 원초적 자기대상으로 느끼기 때문이다. 2. 자기대상인 분석가가 본원적 장애original disorder의 성격과 전이에 관해 확신하지 못하고 있을 때, 환자는 분석가를 자기 자신에게 몰두한 채 대답도 하지 않던 못된 엄마 또는 격노의 표출로 환자의 가슴에 상처를 남긴 엄마로 느꼈다. 3. 환자의 자기애성 격노 폭발로 분석가가 감정적으로 후퇴했으며, 이런 감정적 후퇴는 환자의 격노를 더욱 격발시키는 악순환을 가져왔다. 그러므로 문제의 핵심은 유년기의 구조적 갈등의 재현이 아니었다. 그의 집요한 욕구들은 거울 전이의 일부로서, 잘못 보면, 만나주지도 않고 환영해 주지도 않는 자기대상(따라서 환자의 자기애성 격노로 이어지는)에 대한 만성적 노출로 이해될 수 있다. 분석가는 자기심리학적인 방법으로 재구조화가 이루어졌을 때, 환자의 기분과 상태들에 드라마틱한 변화가 일어났다고 보고했다(p. 231). 환자가 인식한 바를 공감 실패의 견지에서 설명해주면, 분명히 "진정" 효과가 생기는데 이는 임상에서 흔히 볼 수 있는 일이다.

6장에 나와 있는 M씨에 대한 사례보고는, 자기대상인 분석가가 공감해 주지 않음으로써 환자가 느끼는 실망들이 하나의 불만으로 농축되는 과정을 보여준다. 이는 어떻게 치료에서 작은 소재들이 중대한 장애물로까지 비화될 수 있는지를 보여주는 예이다. 환자는 분석가가 그녀의 이름을 부르지 않고 계속해서 R씨라고 부르는 것이 싫었다. 코헛의 긴 논의를 보면, 우리는 이 예민한 분석가가 대처 방법을 얼마나 고민했는지를 느낄 수 있다. 그 당시엔 환자의 이름을 부르지 않기로 했었지만 이제 와서 분석가는 환자에게 사과한다. 왜냐하면 이렇게 이름을 불러주었더라면 치료를 원인으로 한 퇴행은 막을 수 있었기 때문이었다.

이것이 바로 코헛이 말하는 "마지못해 응해주는 태도"의 한 예인데, 분석가는 이것은 아이슬러(1953)가 말하는 변형기법이나, 분석가와 환자 사이에 전제되어야 하는(또한 전통적으로 중시되는) "장벽barrier"(Tarachow 1963)과는 다르다고 본다. 논쟁은 이러한 "마지못해 응해주는 태도"가 격노를 피하는 일종의 "공모"(Langs 1982)가 되는지 즉, 이렇게 해주지 않으면 환자를 비공감적으로 대하는 것이 되는지에 관한 것이라고 할 수 있다. 이것은 분석가라면 반드시 내려야 할 어려운 판단들의 하나이다. 이러한 판단은 자기심리학의 수용여부에 따라 그리고 역전이가 함축하는 의미에 따라 달라질 것이다.

이 사례에서는 또한 내탓이오mea culpa의 문제가 부각되는데, 모든 환자의 문제를 분석가의 잘못으로 돌리는 데 자기심리학이 악용될 소지가 있음을 보여준다. 분석가는 해외출장에서 돌아온 뒤 환자에게 전화도 걸지 않았고, 환자가 아기를 낳았다는 걸 감쪽같이 알아낸 사람처럼 굴지도 않았다. 그러나 분석가는 출산이 가까운 환자에게 자신이 "일부러라도" 연락을 했어야 했다고 생각했다. “단지 퇴행적으로 왜곡된 욕구들에 부응하는 것이 아니라, 그녀의 강렬하게 뭉쳐진 대량의 요구들을 구체적이고 바람직한 방식으로 인정해 줌과 동시에 이런 요구들에 대한 적절한 분석환경을 제공한다는 차원”(p. 341)에서 그랬어야 했었다고 생각한 것이다. 그러나 이런 태도는 분석가를 위험한 행동화에 이르게 하고, 환자를 유아처럼 취급하는 결과를 가져올 수도 있다. 나(1983b)는 그린슨이 마릴린 먼로와 함께한 정신치료를 언급하면서, 이 문제와 관련된 예를 제시한 적이 있다. 무엇이 적절한 분석환경인가 하는 문제는 논의의 여지가 많다. 이 사례에서 환자는 심각한 질환에서 상당히 회복되었다. 아무튼 모든 사례에서 분명한 것은 분석가들이 돌봄과 헌신의 사람들이라는 것이다.

마지막 사례는 논쟁의 소지가 가장 큰데, 분석 대상이 될 수 있는가조차 의심스럽다. 치료자는 새로 산 중고 짚차를 봐달라는 환자의 요구에 응함–“내가 차를 감탄하자 그는 기뻐했다”(p. 387)–으로써 적극적인 반영을 해주었다. 이런 식의 반영은 상담실 안의 사적인 분위기에서 수없이 이루어지지만 그다지 보고되지는 않는다. 그런데 이 사례의 발표자는 이런 상황들을 매우 솔직하게 보고하고 있다. 비록 두 번째는 마지못해 그런 것이지만, 사실 분석가는 환자에게 돈(p. 399)도 두 번이나 빌려주었다(p. 404). 랑스(1981, 1982)는 분석가의 활동은 엄격히 해석에 제한되어야 한다고 주장하는데, 이 사례는 여러 면에서 랑스의 권고와는 정반대되는 기법이 사용된다.

이 사례보고는 자기심리학이 환자에게 “교정적 정서체험”을 제공하는가, 아니면 명실상부한 정신분석을 제공하는가의 문제를 연구할 기회를 준다. 아무리 봐도 이 분석 사례는 불완전하지만, 자기응집력이 향상되었음을 보여주는 보다 성숙한 소망과 태도들이 전이 안에서 나타났다. 그러나 이러한 정도의 진전은 정신분석이나, 교정적 정서체험에 의해서도 일어날 수 있었을 것이다. 변형적 내재화 과정을 통해 보완적 구조가 형성됨으로써 이러한 진전이 생겼다고 보는 것이 가장 훌륭한 설명인가 하는 것은 각자 결정할 문제다. 무엇보다 치료자가 제공하는 교정적 정서체험을 통해 자기응집력이 향상되는가의 여부는 각자가 판단할 몫이다.

사례집의 결론 부분에는 성도착 행위에 대한 추가적 논의가 제시되어 있는데, 이런 성애화된 행동들은 자기애성 전이에 의해서도 촉진되지만 자기대상과 나누기를 소망했던 경험의 좌절이나 관계적 측면의 굴곡에 의해서도 촉진된다는 점이 발견되었다. 자기애성 전이들은 식별하기가 어렵지 않은데, 정신분석 도중에 이러한 전이가 파괴되면 대개 주말동안 당혹스러운 증상들이 나타난다. 이런 증상들은 상담빈도가 낮을수록 훨씬 더 알아보기가 어렵다.

이 사례들은 코헛의 감독 아래 진행되었던 것들로, "이제 환자의 말을 폭넓게 이해할 수 있는 도식은 생겼지만, 아직 자기애성 상처를 다루기 위한 분석가의 잠재력은 충분히 배양되지 않은 상태였다"(pp. 444-445). 자기심리학을 평가하고자 하는 임상가라면 이 점을 염두에 두어야 한다. 그래야만 까다롭고 비이성적인 환자를 더 잘 이해하게 되는 데, 자신도 이와 비슷한 경험을 하지 않았는가를 알 수 있다. 그러나 이러한 임상자료들 중 어떤 것도 자기심리학이 갖고 있는 가정들의 과학적 타당성을 입증해 주지 못한다.

경계성 상태에 대한 자기심리학자들의 관점

자기심리학을 보다 극단적으로 사용한 예는, 코헛의 제자들이 발표한 사례보고들 속에 나타나 있다. 이들은 경계성 상태를 "자기가 영속적 혹은 장기적으로 파괴, 약화, 또는 심하게 왜곡되어 있으며, 상당히 효과적인 방어구조들로 둘러싸여 있는 상태"(Kohut 1977, p. 192)라고 보는 코헛의 비관적인 견해를 수정하고자 한다. 이런 견해는 장기적인 상태를 가리키는 것으로서, 경계성 상태를 편집성 또는 분열성 인격(이러한 인격들은 거리두기라는 방어기제를 통해 위에서 말한 것과 유사한, 자기의 영속적 혹은 장기적 파손, 약화, 왜곡을 방지하려 한다)과 연관지으려는 것처럼 보인다. 톨핀(Goldberg 1980)은 경계성 환자들의 "위장makeup과 분석가능성"에 관해 논한다. 톨핀에 따르면 코헛은 경계성 환자들이 분석가와 다양한 깊이로 관계를 형성할 수 있지만, 전이 안에서 자기의 핵심부분이 분석가의 이미지와 혼합되는 일은 없다고 주장한다. 그렇기 때문에 결국 어떠한 안정적인 자기대상 전이도 생기지 않는다는 것인데, 코헛은 이런 원초적 전이가 생기지 않는 이유는 환자가 대대적인 분열을 예측하고 몹시 두려워하기 때문이라고 말한다. 그는 이런 심도 깊은 전이가 없으면, 적절한 변형적 내재화 과정을 통해 자기가 근본적으로 변화되는 일은 생기지 않는다고 본다.

코헛이 보기에 경계성 장애의 특징은 자기응집력이 지속적으로 동요될 가능성이 있다는 것인데, 이에 반해 자기애성 인격장애는 일시적인 혼란과 일시적인 자기의 파손 혹은 약화나 왜곡(심각한 자기대상 실패를 경험했을 때)이 나타날 뿐이다. 정신증 환자에게서는 경계성 환자가 갖고 있는 방어기제의 조직능력조차 볼 수 없다. 그러나 편집증 환자와 같은 일부 정신증 환자들은, 견고하게 조직된 인격의 일부가 핵심적인 정신증 구조와 병렬되어 있어서 종종 너무도 정상적인 사회성을 보여준다. 임상에서 보면 정신증과 경계성 인격이 혼동되는데, 후자의 경우는 보다 효과적인 방어기제를 가지고 있을 뿐 사실은 더욱 심하게 파손된 상태라고 할 수 있다.

사례집의 마지막 사례에서 사용된 치료법에 관한 논의는, 해소 가능한 심도 깊은 전이나 일련의 전이들이 치료 도중에 실제로 형성되었는가 하는 질문을 토대로 한다. 만약 형성되었다면 환자는 부분적으로나마 정신분석을 받았다고 할 수 있을 것이다. 만약 형성되지 않았다면, 환자에게 명백하게 나타난 진전의 움직임은 다음과 같은 톨핀(Goldberg 1980)의 말로 설명해야 할 것이다.

> 그렇지만 기발한 치료 전략들을 통해, 환자 인격의 비정신증적인 부분에서 분석가와 의미 있는 관계rapport가 촉진될 수 있다. 이런 식의 노력들로 인해 비정신증적인 인격의 부분은 더욱 강해지고 우세해질 것이다(p. 304).

톨핀의 분류

톨핀은 자기심리학의 틀 내에서, "분석이 불가능한" 경계성 장애와 "분석이 가능한" 자기애성 장애의 격차를 좁혀보고자 한다. 그는 "진정한 경계성 인격의 '경계선'"(p. 306)을 형성하는 경계성 장애들(즉, 경계성 장애들borderline disorders의 "경계선borderline")이 있다고 주장한다. 어느 정도는 "훨씬 명백하게 사회부적응성을 보이지만, 이런 부류의 사람은 진정한 경계성 환자보다 더 잘 조직된 자기self를 갖고 있을 수 있다"(p. 307). 이러한 부류에 속하는 사람들의 일부는 거의 다루기가 불가능하며, 때로는 성애화된 융합전이를 형성하기도 한다(Chessick 1974b). 톨핀이 말하듯이, 이러한 전이는 "치료자의 이해력과 평정심과 효율성을 심히 훼손시킬 수 있다"(p. 307).

톨핀은 자기구조의 성격을 바탕으로 스펙트럼적인 개념을 제안한다. 이 개념은 건강한 구조로부터 거의 정신증적인 인격구조에 이르기까지 모두 포괄한다. 이런 스펙트럼적 개념에는, 다양한 장애들을 간단한 진단명으로 구분할 수 없다는 분명한 의지가 담겨있다. 장애 진단의 기준들은 행동이나 증상 또는 질병의 형태처럼 겉으로 드러난 내용이나 그것의 사회적 심각성에 비추어서 결정되는 것이 아니라, 적절한 전이의 단초가 형성될 수 있도록 충분한 시간을 주는 치료적 실험이나 오랜 기간의 평가를 통해서 나온다. 이때, 치료자의 인격과 그가 설정하는 공감의 한계는 환자의 일차적 장애를 측정하는 데 중요한 역할을 한다. 즉, "평가란 상당 기간에 걸친 진단과 치료과정에 참여하는 두 사람 간의 상호작용에 달렸다. 이것은 양자체계 안에서 작동하는 과정으로, 분석가도 환자만큼이나 중요한 변수가 된다"(p. 308).

톨핀은 다음과 같이 중요한 단서를 제공한다: "정신증적 인격구조–진정한 경계성 환자에게는 이러한 구조가 방어되어 있을 수도 있다–의 본질은 긍정적으로 형성된 일차적 자기대상 경험이 극도로 미약하다"(p. 311)는 점이다. 톨핀이 말하는 경계성 환자들의 "경계선"이 되는 사람들을 포함해서, 비정신증적인 인격의 형성은 유년기의 지속적이고 자생력 있는 조율된 자기대상 경험들에서 비롯되는데, 이것은 심각한 자기 장애로부터 치료되고 회복되는 출발점이 된다. 코헛(1984, p. 206)은 이것을 "지주적 자기대상pivotal selfobject"이라 부른다. 이것이 자기대상 전이가 형성되도록 하는데, 이것이 형성되려면 유년기에 외상적 자기대상 경험이 최소한에 그쳤어야 한다. 이러한 전이는 치료를 통해 자기의 주된 보상적 영역들을 강화시킨다. 과거력을 조사하면서 분석가는 환자의 기억들과 유년기에 보호자 역할을 담당했던 성인들과 가진 경험의 패턴을 조사한다. 종종 하녀나 조부(모)가 자칫 어두웠을 수 있었던 환자의 유년기를 환하게 밝혀주었음이 드러나기도 한다.

그러나 우리는 과거력 조사로 인해 쉽게 호도될 수도 있다. 바로 이러한 이유 때문에 조금이라도 도움이 된다면, 모든 환자들에게 자기를 집중적으로 쏟아낼 수 있는 정신치료의 기회를 제공해야 한다고 나는 생각한다. DSM-III의 임상 진단을 근거로 정신치료를 거부할 것이 아니라, 치료를 해보는 것이 더 바람직하다. 톨핀은 치료자의 불굴의 의지와 공감능력과 민감성을 중시한다. 환자에 대한 이해가 부족할수록 우리는 그 환자를 경계성이라고 부르기 쉽다. 결국은 분석가의 재능과 공감능력이 핵심요소이다. 경계성 환자들은 활기를 불어넣는 공감적인 반응을 간절히 원하는데, 이런 공감적인 반응을 오랫동안 필요로 하는 환자들도 있다. 코헛(1984, pp. 182-184)도 경계성 병리 개념은 상대적이라면서 이와 비슷한 말을 했다. 즉, 경계성 병리는 치료자가 환자에게 자기애성 상처를 빈번히 입으면서도 공감을 유지할 수 있는 능력과 환자의 경험들을 이해함으로써 환자에게 "자신의 자기를 충분히 회복하도록" 만드는 치료자의 능력에 달렸다: "기저에 깔려있는 취약성이 지니고 있는 역동적, 유전적 원인들을 차차 탐색하도록 해주는 자기대상 전이의 도움이 있어야만 이러한 자기의 회복이 가능하다"(p. 184).

아직 해결되지 않은 이론적, 임상적 문제들은 경계성 환자들이 도움을 받음으로써 응집된 자기–최소한 안정적인 자기대상 전이를 형성할 수 있을 만큼은 응집된–를 발달시킬 수 있느냐는 것이며, 또 치료자의 개인적 스타일과 공감능력과 민감성이 어느 만큼 기능하느냐는 것이다. 개인적인 임상경험에서 볼 때,

나는 톨핀의 방법을 지지한다. 자기심리학에 확고한 토대를 두고 있는 이런 관점은, 자기심리학이 체계화되기도 전에 벌써 직관이 뛰어난 연구자들의 임상 경험을 통해서 입증된 것으로서, 나아가 자기심리학의 타당성과 임상적 효율성을 입증해 준다. 많은 임상가들이 코헛의 견해를 처음 대했을 때 "아하" 하며 무릎을 쳤을 것이다. 이것은 직관력 있는 치료자들이 이미 실천하고 있던 것을 이론화한 것이기 때문이다. 고전적인 분석가들은 자기심리학의 새로운 면들에 대해서는 효과적이지 않다고 말하고 자기심리학의 훌륭한 면들에 대해서는 새로울 것이 없다고 반박한다.

톨핀의 사례보고

후속 출판물에서 톨핀(1983)은 자기심리학적 관점에서 다루어진 것으로, 유사 오이디푸스 신경증이라 부를 만한 사례 하나를 자세히 보고한다. 환자는 40대 초반의 이혼녀로, 빈번하게 나타나는 우울상태, 불면, 수면제 과다복용, 간헐적인 병적 절도 등을 이유로 치료를 의뢰했다. 그러나 그녀에게 가장 문제가 되었던 것은, 결혼이 불가능한 한 연상 남성과의 애정 문제였다. 이 사례는 일견 히스테리성 인격장애처럼 보였는데, 톨핀에 의하면 이런 증상들은 환자의 자기 안에 있는 일차적 결함들을 은폐하고, 유년기 초기에 자기대상 욕구들이 좌절됨으로써 생긴 영향들을 다시 경험하지 못하도록 막고 있었다. 그러나 그녀가 꾼 꿈의 내용과 베토벤 4중주 작품번호 130[7]을 사용하는 그녀의 모습은, 점점 분석가를 이상화하고 내재화하고 있음을 보여주었다. 그 결과 그녀의 자기가치감은 높아졌고 자기 안에 있는 결함도 보완되었다. 이제 그녀는 자존감을 유지

7) "그녀는 이 작품의 레코드판을 두 개나 닳아 없앴다. 그녀는 언제나 들을 수 있도록 이것을 테이프로도 갖고 있었다" (p. 471). 나도 비슷한 환자가 있었는데 이 환자는 바그너의 『니벨룽겐의 반지』 전 작품(Chessick 1983c는 이 작품이 지닌 전오이디푸스적인 요소들을 논한다)을 이러한 목적으로 사용했다. 그는 음악을 계속 틀어놓았으며, 살 수 있는 음반들은 모조리 사 모아 룸메이트를 놀라자빠지게 할 정도였다! 관련은 있지만 실패한 사례를 원한다면 소설 『An Evening of Brahms』(Sennett 1984)를 읽어보라.

하기 위해 외부에서 이상적 인물을 찾아내지 않아도 되었다.

자기심리학 덕분에 톨핀은 환자의 일차적인 요구들을 인식하고 그것을 환자에게 명료하게 알려줄 수 있었는데, 이러한 설명을 통해 그녀를 막고 있던 교묘한 히스테리 증상들이–톨핀은 이를 "복잡하고 복합적인 뜻을 가진 방어벽"(p. 480)이라고 불렀다–"이상화 전이의 발달과 변형"(p. 480)을 통해서 감소되기를 희망했다. 물론 다양한 거울 전이도 나타났지만, 임상자료는 치료의 주된 요소였던 이러한 발달과 변형에 관해서 기술하고 있다.

경계성 상태에 대한 브란샤프트와 스톨로로우의 견해

브란샤프트와 스톨로로우(Lichtenberg, Bornstein and Silver 1984a)는 경계성 상태에 대한 논의를 더욱 확장시킨다. 이들은 "경계성"이란 단어가 하나의 독립적인 병적 인격구조를 가리킨다는 생각에 반대한다. DSM-Ⅲ는 경계성 장애를 하나의 진단단위로 인정하면서 다음과 같은 증상을 강조한다: 충동성, 강렬하지만 안정적이지 않은 인간관계, 상황에 맞지 않는 분노, 기분변화 등이 있고 신체적 자해행위, 공허감, 권태의 호소, 홀로 있지 못함 등을 추가할 수 있다. 컨버그(1975)에 따르면 경계성 인격구조는 분열을 주된 방어기제로 사용하는 특정한 구조이다. 그는 현실검증능력을 바탕으로 정신증 환자와 경계성 환자를 조심스럽게 구분한다. 그에 의하면, 경계성 환자는 현실검증능력이 보존되어 있지만 심한 스트레스를 받을 경우 이 능력이 일시적으로 흐려진다.

자기심리학을 활용하면서 브란샤프트와 스톨로로우는 "경계성"이라는 용어가 전적으로 치료를 원인으로 한 병리를 가리킨다고 주장하지 않는다. 다만 이런 진단명을 가져오는 환자의 드러나지 않는 병리가, 항상 "환자의 자기 장애와 분석가가 이를 이해하는 능력이 결합됨으로써 결정 된다는"(p. 367) 점을 지적할 뿐이다. 따라서 이들은(컨버그와는 정반대로) 경계성 인격구조의 개념은 타당성이 없으며, 경계성 인격구조는 병리지도상의pathognomonic 갈등이나 방어를 토대로 한 것이 아니라고 주장한다. 이들에 의하면, "경계성 인격장애"가 어떤 특정한 유형의 인격구조를 뜻한다는 주장은 치료자 편의 오해를 드러내며, 또한 "이 질병이 생겨나는 원초적이고 상호주관적인 맥락을 간파해 내기가 얼마나 어려운지"(pp. 367~368)를 보여준다.

임상에서 자기대상인 치료자가 조금만 공감해주지 않아도 그들은 그것을 주관적으로 경험하는데–이것이 치료자의 기술적 능력에 대한 객관적인 지표가 되어서는 안 된다–, 이는 경계성 상태를 유발시키는 중요한 요인이 된다. 이러한 공감 실패는 환자의 정신적 현실 안에서 경험되는데, 환자의 정신적 현실은 자기대상 전이가 형성해 놓은 원초적 참조 틀에서 기인한다. 환자의 정신내적 intrapsychic 경험들과 신념들은 치료자의 공감 실패를 바라보는 환자의 주관적 시각에서 비롯되며, 이것을 계속해서 인식하지 못하면 환자는 DSM-III에 열거된 경계성 증상들을 만성적으로 보이게 된다. 그리하여 결국 환자에게는 경계성 인격장애라는 딱지가 붙게 되는 것이다.

또한 브란샤프트와 스톨로로우는 치료자들에게, 치료 도중에 환자가 보이는 정신증적 증상에 대해 자책하지 말라고 경고한다. 환자가 경험하는 치료자의 공감 실패를 강조함에 있어서, 자기심리학을 따르는 사람들 중에는 이런 공감 실패가, 자기대상에 대한 실망이 생길 수밖에 없는, 원초적 자기대상 전이의 맥락에서 일어난다는 사실을 간과하는 경향이 있다. 코헛(1984)은 치료 환경에 어느 정도 합리성이 존재한다면, 그리고 환자가 치료자가 공감해 주지 않는다고 느낄 때 이를 치료자가 알아차리고 환자에게 그러한 인식을 전달할 수 있다면, "최적의 좌절"이 일어나는 여건이 조성된다고 주장했다. 환자는 변형적 내재화 과정을 통해, 자기대상 전이 안에서 치료자가 자신에게 해주기를 바라던 것들을 스스로 할 수 있게 된다. 자기심리학을 응용하는 데서 초보자들은 흔히 이 점을 오해하기 쉬운데, 이런 오해는 지나친 자책을 불러온다. 브란트샤프트와 스톨로로우는 다음과 같이 말한다.

> "경계성" 환자의 욕구가 인정되지 않고 반응이나 공감적인 해석도 얻지 못할 경우, 폭

력적이고 부정적인 반응이 뒤따를 수 있다. 이런 분노의 반응은 대상의 좋은 점과 나쁜 점을 방어적으로 분열시키는 행위를 나타낸다고 분석가가 가정할 경우, 이것은 사실상 환자에게 자신의 주관적 경험은 무시한 채 분석가와 그의 해석들의 "선함"만을 받들라는 암묵적인 요구가 된다. 이는 환자의 주관적 경험에 대한 깊이 있는 분석을 방해한다(p. 335).

치료자는 투사와 투사적 동일시 개념으로 되돌아감으로써, 환자로 하여금 치료자가 잔인하고 냉정하고 통제하고 멸시한다고 느껴지는 순간들을 주목하지 못하게 만든다(투사와 투사적 동일시를 사용한 설명은 분석가가 선하고 올바르다는 전제를 강화시킨다.). 실제로 이것은 환자가 부모와 함께 경험한 이중구속의 위험한 상황으로 이끌 수 있다.

톨핀의 예를 따라 브란트샤프트와 스톨로로우도 일부 경계성 환자들에게는 궁극적으로 안정적이고 분석 가능한 전이 형성이 가능하다고 본다. 물론 이런 전이들은 보다 원초적이고 강력하며 불안정하고 파괴되기 쉬울 뿐 아니라 치료자를 훨씬 힘들게 하는 전이들이다. 그러나 이런 환자들도 제대로만 이해받으면 만성적으로 지속되는 심한 자기 분열은 일으키지 않는다. 대개는 그 정도의 분열이 일어나기 전에 치료를 그만둔다(Chessick 1977, 1983a).

경계성 증상은 치료자가 이 증상을 자극하는 것이 무엇인지 이해하지 못할 때 더 심해진다. 그러나 내가 보기에, 브란트샤프트와 스톨로로우가 많은 경계성 환자들이 결국 분석이 가능한 환자가 될 것이라고 희망을 가진 것은 지나친 낙관론이다. 이들은 코헛이 그들에게 말한 것을 인용(p.344)한다: 코헛은 치료자가 이런 환자와 어느 정도 공감만 형성하면, 이 환자는 경계성 사례가 아닌 심한 자기애성 인격장애 사례로 바뀐다고 말한다. 자기심리학자들에 따르면 경계성 인격구조들은 분열과 같은 방어기제가 특징적으로 나타나는 고정된 질병 단위가 아니라, 상호주관성 영역에 속하는 유동적인 상태이다. 이것의 예로는 브란샤프트와 스톨로로우가 발표한(Lichtenberg et al. 1984a) "캐롤린"의 사례가 있다.

또 다른 출판물(Stepansky and Goldberg 1984)에서 브란트샤프트와 스톨로로우는 자기심리학적 관점에서 보다 많은 임상자료를 제공한다. 이들에 따르면, 자기대상 발달이론selfobject theory of development은 "대상관계이론과 동시대 이론이며, 자기의 일부로서 경험되고 자기와 융합되어 있으며 자기를 위해 존재하는 대상들과의 가장 원초적인 관계를 다룬다"(p. 108). 이것은 멜라니 클라인의 연구를 바탕으로 컨버그를 비롯한 많은 연구자들이 발전시킨 대상관계이론과 구별된다. 브란트샤프트와 스톨로로우에 의하면, 경계성 환자의 지나친 전성기기적 공격성은, "억압된 원초적 욕구들과 이와 관련된 원초적 정신상태를, 본질적으로 분석가를 향한 의존성이나 적대감에 대한 병적 방어로 보는 치료방법에서 기인하는 불가피한 무의식적 결과"(p. 113)이다. 브란샤프트와 스톨로로우가 보기에 치료 도중에 등장하는 이러한 공격성은, 분석가의 오해나 잘못된 해석에서 비롯된 자기애성 상처에 대한 환자의 반응이다. 이 두 자기심리학자들에 의하면 자기대상인 분석가가 환자의 특정한 원초적 욕구나 소망을 충족시키지 못함으로써 환자가 경험하게 되는 좌절과 실망의 에피소드들(불가피하며 수없이 많은)을 분석하는 것이 중요하다.

코헛(1984)이 언급했듯이 보다 심도 깊고 유전적인 해석과 설명의 형태가 많은 효과를 거두려면 그 전에 환자를 마냥 이해해 주고 치료자가 이해한 내용을 환자에게 전달하는 소통의 시간이 꽤 길게 필요할지도 모른다. 심각한 병리를 가진 환자들은 분석가에게 이해 받는 경험을 반복해야 한다. 그래야만 환자들이 전이 안에 충분히 안정적으로 머무르고 설명과 해석을 유익하게 받아들이게 된다. 내 경험(1982, 1983a)에서 보면, 일부 경계성 환자들은 긴 시간에 걸쳐 서서히 자기응집성이 개선되기도 한다. 이는 환자 개인에 대한 치료자의 헌신과 공감능력과 길고 험난한 치료를 기꺼이 견뎌내는 치료자의 의지력에 달렸다.

저술들을 통해 충분히 해명되지 않은 요소들 중 하나(코헛 제자들의 사례에서도 빈번히 나타나는)가 바로, 이런 환자들에 대한 열렬하고 끈질긴 헌신이다. 사례집 6장에 나오는 치료자는 아래와 같이 쓰고 있다.

> 그녀는 자신의 냉담함, 침묵, 방어적 오만, 감정적 고립에도 불구하고, 그녀와의 정서적

> 관계 안에 내가 생생하고도 끈질기게 남아 있을 것이라고 느꼈다. 또 내가 그녀에게 내적 가치감이 자라나는 것을 솔직히 인정해 주고 그것에 반응해 줄 사람이라고 생각했다. 이 모든 것이 그녀의 건강을 굳건하게 해주었다(Goldberg 1978, p. 327).

우리는 환자에 대한 강력한 투자가 중요한 교정경험을 가져다 준다는 것의 함의를 무시할 수 없다. 이것은 프로이트가 초창기에 사례들을 다루던 모습과도 흡사한데, 환자에 대한 그의 헌신과 성실성은 우리 모두에게 모범이 된다 (Chessick 1980).

14장 | 정신분석적 정신치료와 자기심리학

자기심리학을 따르고자 한다면 코헛(1977)이 기술하는 한 가지 치료목표를 염두에 두어야 한다. 그에 의하면, 환자가 적극적이고 창조적이 되어 의미 있는 목표를 향해 나아갈 수 있도록 보상적 정신 구조를 강화하도록 돕는 것이 치료의 목표이다. 자신의 연구 전반에 걸쳐서 코헛은 창조성을 중점적으로 강조했다. 어떤 환자에게는 창조적 삶이 인간관계보다 더 우선시 되어야 한다. 성공을 거두었다는 증거는 환자가 자신이 살아있고 실재하며 가치 있다는 느낌을 보고하고 "이런 태도나 활동들이 삶의 가치를 느끼게 할 만큼 내게 충분한 기쁨을 가져다 줘요. 이런 것들이 공허와 우울을 막아주고요"(p. 17)라고 말하는 것이다.

이렇게 정신분석적 정신치료와 정신분석은 유쾌한 자기실현을 위한 생산적인 활동으로 길을 열어줄 수 있다. 코헛의 표현을 빌자면, "이런 활동들은 이제 효과적으로 수행될 수 있다. 분석을 통해, 다시 활성화된 과대자기의 원초적 야망들을 조직해 주는 이상화된 목표들이 단단한 기능적 구조로 확립되기 때문이다. 또한 분석은 이미 존재하고 있는 수행기관들을 더욱 강화하고 정교화한다"(p. 53). 자기심리학에 따르면 이러한 근본적 변화는 지적 통찰이나 인지적인 이해 때문에 생기는 것이 아니라, "보다 성숙한 정신에 의해 옛 경험들이 계속 반추된다"(p. 30)는 사실을 바탕으로 한, 변형적 내재화 과정을 통해서 일어난다. 자기 장애의 치유에 있어서는 최적의 좌절이나 변형적 내재화 과정도 중요하지만, 환자가 자율성을 갖도록 무엇보다 치료자가 자기대상으로서 공감해 주고 조절해 주는modulating 것이 중요하다.

정신분석과 정신분석적 정신치료의 차이

이 환자는 정신분석에 "적합하지 않다"는 말은 자기심리학에서 전혀 다른 뜻을 지닌다. "정신분석에 적합하지 않다"고 보이는 환자에게는 종종 정신분석적 정신치료를 권한다. 이렇게 되면 치료과정은 임상가에 따라 개인차이가 있는 보다 덜 알려진 치료과정으로 바뀌게 되는데, 이런 과정에는 "변형기법"이 도입되어야 한다. 어떤 저자들은 이것을 집중정신치료intensive psychotherapy라 부르고 또 어떤 사람들은 정신분석적 정신치료psychoanalytic psychotherapy라 부르는데, 코헛은 이를 가리켜 정신분석 지향의 정신치료psychoanalytically oriented psychotherapy라고 불렀다. 나는 논의의 대상이 누구인가에 따라 이 용어들을 적절히 혼용할 것이다.

정신분석 지향의 정신치료에서는 성공적인 정신분석에서 기대할 수 있는 목표들 중 일부에 도달하고자 한다. 그러나 이런 목표들은 선별적으로 정해지고 치료 의욕 또한 신중하게 제한된다. 그리고 여러 이유로 인해 환자를 만나는 횟수가 줄어들 수 있다. 치료자는 적극적인 태도로 질문하고 충고함으로써 전이를 "오염"시키거나 희석시킬 수 있는데, 이 때문에 치료가 권유나 교육에 의존한다는 비판을 받을 수도 있다.

자기심리학 지향의 정신분석이 정신분석 지향의 정신치료의 한 형태인지 아니면 진정한 정신분석인지에 관한 문제는 아직 해결되지 않았는데, 이것은 "정신분석"을 어떻게 정의하느냐에 따라 달라진다. 정신분석적 정신치료와 정신분석 간의 차이에 대해서는, 최근 국제정신분석학회가 발간한 단행본(Joseph and Wallerstein 1982)에서도 볼 수 있듯 논의가 분분하다. 왈러스타인은 이렇게 결론을 내린다: "이 문제에 관해서는 정확히 10년 전과 비교해 볼 때 한 걸음도 나아가지 못했다"(p. 122).

정신분석 지향의 정신치료에서 만약 전이신경증이 생기고 해소되는 과정이 없다면, 상담 회수와 상관없이 이를 정신분석이라고 부르기는 어렵다. 매우 보수적인 고전적인 분석가들은 자기심리학의 견지에서 이루어지는 정신분석은 진정한 정신분석이 아니라고 주장한다. 자기심리학자들이 고전적 분석의 분위기는 바람직한 기준보다 덜 유쾌하고 덜 공감적이라고 은근히 비판하면 고전적 분석가들은 불쾌해한다. 이들에 따르면 자기심리학은 근본적으로 불필요하며 이미 고전적인 분석가들이 임상 경험에서 얻은 지식을 반복할 뿐이다. 심지어 어떤 이들은 정신분석적 자기심리학과 정신분석 지향의 정신치료는 모두 훈련되지 않은 분석가가 실천하는 정신치료에 지나지 않는다고 말한다.

코헛은 정신분석 지향의 정신치료에 대해 이들보다는 관대한 태도를 보인다. 그는 기하학적인 비유를 통해, 본래의 정신분석과 정신분석 지향의 정신치료를 구분하고자 한다. 그는(Goldberg 1980, p. 532) 고유한 의미에서의 정신분석은 "자기 병리로 고통 받는 환자에게 그의 자기의 한 구역sector에 변화를 가져오는 것을 목표"로 삼는 반면, 정신분석 지향의 정신치료는 "자기의 한 구획segment에 변화를 가져오는 것을 목표로 한다"고 말한다. 즉, 정신분석은 "정신의 심층"에 영향을 주는 반면, 다른 형태의 치료들은 표층만 건드린다는 것이다. 그러므로 그는 자기의 한 "구역"은 정신의 심층과 닿아있지만 자기의 한 "구획"은 보다 표층적인 것임을 분명히 밝히고 있다. 즉, 자기의 구역적인 변화는 정신분석이 시도하는 것으로 정신의 심층에 영향을 미치려는 시도이지만, 구획적인 변화는 보다 표면적인 것으로 정신분석 지향의 정신치료에서 볼 수 있다는 것이다.

"수직", "수평" 분열(Kohut 1971)과 마찬가지로 이것 또한 그럴듯한 기하학적 설명이다.[8] 그러나 옥스퍼드 영어사전(Oxford English Dictionary, 1970)과 웹스터스 신국제판 사전(Webster's New International Dictionary, 1961)에서 "구역"과 "구획"의 의미를 아무리 살펴봐도 기하학에서건 다른 담론에서건 이러한 구별은 별로 신뢰할 만한 것이 못 된다. 코헛의 개념을 이해하기 위해서는 코헛이 "구역"은 심층

8) 내가 여기서 비판하는 것은 기학적인 은유로 표현된 이러한 개념들이 아니라 용어사용의 문제이다. 코헛의 비유법에 대한 내 해석은 받아들여졌다. 왜냐하면 다른 곳에서(Kohut 1977, p. 251) 그는 정신의 "구역"에 정신의 "층layer"을 대비시켰기 때문이다. 후에(1984, p. 49) 그는 "구역의sectorial"라는 형용사를 "심층적인 경험experience in depth"의 의미로 사용했다.

으로 "구획"은 표층으로 정의한다는 점을 기억하는 것이 중요하다.

골드버그(1980)의 논의에 따르면 코헛은 자기대상 전이에 뒤따르는 해소의 과정을 중시한다. 이러한 과정은 정신분석에서 더욱 확대되는데, 왜냐하면 이 과정이 원초적 자기대상이 축소됨에 따라 자기의 두 극 사이에 위치한 기능 및 기술의 영역은 물론 자기의 두 극이 내적으로 강화되게 해주기 때문이다. 코헛에 의하면 정신분석 지향의 정신치료에서는 전이 해석이 보다 덜 철저하게 이루어지며 최소한에 그친다. 이러한 해석은 환자로 하여금 자기대상인 분석가로부터 다른 자기대상적 인물에게로 옮겨가게 하려는 것인데, 이런 해석은 또한 환자로 하여금 "주변 사람들을 실망시키더라도 즉시 움츠러들지 않고, 그들에게서 얻을 수 있는 자기대상적 지지를 충분히 활용할 수 있을 만큼 민감성이 줄어들게 만든다"(p. 535). 외부에서 얻는 자기대상적 지지는 예를 들어, 종교나 사교 기능을 담당하는 여러 제도를 통해서도 얻을 수 있다. 이 경우에는 자기대상 전이가 해소되지 않는다. 외부 상황이 힘들 때 환자는 언제든지 이런 제도로 돌아와 일시적인 전이의 재활성화를 통해 힘을 얻을 수 있기 때문이다.

정신분석 지향의 정신치료는 유전적 역동genetic-dynamic을 강조하지만 정신분석은 궁극적으로 역동적 유전성dynamic-genetic을 강조한다고 코헛(p. 536)은 말한다. 그러나 그는 "이러한 구분선을 항상 명확히 그을 수 있는 것은 아니다"(p. 535)라고 말한다.

치료 기법들에 대한 잠정적 분류

교육적 차원에서 그리고 전반적인 밑그림을 제공한다는 견지에서 우리는 게도와 골드버그(1973)의 방법을 따라, 고전적인 분석 이론에서 고안되었으나 자기심리학과도 밀접한 관계가 있는 발달단계들에 맞추어 치료 방법들을 분류해 볼 수 있다. 1단계는 출생에서 6~8개월까지로 자기와 대상을 인지적으로 구별하는 시기이다. 이 시기에는 일차적 나르시시즘이 극히 지배적이다. 또한 이 시기에는 프로이트(Chessick 1980)가 말한 "일차적인 억압primal repression"이 전형적인 주요 방어기제가 되며, 초기의 불안은 과도한 자극이나 리비도 투여에서 기인하는 멸절 불안annihilation anxiety이다. 이 시기로 퇴행해야 하는 환자는 압도하는 듯한 극심한 외상 상태나 정신증적 공황 상태를 경험한다. 이런 사례들에 대한 치료는 평안하게 해주는 것인데 이는 흥분의 조절과 절제된 카타르시스를 뜻한다. 여기에는 약물복용과 입원치료도 포함된다. 평안의 본질은 긴장완화와 부분적인 방출을 통한 통제능력의 유지에 있다(Gedo and Goldberg 1973, p. 162).

2단계는 8개월~3세에 이르는 시기로 이 시기에 발달이 제대로 성취되면, 핵심자기의 응집성이 근본적으로 불가역성을 띨 만큼 자기와 대상에 대한 인지적, 정서적 분별력이 커진다. 과대자기와 이상적 부모원상은 이 시기에 생겨날 수밖에 없는 자기대상에 대한 실망들을 다루는 데 이용된다. 이 시기에 전형적으로 나타나는 불안은 분리불안이며 마술이 일종의 현실검증능력으로 사용되고 대량의 투사와 내사가 일어난다. 자기심리학적 관점에서 볼 때, 이 시기에서 "최악의" 위험은 새롭게 형성중인 핵심자기의 파괴이다. 이 단계로 퇴행하는 환자는 경계성 혹은 정신증적 분열을 보이는데, 이런 사례에는 통합 치료가 필요하다. 이런 환자들이 자기응집성을 가지려면 외부의 조력이 필요하다. 즉, 믿을 수 있고 늘 만날 수 있는 자기대상들과 장치들이 필요하다. 치료자와의 중단 없는 관계는 중대한 요소이지만, 환자의 인생에서 치료자가 일시적 대상이라는 것을 알 때, 소위 발린트(1968)가 말하는 기본적 결함에 보완이 일어난다. 치료과정은 환자에게 현실적인 경험이며, 원초적 자기대상으로 느껴지는 현실적 대상과의 지속적인 관계가 이 과정에서 생겨난다. 치료자는 때로 현실적 대상으로서 환자의 인생에 부드럽게 개입해야 하는데, 만족시키고 진정시키기보다는 대개 지속적인 관계를 유지하는 것으로 충분하다.

세 번째 단계는 3세~6세에 이르는 시기로, 새로이 형성되었으나 아직은 불완전하게 응집된 자기로부터 초자아의 확립에 이르는 기간이다. 프로이트는 이 시기를 나르시시즘이 좀 더 남근에 한정되고 거세불안이 전형적으로 나타나는 시기라고 보았다. 억압 장벽이 아직 형성 중일 때는 방어기제로서 부정이 먼저 나타나지만, 대개 자기와 대상은 서로 다르고 분리된 실제적 개체들로 인식된다. 코헛에 의하면 자기애성 인격장애는 발달상으로 볼 때 이 단계에서 멈춘 케이스다. 대량적인 자기분열은 더 이상 나타나지 않으나, 원초적 과대자기와 이상적 부모원상이 아직 핵심자기 안에 적절히 통합되어 있지 않기 때문에 자기애성 상처를 입으면 퇴행하여 임상적인 증상을 나타낼 수 있다. 이런 환자들을 위한 치료법은 최적의 환멸 즉, "현실과 직면"(Gedo and Goldberg 1973, p. 164)하게 하는 것이다. 아니면 코헛의 방법에 따른 정신분석에서처럼, 자기애성 자기대상 전이가 안정적으로 형성되게 한 후 그것을 수용해 주고 궁극적으로 이를 해석해 주는 것이다. 환자는 변형적 내재화 과정을 통해서 자기가 대단한 사람인 것 같은 착각을 차츰 포기하게 된다. 그렇게 되면 과대자기와 이상적 부모원상은 적절한 방식으로 인격 안에 통합된다.

유년기의 마지막 단계는 6세-9세(사춘기 이전)로, 초자아가 형성되고 나서 자아가 단단해지고 억압장벽이 견고해지는 시기이다. 이때는 현실원리가 우세해진다. 뚜렷한 자기감각을 가진 사람은 자아이상의 인도를 받으며 포부에서 추진력을 얻는다. 도덕적인 불안 즉, 죄책불안이 전형적으로 나타나며, 기본적 방어기제로는 억압이 전형적으로 나타난다. 프로이트가 말하는 유아신경증은 바로 이 시기에 형성된다. 이 시기로의 퇴행에서 비롯된 장애를 치료하는 방법은 고전적인 분석이다. 이 방법은 구조이론을 토대로 하여 전이신경증을 해석하는 것인데, 이를 통해 자아는 강화되고 초자아의 엄격성은 수그러들며, 견딜 수 없는 내적 에너지들이 어느 정도 방출된다. 그리고 승화능력이 발전하여 미래에 성인으로서 성공하는 데 밑거름이 된다.

환상을 없애주는 치료(=환멸 치료)와 고전적인 분석치료의 차이점은 다음과 같은 어느 환자의 말 속에 잘 나타나 있다: "이전의 치료는 성인 안에 있는 아동이 밖으로 나오게 하는 거였는데, 당신과 하는 치료에서는 아동 안에 있는 성인이 바깥으로 나올 결심을 하네요."

게도와 골드버그(p. 107)는 사춘기 이후부터 성인기 전반부에 이르는 인생의 다섯 번째 단계를 추가하여, 이것을 "온전히 분화된 정신장치를 가진 시기"라고 불렀다. 이 시기에는 전형적으로 신호불안signal anxiety이 나타나며, 나르시시즘은 이제 지혜, 공감, 유머, 창조성 등으로 변화된다. 이 시기의 곤란들은 신중한 내면생활과 자기분석을 통해서 해결하는 것이 바람직하다. 이에 대한 예는 칼더1980가 자세히 설명하고 있다.

몇 가지 비판적 견해들

나르시시즘에 관해서는 완벽한 이론이 존재하지 않는다. 여러 가지 견해들이 파생되고 또 통합된다 하더라도 비판을 면할 수 없다. 이러한 견해들은 임상 현장에서 주먹구구식으로 처방될 뿐이다. 프로이트, 페어베언, 클라인, 발린트에 대한 반론은 이미 1, 2부에서 소개하였다. 컨버그에 따르면 유아의 자아는 분열시키는 능력과, 자기 및 대상 표상을 형성할 수 있는 능력이 있다. 그러나 피아제는 이 시기의 유아에게는 이런 능력이 없다고 주장한다. 나는 치료 도중에 나타나는 엄청난 격노(분열된 자기 및 대상 표상 때문에 일어나는)가 사실은 일종의 정신적 텔레스코핑telescoping이라고 생각한다. 이드가 이드의 파생물들을 나타낼 때, 그것은 자아가 생산한 이미지와 표상들을 통해서 이드 자체를 드러낸다. 자아는 전이 안에서 감정을 표현할 때 나쁜 투사적 표상들(아기들, 영향력을 행사하는 제도들, 나쁜 정신치료자 등의 표상들)을 사용한다. 그러나 이러한 특정한 자기 및 대상 표상들이 유아의 정신 안에 이미 현존해 있다고 가정하는 것은 유아를 성인 취급한 결과이다.

이것은 마이스너(1978b)와 같은 편집증에 대한 신클라인학파의 정교한 해석들에서는 근본적인 문제가 된다. 마이스너는 단지 지나가는 의미로 코헛의 이론을 거론했으며, 욕동심리학과 자기심리학의 근본적 차이를 논하지도 않았다. 편집증적인 망상에 아주 다르게 접근하는 코헛(1971, 1장 pp. 255-256)의 견해를 마이스너와 비교해 보라. 코헛(p. 10)은 "이러한 망상은 과대자기와 이상적 부모원상의 분열에서 비롯된다"고 본다. 그리고 정신증에서는 이러한 조각난 파편들이 망상 가운데 재조직됨으로써 "정신구조들"의 파괴가 뒤따르는데, 정신에 남아있는 "통합 기능"에 의해 이것들이 합리성을 되찾는다고 본다.

실증주의자와 경험주의자들은 "자기"에 대한 우리의 내성적인 개념에 대해서, 이것은 우리가 인증되지 않은 추상적 단위 안에 습관적으로(흄의 표현대로라면) 통합해버리는 한 묶음의 지각들과 표상들에 불과하다고 말할 것이다. 코헛은 철학 분야로 들어서면서 경험과 거리가 먼 총체적holistic 개념들을 가지고 자기 심리학을 높은 추상 수준까지 끌어 올린다. 이것은 종교인이나 철학적 마인드를 가진 사람에게는 호소력이 있겠지만, 아마도 임상가들에게는 덜 할 것이다. 예를 들어 야스퍼스는 1913년에 이미 자신의 저서,『일반 정신병리학』(1972)에서 정신의학과 실존주의적 관점을 통합해 인간의 자기self 인식을 논한 바 있다.

코헛이 강조하는 고갈된 자기(1977, p. 243)-포부들은 반영을 얻지 못하고 이상은 부재한 상태-에서 비롯되는 중년의 공허한 우울은 정신분석(Jung 1933)과 철학에서 오랜 전통을 가진 주제이다. 예를 들어 볼하임(1984)은 실존철학의 입장에서 코헛보다는 프로이트와 멜라니 클라인을 인용하면서 다음과 같이 주장한다: 계획들로 이루어진 하나의 과정으로서 자기를 바라보는 자기에 대한 총체적 개념은 개인이 "삶을 가치 있는 것으로 보는" 데서 중요한 역할을 하며, 이러한 삶에 대한 가치 발견은 결국 "그가 중요하다고 생각하는 욕망이나 계획들을 이루도록 삶이 그에게 약속해 놓은 기회"(p. 246)이다. 코헛과 마찬가지로 볼하임도, 이것은 "인생이 살 만한 가치가 있다고 생각하는 것"(p. 244)과는 다르다고 본다. 왜냐하면 이것은 삶 자체에 포함된 희락과 고통의 균형과 관련이 있기 때문이다.

코헛은 나르시시즘이 성공적으로 변형되면 중년에 내적인 평화가 생긴다고 말한다. 헤겔(Taylor 1975)도 이러한 변형 속에서 자기가 피어나면 보편정신universal Geist의 발현인 자기의 실현을 바탕으로 한 평화가 우러난다고 주장했다. 이런 지점에 이르면, 온전함에 대한 개인의 염원은 더 이상 "좌절의 운명"에 처하지 않으며, 헤겔이 말하는 "불행한 의식unhappy consciousness"으로 고통 당하던 사람도 이제는 인생의 유한함을 수용하고 다른 자기들과 공감할 수 있게 된다.

실제로 버틀러(1984)는 "헤겔의 변증법 또한 공감적 이해의 한 형태"(p. 19)라고 주장했다.

코헛은 19세기의 실험적 자연과학으로부터 정신분석을 멀찍이 떼어놓은 다음―이 점은 코헛(1978, p. 751)도 인정하였다―정신분석을 인문주의적이고 철학적 사고 안으로 깊이 끌고 갔다. 그러나 프로이트는 바로 이런 경향을 항상 경계했다. 치료자는 이런 방향으로 얼마나 멀리 갈 수 있는지를 결정해야 하는데, 이는 공감과 대리적 내성에 대한 신뢰도에 따라 달라질 것이다.

전오이디푸스기 장애에 있어서는 클라인학파보다는 코헛이 임상적으로 더 도움이 된다. 코헛은 자기, 대상, 초자아, 남근, 젖가슴 등에 관한 온갖 종류의 인지적 표상에 대한 개념이 아기에게 이미 형성되어 있다고 보는 클라인의 실수를 반복하지 않으려고 신중을 기한다. 이 점은 여전히 논란이 되고 있는데, 어쨌거나 임상가는 매일 자신의 방법론을 선택해야만 한다. 이러한 선택은 그들이 정신치료를 하는 방법에 커다란 영향을 미친다. 로텐버그(1983)는 인격장애의 치료에서 자기심리학을 토대로 한 치료와 자아심리학을 토대로 한 치료를 서로 비교, 검토한 것을 발표했다. 그는 방향 선택에 따라 임상 기법에서도 차이가 난다는 점을 강조했다.

우리는 환자와 관련된 즉각적인 요구들 때문에 접근방식에 관해서도 중요한 결정을 내려야 하는데, 결국에는 서로 충돌하는 이 이론들 중 어느 한 쪽을 사용하게 된다. 치료자는 신중하게 선택해야 하며 모든 가능한 옵션들에 대한 명확한 이해를 바탕으로, 적절히 개입할 수 있도록 임상 자료의 변화를 유심히 지켜보아야 한다. 경험 많은 동료에게 자문을 구하는 것은 언제나 바람직하다.

임상 실천에서의 몇 가지 함의

내가 교육적인 차원에서 그리고 잠정적으로 구분했던 내용들은 집중정신치료를 실천하는 데서 함의를 지닌다. 어떤 사람들은 평안과 통합을 위해 공식적인 정신분석을 사용한다. 그러나 적절한 조건만 주어진다면 상담 회수가 적은 정신치료에서도 전이신경증의 해석이 일어날 수 있다. 이는 정신분석과 정신분석적 정신치료가 연속선상에 있다는 연속체 이론을 암시하는데, 이것은 일부 고전적인 분석가들이 주장하는 차별화 이론과 대립된다. 이런 문제는 더 나아가 억압된 유아기적 갈등에서 비롯된 신경증은 물론, 발달상의 결핍이나 구조적 장애에도 고전적 정신분석을 적용할 수 있느냐는 질문에 대해서도 제기된다. 안나 프로이트(1971)는 이러한 적용 가능성에 대해 회의적이었다. 한편 자기심리학자들은 결핍 장애에도 정신분석이 적용될 수 있도록 기법을 계발했다고 주장한다.

나는 여기서 과거 최상의 상태로 자기가 회복된다는 뜻으로 자기의 교정을 말하고 있지 않다. 이런 종류의 치료는 3개월간의 단기정신치료로서, 전이나 재구성(즉, 새로 조직된 자기의 형성)에 초점을 두지 않는다. 사실 어떤 분석가들은 유일하게 정당화될 수 있는 정신치료의 형태는, 교정을 위한 단기정신치료와 공식적인 정신분석 이외에는 없다고 주장한다. 삭스(1979)는 해결되지 않는 이러한 논쟁을 역사적으로 고찰한 바 있다.

집중정신치료가 환자에게 지지적인 자기대상과의 만남 그 이상이 되는 데는 치료자의 기술이 크게 작용한다. 그러나 차별화 이론을 밀고 나가는 데는 위험성이 있다. 차별화 이론은 정신치료자들이 임상에서는 모든 것이 실천 가능하다고 믿는다고 주장함으로써, 정신분석적 정신치료 분야에서 환영 받지 못하고 있다. 환자가 원하는 것과 성취할 수 있는 것, 그리고 치료자가 실행해 낼 수 있는 것을 종합해서, 환자가 공식적인 정신분석을 받을 것인지 아니면 정신치료를 받을 것인지를 결정해야 한다. 즉, 코헛이 지적한 것처럼 치료자의 공감능력과 환자의 자기응집성 정도를 종합해서 환자가 "구역적인" 치료를 받을 것인지 아니면 "구획적인" 치료를 받을 것인지를 결정해야 한다.

자기심리학은 우리의 시각이 환자의 내면을 향하게 한다. 즉, 환자가 경험하는 바를 우리 스스로에게 물어보는 것이다. 우리는 환자가 치료자에게 불러일으키는 느낌을 숙고한다. 우리는 환자가 우리에게 무엇 또는 누가 되어주기를 바라는지, 그리고 자기대상으로서 치료자가 어떻게 사용되기를 바라는지를 자문해 본다. 집중정신치료에서 우리는 항상 만날 수 있는 사람이 되고자 하는데, 이는 환자가 우리를 자기self 교정에 사용하게끔 하려는 것이다. 계속 진행해 나가다 보면 종국적으로, 이런 자기대상 전이를 해석하고 해소하는가의 여부에 따라 집중정신치료와 정신분석으로 나뉜다. 코헛이 설명하는 것처럼 정신치료에서 우리가 해야 할 일은 자기대상 전이에 초점을 맞추기보다, 환자로 하여금 이런 전이에서 벗어나 친구, 가족, 다양한 사회조직 등으로 눈을 돌려 환자 자신에게 훨씬 더 필요하고, 종극적으로는 치료자를 대체하게 될 공감적 모체를 형성하도록 돕는 것이다. 자기심리학을 이해하는 데서 흔히 범하는 실수는, 전반적으로 치료자에게 공감만 부족하지 않다면 환자는 만족을 얻고 행복해질 거라고 믿는 것이다. 이는 일부 환자들이 융합이나 자율성 상실에 대한 공포 때문에 자기대상 전이의 형성을 두려워해, 은밀하게 융합전이를 형성하고도 계속 치료자를 폄하해야만 하는 현실을 간과한 것이다. 그러므로 불행해하고 불평하는 환자가 계속 치료자와 치료를 평가절하 하면서도 규칙적으로 상담에 나오고 외부상황에도 긍정적인 변화가 있다면, 이 환자는 치료자의 자존감을 낮추거나 치료적으로 절망적인 환자는 아니다. 다시 분석가에 대한 논의로 돌아가서 치료자는 어떤 방식으로 자신이 사용되고 있는지, 그리고 환자가 치료자를 사용함으로써 자기응집성이 개선되고 그 결과 자아기능이 향상되었는지의 여부를 자문해 보아야 한다.

만약 치료자가 어떤 종류의 자기대상 전이가 형성되었는지를 인식하고 그것을 수용할 수 있다면, 이것은 통제와 조절 측면에서 환자에게 도움이 될 것이다. 통제와 조절은 적절한 경로로 흥분을 발산시키고 이상화 전이를 통해 현실적인 목표들을 갖게 하는데, 이 모든 것들이 회복된 자기애적 평형을 만들어낸다. 치료자는 환자가 말하지 않아도 이렇게 회복된 평형상태를 곧장 알아차린다. 이렇게 균형을 이룬 환자는 전이에 대한 해석 없이도 정신치료 도중에 기능적인 개선을 보이기 때문이다.

청소년 정신치료

치료자가 환자의 욕구를 인식할 능력이 없거나 자신의 자기대상 욕구를 만족시키기 위해 환자를 사용한다면 치료는 분명히 깨진다. 미성년자인 도라(Freud 1905a)의 사례에서 프로이트는 그녀가 K씨에게 입맞춤 당하는 동안 느꼈다고 보고한 그 구역질이 히스테리적이고 성적인 흥분에서 비롯된 것이라고 해석했는데, 이는 도라(Wolf 1980)의 전체적인 주관적 경험에서 크게 빗나간 것이었다. 프로이트는 한 어린 소녀의 경험에 대해 대리적 내성의 태도를 고려하지도, 보여주지도 않았다. 40세의 K씨가 도라에게 기습 키스를 했을 때, 청소년을 경험해 본 정신과의사라면 그녀의 구역질이 나이에 합당한 것이라고 강력하게 주장할 것이다. 볼프는 프로이트가 이 어린 소녀를 공감적으로 이해할 수 없었던 것은 아마도 성이론에 대한 그의 강한 집착에서 온 역전이 때문이었을 것이라고 생각했다. 아니면 여성에 대한 프로이트의 태도와 관련된 다른 심오한 이유가 있었는지도 모른다.

자기심리학(Kohut 1971, p. 119n)에 의하면 청소년기의 성적 행동은 사춘기 충동 폭발의 일부이기보다는 일차적으로 자존감을 강화하려는 자기애적 목적에서 사용된다. 특히 자기-병리Self-pathology가 있을 경우, 성적 행위는 참을 수 없는 자기고갈의 느낌과 무력감으로부터의 도피를 의미한다. 코헛을 분석했던 어거스트 아이콘(1955)에 따르면, 코헛은 치료자로서 그가 가지고 있던 특별한 직관적 기술과 카리스마적인 성격 때문에 비행청소년 환자들(Kohut 1971, pp. 161-164)에게 이상화 전이를 쉽게 형성할 수 있었다.

자기심리학은 청소년을 다루는 정신치료자들에게 많은 아이디어를 제공한다. 이들의 성적 관심과 전형적으로 나타나는 기분 변화는, 적어도 우리 문화 속에서 이 나이라면 불가피하게 겪게 되는 자기애적 평형의 동요라는 측면에서 더 잘 이해될 수 있다. 청소년기는 자기self의 생명곡선에서 중대한 과도기를 차지한다. 이 시기는 사춘기적인 부조화와 오이디푸스적 갈등의 재현과 함께 시작되며, 진정한 자기가 되기 위한 잠재적 자유의 시기를 지나 후반기에는 이상화된 도덕과 가치관이 형성된다. 이러한 이유로 코헛(1971)은 이 시기를, 핵심적인 정신구조가 확립되는 "마지막 결정적 단계"(p. 43)라고 불렀다.

임상가는 취약한 자기감각을 가진 개인이 조적으로 위안을 추구하는 행동과 자기강화 활동을 혼동해서는 안 된다. 자기강화 활동은 때로 위험한 것일 수 있는데, 청소년기 후반에 보이는 철학적 자기나 "진정한" 자기의 탐색과 더불어서 나타난다. 코헛(Chessick 1985a에서 논의됨)의 의미에서 보자면 이런 탐색은 비교적 견고하고 응집된 자기를 전제로 한 활동들이다. 청소년기에 서둘러서 "정체성"을 가지려 하는 태도는 자기를 마지막으로 강화시키고 또 일관성 있게 해 준다. 이것은 청소년기에 달성해야 할 중요한 과제로서 이에 관해서는 울프, 게도, 터만(1972) 등의 자기심리학자들이 이제 막 연구를 시작하였다.

"어려운" 또는 "저항적인" 환자들

바슈(Stepansky and Goldberg 1984)에 의하면 코헛(1971)이 『자기의 분석』을 처음 출간했을 때, 정신분석학계 원로들은 "영리하지만 정신분석은 아니다"(p. 25)라고 평가했다. 바슈에 의하면 코헛의 연구는 비록 "공식적인" 인정을 받지는 못했지만 여러 면에서 활용되었다. "제도권"에서 코헛을 비분석적이라고 정죄하는 일은 멈추었지만, 그의 연구가 새로울 것이 없다는 주장은 아직도 제기되고 있다.

코헛의 이론은 이전 같았으면 지지 치료를 받게 했을 환자를, 보다 정신분석을 지향한 방법으로 치료할 것을 권한다(일부 클라인학파 분석가들과 북미의 분석가들은 수년 동안 이를 지지해 왔다). 강렬하고 불안정하여 붕괴되기 쉬운 원초적 자기대상 전이를 가진 환자도 이제 더 많이 수용되고 이해받을 수 있게 되면서, 어떤 사례에서는 현저하던 정신병리가 후퇴하거나 사라지는 일이 생겼고, 이전 같았으면 경계성으로 분류되었을 환자나 심지어 정신증 환자까지도 분석이 가능한 환자로 바뀌었다.

스톨로로우(Stepansky and Goldberg 1984)는 소위 부정적 치료반응에 접근하는 자기심리학의 전형적인 방법론을 소개한다. 자기심리학에서는 "환자의 자기대상 전이 욕구들이 계속해서 잘못 이해되고 거부당하는 상호주관적 상황"(p. 48)에서 이러한 부정적 반응이 나온다고 본다.

집중정신치료나 정신분석에서 "저항"이라고 부르는 것도 자기심리학자들은 다른 방식으로 이해한다. 이 점에 대해서는 코헛(1984)과 볼프(Stepansky and Goldberg 1984)가 논한 적이 있다. 자기심리학자들에 따르면 저항은 환자가 "멸시나 거부 또는 다른 형태의 폄하"를 두려워하고 있음을 나타내는 것으로, 이런 두려움은 그들로 하여금 자신을 드러내는 데 "민감하고 조심스럽게" 만든다(Wolf, in Stepansky and Goldberg 1984, p. 152). 이런 조심성은 충동에 대한 방어가 아니라 "자기를 분열시킬지도 모르는 자기대상 실패에 대한 저항"이다. 볼프는 이를 가리켜 "불가피한 자기 보호조치"라고 부른다. 실제로 볼프는 "한 두 명 이상의 분석가"(p. 153)가 분석을 해보기 전에는 환자에게 경계성이라는 진단을 내려서는 안 된다고 생각한다. 왜냐하면 그는 이런 환자들과의 치료 중단도 대개는 "해석과 설명을 통해서"(p. 155) 안정적인 자기대상 관계가 형성되게 함으로써 치료의 종착점에 이르게 할 수 있다고 보기 때문이다. 여기서도 관건이 되는 것은 분석가의 기술과 공감조절 능력이다. 자기는 적어도 두 개의 잠재적 외상에 노출되어 있는데 하나는 "필요한 자기대상 반응의 상실"이고, 또 하나는 "자기대상이 자기의 경계를 넘어 자기의 핵 안으로 침습해 오는 것"이다. 볼프는 "자기의 구조가 약할수록 자기는 더 취약해지며 잠재적 위험에 대한 자기방어 전략 또한 더욱 왜곡된다"(p. 152)고 말한다. 자기심리학의 관점에서 보자면, 치료자는 자신이 환자로부터 부여받은 자기대상으로서의 역할에 대해 많이 알면 알수록 정신치료를 실천하는 데서도 그만큼 더 훌륭한 치료자가 될 수 있다.

역전이

자기심리학은 전이와 역전이에 관해서도 할 말이 많다. 이 점에 대해서는 볼프(1979)가 정리를 해놓았다. 군터(1976)는 자기심리학적 관점에서 역전이의 기원과 의미를 논하면서, "역전이는 동요된 분석가 자신의 자기애적 평형을 회복하기 위한 타협의 산물"(p. 206)이라고 말했다. 군터는 환자와의 관계에서 분석가가 자신의 자기애적, 성적, 공격적 욕망을 행동화한 다양한 보고의 내용을 설교조나 비꼼 없이 설명하고 있다. 이전에는 고전적인 분석가였으나 지금은 변절한 분석가들이 주기적으로 정신분석에 통렬한 비난을 가하면서 자신들의 이론(군터는 이를 "구세주 이데올로기"라고 부름)을 옹호한다든가, 전도가 유망한 분석가나 기성 정신과의사가 불행히도 갑자기 우울증에 빠지거나 자살했다는 소식이 가끔 들려오는 것 등이 주 내용을 이루고 있다. 군터의 논문은 대단히 폭넓은 참고문헌 자료를 제공한다. 그에 의하면 역전이는 도덕적 결함에서 생기는 것이 아니라, 환자들의 자기애적 욕망이 충격적으로 밀려오는 상황에서 "위험에 처하게 된 분석가의 입장"에서 기인한다. 즉, 분석가가 조금만 공감해 주지 않아도 환자는 초기 형태의 자기애적 만족 상태로 퇴행하거나 간헐적으로 분노를 표출하게 되는데, 이러한 퇴행은 다시 치료자의 자기애적 평형 회복을 위한 역전이를 유발하게 된다는 것이다.

군터의 관점에서 볼 때 역전이 행동은 분석가가 전문가로서의 자기 기대에 자기애성 상처를 입음으로써 일어난 결과이다. 특히 전오이디푸스기 사례에서는 자기대상인 분석가에게 끊임없이 완벽성을 요구하는 환자의 원초적 욕구 때문에, 분석가의 응집되고 성숙한 자기의 안정성과 자존감 조절 능력은 위협 받을 수 있다. 역전이는 불가피한 자기애적 모멸감의 결과이며, 환자의 퇴행에서 기인하는 재자극과 원초적 요구들 앞에서 전문가로서의 자기 기대에 실망을 느낌으로써 생긴다. 군터는 다음과 같이 결론을 내린다.

> 분석가 자신의 자기애적 균형 안에 생긴 균열이 역전이 자극의 또 다른 중요한 원천이

> 될 수 있다. 그러므로 임상가의 명백한 증상적 행동(즉, 역전이)은 최적의 분석 초점을 와해시키는 일차적 원인이 아니라 하나의 타협형성이라고 할 수 있다. 이러한 타협형성은 자기애적인 퇴행과 관련이 있으며 방어적 기능을 수행한다(p. 222).

자기심리학은 이렇게 장기간의 정신치료와 정신분석에 임하는 치료자에게 닥칠 수 있는 위험들을 보다 잘 이해하게 해 준다.

바슈 : 자기심리학적 관점에서 본 "정신치료의 실천"

바슈(1980)는 최적의 정신치료 환경을 자기심리학적 관점에서 제시한다. 발표된 다른 사례[9]들과 비교해 볼 때, 치료 내내 지지해 주고 편안한 어조로 환자를 대한다는 것은 자기심리학의 영향으로 정신치료나 정신분석치료의 분위기가 실제로 개선되고 있음을 뜻한다.

바슈의 "요령서"는 6개의 임상사례를 제시하는데, 우리에게 얼마간의 대안적 해결책을 제시하면서 각 사례가 갖는 장단점을 설명한다. 이 책은 "환자의 성적 갈등에 대한 탐색을 피하기 위해"(Waldron 1983, p. 626) 자기심리학적 개념을 사용했다는 비판을 받았다. 왈드론에 따르면 임상내용에 대한 바슈의 설명은 이미 자기 문제와 전오이디푸스기 문제를 위주로 한 개념들의 무게에 짓눌려 있을 뿐 아니라, 해결되지 못한 오이디푸스기 문제 때문에 환자가 온전한 성적 대상사랑을 성취하지 못하고 있음을 간과하고 있다.

이것은 전통 정신분석가들의 계속되는 비난을 다시 한 번 보여주는 예로, 이들 전통 분석가들에 의하면 자기심리학은 정신치료자와 분석가를 환자와 공모하게 하여, 해소되지 않은 오이디푸스 콤플렉스에서 기인하는 탐욕과 공격성을 직면하지 못하도록 만든다. 바슈는 그가 제시하는 이 사례들은 일차적으로

9) 프로이드의 사례는 아님. 립톤(1977, 1979)과 체식(1980, 1982) 참조.

전오이디푸스기 자기 장애들이며, 이들이 갖고 있는 오이디푸스기 장애는 부수적이라고 주장한다. 자기심리학자들에 따르면 바로 이런 환자들이 정신치료를 가장 많이 찾으며, 이들은 정신신경증의 핵심에 오이디푸스 콤플렉스를 위치시키는 고전적인 분석 사례들과 다르다. 코헛은 그의 마지막 저서(1984)에서, 자기 병리가 고전적인 오이디푸스 콤플렉스보다 더 깊은 곳에 자리한다고 본다.

바슈가 자신의 환자들이 자기 장애를 앓고 있다고 보고 치료하는 것이 옳은 일인지, 아니면 이들의 병리를 해결되지 않은 오이디푸스 콤플렉스에서 비롯된 퇴행으로 볼 것인지에 관해서는, 이 사례보고서를 독자가 직접 연구해 보고 판단할 일이다. 하지만 이런 판단은 내리기가 어렵다. 우리가 판단의 근거가 될 임상자료를 모두 갖추고 있지 않기 때문이다. 바슈는 자신이 제시한 특정한 사례들은, 보통의 훈련을 받은 분석가라면 누구나 맞닥뜨리는 사례라고 말하는데 나도 이에 동의한다. 바슈의 사례들은 미해결된 오이디푸스 콤플렉스에서 생긴 신경증이라고 보고 접근하기엔 무리가 있다.

실례로서 왈드론(1983)이 비판하는 Banks부인의 사례를 살펴보자. Banks부인은 8개월 후에 개업할 예정인 한 치료자를 찾아갔다. 그녀의 예전 치료자는 정신치료 훈련이 끝나고 개업하기 전까지 3년 동안 그녀의 "미해결된 오이디푸스 콤플렉스"를 다루었다. 그 치료자와 치료를 계속할 수 없었던 환자는 극심한 상처를 입고 적대적인 상태에서 새로운 치료자를 찾아왔는데, 이 치료자는 탁월한 기술로 그녀의 적대적인 상태를 다루었다. 이 사례는 환자가 경험한 것을 이해하지 않으면 얼마나 쉽게 경계성이라는 딱지를 붙일 수 있는가를 보여준다. 바슈에 의하면 충동조절이 잘 되지 않는 환자를 "경계성"이라고 부를 때,

> 이러한 명칭은 환자가 종종 정해진 규칙대로 게임에 임하지 않으며 다음 회기가 유용한 치료가 되기 위해 해야 할 일과 관련해서 분석가를 아연실색케 해놓고 나가버리는 것에 대해 치료자가 분노를 느끼고 못마땅해 한다는 사실을 단지 부정적으로 확인해 주는 것에 불과하다. 만약 환자가 "경계성"이라면 그는 근본적으로 삶의 요구들에 가까스로 적응하는 정신증적인 인간으로, 자신의 연약한 방어수단이 압력을 받으면 언제라도 무너

질 수 있는 위험한 사람이다(p. 60).

바슈는 Banks 부인이 경계성 환자가 아니라 자기애성 인격장애 즉, 발달이 정지된 사례라고 느꼈다. 그에 의하면 치료 도중에 나타나는 그녀의 분노는 "자신은 세상을 평탄하게 살아갈 것이며 만약 문제가 생기면 다른 누군가가 책임을 져야 하고 그 사람이 문제를 해결하도록 만들어야 한다"(p. 61)는 어린 아이와 같은 비현실적인 기대에서 비롯된 것이었다.

바슈는 이러한 환자를 치료하는 데에는 "환자가 치료를 좋아하게 만들기보다 특정 회기 안에서 기능하고 있는 환자 자신을 좋아하도록 만드는 것이 필요하다… 스스로 만족할 수 없다는 것은 뭔가가 잘못되고 있다는 신호다"(p. 75)라고 말한다.

Banks부인에 대한 치료가 진행되면서, 치료자가 제공한 분위기와 수용적인 태도 덕분에 활발한 자기대상 전이가 형성되었다. 그런데 이 전이는 치료 안에서 근본적으로 해석되거나 해소되지 못했다. 치료의 종결을 고려할 때쯤, Banks부인은 그녀의 아버지처럼 의사가 되기로 결심했고 그 목표에 혼신을 다했다. 1년 후에 그녀는 치료자에게 전화를 걸어와 의대에 합격했으며 자신의 삶에 만족한다고 말했다.

자기심리학이 환자의 오이디푸스적 갈등을 회피하는가에 관한 논쟁에 대하여 바슈의 보고서는 다음과 같이 말한다.

> 잠깐 동안 환자의 전이가 성적 경향을 띠면서 환자는 자신의 생각에 두려움을 느끼게 되었는데 이때 치료자가 그녀에게 치료자는 작업을 통해서 지금까지 환자에게 닫혀있던 만족성취의 기회를 제공해 주는 사람이므로 치료자에게 느끼는 사랑이나 애착에 성적 동기를 부여하는 것은 잘못된 것이라고 말해 주었다. 그녀는 치료자의 도움으로 그녀가 느끼는 감정은 힘 있고 관대한 부모에게 경외심을 갖고 그들과 하나가 되고자 하는 어린 아이의 감정이지 성적으로 흥분된 여성의 감정은 아니라는 걸 알게 되었다(p. 86).

바슈에 따르면 의사가 되겠다는 그녀의 결심은 해소되지 않은 전이-의사인 아버지와 의사인 치료자 둘 다에 대한 동일시-를 나타내거나 "정신적 통찰보다는 행동을 통해서 신경증적 갈등을 해소하려는 시도"를 뜻하지 않는다. 왜냐하면 그녀는 자신의 계획을 가지고 사려 깊게 나아갔으며 "강요받지도" 않았고 이런 과정 속에서 진정한 만족을 얻었기 때문이다.

무슨 일이 일어난 것인지 그리고 치료가 종결되게 할 만큼 "정확한 해석"을 바슈가 과연 제공했는지의 여부는, 보고된 정신분석자료를 다양하게 해석할 수 있는 데서 오는 어려움과 더불어 논란의 여지가 있다. 나는 이런 논쟁이 해결될 수 있다고 생각하지 않으며, 이러다가는 오히려 바슈의 논점을 흐릴 수 있다. 바슈의 요점은 다음과 같다: 만약 환자가 자기 장애 혹은 자기애성 장애로 고통받는다는 판단이 들면, 치료는 분열과 붕괴 위협에 초점을 맞추어 자기대상에 대한 실망 때문에 생기는 울화-이는 환자에게 성공적인 인간관계의 경험을 방해하고 애정어린 공감적 자기대상 모체의 형성을 가로막는 현상이다-를 누그러뜨리는 것이 되어야 한다.

이러한 접근법에서는 성애화의 모습이 변형될 뿐 아니라, 이러한 성애화를 유아적 탐욕이나 공격성의 표현으로 해석하지도 않는다. 즉, 이 방법에서는 자기대상을 거울로 간주하거나 이상화 하려는 환자의 욕구에 초점을 맞춘다. 만약 치료자가 오판을 했거나 자기애적 현상들이 미해결된 오이디푸스 콤플렉스에서 기인한 방어적 퇴행임이 분명하다면, 자기심리학적 방법론에 의거한 이러한 치료법은 유아적 공격성과 성적인 문제(동성애와 이성애 모두 포함하여)를 회피하기 위한 환자와 치료자의 공모를 의미한다. 여기에는 임상적 판단이 개입되어 있다.

이와 비슷한 또 하나의 딜레마가 우울증 환자에 대한 바슈의 보고서에 나타나 있다. 바슈는 다음과 같이 환자에게 부분적인 "설명"을 해준다.

> 우울증을 증명해 주는 것은 바로 삶에 의미가 없다는 느낌과 태도이다. 이는 자기에 대한 지각이 더 이상 포부와 이상의 통합지점이 되지 못함을 나타낸다…우울의 증상들로는, 무력감을 기만하려는 시도나 삶의 의미를 회복하는 데 도움이 되는 것들을 나열하

는 것 등이 있는데, 이는 자기에게 방향 감각을 회복시키려는 시도이다(p. 136).

이러한 접근법도 유아적 탐욕, 공격성 그리고 흔히 우울증의 기저에 있는 것으로 간주되는 구강적 양가감정 등의 문제를 회피하기 위해 치료자가 환자와 공모하는 것으로 보일 수 있다. 그러나 코헛은 비극적 인간의 우울(핵심목표에 도달하지 못한, 공허하고 탈진한 자기로부터 생겨난)과 프로이트(1917)가 말하는 죄책감에 짓눌린 인간이 갖고 있는 문제를 서로 구별한다.

바슈는 그가 가리킨 환자들이 분명 코헛이 말하는 "비극적 인간"의 범주에 속한다고 믿었는데, 이는 앞에 제시된 그의 "설명"을 설명해 준다. 바슈의 책자에 대한 평가는 발표된 사례들을 뒷받침하는 가정들의 수용 여부에 달렸다. 사례들은 무엇보다 자기 장애를 나타내는 사례들로, 해결되지 않은 오이디푸스 콤플렉스에서 기인한 퇴행을 뜻하지 않는다. 이것은 정신치료의 사례들을 소개한 것이지 전통 정신분석의 치료 보고서가 아니다. 바슈는 정신치료를 받는 환자에게 환자의 기대나 실망과 관련해서 일어난 일들을 반복적으로 설명해 주는 치료자의 모습을 묘사한다. 치료자의 이러한 증가된 활동은 자기심리학이 제시하는 치료적 개념에서 나오기도 하지만, 바로 이 점 때문에 이러한 과정은 치료가 아니라 권고와 교육과 설득을 뜻한다는 비난을 받기도 한다.

그러나 바슈가 제시한 특정 사례들에서는 랑스(1982)처럼 침묵하면서 해석만 한다거나, 컨버그와 같이 보다 중도적이고 고전적인 방식을 사용하는 것이 더 낫지 않았을까라는 의문이 들 수도 있다. 환자의 격노와 실망은 전적으로 나쁜 자기 및 대상 표상들을 치료자에게 투사한 것이라고 설명했다면 환자는 폭발했을까? 어떤 접근법이 옳은지 그리고 그 근거는 무엇인지에 관한 숙고는 독자에게 남겨진 몫이다.

15장 | 몇 가지 실험적 적용들

자기심리학은 일관성 있게 적용되는 것처럼 보이며, 이전에 불투명하고 종잡을 수 없게 보였던 임상 현상과 집단 현상들을 이해할 수 있도록 해준다. 이 장과 다음 장에서 나는 나 자신의 임상 사례들에 자기심리학적 개념들을 적용하고자 한다. 나는 치료자인 독자들이 자기심리학을 그들의 치료 도구와 개념 체계의 일부로서 받아들이기를 희망한다. 그리고 독자들이 개인의 문제나 집단 현상들 가운데 특히 관심 가는 분야에 자기심리학을 적용해 보기를 바란다. 이는 독자들로 하여금 자기심리학에 빠져보게 하려는 것인데, 코헛(1984)이 말했듯이 "장기 치료에서 다양한 환자에게"(p. 90) 자기심리학을 적용해 보고, 임상 현상을 연구하고 이해하는 데 실제로 어떤 중요한 변화가 일어났는지를 숙고해 보기를 바란다.

이제 나는 나 자신의 사례와 생각들을 제시할 터인데, 자기심리학자들이 내게 개념을 오해, 오적용하고 있다며 반론을 제기할지도 모르겠다. 그리고 고전적인 분석가들은 바슈의 책에 그들이 퍼부었던 비난을 내게도 할지 모른다. 나의 의도는 독자들이 임상에 임할 때마다 자기심리학적 견지에서 사고할 수 있도록 도우려는 것이다.

고전적인 분석에서 자기심리학 쪽으로 회심한 정신치료자나 정신분석가는 오이디푸스 콤플렉스가 충분히 분석되지 않았음을 드러내는 것이라고 주장한다면, 이는 근거 있는 의심이자 충분히 예상할 수 있는 반응이다. 전통 분석가들에 따르면 자기심리학자들은 다양한 인격장애와 임상에서 나타나는 자기애성 증상들의 핵심에 오이디푸스 콤플렉스가 존재하지 않는다고 보는 정신 체계를 채택함으로써 스스로를 방어하고자 한다. 이에 대한 코헛(1984)의 반론은 이러

하다: 자기심리학을 긍정적으로 수용하는 사람들은 "현대인의 일차적 욕망을 직접적으로 알고 있는 사람들"(pp. 61~62)이며 이를 거부하는 사람들은 자기애성 상처를 직면할 수 없는 사람들이다. 코헛은 자기self가 갖고 있는 자율성이 항상 상대적임을 깨달았다. 그는, 자기란 "자기대상 모체 밖에서는 존재할 수 없다" (p. 61)고 말한다.

자기심리학 입문 : E 박사의 사례

나는 대개 다음의 사례를 통해 수련의들(이미 고전적인 정신분석치료 과목을 이수한)을 자기심리학에 입문시킨다. E박사는 소도시 출신의 정신과의사였다. 그의 아버지는 작은 기업을 운영하는 사업가였고 두 번 결혼을 했다. 아버지는 40대에 두 번째 결혼을 했고, 바로 이 결혼에서 E박사가 태어났다. E박사는 두 번째 결혼에서 얻은 맏아들이었다. 아버지는 17세에 첫 결혼을 했고 여기에서 두 아들이 태어났다. 아버지는 항상 뭔가 좋은 일이 일어나기를 기대하는 사람이었다. 그가 하는 사업이 신통치 않았기 때문이었다.

그가 재혼할 즈음, 첫 번째 결혼에서 태어난 아들이 득남을 했기 때문에 아버지는 벌써 할아버지가 되었고 E박사도 태어나자마자 삼촌이 되었다. E박사의 조카, 즉 E박사의 이복형이 낳은 아들은 E박사보다 1년 반 위였다. 이 조카는 유년기에 E박사의 절친한 친구이기도 했지만 얄미운 라이벌(한 살 반이 많아서 힘이 더 세었던 라이벌)이기도 했다. 아무튼 나이가 비슷했기 때문에 이들의 경쟁은 계속되었다.

E박사의 어머니는 아버지와 결혼한 후 1년 뒤에 E박사를 낳았는데 당시 그녀는 21세의 매력적인 여인이었다. 여동생이 태어난 것은 E박사가 2살 반 되던 해였다. 이후 4명의 여동생이 더 태어났고 마지막으로 남동생이 태어났는데 그때 E박사는 10살이었다. E박사의 어머니는 매우 존경을 받았지만 감정적인 사람으로 묘사되고 있다.

생애 초반에서 그에게 가장 중요했던 인물은 가정부였는데, 그녀는 천국이나 지옥불과 같은 문제에 열중해 있던 엄격한 가톨릭신자였다. 그녀는 집 안에서 물건을 훔친 일로 쫓겨났는데, 그때 E박사는 2살 반이었고 첫 번째 여동생이 태어날 즈음이었다. E박사는 태어날 때 아기집을 쓰고 나왔는데, 이것을 보고 가족들은 그가 위대한 인물이 될 거라 믿었고 그가 위대한 정치가가 될 거라고 말하는 사람들도 있었다.

E박사는 유년기 기억 중 두 가지를 말해 주었는데 하나는 그가 2살 반 되었을 때 즉, 첫 번째 여동생이 태어나고 가정부가 쫓겨나던 그 해에 어머니의 알몸을 보았던 기억이고, 다른 하나는 3살 때 어떤 작은 도시로 이사간(그곳에서 1년간 살았고 4살 때 다시 가족 모두 대도시로 이사함) 기억이었다. 구체적인 기억이 있다면, 세 살 때 작은 도시로 이사가면서 공장굴뚝에서 매연이 나오는 것을 보았다는 것인데 이 장면이 그에게는 지옥에서 불타는 영혼들을 연상시켰다고 한다.

그의 유년기 초반은 그가 공부에 뛰어났으며 무능한 사업가인 아버지에게 점점 환멸을 느끼게 되었다는 사실들로 각인돼 있었다. 그는 아버지처럼 나이 든 선생님들을 좋아했고, 친구들과는 양가적인 관계였는데 친구 관계는 경쟁이나 싸움으로 끝맺곤 했다. 그는 주로 실험실 안에서의 연구 활동에 관심이 있었기 때문에 의사가 되었다.

41세에 그는 우울증세로 첫 번째 정신분석을 받았다. 가슴 두근거림, 건강염려증, 불안을 동반한 "심신경증cardiac neurosis" 등이 있었는데 1년 전에 아버지가 죽고 난 뒤로 증세가 더 심해졌다. 첫 번째 정신분석은 그의 오이디푸스 콤플렉스를 전반적으로 다루는 것이었고 3년 가량 지속되었다. 분석은 만족스러운 결과를 가져왔지만 그의 일을 방해하는 두 가지 증상은 여전히 남아 있었다.

첫 번째 분석 이후 E박사의 비관주의는 더욱 심해졌다. 인간에 대한 냉소와 인류 미래에 대해 절망을 느꼈는데, 이러한 증상은 나이가 들면서 더욱 깊어지고 만연해졌다. 그는 또한 상을 받고 명예를 얻는 데 혐오감을 느꼈고, 특히 대중 앞에서 찬사를 받는 것에 거부감을 느꼈다. 이런 상황들이 그를 짜증나고 불편하게 만들었기 때문이었다. 그는 심지어 생일축하 파티도 피했다. 분석을 받기 전에 그는 약혼녀에게 이런 편지를 쓰기도 했다: "나는 당신이 선물과 축하 메시지와 남들이 경탄해 주거나 코멘트해 주는 걸 바라지 않는 사람이라고 믿소. 심지어 당신에겐 모두가 쳐다 볼 웨딩드레스나 당신이 입장할 때 '와' 하고 외치는 찬사마저도 불필요할 거라 믿소."

E박사는 잔존하는 증상들에도 불구하고 성공을 거두었다. 하지만 그는 그와 경쟁하려는 친구들과 계속 불편한 관계를 경험했다. 그는 거북스러운 독재적 경향이라 부를 만한 모습들을 종종 보여주었으며, 여성들에게도 거만한 태도를 취하곤 했다.

바로 이런 사례–성공적인 정신분석에도 불구하고 오이디푸스 콤플렉스 너머에 있는 자기 병리 속으로 깊이 들어가지 못해 결국 자기애성 병리를 남겨놓게 되는–가 코헛으로 하여금, 통상적인 구강-항문-성기(오이디푸스기)기와 같은 리비도 단계들과는 다른 발달과 변형을 거치는 자기애성 구조들을 깊이 연구하도록 만들었다. 이쯤에서 나는 지그문트 프로이트의 삶을 스케치해 본다. 위대한 천재성에도 불구하고 그는 음악이나 철학이나 현대미술을 감상할 줄(Kohut 1977, pp. 292-297; Chessick 1980) 모르는 사람이었다. 이 모든 분야들이 세기 말의 비엔나에서 빠르게 발전하고 있었음에도 말이다(Janik and Toulmin 1973).

나는 프로이트의 소위 성취되지 못한 자기애의 변형을 "분석"할 생각은 없다. 이는 프로이트라는 엄청난 천재에 대한 경외심 때문이기도 하지만, 이 주제에 관해서는 이미 코헛이 자세히 논했기 때문이다(1984). 코헛은 학생들이 정신분석과 정신치료 분야에서 무엇을 읽어야 하느냐고 물어오면 "프로이트를 읽으라"고 답했다고 한다. 그리고 그 다음에는 무엇을 읽어야 하느냐고 또 물으면 "프로이트를 다시 읽으라"고 말했다고 전해진다.

프로이트의 전기와 그의 저작들을 연구해 보면, 정신분석가가 될 사람들에 대한 정신분석(교육분석 혹은 훈련분석이라고 부른다 : 역주)의 경우, 특히 자기 장애를 충분히 검토하지 않으면 종종 곤란에 부딪칠 수 있다는 자기심리학자들의 주장에 수긍이 간다. 코헛(1984, pp. 163~170)은 교육분석에서 흔히 생기는 위와 같은 결함들을 활용하여 정신분석의 역사를 말한다. 그에 따르면 정신분석의 역사에서도 자기애성 상처들이 심각하고 중대한 분열들을 빈번히 일으켰다. 정신분석을 호의적으로 바라보는 사람들조차 정신분석 분야가 그 기원에서 오늘에 이르기까지 프로이트와 그의 제자들(Roazen 1975) 간의 분쟁을 시작으로 허다한 핏빛 논쟁을 거쳐왔다는 것을 인정할 것이다. 그렇다고 이 불행한 역사에 대한 코헛의 설명(이론의 여지가 있는)이 전적으로 옳다는 것은 아니다. 코헛은 정신분석 학회들에 참석하는 동안에도, 소위 분석을 제대로 받았다는 동료들 간에 싸움이 일어나고 상처 입은 민감성이 여러 모양으로 표출되는 것을 목격했다.

> 그때 나는 우리나라 협회의 회장직을 맡고 있었는데 그간 우리 집단 내에 있는 갈등들, 특히 친 구였던 사람들이 갑자기 등을 돌리고 원수가 되는 것을 보면서 적잖이 놀랐다. 나는 결정적인 순간에 사소하지만 중요한 자기애성 상처를 입으면, 그로 인해 후에 적대적인 태도를 갖게 된다는 걸 알게 되었다(Kohut 1978, p. 772).

X 부인의 사례 : 고전적인 분석의 실수를 자기심리학이 바로잡다

여기, 정신치료상에서 고전적 정신분석이 범한 실수를 자기심리학이 바로잡은 예가 하나 있다. 나는 환자의 성애화된 열망을 둘러싼 갈등에 초점을 맞춤으로써 실수를 범했다. 자기심리학에서는 이런 성애화된 열망이 성적 "충동"을 의미하지 않는다. 이런 해석을 가지고 갈등에 접근하면 환자는 이것을 비공감적이고 상처 주는 공격으로 받아들이며, 나아가 분열의 산물인 분노를 일으키게 된다. 나는 또한 이 실수로부터 정신치료에서는 진전의 움직임을 놓쳐서는 안 되고 이를 강화시켜야 한다는 걸 배우게 되었다! 코헛(1984, pp. 187-190)은 이 점을 논하면서 이런 강화 행동—예를 들어, 새로운 도전을 앞둔 선수들의 불안을 인식하지 못한 채 그들에게 말을 거는 코치와 같은 어조를 사용—자체가 공감 부족을 의미할 수도 있음을 조심스럽게 경고하고 있다.

지지적 정신치료에서는 환자를 자연스럽게 격려하고 칭찬해 준다. 정신치료자의 임무가 우선은 조사하는 일이라 하더라도, 꼭 안 그래야 할 이유가 없는 한 진전의 움직임들은 공감적으로 인정해 주어야 한다. 왜냐하면 이런 강화 반응은 자기응집력을 증가시키고 나아가 자아 기능을 향상시켜 주기 때문이다. 반대로, 진전의 움직임을 기본적으로 무시하고 갈등과 욕망에 관한 해석에만 초점을 두면 환자는 늘 비난만 하고 칭찬은 안 해 주던 보호자에 대한 기억을 떠올리게 된다. Banks부인의 사례에서 바슈(1980)가 환자의 성공을 축하해 주는 모습에서 잘 볼 수 있듯이, 이제 정신치료의 방식이 바뀌었다. 이제는 진전의 움직임을 알아차리고 인정해 주는 것이 치료자의 개입에서 일차적 요소가 된다.

처음 X부인은 DSM-III의 기준에서 볼 때, 경계성 장애의 진단에 어울리는 모습이었다. 상당히 치료를 받은 후에 그녀는 자기애성 인격장애로 진단될 정도가 되었다. 집중정신치료(주 2회)의 한 회기에서 나는 그녀가 내게 갖고 있던 성적 열망을 새 남자친구인 댄에게 옮겨 놓았다고 해석해 준 적이 있는데, 그 후로 그녀는 이런 꿈을 꾸었다: "체식 박사님이 어떤 귀머거리 아이를 돌보고 있었어요." 그녀는 자신의 연상들을 연결해 보더니 "안 듣고자 하는 사람보다 더한 귀머거리는 없죠"라고 말했다. 환자는 나를 향한 용인될 수 없는 열망으로 압도당하기 싫었기 때문에 내가 해준 해석을 듣고 싶지 않았던 것이다. 이 환자는 매우 강렬한 융합 욕구를 가진 환자로, 유년기 기억에 의하면 그녀는 침대에서 언니 옆에 바짝 누워 언니 숨소리에 맞춰 숨을 쉴 정도였다고 한다.

이튿날 댄은 남자 룸메이트를 한 명 데리고 왔다. 환자는 댄에게 둘 사이에 룸메이트가 끼어든 게 화가 난다고 말했다. 그녀는 댄과 동침한 후 룸메이트를 보면 모멸감이 느껴졌다. 하지만 댄은 돈이 필요하다고 말했다. 환자는 다음과 같은 꿈을 보고했다.

> 비행기 한 대가 착륙하고 있다. 그런데 날개 하나가 떨어지더니 추락한다. 이것이 일련의 폭발을 가져오고 우리는 도망쳐야 하는 상황에 있다. 나는 안전을 위해 어떤 언덕으로 올라가는데 거기에는 쓰레기와 주석깡통들이 널려 있다. 그래서 나는 시지푸스처럼

> 이 언덕에서 저 언덕으로 다시 올라가야 한다. 올라가면서 나는 여기서 미끄러지면 끝없이 추락하게 된다는 걸 알아차린다.
>
> 다음 장면에서는 체식 박사님이 차를 운전하는데 그의 한 손이 내 젖가슴 위에 올려져 있다. "이거 뭐야?" 내가 중얼거린다. 순간 나는 이것이 신체검사–어째든 그는 의사니까–의 일종임을 깨닫는다. 그가 내 배를 만지면서 복부팽만이니 많이 먹지 말라고 말한다. 다음 장면에서 나는 아주 작은 공간에 처박힌 나 자신을 발견하는데 그게 고통스럽거나 무섭지 않았다.

주목할 점은 언덕에 오르는 꿈을 꾼 이 자기애성 환자가 코헛(1971, p. 87)의 논평을 떠올리게 한다는 것이다. 코헛은 대개 이런 꿈은 곧 이상화 전이가 형성될 것임을 말해 주고, 추락하는 꿈을 꾼 환자는 머지않아 융합전이를 형성하게 된다고 말한다.

위 꿈에 대한 연상은 다음과 같다: "나 자신이 대견해요. 이전에 댄이 나를 실망시켰을 때와 달리, 이번엔 그(체식박사)에게 분노를 터뜨리지 않았거든요. 내가 3년 동안 꾸어온 꿈 중에서 체식 박사님이 내게 관심을 보인 꿈은 이번이 처음이에요(이제껏 다른 많은 꿈들에서 보호자적 전이 인물들이 그녀를 완전히 무시했던 것과는 달리). 정말 황홀한 꿈이었어요! 마지막 꿈 장면에서 일어난 압착은 가슴통증과 관련이 있었어요. 내가 심장마비를 일으킨 거 같은데, 그건 강렬한 치료 동맹을 통해 치료될 수 있는 거였어요."

이 꿈에 대한 나의 첫 번째 해석은 다소 고전적인 것이었는데, 나는 댄이 룸메이트를 들인 것이 그녀에게 달갑지 않았던 형제자매의 출생을 연상시켰고 자기애성 격노가 이 두 상황에 의해 더욱 격발되었다고 말했다. 그리고 부모에 대한 그녀의 기억이 쓰레기와 주석깡통처럼 실망스런 것이었기 때문에, 자기애적 평형을 회복하도록 도와 줄 이상화된 부모를 찾는 일이 잘 되지 않았다고 설명해 주었다. 결국 그녀는 내게까지 오게 되었는데 이런 사실에 겁이 난 그녀는 상황을 역전시켜야만 했고 그것이 꿈 속에서 내가 그녀에게 손을 뻗는 것으로 나타난 것이었다. 다시 말해서 그녀는 내게 다가오고 싶었던 유혹을 방어해야만

했던 것이다. 자율성 상실loss of autonomy에 대한 두려움 때문에 내게 다가오지 못하게 되자, 건강염려증과 이상한 신체감각과 더불어 임박해 오는 분열에 대한 불안이 생겨났던 것이다. 나는 꿈 내용보다도 이런 "방어기제" 즉, 자율성 상실에 대한 그녀의 두려움을 먼저 해석해 주었다. 내가 고전적인 갈등의 해석보다 자기심리학을 더 많이 활용한다 하더라도 이것은 기법적인 면에서 정당한 일이다. 고전적인 해석이었다면 종국적으로 오이디푸스 갈등, 원색 장면, 아버지와의 임신소망 등을 다루었을 것이다.

내가 이렇게 해석하는 동안 환자가 내게 보인 반응은 엄청난 격노였다. 그녀는 내가 큰 발걸음을 내딛지 못했다고 말했다. 그 꿈은 비록 강한 방어기제들을 담고 있지만 얼마간은 진전의 움직임을 보여준다고 주장하면서, 그녀는 "중요한 건 이것이 불쾌한 꿈이 아니라는 거예요. 희망적인 꿈이었다고요"라고 말했다. 그녀는 또 이렇게도 말했다. "선생님은 꼭 우리 엄마 같아요. 항상 능률적이고 성취를 추구하면서 내가 이루어낸 작은 일들에는 눈길 한번 안 주죠. 나는 이 꿈을 행복한 선물로 생각해요. 내가 접촉을 위해 언니에게 다가가듯이 박사님께로 다가간 것에 대한 응답으로 생각하거든요. 나는 깨어나서 이 사실을 알고 기뻤어요."

나는 이 점에 대해 곰곰히 생각해 본 후, 그녀의 해몽에 동의해 주었다. 그러자 그녀는 바로 안정을 되찾고 평안해졌다. 나는 그동안 그녀에게 공감을 잘 해주지 않았다는 것을 느꼈다(이렇게 힘든 환자들과는 치료가 빈번히 중단되거나 느리게 진척되므로, 전형적인 역전이성 좌절감 때문에 공감이 부족해지기 쉽다). 내가 꿈속에서의 복부팽만감에 대해 묻자 그녀는 이를 임신소망과 연결시켰다. 그녀는 임신이 자신에게 신체적 융합의 문제를 조절할 수 있게 해줄 거라고 생각했다. 왜냐하면 아기가 그녀 몸 속에서 그녀에게 의존해 있다 하더라도, 그녀를 또한 필요로 할 것이기 때문이었다. 나는 이것이 부모에 대한 이상화가 좌절되면서 과대자기로 철수하는 징조라고 보았다. 과대자기로의 철수마저 실패하면 분열이 생기고, 이것은 건강염려증과 돌봄에 대한 욕구로 표현된다.

독자들은 이 불완전한 임상 데이터를 해석하고, 또 해석해 보지 않아도 이러한 접근법이 위의 꿈 자료에 쉽사리 적용될 수 있는 표준적인 오이디푸스적 해석과 얼마나 다른지를 알 수 있을 것이다. 코헛에 의하면 무엇이 두드러진 내용인가에 대한 판단은 치료자 자신이 내려야 한다. 이 환자는 어떤 면에서 F양이 코헛(1971)에게 했던 역할과 동일한 역할을 내게 해주었다. 내 환자는 보기 드물게 총명하고 세련된 감수성을 지니고 있었으며 병리가 깊었다. 그리고 내가 그녀에게 동조해 주지 않을 때면 극심한 격노를 터뜨렸다. 내가 자기심리학을 탐구하기 시작했을 때, 나도 사례집(Goldberg 1978) 속의 분석가들이 그랬던 것처럼 나 자신이 자기대상으로서 얼마나 실패하고 있는지를 알기 위해 환자들의 불만에 더욱 신중히 귀 기울이기 시작했다. 나는 자기심리학이 임상적으로 진정 가치가 있음을 희미하게나마 깨닫기 시작했다. 나는 새로운 방식으로 환자를 경청하기 시작했으며, 환자로 하여금 그녀가 가진 자기대상 욕구들을 내게 이해시키도록 유도함으로써 보다 쉽게 이러한 욕구들이 치료 안에서 수용될 수 있도록 했다.

이렇게 되자 환자는 점점 안정적인 자기대상 전이를 형성하게 되었고 명백한 경계성 환자에서 자기애성 인격장애의 진단에 합당한 환자로 바뀌었으며, 심지어는 고전적인 분석도 수용할 수 있을 만큼 변화되었다. 나는 이 일을 계기로 자기심리학에 뭔가가 있다는 것을 확신하게 되었다.

무엇보다 자기심리학적 접근법은 나로 하여, 이전 같았으면 방어기제로 치부하고 별로 중시하지 않았을 자료들에 귀를 기울이게 만들었다. 우리는 Z씨에 대한 두 번의 분석과 관련된 중요한 논점을 여기서 다시 발견하게 된다. 아무리 제대로 훈련받은 고전적 분석가라 하더라도, 자기심리학적 방법을 모른다면 이러한 자료가 들어올 리가 있겠는가? 만약 안 들어온다면 자기심리학적 방법론에 타당성이 있는 것이다. 왜냐하면 이것은 임상자료에 대한 새로운 접근 방향을 제시해 주고 어려운 환자들을 새롭게 이해하도록 해 주기 때문이다. 이에 대해 전통 분석가들은, 이런 자료는 자신들의 귀에도 들어오고 혹시 놓친다 해도 그건 역전이의 문제일 뿐이라고 대답할 것이다.

Y 부인의 사례 : 환자를 바라보는 대안적 시각

병이 깊은 내 환자 한 명은 장관과 춤 추는 꿈을 꾸었다고 보고했다: "그가 내게 미소 지었을 때 나는 내가 예쁘고 빛나고 아름답고 매우 여성적이란 느낌이 들었어요." 환자의 연상에 따르면 그 꿈속의 장관은 나였을 가능성이 있는데, 그녀는 그건 "말도 안 된다"고 했다. 왜냐하면 자신은 내게 전혀 그런 식으로 반응하고 싶지 않았기 때문이라는 거였다. 자기심리학적 관점에서 보면 이 꿈은 이상화 전이나 융합 전이의 형성을 나타내기 때문에 중요하다. 초점은 미소로 환자의 자기를 통합시켜 주고 어린 소녀로 하여금 예쁘고 빛나고 아름답고 여성스럽게 느끼도록 해 주었던 그 아버지와 같은 꿈속 인물에게 맞춰져 있다. 이것은 오이디푸스 갈등이 있는 어린 소녀에게 아버지가 해 줄 수 있는 '발달단계에 적합한' (코헛의 개념) 반응이 무엇인지를 보여준다. 보다 고전적인 해석에서는 사랑에 빠진 것과 성적인 면과 범접하기 힘든 아버지 같은 존재인 그 장관에게 초점을 맞추었을 것이다. 고전적인 방법에서는 이것을 자기대상 전이가 형성되면서 나타나는 자기상태 꿈으로 간주하기보다, 꿈 속에 숨겨진 근친상간적 소망을 강조할 것이다.

이 환자는 극렬한 성격의 소유자로 어떤 수련의에게 4년간 고전적인 분석을 받았다. 그 분석은 결국 실패로 끝나고 말았다. 언젠가 한 번은 분석가를 향한 엄청난 성욕 때문에 그녀는 기능이 마비될 정도였다. 이것은 전이신경증으로 간주되었고 그렇다는 해석도 내려졌지만, 분석가는 분석을 잠시 중단하고 지지적 정신치료를 해야 할 형편이었다. 몇 달 후 상태가 좀 나아져서 분석이 재개되었을 때, 그녀의 감정은 덜 강렬했으며 대화 내용은 매우 지적이고 피상적이었다. 얼마 되지 않아 그녀는 분석가가 자주 졸고, 회기 중에 코를 골기도 한다는 사실을 알게 되었다. 이런 일이 몇 번 있자 환자 편에서 분석을 중단했다.

두 번째 정신분석치료에 임했을 때 그녀는 근본적으로 공허하고 탈진한 자기를 드러냈는데, 이것은 반영과 이상화에 대한 압도적인 욕구를 동반하고 있었다. 그리고 이러한 욕구에는 자기대상 전이의 형성에 대한 두려움에서 비롯된 방어기제가 섞여 있었다. 동시에 그녀는 자신의 아이에게 굉장한 융합전이를 형성하고 있었는데, 그녀는 자기 자신과 아이가 레오나르도 다빈치의 작품에 등장하는 마리아와 예수처럼 완전한 모자커플을 이루고 있다고 생각했다. 그래서 아이가 넘어져 조금만 멍이 들어도 환자는 분열을 일으켰고, 엄청난 불안과 공포와 불면증을 비롯해서 이미 분열된 자기에서 나오는 온갖 증상을 나타냈다. 자기심리학에 의거한 해석들에 대한 반응이 비교적 빨리 오면서 치료는 분열을 최소한으로 유지하면서 순조롭게 진행될 수 있었다.

이 글을 쓸 즈음 환자는 "자기가 분열되어 있었고, 자기대상 전이가 안정적으로 형성될 만큼 충분히 내적으로 평안한 상태가 아니었다"(Wolf, in Stepansky and Goldberg 1984, p. 153). 그러므로 순응적인-코헛(1984)은 이런 순응적인 태도를 가장 근본적이고 깨기 어려운 저항으로 보았다-이 환자는 의식적으로 느낄 수 있고 의미도 있는 자기대상 전이의 형성을 갈망하면서도 이를 강력하게 방어하고 있었던 것이었다. 그래도 이 사례가 희망적이었던 것은 이 모든 현상들의 근저에서 융합전이(Kohut 1971, p. 251)가 형성[10]되고 있다는 생각이 들었기 때문이었다.

수련의와 함께했던 그녀의 첫 번째 분석은 분석가에 대한 순응이었음이 밝혀졌다. 극도로 성애화되고 붕괴되기 쉬운 전이의 형성(경계성 환자들에게 나타나는)에 관한 자기심리학적 설명에 따르면, 첫 번째 분석의 실패는 자기대상인 분석가에 대한 실망에서 비롯된 자기분열과 자기붕괴 때문이었다.

나는 이에 대해 여러 가지 반박이 가능하다는 것을 인정한다. 환자가 그의 첫 번째 분석에 대해서 말한 내용을 신뢰할 수 없다고 말할 사람도 있다. 그러나 이 사례에서 나타난 환자의 지각능력과 전체적인 신뢰성에 비추어 볼 때, 그녀의 보고가 정직한 것이었음을 나는 확신할 수 있었다. 그렇다고 전통적인 분석가들이 대개 그런 식으로 치료한다는 암시가 여기에 들어 있는 것은 아니다.

---

10) 1년 후에 환자는 실제로 이러한 전이를 안정적으로 형성했고 자아기능이 눈에 띄게 향상되었다.

다만 전통적인 분석으로 이런 환자를 다루게 되면 좌절과 분열과 역전이의 위험성이 더 커진다는 것이다.

이 사례는 자칫 간과하기 쉬운 자료들에 자기심리학이 대안적 시각을 제공해 준다는 점을 보여준다. 또한 자기심리학은—말콤(1981)도 지적하고 있듯—너무 엄격히 적용되는 전통 정신분석의 관점이 지니는 위험성을 해독시키는 역할도 한다. 정체불명의, 다소 허구적인 뉴욕의 한 전통 분석가가 고질적인 인격장애의 문제들을 해결하기 위해 전통적 성향의 분석가들을 찾아다니며 거듭 재분석을 의뢰한다. 만약 이 분석가가 자기심리학적 접근법을 사용하는 분석가를 결국 선택했다면 이렇게 서너 번씩 반복된 분석과정은 가치 있었던 게 아닐까?

문학적 사례 : 쥬디스 로스너의 『8월』

임상적 가치를 널리 인정받는 도발적 소설 작품이 하나의 사례가 되어, 고전적인 정신분석적 정신치료와 자기심리학적 정신치료가 치료 환경 측면에서 어떻게 다른지에 관한 논의에 사용되고 있다. 소설 『8월』에서 작가 쥬디스 로스너(1983)는 자살 성향이 있는 한 경계성 소녀가, 근원적인 우울과 공허한 자기self로 고통 받는 한 정신분석학자와 치료에 임하는 모습을 생생하게 그려내었다. 치료자인 그녀도 타인들이 그녀의 매력에 대해 칭찬하는 것을 수용하기까지 두 번의 정신분석을 받아야만 했다. 이런 모습은 원초적 과대자기가 통합되지 못하고 억압되어 있음을 보여주는데, 코헛은 이것이 "수평 분열"에서 나타난다고 기술한다. 알코올 중독자인 아버지와 우울증으로 자살한 어머니로 인해 일찌감치 환멸을 경험한 치료자는 자기애성 자기 병리에서 벗어나 성숙한 이성교제를 할 수 없었다.

이 소설의 줄거리는 환자와 "의사"가 각기 자신을 위한 공감적 자기대상 모체를 추구하는 과정으로 이루어져 있다. 치료자는 자기대상 모체의 형성에 실패함으로써 40대인데도 아직 미혼이다. 반면, 20대 초반에 대학을 졸업하게 되는 환자의 미래는 좀 더 밝다. 이 소설은 또한 두 세대에 걸쳐있는 현대여성들의 과도기적 지위와 사회 문제들에 대한 논평이기도 하다. 소설 속의 한 구절이 치료자의 태도를 요약해 준다: "여자들은 머리가 희끗희끗한 남성 안에서 아버지를 보지만, 남자들은 흰머리가 난 여성 안에서 죽음을 보고 줄행랑을 친다"(p. 36). 로스너는 내가 임상에서 흔히 보는 방어기제에 빠져 있다. 즉, 그녀는 우리 문화의 남성들이 갖고 있는 병리 때문에 그들과 성공적으로 관계하지 못하는 치료자의 무능력을 비난한다.

치료자는 직관적인 것이 혼합된 치료법을 사용하여 실질적인 효과를 거두는데, 이러한 치료는(여기서는 정신분석이라고 말하지만) 분명히 전통적인 방식의 분석은 아니다. 정신분석에 대해 치료자가 갖고 있는 신념 또한 명확하게 나타나 있지 않다. 이 이야기에 진실성을 부여하는 것은, 바로 치료의 분위기이다. 코헛이 정신치료에서 자기응집력을 강화하는 근본 요소로서 강조했던 바로 그 분위기가 이 소설 속에 나타나 있다.

작품 『8월』은 경계성 환자에 대한 치료보고서로서 설득력이 있으며, 어떻게 직관이 뛰어난 치료자가 이론적 이해 없이도 자기심리학을 적용해 좋은 결과를 가져올 수 있는가를 보여주는 값진 소설이다. 코헛의 목표도 이러한 직관을 곁들인 전문성과, 전수가 가능하며 치료기법으로도 사용될 수 있는 이론적 토대를 결합시키는 것이었다.

이 책의 제목 '8월'은 전통적으로 분석가들이 휴가를 떠나는 기간을 가리키기도 하지만, 다양한 이유로 발생하는 치료자의 부재 때문에 자기대상 전이가 불가피하게 파괴되는 것을 가리키기도 한다. 소설의 드라마는 휴가 때 생기는 이런 분열을 중심으로 전개되는데, 치료에서 생겨날 수밖에 없는 공감부재의 전형적 예로 강조되는 여름휴가가 뛰어난 문학적 필치로 그려져 있다.

전통적인 반례 하나

경계성 환자에 대한 설즈(1985)의 논의는 대상관계 이론이 자기심리학과 어떻게 다른지를 보여주는 예다. 그는 경계성 환자에게는 "주관적으로 보기에 선하고 건전한 것은 모두 자신이 한 것이고, 자신의 병적 부분은 모두 흉하고 해롭고 무심한 자신의 보호자적 인물들과 관련 있다고 생각하는"(p. 21) 경향이 있음을 알았다. 설즈에 의하면 치료자들에게도 이런 경향이 있어서, 심지어 자신이 "지금까지 환자가 만나본 사람 중 최고로 좋거나 아니면 잠재적으로 최고"(p. 10)라고 믿는다. 분열, 내사, 투사를 바탕으로 한 그의 설명은 코헛의 주장과 정면으로 충돌한다.

설즈가 소파 뒤에서 "반쯤 잠들어 있는 것을" 발견한 환자는 침묵 끝에 "선생님이 정말로 저와 함께하시는지 모르겠군요"(p. 14)라고 말했다. 설즈는 일관된 침묵으로 환자의 침묵에 반응하다가, 바로 이것이 환자가 유년기에 무정한 엄마에게 경험했던 것이라고 말해 주었다(p. 14). 자기심리학자였다면 이런 상황에서 다른 방식으로 접근했을 것이다. 자기대상인 치료자가 지금-여기에 있지 못했던 점을 강조하고, 환자의 코멘트를 현재 상황에 대한 불만의 표시로 문자 그대로 받아들였을 것이다. 설즈는 환자가 침묵에 이어 코멘트를 하기 이전에 자신이 "반쯤 잠들어 있음"을 알아차리지 못한 시기가 있었음을 알았다. 이 점을 바탕으로, 그는 환자의 침묵과 코멘트를 "치료자의 인격 중 보다 무심한 부분에 대한 동일시"라고 해석한 것이었다(p. 14).

16장 | 자기애성 정신신체 장애

정신신체학적psychosomatic 방법론이란 감정적 요인이 질병에 미치는 영향을 연구하고 신체적인 것과 정신적인 것의 상호연관성을 탐구하는 것이라고 할 수 있다. 일련의 인과적 사건들이 어떤 질병을 일으켰고 어떤 고리 하나는 정신적 측면에서만 설명이 가능할 때, 바로 이 고리가 정신신체학적 연구 대상이 된다. 정신과정이 신체기능에 영향을 미치는 유형은 세 가지가 있으며, 이것들이 정신신체 의학의 세 분야를 형성한다. 첫 번째 분야는 오직 정신적인 측면에서만 원인을 기술할 수 있는 협응된 자발적 행동coordinated voluntary behavior을 연구하며, 두 번째 영역은 다윈(1965)이 말하는 소위 "표현적 신경감응expressive innervations"을 연구하는 분야로 여기서는 감정적 긴장의 해소를 목표로 하는 신체반응들을 다룬다. 세 번째 영역은 적응반응일 가능성이 있는 장기 내의 반응들을 연구하는데, 이러한 반응들은 의식적 동기와 같은 직접적인 목표가 없으며 감정적인 긴장을 즉각적으로 해소하기 위한 것도 아니다. 캐논(1953)은 이러한 반응들은 감정의 영향으로 생긴 신체경제 내의 변화라고 하면서, 시합이나 비행을 앞두고 나타나는 적응적 예비adaptive preparation의 개념을 도입했다.

예를 들어 음식을 섭취하고 싶은 욕구가 생기면 타액의 분비와 같은 전형적인 생리적 현상이 나타난다. 이런 반응은 오랜 기간 긴장들이 쌓이게 될 때에만 병리적이 된다. 감정적인 문제나 자발적인 행동에서 비롯된 갈등 때문에 이러한 욕구가 해소되지 못하면 장기 안에 문제가 생긴다. 즉, 감정적인 긴장을 해소시켜 줄 자발적 행동이 일어나지 않으면(예를 들어 이러한 행동에 대한 갈등 때문에) 지속되는 욕망이 장기에 병을 일으키게 된다. 이러한 접근법에서는 이런 상황이 만성화된다는 점을 강조한다.

그러나 정신신체의학적 장애들을 설명하기 위해서 특정하고 복잡한 정신적 욕동-갈등의 덩어리들(Alexander 1950)을 상정할 필요는 없다. 예를 들어 자기애성 정신신체 장애는 어떤 만성적인 자기애성 인격이나 자기애성 행동패턴에서 기인하는 병적이고 변질된 신체 상태라고 정의할 수 있다. 이러한 자기애성 인격과 행동패턴들은 자기구조 안의 기본적 결함 때문에 생기는데, 이러한 자기 안의 결함은 잘못된 자기-위로 장치와 만성적인 자기애적 불균형이 합쳐진 것이다. 이러한 패턴들은 자기애적 평형상태를 회복하려는 시도가 실패했음을 뜻하며 본질상 반복적이고 만성적으로 나타난다. 그리고 이러한 실패에는 자기애성 격노가 뒤따른다. 이러한 실패들은 이미 욕동을 유도하고 조절하는 데 문제가 있는 사람에게 만성적인 병리를 추가해서 부가함으로써, 자기애적 불균형을 심화시킬 뿐 아니라 병적인 악순환과 자기파괴까지 불러올 수 있다.

관상동맥 질환

관상동맥 질환을 자기애성 정신신체 장애의 하나로 본다 하더라도, 실제 많은 저술들을 보면 이에 관한 추측만 난무할 뿐 견고하게 입증된 사실은 거의 없다. 표준 교과서인 허스트와 동료들(1974)에 의하면 관상동맥의 관상 벽면이 다양한 자극과 병인적인 영향에 반응한다는 것이 통설이다. 동맥경화증에도 가역적인 요소가 있는데, 초기 지질 조짐이나 초기 동맥병변은 동물과 사람에게 가역적이라는 것이 밝혀졌다. 관상동맥질환은 유전과 환경 그리고 기타 요인들이 개입된 다요인성 질환으로 현재 원인들의 일부만이 밝혀져 있다. 감정적인 요인은 지금까지 별로 밝혀진 것이 없고, 이 표준 교과서에서도 감정적 요인을 "부차적 위험 요인"으로서만 언급하고 있다. 조기 관상동맥질환에는 유전적인 가계병력, 고지혈증, 칼로리와 포화지방을 포함하여 콜레스테롤, 당, 염분 등을 많이 섭취하는 식습관 그리고 고혈압, 당뇨, 흡연 등이 중요한 위험 요인이 된다는 점이 연구에 의해 밝혀졌다. 비만과 정적인 생활 그리고 성격유형이나 정신사회적인 긴장 또한 위험 요인으로 제시되고 있으나 연구에 의해 확인된 바는 없다.

이와 반대되는 견해 또한 프리드만과 그의 동료들이 펴낸 저서들을 통해 알려졌다. 저서들을 집필하면서 프리드만과 그의 동료들은 관상심장질환에 가장 중요한 요인은 성격유형이라는 점을 확신하게 되었다. 『관상동맥 질환의 발병원인Pathogenesis of Coronary Artery Disease』이라는 저서에서, 프리드만 M.(1969)은 추가적 병인으로서 경쟁적인 행동유형을 진지하게 고려한다. 매우 경쟁적이고 공격적이고 적대적인 행동유형을 가진 사람이 그렇지 않은 사람보다 관상동맥 질환에 훨씬 더 많이 걸린다는 것이다. 이러한 이론은 1897년에 오슬러에 의해서도 제기되었는데, 프리드만은 현대인의 삶에서 근심과 긴장이 조기 동맥병변의 원인이 된다는 내용을 바로 여기Osler에서 인용했다. 1955년경, 프리드만은 중장년층 관상질환 환자 "거의 모두"에게 어떤 특징이 있다는 것을 알아내기 시작했고, 마침내 이런 견해를 구체화시켰다.

프리드만. M.(1969)이 기술하는 "유형 A"의 가장 두드러진 특징은 다음과 같다: "자신의 환경 속에서 알 수 없는 뭔가를 가장 짧은 시간 내에 최대한 많이 획득하고자 하는 비교적 만성화된 투쟁으로, 필요하다면 동일한 환경 내에 있는 다른 사물이나 사람들의 뜻에 역행하기도 한다"(p. 84). 이러한 투쟁은 현대 서구의 나르시시즘 문화에 의해 더욱 부추겨지고 있는데, "초시계를 굳게 쥔 주먹"(p. 85)이 바로 이런 사람을 상징한다고 프리드만은 말한다. 그러나 이런 행동유형은 근심, 공포, 히스테리, 불안 등을 노골적으로 나타내는 만성(또는 급성)적 불안신경증과는 다르다. 후자에 해당하는 환자들이 아무리 관상동맥 질환을 염려한다해도 다른 사람들보다 더 많이 걸리는 것은 아니다.

A 유형이라 불리는 인격들은 너무 자주(Hoffman 1984) 언급되므로 자세히 다룰 필요가 없다. 더군다나 프리드만의 뛰어난 연구 노력에도 불구하고 A 유형의 성격과 관상질환의 상관관계는 인정되지 않고 있다. 프리드만과 헬러슈타인(1973)은 A 유형과 관련된 내용과 기술에 동의하지 않는데, 이들의 연구에 따르면 오히려 A 유형의 사람들이 관상질환에 걸릴 위험성이 낮다. 이들에 의하면

관상동맥질환에 걸릴 가능성이 높은 사람은 오히려 점액질 즉, 낮은 자존감을 가진 B 유형의 사람들이다! 이 주제는 아직도 논란의 대상이 되고 있으므로 앞으로 더 많은 연구가 필요하다(Moldofsky 1984).

프리드만과 로젠만(1974) 그리고 프리드만과 울머(1984)에서는 논쟁이 최고체온에 관한 것으로 바뀌는데, 이들 저서는 A 유형의 행동이 관상동맥질환의 주원인이라는 주장을 이미 검증된 이론인 것처럼 소개한다. 그러나 심장학자들은 프리드만의 이 이론을 과학적으로 정립된 것으로 보지 않는다.

관상동맥질환을 일으키는 정신적 측면에 대해서는 현재 두 가지 접근방법이 있다. 하나는 정신사회적 긴장이 미치는 일반적인 영향에 초점을 두며, 다른 하나는 특정 유형의 성격과 관상동맥 질환 간에 상관관계가 있음을 주장한다. 옌킨스(1971)는 이 주제에 관해 깊이 숙고한 후 그럴듯한 생각들을 내놓았다. 옌킨스는 삶의 불만족이 관상질환의 위험요인이 된다고 가정했다. 특히 그는 피로와 우울 그리고 정서적 고갈 상태에서 겪는 장기간의 생활고도 이 질환을 유발시키는 요인이라고 말한다. 여기서 그는 "스트레스"와 "불만족"의 개념을 일부러 구분해서 사용한다. 옌킨스는 관상질환을 불러오는 행동패턴에 관한 문제는 아직도 해결되지 않았다고 본다. 그는 명예실추(자기애성 상처)가 생기면 더욱 열심히 일하게 되고 그러다가 경색이 일어난다고 말한다. 안기나(인후, 편도선의 염증 따위) 환자들은 대개 억눌렸던 분을 폭발시킨다고 되어 있는데, 애플스와 동료들(1979)은 자기애적으로 인식된 환경이 통제되지 않을 때, 이런 공격성이 내부를 향하게 된다는 점을 강조한다. 라임과 보나미(1979)도 관상질환 환자들의 부정된 노출성향을 포함하여, 위와 비슷한 현상들을 자세히 언급하고 있다.

여러 연구자들이 기술한 바에 따르면 관상질환의 경향이 있는 사람은 어떤 도전에 임하여 지나치게 많은 노력을 쏟는 반면 성취 시에 별로 만족을 느끼지 못한다. 이런 젊은 관상질환 환자는 휴식 중에도 평안을 얻지 못하고 휴식에 대해 죄책감을 느낀다. 이런 사람은 거의 휴가를 내지 않으며 사회적, 시민적, 교육적 활동들에 의무적으로 참가하는 것으로 여가시간을 채운다. 전통 정신분석학자들(Alexander 1950, pp. 72-75, Weiss and English 1957, p. 217)에 따르면 이러한 행동패턴은 극도의 퇴행적 수동성에 대한 방어기제다. 이들의 개념은 프리드만이 A 유형에 대해 갖고 있는 개념과 다르다. 알렉산더, 바이스, 잉글리쉬는 관상질환 경향이 있는 환자를 규정하는 데 있어 무의식적 죄책감과 두려움에 대한 방어기제들을 중시한다.

초기의 연구들은 적개심의 중요성을 강조하고 심장질환의 주요인으로 미국 스타일의 현대 도시생활에서 생기는 스트레스를 지적한다(Williams et al. 1980). 이와 유사한 연구들(Dembroski et al. 1985)은 환경적인 요인보다 정신적인 요인을 드는데, 스트레스하에서 관상질환 경향이 있는 사람들이 겪는 우울, 불안, 긴장, 억압된 분노 등을 자세히 다루고 있다. 이것은 흔히 불면과 기상시의 피로감과도 관련이 있는데, 이런 사람은 지쳐있고 스트레스에 취약하지만 그렇다고 꼭 A 유형에 속하는 것은 아니다.

이 두 개의 심리학적 관점–불특정한 스트레스와 성격유형–에 만성 스트레스가 담당하는 역할을 추가할 수 있을 것이다. 삶이 공격성과 분노와 야망의 감정들로 가득한 사람은 일상적인 스트레스와 긴장까지도 과장되게 느껴지기 때문이다. 이런 스트레스들을 자기애적 견지에서 바라보는 사람들은 스트레스를 끊임없이 밀려오는 불만족의 물결로 보고 반드시 통제해야 할 전투로 생각한다. 이런 사람들은 경쟁에도 계속해서 신경을 쓰는데, 바로 이런 부류의 사람들이 관상질환에 걸리기 쉽다는 것이다. 이 두 상황 모두가 지나치게 부담을 떠안은 자기self 안에 감정적 고갈상태를 만들어 놓는다. 이런 상태에서는 커피를 지나치게 마시고 다른 자극물질을 사용하는 경향도 커진다. 한편 이런 사람들은 긴장을 풀고 예기치 않게 생긴 여가시간을 즐기거나 휴식을 취하고 잠을 잘 수 있는 능력이 없기 때문에, 이런 상황에서 긴장완화를 위해 한다는 것이 탐식, 흡연, 음주 등이다. 모든 사례를 보건데 복잡하고 다양한 요인이 작용하는 이 질병에는 유전적 요인이나 식단과 관련된 요인 외에도 다른 병인적 요인들이 작용하는 것 같다.

자기심리학적인 해석

인식 심리학을 사용하여 A 유형의 성격을 개념화한 것을, 코헛의 이론을 토대로 한 정신분석적 관점과 대조해 볼 수 있다. 관상질환의 경향이 있는 사람들의 특성과 코헛이 말하는 자기애성 인격장애의 특징은 많은 부분에서 유사하다. 코헛의 도식에 따르면 성취에 대한 만족감의 결여와 뚜렷하지 않은 목표, 시간이 촉박하다는 느낌과 강한 경쟁심 등은 자기애적인 문제가 해결되지 않은 사람에게 전형적으로 나타난다.

프리드만과 울머(1984)에 의하면, "A 유형의 성격이 발달하는 데는 지위의 불안정성(이는 주로 부적절한 자존감이나 낮은 자존감에서 생겨남)이나 지나친 공격성, 혹은 이 둘 모두가 거의 항상 핵심 요인으로 작용한다"(p. 43). 이런 모습은 "A 유형의 사람이 아주 어린 아이였을 때 한쪽 혹은 양쪽 부모로부터 무조건적인 사랑과 격려를 받지 못했기"(p. 45) 때문에 생긴다. 자기심리학적 관점에서 본다면 성취에서 오는 만족감의 결핍과 뚜렷하지 않은 목표는 과대자기와 이상적 부모원상이 통합되지 못함으로써 두 개의 극을 가진 자기 안에 생긴 심각한 결함에서 비롯된다. 이렇게 자기애성 상처를 입은 사람은 성취가 항상 기대에 어긋나는데, 프리드만과 울머(p. 78)가 기술한 A 유형의 성격에서도 이런 점이 나타난다.

이런 사람들은 만성화될 수 있는 심각한 자기애성 격노(Kohut 1978)를 경험할 수도 있다. 자기애적으로 경험되는 원초적 환경에 대한 절대적인 지배욕구와 끝없는 무의식적 야망들로 가득찬 과시성향은 이들로 하여금 바깥세상은 물론 다른 사람들과 끊임없이 충돌하게 만든다. 더구나 자기애적인 개인들의 목적이나 거대목표는 분열된 과대자기에 의해 끊임없이 동기화되기 때문에, 이렇게 애매하고 끝없는 욕망에 대한 지속적인 만족이란 있을 수 없다(우리는 임상에서 이런 사람들을 반드시 만나게 된다). 자아는 점점 사고하고 수정하고 조직하는 능력을 과시적 성공에 대한 집착을 합리화 하는 쪽으로 몰고 간다. 극단적인 사례에서는 실패와 무능을 자신의 내재된 한계로서 인정하기보다 비협조적인 타인의 악의나 부패 탓으로 돌린다. 최악의 경우, 이것은 만성적이며 거의 편집증에 가까운 상태가 되어버린다. 대부분의 경우 현실검증능력은 보존되어 있으나 자기애성 격노가 표출되지 않으면 코헛이 말한 것처럼 이 격노는 방향을 자기에게로 돌리는데, 이는 자기 파괴적인 삶의 방식과 우울증을 야기한다. 그리고 이런 격노가 신체(혹은 이 둘 모두)를 향하게 되면 정신신체 질환을 일으킬 수 있다.

유전적 소인, 흡연, 고지방 식단, 고혈압(이것들은 항상 야망에 의해 추진되는 활동들을 따라다닌다) 등의 위험 요인이 주어졌을 때, 만성적인 자기애성 격노를 보이는 사람은 앞서 기술한 대로 관상동맥질환에 걸릴 수 있다. 자기심리학적 관점에 다른 점이 있다면, 프리드만과 동료들(1974, 1984)이 제안하는 행동 변화 방식에 자기심리학은 그리 희망을 걸지 않는다는 점이다. 만약 자기애성 인격장애를 가진 사람이 계속해서 거대한 야망을 성취하고 전능함에 이르려는 한없는 과시적 단계에 무의식적으로 고착되어 있다면, 상식적인 사고와 자기절제와 의식적 정신활동으로 이 모든 것을 통제하기란 불가능하다. 만성적인 자기애성 격노는 아무리 행동의 수위를 낮춘다 해도 무의식적 수준에서는 줄어들지 않고 유지된다. 즉, 이런 격노의 행동화를 억제함으로써, 그리고 A 유형이라는 진단을 내리게 하는 자기애적 목표를 억누름으로써, 갈등이 지하로 내려간 것뿐이다. 이렇게 의식적이고 의도적인 방법으로는 과로와 휴식의 부족에서 생기는 것들처럼 신체생리에 부차적인 영향을 주는 것들만 사라지게 할 뿐, 기저에 흐르는 자기애성 격노는 해소되지 않은 강한 자기애성 긴장들과 함께 줄어들지 않고 남아 있게 된다. 그러나 이런 이차적인 영향을 제거하는 것 또한 중요하므로, 프리드만이나 카루더스(1974)가 제시하는 행동주의적 접근법에 반대할 이유는 전혀 없다. 다만 이런 방법이 관상동맥질환의 예방에 얼마나 유익할지는 아직도 의문스럽다.

장기적인 삶의 불만족, 사회적 활동과 여가활동을 통한 재충전의 불가, 실추된 명예를 회복하기 위한 과로 등으로 관상동맥질환이 생기는데, 이런 것들의 배후에 자기애성 인격장애가 존재한다고 가정해 볼 수 있다. 여기에는 훨씬 더 예리한 역동적인 해설이 가능하다. 즉, 자기애적으로 지각된 원초적 자기대상의 만성적 상실 또는 실패가 일어났고, 이에 극심한 자기애성 격노가 뒤따랐다는 것. A 유형의 인간이 자기 파괴적 삶에 개의치 않는 것도 바로 이러한 분노로 설명할 수 있다. 옌킨스(1971)는 안기나와 류마티스성 심장질환이 있는 소수의 표본 환자를 비교한 어떤 연구서를 검토했는데, 저자들이 내린 결론에 의하면 안기나 환자들은 매우 화가 나더라도 격노를 억제하거나, 충동적인 방어기제를 사용하려고 한다. 한편 다른 저자들에 따르면, "절제된 공격성"은 관상질환의 위험 요인들과 상관관계에 있다(Jenkins 1976).

자기애성 인격장애와 이에 따른 자기애성 격노는, 관상동맥질환과 깊은 상관관계에 있다고 보고되는 여러 생활양식들에서 공통적으로 나타난다. 최근 나는 한 책에서(1976) 이러한 견해를 확대시켜 극적으로 전개하였다. 이런 생활과 행동방식을 의식적으로 바꾸려는 노력은 불건전한 생활패턴의 부작용을 줄이는 데서는 최선의 방법이나 근본적으로 장애는 남아 있다. 만성적인 자기애성 격노는 행동화되지 않는다 해도 관상동맥질환의 발생에 지대한 영향을 미치며, 생활방식을 의식적으로 변화시킴으로써 이런 질환을 예방하고 사망을 줄일 수 있으리라는 희망을 꺾어버린다.

또 다른 증거들이 이러한 견해를 뒷받침한다. 왜냐하면 심장마비에 걸린 사람들에게는 예전의 생활방식으로 돌아가거나 살이 찌고 다시 흡연하는 등의 행동이 공통적으로 나타나기 때문이다. 의사와 환자의 가족들이 아무리 이를 예방하려도 해도 이렇게 재발하는 것이 사실이다. 이는 기저에 견딜 수 없는 무의식적인 자기애적 불균형이 자리하고 있음을 말해주는데, 이러한 불균형은 환자를 죽음으로 이끈다.

심근경색 이후 자기 파괴적인 생활방식으로 되돌아간 환자들은 심각한 자기애성 인격장애를 지닌 환자들만큼이나 서둘러서 집중정신치료를 받을 필요가 있다. 심근경색을 경험한 환자가 다시 체중이 늘고 흡연을 시작하고 예전의 행동 방식을 취한다면, 내과의나 일반의는 정서장애가 생명을 위협한다는 사실을 인식하고 환자에게 집중정신치료를 권해야 한다.

성인 식사장애

이제 자기애성 정신신체 장애의 두 번째 예라고 할 수 있는 성인의 식사장애를 살펴보기로 하자. 굿싯(1985)은 고전적인 신경성 식욕부진증에 자기심리학을 적용했다. 유년기의 자기대상 실패로 인한 자기애성 격노는 편두통(Friedman and Ulmer 1984), 발끈하는 분노, 자기파괴적 행동, 편집증적 경향, 왜곡된 신체이미지, 강박적인 의례 등을 비롯해서 다양한 형태의 성인 식사장애를 일으킨다. 이미 결함을 가진 자기위로 장치에 이러한 격노가 침습해 들어오면 환자는 일시적인 안도를 위해, 그리고 임박한 자기분열을 방어하기 위해 식사장애로 퇴행한다(Chessick 1985b). 이러한 식사장애에 대한 정신분석적 치료에는 여러 가지 방법을 조합할 필요가 있는데, 환자의 생활방식에 생긴(긍정적인) 변화가 계속 유지되려면 일어난 일에 대한 통찰과 함께 환자에 따라 다르게 나타나는 장애 패턴을 결정하는 무의식적 환상(자기애성의)이 무엇인가에 대한 통찰이 요구된다.

예를 들어, 한 환자가 다음과 같은 꿈을 꾸었다: 자신과 남편과 어린 딸이 정원을 꾸몄는데 환자의 부모가 방문해 왔다. 정원이 잘 꾸며져 있는데도 환자의 어머니는 나가서 둘러볼 생각도 하지 않는다. 우울한 성격의 아버지는 한참 칭찬을 늘어놓더니 정원에 나가 한번 쑥 훑어보고는 무심히 "괜찮네"라고 말한다. 그러다가 환자가 어린 딸에게 피자를 먹게 하자 아버지는 행복해 하며 환한 미소를 짓는다. 이것은 어머니가 정신증 환자인 한 비만 환자의 꿈이다. 환자의 어머니는 완전히 고갈된 자기상태에 있었을 때, 아버지에게 구원을 받았었다. 아버지는 늘 우울한 사람이었지만 환자가 식사할 때는 매우 밝은 모습이 되곤 했다. 그러나 어머니와 아버지는 환자의 자연스러운 발달이나 성숙에는 관심이 없었다.

와이스와 잉글리쉬(1957)에 의하면, 어떤 가족은 삶의 지향이라는 측면에서 볼 때 매우 "구강적"이다. 이런 가족에게는 창조적인 일이나 놀이보다도 좋은 식사가 더 큰 기쁨이 된다. 식사의 제공이나 대접과 관련된 모든 것에는 상당한 감정적 가치가 깃들어 있다.

콜브와 브로디(1982) 그리고 샤이네스(1979)에 의하면, 비만은 대개 부모가 아동을 통해 자신의 좌절과 실망을 보상하고자 하는 가정환경에서 생긴다. 예를 들어 어머니가 가정에서 최고로 군림하는 존재고, 근심으로 가득한 과잉보호(음식의 강요를 포함하여) 속에서 비만아를 감싸고도는 환경을 생각해 볼 수 있다. 어머니는 부모의 실패를 보상하기 위해 아동의 성취에 높은 기대를 건다. 이 살찐 아동은 반항도 하지 않고 수동적인 관심의 대상이 되며, 음식이 사랑이나 만족감을 대신하도록 길들여진다. 또한 이것은 코헛(1971)이 자기애성 인격장애(Kohut 1971, p. 185)에서 나타난다고 말하는 "수직 분열"과 같은 정신상태를 형성한다. 노골적으로 표출된 유아적 거만함은 어머니가 아동의 수행능력을 자기애적으로 사용한 것과 관련이 깊다.

햄버거(1951)는 서로 다르지만 긴밀히 연관되어 있는 네 가지 유형의 대식증을 기술했다. 그의 환자 그룹 중 한 그룹은 외로움, 불안, 지루함 등의 비특정적인 감정적 긴장에 대해 과식으로 반응했다. 또 다른 그룹은 장기간 불행한 삶의 조건 속에서, 만성적인 긴장과 좌절 상태에서 음식을 만족감의 대체물로 사용하게 됨으로써 과식하였다. 세 번째 그룹에서는 과식의 기저에 정신병리가 놓여있음이 밝혀졌다. 그리고 마지막 그룹은 과식이 중독의 성격을 띠고 있어서 외부의 사건과 상관없이 충동적으로 음식을 밀어 넣는 특징이 있었는데, 이들은 무의식적이고 만성적인 자기애적 불균형에 시달려온 경우다.

비만환자들의 정서적 불균형을 유형별로 기술한 책은 수없이 많으나 잘된 연구서일수록 정신현상에 대한 증거는 불충분하다. 스턴카드(1980)는 비만인 사람들이 갖고 있는 부정적인 신체이미지에 대해 기술했는데, 정신치료를 받을 때 이들은 자신의 몸이 기괴하고 혐오스러우며, 타인들이 자신의 몸을 멸시와 적개심을 가지고 바라본 걸로 믿는다는 것을 보여준다. 그에 의하면 이러한 사고는 비만환자들에게 전형적으로 나타난다. 어려서 비만했던 사람의 비만(소위 "과다형성 비만"이나 "발육기 착수 비만" 또는 "발달형 비만")은 성인이 되어서 비만해진("과다영양 비만") 사람과는 경우가 다르다. 유년기의 비만은 더욱 심각하고 치료가 잘 안 되며 정서 문제들과 연결되기도 쉽다. 그러나 스턴카드(1975)를 비롯한 몇몇 학자들은 "중년비만"이 점차적으로 형성된다는 통상적 개념에 반대한다. 실제로 중년비만은 스트레스가 많은 시기에 과식함으로 인해 체중증가가 계속되면서 생겨난다.

많은 비만환자들에 따르면 정서적으로 분노에 차 있을 때 과식하고 체중이 증가하는데, "이렇게 관찰된 사실로부터 감정적 요소와 비만 사이의 긴밀한 연관성을 밝히기까지는 매우 어려운 과정"(p. 777)이라고 스턴카드(1975)는 말한다. 비만은 종종 이후 단계에서의 실패를 합리화시키는데, 과체중인 사람들이 자신을 대하는 태도는 서구문화가 비만(특히 여성비만)에 대해 갖고 있는 혐오감 때문에 더욱 복잡해진다(Wooley and Wooley 1980).

수많은 저서에서 공통적으로 지적하는 내용이 있다면, 비만아는 중요한 소망들에서 일상적으로 패배를 경험하기 때문에 머릿속이 과대적 백일몽들로 가득 하다는 점이다. 이런 환상들은 의식되거나 혹은 부정되는데, 이들이 정신증환자와 다른 점이 있다면 이들은 자신들이 비이성적임을 알고 있다는 것이다. 잉그람(1976)은 성인 비만환자의 정신분석치료에 임하다 보면, 체중의 감소와 함께 과대망상이나 자기애적인 모습들이 나타난다고 말한다. 어떤 사례에서는 오히려 과식이 초기 정신증을 예방해 주는 것처럼 보인다. 이런 환자들은 지나친 다이어트로 체중을 감량하면 정신증이 나타날 수 있기 때문이다.

중독으로서의 비만

스턴카드(1975, 1980)에 의하면 비만환자의 약 10%(대개 여성임)는 "밤에 먹는 증후군"을 보인다. 이 증후군의 특징은 아침에는 식욕부진증이 나타나고 저녁에는 불면증과 함께 대식증이 나타난다는 점이다. 스턴카드에 따르면, 비만 환자의 약 5%에서 "폭식증후군"이 발견되는데, 이것의 특징은 짧은 시간 내에 많은 양의 음식을 갑작스럽고 충동적으로 먹어치우는 것이다. 그러나 이는 결국 불안과 자기비난만 야기할 뿐이다. 위의 두 증후군에 대해서는 즉, 비만사례의 15%

에 대해서는 구강성과 양가감정을 가지고 정신역동을 살펴보는 것이 더 용이하다고 한다. 한편 브룩(1973)은 자신의 경험에서 볼 때, 밤에 먹는 사람은 드물고 폭식가들이 더 많다고 주장한다.

대다수의 비만 인구에서는 장애가 흐릿하게 나타난다. "음식중독자"로 묘사된, 이 커다란 집단에 속하는 환자들은 정신구조 내의 결함을 메워주는 대체물로서 음식을 사용한다. 과식은 그들의 생활양식에서 빼놓을 수 없는 일부가 되어버렸기 때문에, 강제적인 체중 감량은 이들로 하여금 참을 수 없는 긴장을 느끼게 한다. 단지 체중 감량만을 목표로 하는 강제 치료는 거의 성공하지 못하며, 성공한다 해도 오래 유지되는 경우가 드물다. 프로슈(1977)는 이러한 환자들을 "성격충동장애character impulse disorder"로 분류하면서, 이들에게는 긴장이나 좌절을 수용하는 역량이 부족하다는 점을 강조한다. 이러한 역량의 부족은 발달과정에서 "예상"하거나 신뢰하는 능력이 저해됨으로써 발생한다.

정신분석에서 음식중독의 개념을 인정한 것은 라도(1926)가 처음이었는데, 그는 "음식 오르가즘"이라는 개념 또한 주창하였다. 비만이 음식중독을 의미한다는 주장은 레온(1982)에 의해 수정, 보완되었다. 식사와 관련해서 비만환자들을 전체적으로 관찰해 본 결과, 라도가 말하는 상대적으로 더 느리고 더 오래 지속되는 "음식 오르가즘"(이는 건강한 느낌의 확산을 의미하는데, 오르가즘 동안 계속 확대된다)은 휴식의 느낌과 아득한 눈빛으로 완성되는데, 이것이 성관계나 좀 더 복잡한 대인관계적 친밀성을 회피하도록 만든다는 것을 알 수 있었다. "음식과 간식도 일반음식에서 중독물질에 이르기까지, 이러한 정도를 구분해 볼 수 있다"(Rado 1926, p. 377)는 라도의 주장은 임상경험에서도 확인된다. 나는(1960) 마약이 마지막 등급을 차지하는 이러한 구분에 대해, 그리고 "약물 오르가즘"에 대해 연구해 본 적이 있다. 울캇(1981)은 이에 대한 보다 최신의 논의들을 소개하고 있는데 어떤 면에서 보면 그는 경계성 병리와 유사한 "융합-개별화 갈등"을 낳게 하는 소위 "기본적 결함basic fault"에 초점을 맞추고 있다.

자기심리학적인 설명

음식 중독자에 관한 논의에서 코헛(1971)은 다음과 같이 쓰고 있다.

> 그의 정신은 원초적 자기대상에 고착되어 있기 때문에, 그의 인격은 평생 동안 어떤 대상들에게 의존하게 되는데 이는 대상에 대한 강한 굶주림의 형태를 띠는 것처럼 보인다. 대상들에 대한 강렬한 추구와 의존은 이들의 정신구조 내에 결핍되어 있는 잃어버린 조각들을 대신하고 있다… [중독자의 엄마는] 아이의 요구에…. 공감하는 능력이 부족하기 때문에, 성숙한 정신구조를 가진 사람이라면 마땅히 수행해야 할…. 그러한 기능을 제대로 수행하지 못한다. 이렇게 원초적인 단계에서…. 경험한 외상적 실망들은, 아이가 적절하게 위안을 받고 잠자리에서 도움을 받는 등의 유년기의 경험을 점차적으로 내재화할 수 없도록 만든다(pp. 45~46).

마지막 저서에서 코헛(1984)은 15년간 자기대상 역할을 해 준 슈베니거 박사 덕에, 음식과 와인과 담배에 대한 "욕구"를 줄일 수 있었던 비만환자 비스마르크에게 주목하라고 말한다. 이것은 코헛이 플란쩨(1972)의 보고서에서 따온 사례인데, 이 보고서에는 비스마르크가 슈베니거 박사를 만남으로써 실제 체중이 감소되었는지에 관한 내용은 없다. 아무튼 슈베니거는 직관이 뛰어난 치료자였으며, 도덕적인 문제로 뮌헨 의대에서 해임 당한 사기성 있는 의사였지만 비스마르크에게 필요한 것이 무엇인지는 제대로 알고 있었다.

자기심리학의 언어로 표현하자면, 그날 맛본 외상 수준의 자기대상 실패가 자기의 특정 부분에 분열을 가중시켰고 이것이 비스마르크에게 잠자리에 들 시간에 충동적인 "식욕"을 느끼게 한 것이다. 코헛의 주장에 의하면 이런 사람이 자기대상을 포기하게 되면 내면의 응집성과 살아있다는 감각을 느끼기 위해 신체국부를 자극하게 된다. 그러나 코헛에 따르면 이러한 중독에 가까운 강렬함은 충동에서 기인하는 것이 아니라 구조적 결함을 메우고자 하는 강한 욕구에서 비롯된다. 그러나 이것은 순간적인 효과만 있을 뿐, 어떤 구조도 만들어내지 못한다. 즉, 이것은 궤양으로 인한 천공 때문에 먹게 되는 것처럼, 밑 빠진 독에 물붓기인 셈이다. 슈베니거는 비스마르크에게 음식과 와인과 담배의 역할을 해 주었으며 마치 부모처럼 그가 잠들 때 곁에 있어 주는 등, 지속적인 자기대상 역할을 해 주었다. 슈베니거가 자기대상 전이를 얻어냈을 때, 그는 이미 15년 전부터 비스마르크 가정에 없어서는 안 될 존재가 되어 있었다.

브룩(1973)은 "반응적 비만reactive obesity"에 관해 기술하는데 이것은 우울증이 깊어지는 것에 대한 방어로서 과식을 사용하는 것을 뜻한다. 칸트웰과 동료들(1977)을 비롯해서 많은 연구자들이 식사장애를 우울증과 연결시켰다. 최근에는 우울증 예방 약물로 이러한 장애들을 치료한다는 희망적인 보고들(Pope et al. 1983)도 나와있다. 이러한 환자들에게 과식은 자기 위안의 방편이다. 이것은 현재의 우울한 감정 상태와 관련이 있으며 억압되어 있는 보다 심층의 원초적 경험 속으로 붕괴되는 것을 막으려는 시도이기도 하다.

크리스탈(1982)에 의하면 이런 원초적 경험은 실제로 유아기에 겪었던 "복통, 습진, 섭식, 수면 등의 문제들"처럼, "흔한 질병이기 때문에 침묵 가운데 덮어버리곤 했던"(p. 598) 재앙들일 수도 있다. 그러므로 과식은 현재의 스트레스를 완화시키지는 못하더라도, 원시적이고 원초적인 본성이 위협해 오는 근원적 분열상태로부터 환자를 보호해 준다고 볼 수 있다. 자기심리학적인 표현을 쓰자면 과식은 자기감각의 파괴를 막아주는 기능을 한다.

폭식과 구토의 반복

폭식과 구토를 반복하는 폭식증은 10대와 20대 환자에게 흔히 나타난다. 이런 증후군은 어느 나이에나 나타날 수 있는데 이들 중 5%는 남성이다. 폭식증에는 자제력 상실과 죄책감이 개입되며, 구토는 회복과 카타르시스와 자제력의 재강화를 뜻한다. 이러한 모든 식사장애의 근저에는 자기심리학적으로 표현하자면, 알 수 없는 우울, 무감각, 공허하고 고갈된 자기 안에 있는 무력감, 만성적인 자기애성 격노 등이 존재한다. 나의 임상 경험에서 볼 때, 이런 대량의 격노는 편집증적인 공포를 낳거나 왜곡되고 증오에 찬 자기이미지와 편두통과 발끈하는 분노 등을 동반한 자기증오감을 야기하는데, 이런 것들이 합쳐지면 경계성 환자의 행동패턴과 유사해진다. 이것은 또한 이상하고 피할 수 없는 강박적 의례처럼 보이기도 하는데, 환자는 기쁨도 없이 닥치는 대로 눈에 보이는 것을 먹어치운다.

브룩(1973, p. 100)에 의하면 이 모든 환자들에게 비만은 단지 내면의 추한 신념들을 외재화한 것에 불과하다. 어떤 환자는 다음과 같이 말한다.

> 나는 무감각을 물리치기 위해, 그리고 느끼기 위해 먹는다. 먹고 나면 불편하다. 하지만 이것도 하나의 느낌이다. 나 자신을 살찌우는 것도 내가 내면에서 나 자신을 어떻게 느끼고 있는지를 비춰보기 위함인 것 같다. 내 안으로부터 "이 못난 나를 있는 그대로 사랑하라"는 메시지가 울려나오는 것만 같다. 이것은 사람들에 대한 나의 불신과도 일치하는데, "당신이 내게 착하게 굴려고 하면 난 그렇게 하지 못하게 할 거야"라고 말하는 것 같다.

우리는 위의 인용문을, 어떻게 투사가 자기반영의 시도를 뜻하는지에 대한 랭의 논평(6장 참고)에 비추어서 생각해 볼 수 있다. 자기심리학의 관점에서 보면 이런 사례들에서 투사는 그것이 환상에 머물러 있건 현실화된 것이건, 자기대상을 포기하고 필사적으로 반영과 관심과 위로를 얻으려는 시도라고 볼 수 있다. 서구 문화에서 뚱뚱한 사람은 어떤 의미에서건 주목을 받는다. 뚱뚱해서 곱지 않은 시선을 받게 되면, 모든 사람이 자신을 적대적으로 바라본다는 투사적 상상이 현실화된다.

"음식 오르가즘", 피학적 굶주림, 불쾌하고 충동적인 폭식, 폭식 후 구토로 인한 죄책감 그리고 회복의 반복 등과 같은 드라마틱한 식사장애들은 격노와 편집증의 출구가 되어주며, 텅 비고 고갈된 자기로부터 환자의 주의를 돌려 소화기 감각에 집중하게 한다. 이런 식으로 일종의 살아있다는 감각이 유지된다.

환자는 고갈되고 분열된 핵심자기 위에 다양한 방어적 의례와 자기위로 활동들을 쌓아올린다. 때로는 이러한 의례와 활동들이 환자로 하여금 그나마 사회에서 기능할 수 있게 해준다.

자기애성 격노

환자는 대량의 자기애성 격노와 무의식적 가학성을 동시에 다루어야 한다. 예를 들어 오펜 크란쯔와 톨빈(1974)은 이런 환자들을 "우울한 인격"이라고 논하면서, 이들이 무의식적으로 느끼는 욕망을 충족시켜 주지 않는 대상에 대해 가지는 대량의 무의식적 격노를 강조한다. 종종 격노는 치료자에게로 향한다. 이러한 것들의 근저에는 고갈과 절망(충분한 만족이 이루어질 수 없다는 데서 오는)으로 특징지어지는, "의존적anaclitic 우울"–난 네게 이렇게 해주는데 넌 내게 무얼 해주느냐는 식의–이 자리한다.

글로버(1956)는 자신의 탁월한 연구서(1932)에서 이것을 구강적 고착으로 보지 않고, 정신증과 신경증의 중간에 위치한 과도기적 중독상태로 간주한다. 글로버에 의하면 이것은 가학증을 통제하며 정신증이나 분열증으로의 퇴행을 막아준다. 글로버는 이러한 중독을 "제한된 자기애성 신경증"이라고 칭하면서 다음과 같이 쓰고 있다.

> 환자의 격노는 이중감정을 느끼는 대상에 대한 동일시와 더불어 위험한 정신상태를 형성한다. 이런 정신상태는 내부에 존재하는 구체적인 물질substance로 상징화된다. 그러므로 마약은 파괴를 통해 치료를 하는, 외부에 존재하는 대항물질counter-substance인 셈이다. 이런 의미에서 마약중독은 편집증의 개선으로 간주될 수 있다. 왜냐하면 멜랑콜리 유형의 정신내적 갈등을 해결하는 치료인자로서 사용되는 마약물질에만 편집증적인 요소가 한정되기 때문이다(p. 208).

적응은 글로버가 말하는 "편집성 불안의 국지화"를 통해서 가능해지는데, 음식물 같은 비교적 온건한 물질에서 위험한 화학물질에 이르기까지, 선택에 있어 이토록 차이가 나는 것은 원초적 가학증의 정도와 관련이 있다고 글로버는 가정한다.

그러나 물질선택에 대한 이런 가정은 근거가 없다. 왜냐하면 음식도 환자에 의해 명백히 파괴적이고 매우 해로운 것으로 인식될 수 있기 때문이다. 이노라토(1977)가 쓴 희곡 『베노 블림피의 변신The Transfiguration of Benno Blimpie』은 이에 대한 좋은 예가 될 것이다. 이것은 25세의 외로운 남자 뚱보가 모욕적인 것들을 털어버리기 위해 계속해서 먹다가 죽는 끔찍한 이야기이다. 먹고, 공상하고, 그림을 그리면서 유년기를 보낸 베노는 "그림 그리기로는 충분치 않아. 외로움과 공허함과 그리움이 젤리처럼 엉겨 붙을 때는 어떤 것도 고통을 달래주지 못해. 그 어떤 것도…"라고 말한다. 극중에서, 자기애성 격노가 폭발하면서 베노는 인간성을 상실하고 다음과 같은 계획을 세운다: "내가 너무 뚱뚱해져서 그(=베노 자신)의 옷을 못 입게 되고 거의 움직일 수조차 없게 되면, 나는 문에다 못을 칠거야. 난 기다란 못으로 내 눈알을 빼내고, 그가 죽을 때까지 그에게 보란듯이 먹어댈 거야"(Scene 8, pp. 16~17). 희곡 끝부분에서 베노는 고기 칼로 자신의 몸을 난도질할 준비를 한다.

성인 식욕부진증과 신경성 식욕부진증

댈리(1969)는 식욕부진증으로 고통 받는 환자들을 세 가지 그룹으로 나누었다. 많은 저자들(Wilson 1983)이 이 복잡한 증후군이야말로 다양한 장애로 가기 위한 "마지막 공통의 통로"라 일컬으면서 이것을 강조한다. 식욕부진증도 비만처럼 임상에서 매우 다양한 모습으로 나타난다. 어떤 부류는 구토를 유도해서 토해내는가 하면, 어떤 부류는 충동적이고 자기파괴적인 행동(자살기도, 자해, 음주)을 보이며, 또 어떤 부류는 다이어트만을 통해서 원하는 날씬함을 성취해 낸다.

젊은 여성에게 나타나는 식욕부진증의 정신역동에는, 유년기의 해로웠던 모녀관계에서 비롯된 성장의 불균형이 포함되어 있다는 것이 오래된 정설이다. 이런 사례들에서 소녀는 여성으로서의 개별화에 직면하는 동시에 가족으로부터 독립해야 한다는 위협을 느끼는 가운데, 실컷 먹었던 경험에 대한 무의식적 열망 속에서 유아기적인 모녀관계로 퇴행함으로써 이러한 위협에 반응한다. 먹는 희열은 곧 극심한 다이어트를 통해 부인되는데 날씬함의 추구는 대개 어머니에 대한 적대적이고 반항적인 순응을 뜻한다.

브룩(1975)에 의하면 신경성 식욕부진증은 신경증보다 오히려 정신분열증이나 경계성 상태에 더 가깝다. 그녀는 식욕부진증의 우울증적인 측면은 특히 조사해 볼 가치가 있다고 하면서, 이것이 일차적으로는 우울을 가리킬 수 있으나 결국에는 "정신분열증의 기저에 놓인 절망"(p. 802)을 나타내므로 이렇게 기저에 흐르는 잠재적 정신분열증의 핵을 인식하는 것이야말로 효과적인 치료를 위해 중요하다고 말한다. 내 임상경험에 의하면 청소년기에 갑자기 나타나는 고전적인 신경성 식욕부진증과, 보통 성인에게 나타나는 비교적 덜 치명적인 식욕부진증 사이에는 커다란 차이가 있다. 근본적으로 후자의 경우는 정신분열증보다는 우울증에 가까우며, 임상 자료를 보더라도 코헛이 말하는 공허하고 고갈된 자기나 자기애성 격노와 관련이 있음을 알 수 있다.

식욕부진증의 원인에 관한 가장 고전적인 정신역동적 구성은 음식에 대한 공포반응을 중심으로 한 것인데, 사춘기 초기의 신체적 변화에서 비롯된 성적, 사회적 긴장으로부터 음식에 대한 공포가 생겨난다는 것이다. 그러나 1945년에 페니켈(1945)은 성인에게 나타나는 식욕부진증은 "매우 다른 역동적 의미를 가질 수 있다"고 말한다. 그에 의하면 식욕부진증이란 구강적으로 지각된 임신에 대한 두려움과 무의식적인 가학적 소망들에 대한 공포를 나타내는 단순한 히스테리성 전환증상이다. 강박 신경증에서는 식욕부진증이 금욕적인 반응의 일부이며, 우울증(음식의 거부는 다른 우울증상이 나타나기 전에 나타남)에서는 감정 표현의 하나일 수 있고, 객관적인 세계와 어떠한 접촉도 거부하는 정신분열증의 초기일 수도 있다.

페니켈은 적어도 성인의 경우에서는 식욕부진증에 관한 단순한 공식화에 머물지 않고 깊이 있는 연구를 추구했다. 그는 아이슬러가 보고한 사례를 언급하는데, 이 사례는 식욕부진증이란 "모든 대상관계가 전반적으로 병들어 있음을 보여주는 하나의 증상일 뿐"이라는 생각을 보여준다. 페니켈에 의하면 아이슬러의 환자는 "자아발달에 있어 극도로 원시적인 단계를 넘어서지 못했다. 어머니는 '환자의 자아 내부에서 여전히 가장 중요한 부분으로 남아있었다'. 음식의 거절은 어머니로부터 일차적이면서도 뭔지 모를 만족감을 얻고자 하는 갈망을 뜻하며, 좌절로 인해 이것이 가학적으로 왜곡되어 있음을 보여준다"(p. 177). 이러한 생각은 코헛과 흡사한데, 코헛보다 25년이나 앞선 것이다.

성인 식사장애에 대한 자기심리학적 접근

16장 서두에서 언급된 정신신체의학의 세 번째 영역에는 두 가지 종류의 기능장애가 포함된다. 하나는 기능의 부적절한 사용에서 비롯된 불건전한 생리적 변화들로, 페니켈은 이를(기관)신경증이라 부른다. 나머지 장애들은 특정하고 무의식적인 의미를 갖는 것들로 환상이 "몸의 언어"로 표현된 것이며, 마치 꿈처럼 정신분석의 직접적인 대상이 될 수 있다. "전환 신경증"이라는 말은 대개 이런 부류의 사람에게 적용되는 단어이다. 기관신경증의 몇 퍼센트 정도는 실제로 감정등가적인 성질이 있어서, 어떤 형태의 감정은 의식적인 정신의 경험을 거치지 않고 곧바로 특정한 형태의 신체 표현으로 나타난다. 예를 들어 어떤 사례에서는 식욕부진증도 우울증의 등가적 표현이 되는데, 이 점은 최근의 연구(Cantwell et al. 1977, Casper and Davis 1977)에 의해서도 입증되었다.

성인 식사장애의 대부분은 무의식적인 문제에 기원을 둔 병리적 장애들이 특정한 행동을 불러오고, 이 행동이 다시 조직 안에 신체적인 변화를 야기하는 경우이다. 다이어트나 과식, 혹은 이 둘 사이를 오가는 환자의 행동은 자기애적 불균형에서 생기는 내부의 압력을 해소하기 위한 것이다. 이런 의도에서 비롯된 신체 변화는 본래 환자가 의식적으로건 무의식적으로건 추구하던 것이 아니다. 그러나 나중에는 이러한 신체 변화가 해결해야 할 주된 문제가 될 수 있다.

페니켈(1945)은 1932년에 쓰인 불프의 논문을 언급하면서 "정신신경증"에 관해서도 기술한다. 이것은 여성에게 더 자주 나타나는데, "히스테리, 순환기질, 중독"과 관련이 있으며 전성기기적인 성에 대한 분투로 특징지어진다. 여기에서 성적 만족은 "더러운 식사"로 간주된다. 우울기가 되면 환자는 과식을 하고 "자신이 뚱뚱하고 퍼졌으며 더럽고 칠칠맞고 임신한 것 같은" 느낌을 받다가, 다시 "좋은" 시기가 도래하면 금욕적으로 행동하고 날씬한 느낌을 가지고 정상적이거나 다소 들뜬 행동을 보인다. 이렇게 아름다움과 추함 사이를 오가는 기분과 신체 느낌의 변화는 생리 전, 후의 느낌 변화와 유사한데 여기에는 과시증의 요소가 있는 것 같다. 그러나 페니켈도 많은 고전적인 분석가들처럼, 한편으로는 갈등 해석을 사용한 고전적 정신역동이론을 활용하면서도, 또 한편으로는 이러한 해석이 위와 같은 사례들의 강박적, 중독적인 측면을 충분히 설명할 수 없음을 임상에서 직관적으로 알게 된다.

라도에 이어 페니켈도 먹는 행위에 담겨있는 "구강성애적 자극"에 관해 기술한다. 그에 의하면 음식에 중독됨으로써 죄책감, 우울, 불안을 통제하기란 어렵다. 하지만 왜 그런가에 대한 설명은 없다. 페니켈은 식사장애를 "불안에 대한 성격 방어"라고 부른다. 그는 근본적인 유아기적 갈등이 음식을 통해 반복적으로 다루어지고 길들여진다고 본다.

브룩(1973, 1974, 1975, 1979, 1982)은 식사장애에 대한 자신만의 치료법을 계발했는데, 그녀의 생각도 결국은 오래된 고전적인 분석의 공식화처럼 이들 장애에 관한 일반화에 그치고 있다. 이런 환자들에게는 부모와의 자기애성 권력 투쟁을 비롯해서 자존감과 자기애성 격노, 탈진, 우울과 관련된 문제들이 있다는 것을 인정하면서도, 브룩은 대인관계 이론에 기초한 설리반의 방법을 사용하고 있다.

브룩(1979)은 신경성 식욕부진증을 논하면서 "평범한 다이어트에서 출발해 어떻게 음식과 체중에 대해 이토록 경직되고 자기파괴적이며, 또한 철저히 방어적인 고정관념에 이를 수 있는지에 관해서는 거의 알려진 것이 없다"(p. 76)고 말한다. 한편 코헛(1971)은 심한 경계성 환자와 정신분열증 환자에게 나타나는 자기의 분열에 관해 기술하면서, 신체 일부에서 리비도가 철수함으로써 그 부분이 쓸모없게 보이면 이러한 환자들에게는 자기의 재조정reconstitution of the self이 일어난다고 말한다. 그러한 재조정이 일어나면 이런 환자들은 실제로 그 쓸모없어 보이는 신체부위를 절단하기도 한다. 그러므로 청소년이나 성인들에게 있어서는, 분열된 자아가 뚱뚱한 몸을 쓸모없는 몸자기body self로 인식하게 하는 자기의 재조정을 불러온다는 것을 알 수 있다. 브룩(1979)은 자신의 폭넓은 임상경험으로부터 식욕부진증에 걸린 많은 사람들이 얼마나 거울을 들여다보고 또 들여다보며 시간을 보내는지, 그리고 얼마나 "빠진 살과 드러난 뼈를 보고 자긍심을 느끼는지"에 관해 말한다. "이것에 자긍심을 느끼면 느낄수록, 자신이 건강해 보인다는 그들의 확신도 더욱 강해진다"(p. 82).

심각한 식욕부진증은 분열된 자기의 병적 재구성이라고 볼 수 있다. 여기에서 신체 일부분을 분리시키거나, 그 부위에서 리비도를 완전히 철수하는 것은 나머지 부분이라도 재구성되게 하려는 것이다. 리비도가 물러난 부분은 바로 몸의 지방이며, 이제 이것은 무용지물이나 원치 않는 것, 혹은 잘라낼 필요가 있는 것으로 보인다. 실제로 자기의 재구성이 계속 유지되려면, 위험한 방식을 동원해서라도 이러한 불필요한 체지방(원치 않는 자기의 일부분을 의미하는)은 계속 제거될 필요가 있다. 바로 이런 점들이 환자가 끈질기게 굶고 치료를 완강하게 거부하는 이유를 설명해 준다. 이런 환자들에게 식사를 강요하면 자살을 택할 수도 있다.

심한 병적 식욕부진증은 비만에 대한 기괴한 거울이미지를 나타낸다고 브룩은 말한다. 그녀는 또한 이 두 가지는 허기에 대한 잘못된 인식과 관련성이 깊다고 지적한다. 이로부터 브룩은 자기 삶에 대한 인식의 부족이야말로 이런 심각한 식사장애의 근본 원인이라는 주장을 이끌어낸다. 내 임상경험에 비춰 보면 식사장애 환자들은 자신이 무능한 것 같고 마치 자신이 성인 세계에 사는 어린 아이 같다는 이상한 느낌을 전형적으로 경험한다.

나는 베노 블림피의 “사례”에서와 같은 임상적 풍경을 주목하는 편인데, 브룩은 이러한 증상을 그다지 중시하지 않는다. 이런 환자들은 내부 깊숙한 곳에 공허함과 만성적인 자기애성 격노, 그리고 이것들로 인한 편집증 경향을 갖고 있다. 브룩(1973)은 급성 분열증으로 입원한 뚱뚱한 학생간호사의 사례를 보고하는데, 이 학생은 다툼이 생기거나 위협을 느낄 때마다 게걸스럽게 먹는다는 것이 관찰되었다. 브룩의 설명에 따르면 이 학생간호사는 타인들의 적개심과 그들의 화난 말들이 그녀의 내부에서 요동치며 계속 그녀에게 상처를 주지 않을까 걱정한다: “음식을 집어넣음으로써 그녀는 다친 속을 습포처럼 감싸주는데 이렇게 하면 상처가 별로 느껴지지 않는다”(p. 92). 브룩의 이론에서는 내사와 투사의 순환으로 이루어진 정신내적 역동이나 코헛이 대안적으로 제시하는 고갈된 핵심자기, 혹은 분열된 핵심자기의 부산물 등의 개념은 찾아 볼 수 없다.

이런 식사장애들은 이러한 행동이 중단되었을 때 환자가 느끼게 될 참을 수 없는 감정들로부터 환자를 보호해 준다. 극도로 부정적인 자기이미지와 자기증오–코헛의 언어로 말하자면, 자기애성 격노의 부산물을 동반한 고갈된 자기–가 비만보다 먼저 나타난다는 것은, 스턴카드와 버트(1967) 그리고 파워스(1980)를 비롯하여 여러 저자들이 강조하는 점이다. 이러한 정신내적인 병리는 다양한 성인 식사장애의 토대가 되는데, 자기애성 긴장이 지나치게 커지고 이미 결함을 지닌 전오이디푸스기적 자기위로 장치가 붕괴될 때 이러한 식사장애가 나타난다. 이것은 자기가 『베노 블림피의 변신』에서처럼 곧 파괴될 것 같다거나 실제로 분열을 일으키는 때이다.

임상사례로서 우리는 브룩(1973)이 “마른 뚱뚱한 사람”(헤켈에게서 빌려온 표현)에 대해 기술한 것을 볼 수 있는데, 바로 이런 사람들이 1911년에 이미, 뚱뚱한 사람들의 체중감소가 그것 자체로는 치료를 의미하지 않는다는 점을 우리에게 일깨워 주었다. 실제로 환자는 체중이 줄었을 때 훨씬 심각한 정신병리를 나타낼 수 있다. 이제 싸움은 살이 찌지 않으려는 노력(패션모델들처럼 거의 강박적으로 굶다시피 하는 모습)으로 옮겨갈 수도 있다. 불만족(허기) 가운데 사는 이런 사람들 또한 식사장애에 해당한다. 지나치게 날씬한 상태로 있고자 하는 강박적 욕구는 여러 가지 행동수정 요법이나 증상에 초점을 둔 요법을 통해서 비만이 치료되고 난 후에 흔히 나타나는 현상이다. 이런 치료법들은 불쌍한 비만환자를 더 불쌍한 마른 환자로 만들어 버린다. 두 경우 모두에서 환자는 먹는 것에 강박적으로 골몰하게 된다. 대개 이런 환자들은 신경성 식욕부진증으로 진행되지는 않지만 그야말로 처절하게 날씬함을 유지해 나간다.

강박적으로 먹고 나서 다이어트를 하는 성인들에게서 나타나는 자기애적인 면들은 특히 놀랍다. 이들은 자존감이 아주 낮고 자신을 무용지물로 여기는데 "엄청나게 위대한"(Bruch 1973) 환상과 공상을 통해 이것들을 보상하려고 한다. 비만환자들은 "전부 아니면 전무"의 이상한 태도를 갖고 있어서 자신의 무한한 소망이 성취될 수 없음을 알게 되면, 포기해버리고 집에서 빈둥대며 더욱 살이 찌는 경향이 있다. 임상에서 이런 환자들을 대할 때는 치료에 성공하여 날씬해지면 위대한 꿈을 이룰 거라는 생각을 심어 줘서는 안 된다. 이런 식의 태도는 광고들이나 조장하는 것이다.

다이어트를 실천하지 못하는 이들 환자의 무능함은 오히려 현실검증으로부터 그들의 자기애성 환상을 보호하는 기능을 한다. 비만한 상태에 머물러 있는 한, 지금 또는 미래에 체중을 감량함으로써 모든 것을 잘 해낼 수 있는 능력이 자신에게 있다고 느끼는 것이다. 이들은 체중감량을 한 뒤에야 비로소 자신의 근본적인 정신의 문제들을 인식하게 된다. 비만 상태로 있는 것은 자신의 자기애성 병리를 직면하지 못하게 만든다. 엄격한 다이어트는 정신병적인 반응이나 심한 우울증을 촉발시킬 수 있다. 페던(1947)은 정신분열증 환자들에게 정신분석치료를 하면서, 때로는 의도적인 체중감량이 정신질환을 유발한다는 것을 알 수 있었다고 말한다.

내 임상경험에서 보더라도 환자가 심하게 체중을 감량하면 그 체중을 유지하는 데는 매우 힘들고 고통스러운 과정이 예외 없이 뒤따른다. 비만환자들에게 과식보다도 더 근본적인 장애가 있다면 그것은 바로 활동의 억제이다. 활동의 부족은 삶에 대한 전반적인 태도에 문제가 있음을 뜻하며, 브룩(1973)의 표현을 빌자면 "자신의 몸을 사용함으로써 얻는 기쁨이 결여되어 있다는 점과, 소파에 푹 눌러앉아서 자신의 주체성에 대해 불신하고 있다는 점"(pp. 314-315)을 보여준다. 코헛의 언어로 말하자면 이것은 텅 빈 고갈된 핵심자기를 표상한다. 그러므로 체중 감량에 있어 운동의 가치는 평생 동안 수동성, 공허, 몽상, 무기력 등의 행동패턴을 물리친다는 데 있다.

"강박적으로" 먹는 사람들

햄버거(1951)에 따르면 식사장애가 있는 사람들 가운데 강박적으로 먹는 사람의 비율은 상당하다. 이런 환자들에게는 남은 음식을 내버려두는 것이 불가능해 보인다. 이들은 강박적으로 전부 다 먹어야만 한다. 이들은 누군가를 기쁘게 하는 의례를 수행하고 있는 것이며, 그 의례 안에는 깊은 자기애성 격노가 도사리고 있다. 이러한 사례들은 근심이 많고 과도하게 통제하는 보호자가 음식의 소중함을 강조하면서 음식을 끝까지 먹으라고 가학적으로 요구하거나, 환자가 병적으로 의존하는 배우자가 환자로 하여금 자신이 보는 앞에서 음식을 남김없이 먹도록 신경증적으로 요구했던 경우다. 이런 환자들은 과거에 자기대상에게 받았던 반영을 가져다 줄 행동패턴을 강박적으로 반복하고 있는 것이다. 이것은 거짓자기를 유지하기 위한 행동인데, 분열이나 격노보다는 거짓자기가 더 참을 만하기 때문이다. 공격성을 통제하는 데서는 강박적 의례행위의 역할이 두드러진다. 어떤 환자들은 스위트롤이나 아이스크림과 같은 특정 음식만을 강박적으로 먹는다. 이러한 환자들에게는 기관신경증과 전환장애가 혼합되어 나타나는 것으로 보인다. 나는 몇몇 사례들에서 특정한 음식과 보호자적 자기대상에 대한 동경이 서로 연결되어 있는 것을 볼 수 있었다.

식사장애에 대한 정신치료

가족들이 식이요법을 방해하는 경우도 생각할 수 있다. 어린이와 청소년의 경우는 다이어트를 방해하는 사람이 부모이고, 결혼한 부부의 경우는 종종 배우자가 무의식적으로 환자를 비만하게 만든다. 필요하다면 치료자가 다른 가족구성원도 치료에 참여시킬 수 있다. 식이조절과 운동에 관한 의학적 조언뿐만 아니라 체중감시자(Weight Watchers)나 TOPS 같은 지지그룹의 도움도 권할 만하다(Ingram 1976).

그렇다고 식사장애와 연결된 무의식적인 의미들을 고전적인 방법으로 살펴보는 것이 불필요하다는 뜻은 아니다. 물론 욕동심리학을 바탕으로 한 고전적인 분석은 식사장애에 관해 알려져 있는 내용들을 무시할 위험성이 있기는 하다. 자기심리학적 지향의 정신치료로서, 브룩(1974, 1979, 1982)이 인정하는 방법에서는 무엇보다 구조형성에 초점을 둔다. 즉, 이 접근법은 "관념적 오류와 왜곡, 그리고 심층에 자리하고 있는 불만족과 고립감과 무능함에 대한 신념을 수정하려는 시도"(Bruch 1979, p. 143)이다. 이런 유형의 정신치료는 해석을 부차적인 것으로 보며, 대개의 식사장애를 전환신경증으로 보지 않고 기관신경증으로 특징짓는 페니켈의 견해와 통한다.

식사장애에 대한 집중정신치료에서 가장 문제가 되는 것은 정신분열증적인 현실검증능력의 상실이 아니라, 결함 있는 핵심자기 안에 자리하고 있는 깊고 텅 빈 우울이다. 이런 우울은 편집증적인 요소가 있는데, 임상에서는 잘못된 자기이미지, 냉소, 절망 등으로 나타난다. 이런 경우는 심각한 구조적 타격을 입은 전오이디푸스기 장애를 다루는 것이므로, 길고도 험난한 치료가 예상된다. 이런 환자들에게 근본적 변화를 주기 위해 임상에서 취할 수 있는 최선의 조치는 이들이 가지고 있는 왜곡된 신체이미지들을 없애주는 것이다(Garner et al. 1976, Casper et al. 1979, 1981).

편집증적인 왜곡과 흐트러진 현실검증능력은 주어진 현실상황을 주목하게 함으로써 교정해야 한다. 브룩(1973)도 지적했듯이, "이들은 지속적인 고립감과 타인들에게 존중받지 못한다는 느낌, 그리고 모욕당하고 학대받는다는 느낌 때문에 고통스러워한다. 그러나 실제로 현실상황에서 그러한 요소를 찾아보기는 어렵다. 실제 또는 상상 속의 모욕을 예견 혹은 회상하면서 환자는 현실세계로부터 도피하여 폭식으로 향한다"(p. 337). 이들이 신체이미지에 대해 갖고 있는 혼란 또한 매우 복잡한 것인데(Powers 1980), 여기에는 신체의 실제 크기와 모양에 대한 잘못된 인식과, 청소년기에 굳어진 비현실적이고도 부정적인 자기평가가 뒤섞여 있다.

이런 환자들은 고요한 정신분석적 정신치료를 잘 수용하지 못한다. 바슈(1980)가 지적하듯이 치료자는 적어도 치료 초반에 환자와 더불어 환자의 현재 상황에 대해 자세히 논해야 한다. 치료 초기에 환자는 자신의 일상 문제들을 세밀히 살피고 이를 해결하는 데 치료자가 도움이 된다는 느낌을 받아야 한다. 크리스탈과 라스킨(1970)은 이것을 "긍정적인 내사를 확립시키는" 과정이라고 부르는데, 이 과정에서 치료자는 환자가 대상표상을 형성하는 데 사용되며, "이렇게 형성된 대상표상은 환자의 영감으로 사용되고, 정체성과 기능변화를 일으키는 데도 중요하게 작용한다"(p. 106). 바꾸어 말하면, 이상화 전이가 형성되도록 해야 한다는 것이다. 이런 초기단계를 적절히 거치지 않으면 치료자에 대한 중독적인 전이(코헛이 말하는 자기애성 자기대상 전이와 비슷한)가 형성되고, 집중정신치료는 점점 해석을 위주로 한 정신분석의 형태가 되어 버린다.

역전이의 문제들

식사장애를 다루는 집중정신치료에서 생기는 가장 심각한 역전이의 문제 또한 군터(1976)가 기술하는 자기심리학적인 견지에서 이해할 수 있다. 식사장애 환자들의 깊고 공허한 우울은 치료자로 하여금 고통스러운 불균형의 감각을 느끼게 하는데, 이는 치료자의 정상적인 활기와 정열과 환자에 대한 인간적 관심에 환자는 침묵이나 기운 빠지는 반응, 혹은 자기애성 자기몰두로 반응하기 때문이다. 이런 불균형의 감각은 수년에 걸쳐 치료자가 자기애적 절망을 반복적으로 경험했음을 의미한다. 식사장애를 다루는 치료자에게는 정서적 지지를 제공하는 독립된 원천이 반드시 존재해야 하며, 환자에게서 만족이나 위로 혹은 자기애적 마사지를 받으려고 해서는 안 된다. 체중문제가 교정되기 시작하면 환자는 더욱 "악화"된다. 치료자와의 관계에서 환자는 분노, 실망, 투사적 경향, 사소한 좌절도 참지 못하는 등의 태도를 더 많이 나타내기 때문이다(Ingram 1976).

치료자는 자기 자신의 자기애적 불균형과, 이로 인해 불거지는 환자의 자기애성 격노에 반동 형성으로 대처한다. 환자의 나약함에 대한 지나친 투사적 염려로 인해 치료자는 과도하게 걱정하는 보호자의 어조를 갖게 되고 치료는 지지적 성격을 띠게 된다. 이렇게 되면 환자가 치료의 주도권을 갖게 되고 자살 위협이나 정신증 또는 극격한 체중증감을 사용한 줄다리기에서 치료자를 리드하게 된다. 오펜크란체와 토빈(1974)이 보고하듯이, "…치료자는 자기 자신이 내적 공허감와 기쁨의 결여, 안도에의 욕망 등을 완화시키기 위해 환자에게 금욕적인 태도를 바란다. "이 같은 전형적인 투사적 환상이 있으므로, 치료자는 신중하고 지속적인 자기분석을 통해 이러한 환상이 외현(Chessick 1972a)되는 것을 방지해야 한다. 동료들과 상의해 보는 것도 종종 도움이 된다.

식사장애를 다루는 집중정신치료에서 치료자는 종종 언제 외부의 의료적 도움을 구하고 항불안제를 권할 필요가 있는지를 결정해야 한다. 만약 이런 권유가 환자를 위해서가 아닌, 역전이성의 실망과 분노 혹은 좌절에서 기인한 것이라면 위험하다. 이런 일이 생기면 환자는 "음식을 억지로 먹이던 엄마"와의 공감실패를 또 다시 경험하게 된다. 반대로 때가 되었음에도 이러한 권유를 안 하는 것 또한 역전이가 파괴적인 형태로 표현된 것이다. 두 경우 모두 신중한 자기분석적 성찰이 요구된다.

환자의 생활양식을 바꾸기 위해 실질적으로 조치를 취해야 할 때가 되면, 이전에는 순응적이고 협조적이던 환자가 능란한 솜씨로 치료자를 쓰라린 투쟁으로 끌어들이기 시작한다. 치료자가 이러한 싸움에 기꺼이 말려들면서도 공감적이고 분석적인 해석의 태도를 견지하는 것은 치료의 성패를 결정하는 관건이 된다. 나흐트(Chessick 1974)가 말했듯이 [초기의 보호자적 자기대상에 대하여 코헛(1984, pp. 15~16)이 말한 내용과 유사함], 치료자의 코멘트보다는 치료자의 실제 인간성이 더 중요하다.

치료에 반응하는 속도도 느리고 식사장애가 고착된 듯한 중증 환자에게 치료자가 계속해서 공감과 헌신의 감정을 유지하기란 참으로 어렵다. 치료자는 지지적이고 메시아적인 역할을 자임함으로써 스스로 위안을 얻으려는 유혹 또한 물리쳐야 한다. 민츠(Wilson 1983)가 치료했던 한 심각한 식욕부진증 환자의 사례에서처럼 치료자의 기술, 역량, 훈련 정도, 개인분석 등의 모든 것이 시험대에 오르게 된다.

자기애성 정신신체 장애들의 경우는 적절한 자기대상 전이와 변형적 내재화 과정을 통해 자기위로 장치들이 보완되어야 한다. 적절한 해석과 응집된 자기감각의 확립을 통해 더욱 강해진 자아를 바탕으로, 현실검증능력과 생활방식을 개선해 나가려면 환자는 치료자와 파트너가 되어야 한다(Chessick 1985b).

17장 | 코헛 그리고 유럽의 정신의학과 정신분석

코헛의 자기심리학은 "실존주의"나 "유럽 정신분석"의 또 다른 버전에 지나지 않는다는 오해를 종종 받는데, 이런 주장은 자기심리학이 과학도 진정한 정신분석도 아니라는 뜻을 함축하고 있다. 그러나 임상 자료들에 관해서 그리고 경험과 거리가 있는 초월적 개념으로서의 두 개의 극을 가진 자기에 대해서 코헛이 기술해 놓은 것들은, 사르트르와 랭이 말하는 행위인자로서의 자기 혹은 키에르케고르가 강조하는 진정한 자기authentic self와 거의 상관이 없다. 후자의 개념은 기본적으로 도덕적이고 철학적인 것이지, 환자와의 공감이나 대리적 내성에서 파생된 것이 아니다.

최근 유럽의 정신의학과 정신분석을 이끄는 가장 심오하고 독창적인 사상가들(라캉과 푸코가 그 대표주자)은 심리학이나 정신분석적인 의미에서는 물론, 철학적인 의미에서조차 자기를 해체시킨다. 사르트르는 하이데거로부터 많은 것을 차용했지만, 역설적이게도 그의 자기 개념(선택하는 행위인자로서의 자기)은 하이데거, 라캉, 푸코의 개념보다는 후설(1913)의 "초월적 자아"(역설적이게도 사르트르가 특히 거부하는) 개념에 더 가깝다. 왜냐하면 하이데거, 라캉, 푸코에게 자기란 자기 배후의 사회적 관행들에 의해 형성되며 이런 관행들이 자기의 본성을 결정한다는 공통된 신념이 있기 때문이다. 만약 이것이 옳다면, 인간이 내성적 자기반성(Descartes의 Cogito)을 통해서 자기the self를 하나의 독립된 사고 주체로 인식하는 것은 라캉이 말하는 것처럼 그야말로 "잘못된 인식misrecognition"이 된다.

코헛의 자기개념은 위의 것들과 너무 다르고, 코헛의 사고에 "실존주의적"이라거나 "구조주의적" 혹은 "후기구조주의적"이라는 딱지를 붙이는 일은 근본적으로 불가능하다. 하이데거, 라캉, 푸코 그룹과 코헛 사이에 유사성이 있지만,

앞 세 사람의 기본적 입장은 자기의 해체에 있기 때문에 코헛과는 정반대 입장에 있다고 볼 수 있다. 하이데거도 사르트르와 마찬가지로 프로이트의 무의식 개념을 수용하지 않는다. 나(1986a)는 정신치료와 관련이 있는 그의 연구에 대해 이미 다른 곳에서 논한 바 있다. 구조주의자들과 후기구조주의자들은 자기에 대한 내성적 감각이란 내재된 신경생리학적 구조들이나 문화적인 힘에 의해서 생기는 환상일 뿐이라고 보는 반면, 코헛은 다른 방식으로 자기 감각을 정의하면서 이러한 감각은 내부로부터 나온다고 말한다.

자기심리학은 현대 프랑스의 구조주의 및 후기구조주의적 정신분석이나 철학과 상반된다. 바르트, 레비-스트로스, 푸코, 라캉, 데리다의 저술들–이들은 자신만의 방식으로 원용하고 있는 니체, 프로이트, 소쉬르의 텍스트들과 더불어 의미의 원천으로서 기능하고 있다–은 인간의 자유선택에 관한 설명원리로서 기능하는 주체 혹은 의식으로서의 자기 개념을 문제 삼는다. 푸코(1972)는 『지식의 고고학』에서 정신분석, 언어학, 인류학의 "연구들"이 주체가 자신의 욕구를 형성하고 자신의 언어형태를 결정하고 자신의 행동규범을 정하고 자신의 신화적이고 상상적인 창조행위의 각본을 쓰는 데서 "중심적인 역할을 하지 않는다"는 점을 보여주었다고 말한다. 즉, 바르트를 비롯해서 위의 저자들은 자기를, 문화의 지배자이자 궁극적 근원이 되는 통제하는 의식으로 간주하기보다, 내부와 외부의 독립된 조건들의 우연한 영향으로부터 만들어지는 그 어떤 것이라고 본다.

이들 유럽 사상가들은 언어와 상징체계를 습득해가는 아동의 발달과정에서 파생된 것들에만 초점을 맞춘다. 이들은 생물학적인 힘으로서의 공격성이나, 프로이트가 말하는 죽음본능을 무시할 뿐만 아니라 언어 이전의 문제들을 대부분 무시한다. 자기심리학의 용어를 빌자면, 구조주의자들과 라캉은 발달적 측면에서 그리고 치료적 관계 안에서 원초적 자기대상과 경험적 자기대상이 어떤 위치를 차지하는가의 문제는 무시해버리고, 마치 생물학적이고 비언어적인 요소는 존재하지 않으며 모든 인간간 의사소통은 언어와 상징으로 기술될 수 있다는 듯이 오직 언어적이고 상징적인 표현들만 강조한다.

이 철학자들은 코헛이 지니고 있는 "실존주의적인" 측면에 영향을 준 사람들이다. 왜냐하면 이들은 관찰이나 실험보다는 공감과 대리적 내성에 가까운 해석학적인 접근을 중시하기 때문이다. 이들은 카플란, 프리드만, 사독(1980)이 『정신의학총론*Comprehensive Textbook of Psychiatry*』에서 기술하고 있는 인사들과 함께 "조용하지만 비중 있는 정신의학자 및 철학자 그룹에 속한다"(p. 1283). 예를 들어 리쾨르(1974)는 『의식상태와 무의식Consciousness and the Unconscious』이라는 논고에서, 어떤 세계관과 인간관이 유일무이하고 통일된 인간과학을 만들어낼 수 있는가라는 중대한 질문을 던진다. 인간이란 무엇이기에 건전한 사상을 가질 책임이 있으면서 동시에 광기에 빠질 수 있는 것일까? 인간은 보다 지적인 이해를 위해 분투해야 하는 존재임과 동시에, (라캉의 표현처럼) 이드가 그(인간)를 통해 말하는 한, 프로이트가 말하는 결정론적 구조주의 모델의 산물에 불과한 것일까? 이 사상가들은 모두 인간의 경험을 강조하고 인간의 생물학적인 측면은 경시하고 있다.

겉보기에 초기의 실존주의적 정신의학과 자기심리학 사이에는 유사성이 있다. 바로 이 점 때문에 전적으로 다른 두 방법론 사이에 혼동이 있었던 것이다. 예를 들어 1913년에 야스퍼스(1972)는 자신의 현상학적인 정신의학 교과서(실존주의적 정신의학자들이 자주 인용하는)에서 "이성적인" 이해와 "공감적인" 이해를 구별한다. 현상학적 정신의학에서는 "우리가 그러한 정신상태에 빠져들어, 어떻게 하나의 정신적 사태가 또 다른 정신적 사태로부터 발생되는가를, 공감에 기대어서 생성적인 방식으로 이해한다"(p. 301). 그러나 야스퍼스는 프로이트의 정신분석이론에 강하게 맞섰다.

오늘날 유럽의 정신의학과 정신분석을 보면 매우 대립된 견해들이 병존하고 있다. 미국 정신분석학회(APA)와 비슷한 고전적인 분석가 그룹이 있는가 하면, 실존주의적인 정신분석가(Chessick 1977a에서 논함)들과 라캉의 정신분석이나 푸코의 정신의학적 견해를 따르는 급진적인 학자 그룹도 있다. 라캉과 푸코에 대해서는 이미 내가(1986b) 다른 곳에서 자세히 논했기 때문에, 여기서는 라캉의 정신분석과 자기심리학을 비교하는 데 중점을 두겠다.

정신병리에 대한 라캉의 견해

라캉(Lemaire 1981)에 의하면 생후 6~18개월경에 "거울단계"가 위치하는데, 바로 이 단계에서 담론적 "자아 I"가 형성된다. 이 시기에 유아는 거울 속에서 자신의 모습을 보고 그것이 통합되어 있다 착각한다. 거울단계는 상상적이고 거의 환각에 가까운 발달단계로, 거짓 자아false I를 특징으로 한다.

두 번째 발달단계는 "아버지의 이름"이라 불리는 단계로, 이 시기에 아동은 말을 배우면서 언어와 문화라는 상징적인 질서에 편입된다. 이 묘한 표현(불어 단어 nom [=name]과 non[=no]을 이용한 라캉의 말장난)은 아동이 언어를 습득함으로써 참여하는 모든 인간관계와 상호작용들의 전도mapping인, 사회계social order를 가리키는 라캉식 비유법이다. 이 이론에서 도출된 결과들은 프랑스 마르크스주의자들에게 상당히 호소력을 갖게 되었다. 왜냐하면 이 이론은 프로이트와 마르크스의 견해를 통합한 것이었기 때문이다. 라캉의 이론은 아동이 다른 문화권에서 "아버지의 이름" 단계를 거치면 전혀 다른 인간이 된다는 것을 암시한다.

핵심 정신병리인 신경증과 정신증을 기술하는 데서, 라캉은 "아버지의 비유"에 관해 다음과 같이 말한다. 아버지는 어머니에 의해 수용되어야 하는데, 그렇지 않으면 유아는 어머니에게 종속되고 상징체계에 편입되지 못한다. 이런 사태를 가리켜 라캉은 "유질처분foreclosure"이라고 불렀다. 그러므로 아버지와 유아, 둘 다에 대한 어머니의 태도가 정신증의 발생에 중대한 요소가 된다. 정상적인 상태에서는 아버지와의 동일시가 유아를 해방시켜주고 가정이나 문화 속에서 유아에게 안전한 자리를 제공해 주는데, 이것이 방해(=유질처분)를 받으면 유아는 상징계에 편입되지 못한다. 이렇게 되면 유아는 자기와 외부세계를 구별하지 못하고 상상의 왕궁 속에 사는 정신증 환자가 된다. 신경증의 경우는 상상계와 상징계 사이의 관계가 흐트러져 있기 때문에 말과 행동이 일그러지는 신경증 증세가 나타난다. 상상계에 사는 정신증 환자들과 달리 신경증 환자들은 라캉이 말하는 '성취되긴 했으나 불구가 된 소망'의 측면을 보여준다.

라캉의 방법론

라캉(1977)의 『에크리Ecrits』에 대한 해설서에서, 멀러와 리차드슨(1982)은 프로이트의 초기 지형이론을 라캉이 어떻게 언어학적으로 변형시켰는지를 설명한다. 라캉은 자유연상을 "시니피앙(기표)"의 연쇄로 보는데, 참고로 "시니피앙"은 기표를 의미하는 단어로 언어학자 소쉬르의 개념이다. 라캉에 의하면 모든 기표는 욕망에 대해 개별적으로 "기의화signified"된 정신적 관념을 가리키는 것이 아니라, 자유연상의 고리 안에 있는 또 다른 "기표"를 가리킨다. 즉, 주체는 성장하고 언어와 관련을 맺으면서 기표들의 연쇄 안에서 자신의 일차적인 무의식적 욕망들을 소외시키게 된다. 라캉의 표현을 빌자면 우리는 시니피앙의 그물 속에 붙잡혀 진정한 욕망에서 이탈하게 된다. 프로이트가 말하는 일차 과정에서의 "응축condensation"은 라캉의 은유metaphor에 해당한다. 은유란 예를 들어 "욕설 공세a volley of oaths"라는 표현에서처럼, 하나의 구절이 유사한 뜻을 가진 다른 일련의 구절들을 대표하는 언어적 과정이다. 따라서 프로이트의 이론은 은유로 연결된 기표들의 연쇄라고 "응축"해서 말할 수 있다. 프로이트가 말하는 "전치displacement"는 라캉의 환유법metonymy에 해당한다. 환유란 인접성이 있는 하나의 요소가 다른 요소를 대표하는 것인데 예를 들어, 훌륭한 식사를 "훌륭한 밥상"이라고 표현하는 것이 그 예이다. 라캉의 가장 유명한 진술은 무의식이 언어처럼 구조화되어 있다는 것인데, 그가 이 말을 통해 전달하고자 하는 의미는 무의식이란 유년기의 욕망에 대한 억눌린 기표들로 이루어져 있으며 이 기표들은 환유와 은유의 규칙에 따라 연결되어 있다는 것이다. 무의식은 전적으로 유년기의 기표들로 이루어져 있으며 이 기표들은 후일 문화적인 질서에 맞추어야 하는 요구 때문에 변형을 거치게 된다. 라캉의 무의식에는 충동도 본능도 생물학적인 것도 개입되어 있지 않다.

라캉의 인간발달 이론

일차적 나르시시즘의 단계("구속되지 않은 단계")는 인간발달의 첫 단계이다. 다음 단계는 상상적 단계 즉, 거울단계로 언어와 상징 이전의 단계이며 거짓 자아false ego를 형성한다. 이러한 내용은 라캉(1968)이 1953년에 로마에서 한 유명한 연설문에 자세히 나와 있는데, 이는 고전 정신분석의 구조이론과 근본적으로 충돌한다. 그 다음 단계는 일시적으로 아동이 "금기들"에 도전하는 과도기적 단계이다. 이 단계에서 아동은 언어를 습득함으로써 상징단계로 들어간다. 상징단계에서는 내면과 외부세계가 분열되고 거짓된 "나"(거짓자아)와 외부세계 사이에도 분열이 일어난다. 이를 해결하기 위해서, 아동은 아버지의 법과 문화질서에 편입되어야 하고, 자신의 원초적 욕망과는 거리가 먼 방식으로 대상들을 추구해야 한다.

아동은 본래 어머니와 결합된 남근이기를 갈망한다. 이는 어머니가 욕망하는 대상이 되려는 욕구로, 어머니의 남근이 되고자 하는 욕구이다. 여기서 "남근phallus"이라는 용어는 라캉이 상징적으로 사용하는 단어이지 성기를 뜻하는 것은 아니다. 남근이야말로 어머니에게 충만함을 가져다주는 것으로 어머니가 가장 원하는 그 무엇이다. 이것은 헤겔의 개념이기도 한데 라캉을 이해하려면, "욕망desire"이란 다른 사람에게 욕망의 대상이 되는 것이라고 말한 헤겔을 잘 이해해야 한다. 성인이 되어 가면서 기표들의 연쇄는 본래 의도한 욕망으로부터, 그리고 진정한 자기 자신으로부터 점점 더 멀어져 결국 자기 자신의 말의 의미를 점점 더 알 수 없게 된다. 성인은 다른 사람에게 말을 할 때, 자신의 언어표현이 진정으로 무엇을 뜻하는지 아동기 때보다 더 잘 모르게 된다.

라캉은 세 가지 기본적 사고를 갖고 있는데, 첫째는 인간이 언어로 구성되어 있다는 것이다. 인간에게는 본질이나 중심, 본능 같은 것이 없다. 그리고 무의식은 언어처럼 구조화되어 있으며 가장 초기의 기표들로 구성되어 있다. 둘째는 담론이 사회를 반영한다는 것이다. 인간은 언어를 갖고 있고 사회 구성원이기 때문에 비로소 개별주체가 되는 것이므로, 정치도 언어 안에 각인돼 있고 우리 모두가 언어에 사로잡혀 있다는 것이다. 셋째는 자율적인 자아란 존재하지 않는다는 것인데, 라캉은 자율적 자아란 거짓된 개념이며 사실에 끼워 맞춘 설명이라고 말한다. 예를 들어 오늘 증시가 하락한 이유를 설명하려 할 때 "시장이 이자율에 민감해서"라고 말할 수 있다. 그러나 이러한 설명은 증권시장에 일종의 의인화된 인격을 부여한 것이다. 라캉은 정신분석의 이단아이자 그가 싫어하는 미국 "자아심리학"의 배교자인 듯이, 이러한 자아 개념은 거짓되고 오도하는 개념이라고 주장한다. 이러한 자아 개념은 위의 예에서 증권 시장을 의인화하는 것과 마찬가지로, 인간 주체를 정중앙에 갖다 놓는 거짓과 오류를 낳는다는 것이다. 자아에 대한 라캉의 견해와 로널드 데이빗 랭의 견해를 비교해 보는 것도 유익하다. 초기에 랭은 적응에 있어서 자아의 역할을 인정했지만, 후일 초월적 자기의 해방을 위해서는 자아를 부숴야 한다는 급진적 주장을 내세웠다(Collier 1977).

라캉은 자아란 언제나 거짓된 것이며 우리의 진정한 욕망을 아는 데 방해된다고 말한다. 라캉에 따르면, 인간을 추진하는 힘은 리비도가 아니라 욕망이다. 그는 욕망이란 동물적인 욕구로부터 나온다고 하면서, 이를 가리켜 짐승의 욕구라고 부른다. 인간은 거울단계에 들어가기 이전에는 한 마리 짐승이며, 한 마리 짐승이 가질 법한 날 것 그대로의 욕구를 지니고 있다는 것이다. 인간은 어머니와의 공생 관계 속에서 일차적 나르시시즘의 왕국을 짓기 시작한다. 이런 일차적 나르시시즘이 깨어질 때, 유아는 이 깨어진 나르시시즘이 어머니가 아님을 알게 된다. 이러한 시기에 인간의 소망이 나타나고 욕망이 인간적인 형태를 갖추기 시작한다. 인간들은 어머니와 일체가 되기를 꿈꾸며 그 일체성 안에서 어머니가 가장 갈망하는 대상이 되고자 한다. 라캉은 어머니와의 완전한 합일의 욕망을 나타내는 기표로서 "남근"을 상징적으로 사용한다.

라캉은 이러한 결합이 성장 과정에서 불가피하게 깨어지면서 근원적 거세가 일어난다고 본다. 라캉도 하이데거처럼 이러한 합일이 붕괴될 때, 인간은 자신의 한계를 처음으로 경험하게 된다고 말한다. 라캉은 가장 초기의 발달에서는 성별을 구분하지 않지만, 이어서 헤겔의 이론에 근거한 욕망의 변증법을 전개한다. 궁극적인 소망은 자신이 욕망하는 대상에게 인정을 받고, 그의 욕망 대상이 되는 것이다. 이것은 코헛이 말하는 "엄마의 눈빛"과 밀접한 관련이 있다. 실제로 코헛(1971)도 언어 이전 단계에서 시작되는 "거울단계"(p. 124)를 이야기 한다. 그러나 공통점은 여기에서 끝난다. 왜냐하면 코헛이 말하는 거울단계란 원초적인 자기대상이 한창 생성 중에 있는 유아의 자기를 반영해 주고 강화시켜주는 것을 말할 뿐, 거울이나 상상과는 관련이 없기 때문이다. 코헛은 이런 경험을 말하는 것이지 거울 그 자체를 말하는 것이 아니다. 라캉에 의하면 유아는 어머니의 욕망 대상이 되고 어머니를 만족시키며 어머니의 남근이 되고자 하지만, 오직 문화적으로 합법적인 욕망만을 끊임없이 파생시키는 기표들의 연쇄를 통해서만, 수없이 빗나가는 언어를 통해서만 그것을 표현해야 한다.

남근을 가진 아버지가 존재하기 때문에 어머니의 욕망 대상이 되는 것은 불가능하다. 라캉이 "아버지"라는 단어를 사용할 때, 여기에는 세 가지 뜻이 있는데, 하나는 진짜 아버지고 두 번째는 상상 속의 아버지 그리고 세 번째는 아버지의 법이다. 라캉은 아버지란 "흥을 깨는 사람"이라고 말한다. 왜냐하면 아버지는 아동에게는 엄마와 함께 자면 안 된다고 말하고, 엄마에게는 낳은 자식을 다시 가지려 들지 말라고 말하기 때문이다. 그러므로 오이디푸스적 분투란, 이런 원초적인 욕망을 제치고 어떻게든 상징적이고 문화적인 질서 안에서 이를 언어로써 분출시켜야 한다는 데 있다. 충동과 갈등 중심의 고전 정신분석이 오이디푸스적 갈등해소를 바라보는 시각을, 라캉의 견해와 비교해 보는 것도 흥미롭다. 예를 들어 로왈드(1980)는 아버지란 "거세적 현실castrating reality"을 의미한다고 기술한다. 그는 "도움과 보호를 추구하면서 자신의 아버지를 갈망하는 것은 그의 우월하고 적대적인 권력과 잘 지내보려는 방어적 타협이다"(p. 9)라고 설명한다. 라캉은 아버지와 동일시하는 것은 합법적인 기표를 찾는 일이며, 이는 문화와 삶의 현실과 인간의 한계를 수용하는 것을 뜻한다고 말한다. 라캉은 이런 과정을 "오이디푸스화oedipization"라고 불렀는데, 인간은 이것을 통해 사회질서에 편입된다는 것이다. 이 과정이 지나면 오이디푸스 갈등은 사라지고 이때부터 자신의 언어 속에는 일련의 기표들만 나타나고, 기의화된 욕망은 감추어진 채 기표들의 연쇄 아래에서 끊임없이 미끄러지게 된다.

라캉의 정신분석치료

기표들의 연쇄 아래에서 기의들이 "미끄러진다"는 개념은 라캉의 치료 이론에서 핵심적인 개념이다. 라캉(Turkle 1978)은 소위 권위주의적이고 관료주의적이라고 일컬어지는 모든 정신분석의 지도자들, 연구소들, 조직 체계들에 맞섰다. 그는 프로이트의 구조 이론에도 반대하였고, 미국의 자아심리학파와 이 학파가 목표로 삼는 적응에도 반대하였다. 라캉은 정신분석이라는 "제도"가 중산층의 가치관을 대변한다면서, 피분석자의 요구를 규명하고 이를 파헤치기 위해서는 정신분석가가 이런 가치체계를 해부해야 한다고 말한다. 욕망 그 자체는 지극히 상징적이고 문화적인 질서 가운데 숨겨져 있기 때문이다.

제도권 정신의학과 정신분석이 볼 때 라캉의 공격은 모순처럼 보인다. 분명히 어떤 규칙이 있어야만 하기 때문이다. 만약 이 규칙들을 다 없애버린다면 우리는 우상숭배에 빠지게 된다. 라캉은 제도권 정신의학과 정신분석에 존재하는 위험성 또한 인식하고 있었다. 치료의 목적이 문화에 적응하고 문화를 수용하게 하는 것이라면(그 문화가 적응하고 수용하지 않아야 할 것임에도) 제도권 정신치료자들은 진실 은폐의 공모자가 될 위험이 있기 때문이다.

라캉은 진단에 적용되는 규칙들과 표준적인 학술용어도 모두 공개하였다. 그의 유명한 "5분짜리 회기five minute hour", 분석가가 될 준비가 되었음을 스스로 공포하게 하는 것, 연구소의 유명한 "통과pass" 제도(분석가가 될지 말아야 할지를 동료학생들이 결정함), 라캉 자신의 빈번한 연구소 이동, 그가 대학생들에게 정신분석을 가르치던 일, 그의 "우연한 사건들"과 초현실적 성격의 세미나들, 그의 도전들과 수없이 깨진 언약들, 그의 신비하고도 말장난 같은 의사소통 방식 등, 이것들은 모두 기존 중산층의 계급구조와 가치관으로부터 우리를 흔들어 깨우기 위한 시도였다. 라캉의 행동과 그의 활약들에 관한 내용은 클레망(1983)과 슈나

이더만(1983)이 자세히 소개하고 있다.

라캉에게 정신분석은 해석학이다. 정신분석은 무의식의 기저에 놓인 맥락과 구조들을 밝혀내는 것이다. 따라서 이것은 개인의 코드를 규명하는 일이다. 상징질서에 따라야 하기 때문에 생기는 언어적인 변형에 의해 개인의 과거사는 감추어져 있다. 과거이력의 재구성은 정신분석에서 중요하지 않다. 왜냐하면 정신분석은 "타자"와의 담론이기 때문이다. 정신분석은 비유와 수사들 속에 묻혀 있는 욕망을 밝혀낸다. 욕망이 숨겨지는 이유는 욕망에 상징적인 질서를 부여함으로써 인간주체가 끊임없이 대체되고 재구성되기 때문인데, 이때 언어 또한 욕망의 상징적 질서 안에서 소통된다. 그러므로 라캉은 환자의 언어를 연구함으로써 과거에 만족되지 못한 환자의 무의식적 욕망들을 일별할 수 있다고 말한다.

라캉은 "억압"을 단지 은유와 환유를 사용한 일련의 언어적 변형으로서 이해한다. 이런 수사법들은 오이디푸스기에 아동이 상징계에 편입되기 위하여 반드시 사용해야 하는 것들이다. 라캉이 "인간은 자신을 둘러싸고 있는 문화의 꼭두각시"라고 말한 것도 바로 이런 의미에서다. 적은 바로 거울단계에서 태어나는 자아이다. 이때 개인이 자기self를 하나의 단일체로서 잘못 인식하는 오관념이 생성되기 때문이다.

요컨대 라캉은 자기를 해체시킨다. 그는 랭과 달리 모든 인간은 분열된 자기를 갖고 있다고 말한다. 즉, 거울단계 이후 인간은 계속해서 진정한 자기로부터 소외된다는 것이다. 인간에게는 자율적 자아나 중심부가 없다는 것이다. 그는 생물학과 본능을 떠나 언어 쪽으로, 그리고 공학에서 수사학 쪽으로 초점을 옮겨 놓았다. 이렇듯 라캉과 코헛은 자기의 개념뿐 아니라 인간발달에 관한 견해에 있어서 매우 다르다.

코헛과 라캉은 방법론 측면에서도 완전히 다르다. 라캉은 절대로 사례를 제시하지 않는다. 라캉은 본래적인 본능적 무의식을 인정하지 않으며, 다만 무의식 안에 존재하는 기표들의 연쇄만을 볼 뿐이다. 그의 이론은 초현실주의적인 이론으로, 임상적 증거나 연구를 통해서 확립될 수 있는 것이 아니다. 정신병리가운데 있는 개인은 기표들의 연쇄를 놓치게 되는데 분석가는 그에게 담론을 회복시켜 주어야 한다. 정신병리상의 진단명은 무의미하다. 왜냐하면 개인 고유의 담론이 중요하기 때문이다.

라캉(1978)은 정신분석이나 정신분석적 정신치료는 "무딘(죽어있는)" 분석가 때문에 하나의 역전reversal이 된다고 말한다. 분석가의 침묵은 이중의 퇴행을 불러온다. 하나는, "비밀의 매듭을 푸는undoing the secret knots"(라캉의 표현) 기표들의 연쇄 가운데 무의식을 구성하는 무의식적이고 원초적인 기표들을 찾아 후진하는 퇴행이고, 다른 하나는 거울단계에서 자아를 구성했던 거짓된 자기애성 이미지들의 상실을 향한 퇴행이다. 이런 퇴행은 정신분석의 상황에서 환자의 욕망이 좌절됨으로써 일어난다. 분석가의 우둔함은 환자의 요구를 좌절시킨다. 전이를 통하여 기표들의 연쇄는 환자의 진정한 욕망에 이를 때까지 후진하며 환자에게 온전한 담론을 회복시켜 준다.

리비(1980)는 분석가의 개입에 관해 계속 불평하는 환자의 사례를 제시하고자 한다. 리비는 분석가의 개입에 대한 환자의 계속된 불평의 근저에 아버지 같은 분석가에게 간섭을 받고 싶은 환자의 욕망이 자리하고 있음을 증명하고자 했다. 즉, 거기에는 "왜 제 매력을 몰라주시나요?"라는 외침이 깔려있다는 것이다. 이는 환자 편에서 인정을 받고자 하는 요구로서, 환자는 자기대상인 분석가에게 반영을 요구한다는 코헛의 생각과 비슷하다. 리비의 사례들은 기표들의 연쇄 아래에서 기의들이 끊임없이 미끄러진다는 것이 무엇을 뜻하는지를 보여준다. 리비가 인용하는 여러 환자들의 불평불만 속에는 기표들의 연쇄가 있으며, 이 기표들 아래에는 인정 받고자 하는 욕망이 흐르고 있다. 환자는 자신의 매력을 분석가가 확인해 주기를 바란다. 보다 깊은 라캉적 수준에서 본다면, 분석가의 욕망 대상이 되고 싶은 것이다.

라캉의 방법론이 갖고 있는 강점은 그가 일반사람들이 하는 것처럼 환자와 관계를 형성하면서도 각 환자 고유의 담론에 귀 기울일 줄 아는 똑똑한 분석가를 강조한다는 점이다. 라캉은 개인과 사회의 상호작용을 강조하고, 푸코처럼 개인을 설명해 주는 사회학을 권장한다. 정치가 우리 언어 속에 각인되어 있고 우리 언어는 사회를 담고 있기 때문에 우리는 언어를 발달시킴으로써 사회에 편입된다고 라캉은 말한다. 개인의 자기를 형성하는 것으로서의 언어에 대한 강조는 언어 이전의 자기대상 경험을 강조하는 코헛의 입장과는 차이가 있다.

푸코와 코헛

미셸 푸코(Dreyfus and Rabinow 1982)에 의하면 철학에서 가장 핵심적인 질문은 우리가 어떤 사람인가 하는 것이다. 푸코는 지금의 우리를 만든 것은 문화적 관행일 뿐이므로, 현대철학은 정치적이고 역사적이고 해석학적인 것이 되어야 한다고 말한다. 그러나 인문과학은 언제나 어느 정도는 사이비 과학이다. 왜냐하면 과학이라는 기치 아래 발전하고는 있으나, 권력의 미시적 관행들과 밀접한 관련을 맺어 왔기 때문이다. 푸코의 가장 중요한 개념들 중 하나는 억압적 가정(repressive hypothesis-권력은 그 생산성에도 불구하고 본질적으로 억압적이라는 푸코의 주장 : 역주)이다. 이 개념에 의하면 진리는 근본적으로 권력과 대립되며 개인적으로나 정치적으로나 해방자의 역할을 할 수 있다. 이러한 가정을 대표하는 가장 최근의 인물은 프랑크푸르트학파 철학자인 위르겐 하버마스인데, 그는 자기성찰이 압제적인 사회로부터 인간을 해방시키는 하나의 방법이 될 수 있다고 본다.

19세기의 인지적 이상으로서 지식이 치유 기능을 할 것이라는 프로이트의 사고를 기술하면서, 코헛(1984)은 프로이트가 억압적 가정을 하고 있다고 보았다. 그러나 코헛(1984)은 인문과학은 인간의 이중성 때문에 천성적으로 불안정하고 추론적이며 인식론적으로 복잡하고 불안하며 불화로 가득하다는 푸코의 주장에는 동의하지 않을 것이다. 푸코에 의하면 인문과학은 모호하기 때문에 결코 자연과학처럼 간주될 수 없다. 왜냐하면 일정한 문화(Foucault 1973)에 소속된 정신의학자와 정신의학자가 연구하는 대상들은 모두 지배적 패러다임—푸코는 후일(1980, 1980a) 이것을 "인식소epistems"라고 불렀다—의 산물이며, 또한 문화의 살아있는 권력과 그것을 조종하는 힘 사이의 상호작용에서 비롯된 산물이기 때문이다. 그에 따르면 인문과학적 "지식"이란 특정한 시대와 문화 속에서 담론적 관행들(인식소들) 혹은 비담론적(살아있는 권력) 관행들에 의존하기 때문에, 자연과학처럼 맥락이나 가치관과 상관없는 인문과학은 존재하지 않는다. 반면 코헛은 자료를 모으는 데 공감이라는 고유한 방법이 있기 때문에 정신분석은 과학이 될 수 있다고 주장한다. 그러므로 코헛의 시각은 보다 덜 급진적이고 덜 비관적이다.

결론

인문과학의 역사는 인간과 인간을 탐구하는 학자 둘 다에게 본질적 요소가 되는, 의식 아닌 것non-conscious 곧 비의식을 탐구하는 과정이었다. 인문과학은 연구자들에 의해 미시권력micropower의 관행과 규범화와 억압을 위해 사용될 위험성이 내재되어 있다. 연구자들 또한 이런 용도로 사용되기 위해서 양성된다.

정신의학이 어떤 모델을 채택하든 다음의 내용은 사실이다. 생물학적인 모델에서는 인간을 유기 "물thing"로 보고 집단은 "몸들bodies"로 보기 때문에, 정신의학은 사회생물학이나 병의 원인을 밝히는 병인론이 된다. 마르크스의 경제학적 모델에서는 개인을 단지 계층이나 다른 경제적 갈등의 표현으로 본다. 문헌학적 모델인 해석학은 정신의학 분야에서 프로이트와 함께 시작되었다. 해석에 의해 숨겨진 의미들이 밝혀졌으며, 이로부터 소위 리쾨르(1970)가 욕망의 역사라고 부르는 학문분과가 생겨났다. 언어학적 모델에 따르면 언어와 신화의 의미체계에는 보편적 구조들이 숨겨져 있다. 이 모델로부터 기호학이라는 분과가 생겨났다. 프로이트의 혼합적 체계에는 "장치"나 "에너지론" 등의 자연과학적 개념과 해석학이 혼합되어 있다. 코헛의 모델은 공감이라는 방법으로 수집된 임상 정보를 자이가르닉 현상이 가정하는 에너지들과 결합시키고 있다. 랭의 정치학적 모델에서는 진단을 억압적인 정치 행위로 간주한다. 푸코의 두 가지 모델(Dreyfus and Rabinow 1982, Chessick 1986b)은 "고고학"과 "계보학"인데, 전자는 숨겨져 있는 인식소들이 지식을 결정한다는 점을 밝히고 후자는 숨겨진 미시권력의 관행들이 지식을 결정한다는 점을 밝힌다. 마지막으로 니체와 데리다(Sturrock 1979)의 허무주의적 모델이 있는데 이 모델에 따르면 모든 제도에는 내재된 모순이 있으며, 이러한 모순은 그 체계를 이루고 있는 텍스트들을 해체함으로써 밝혀질 수 있다.

정신의학자는 단순히 한 분야의 의학전문가에 그쳐서는 안 된다. 정신과의사는 이 분야의 역사를 이해해야 함은 물론 다른 모델들도 인식하고 있어야 하는데, 모든 인간에 대한 과학적 진실을 소유한다는 주장에 담긴 위험성 또한 인식해야 한다. 야스퍼스(1972)는 이미 1913년에 이 점을 수없이 강조했다.

푸코의 연구처럼 자기심리학도 사회문제에 관해서 할 말이 많은데, 코헛은 다른 정신분석 이론가들과 구별된다. 프로이트가 그랬듯이 코헛 또한 강한 사회의식을 갖고 있었으며 현대의 사회문제들을 이해하고 논하는 데 자신의 정신분석 이론을 적용했다. 한 사회의 도덕적 가치는 그 사회가 빈자와 병자와 광인을 어떻게 다루는가에 달렸다. 푸코(1973)가 말했듯이, 한 문화 안에서 광기와 가난과 일탈에 관한 역사는 그 문화가 스스로를 어떻게 규정하는지를 보여 준다. 이러한 관점은 고삐 풀린 기계문명과 비인간화 속에서 인간이 멸망하지 않도록 하려면 공감의 확산이 중요하다고 말했던 코헛의 사고와도 통하지 않는가?

18장 | 공 감

공감은 치유 능력이 있는가 아니면 하나의 관찰 방식에 지나지 않는가? 다른 사람에게 공감적으로 이해받는다고 느낄 때, 이것이 치료 효과를 발휘하는가? 만일 그렇다면, 이러한 치료 효과를 초심리학적으로 어떻게 기술할 것인가?

코헛 이전의 공감에 대한 접근방법들

예비적이고 실험적인 접근에서 나(1965)는 나흐트(1962)가 말한 치료자의 "어떤 깊은 내면적 태도"와 공감을 비교했다. 우리가 상대방의 입장이 되면 우리의 상상력은 우리 자신으로부터 상대방에게로 옮겨간다. 이때 우리는 근육이나 신체적인 태도에까지 변화가 생김을 경험할 수 있다. 공감한다는 것이 꼭 신체적인 감각까지 경험해야 한다는 걸 뜻하지는 않는다. 공감은 신체적인 것일 수도 있고, 상상적인 것일 수도 있고, 둘 다일 수도 있다. 페니켈(1945)은 공감을 구성하는 두 가지 행동을 제시하였던 레이크를 인용한다: "a) 상대방과의 동일시 b) 이러한 동일시 이후 자신이 느끼는 것을 인식함으로써 상대방의 감정을 인식함"(p. 511).

신체 기관을 통해서 확인되는 감각들과 상관없이, 공감은 개인적인 참여의 형태와 감정의 환기를 뜻한다. 우리가 신체적 변화를 겪지 않고 상상으로만 상대방의 입장에 서본다 하더라도 공감의 실제성이 줄어드는 것은 아니다.

나(1965)는 카츠(1963)의 연구를 인용하는데, 그도 레이크(1949)처럼 초심리학적으로 불명확하고 직관적인 방식으로 공감을 정의하고자 한다. 카츠는 "일종의 내부 레이더"(이 레이더는 대화 속의 단서나 우리가 받는 인상을 포착한다)를 통해 신호들을 처리하는 것에 관해 논한다. 레이크(1949)는 "상대방의 무의식을 이해하려면 적어도 한 순간만이라도 우리 스스로 그 사람이 되어야 한다. 우리는 우리가 닮아 있는 그 영혼만을 포착할 수 있다"(p. 361)라고 말한다.

코헛 이전의 연구자들로서는 해리 스텍 설리반 만큼 공감의 중요성을 강조한 사람도 없다. 그는 공감이라는 단어를 정의한 적은 없으나 "유발induction"을 통해서 전개되는 공감에 대해서 말했다. 그는 또한 아이를 키우는 데 존재하는 불안한 긴장이 아이에게 불안을 "유발한다"고 가정한다. 이러한 유발이 생기는 과정은 인간 상호 간의 과정이 드러나는 것으로서, 설리반은 이를 공감이라고 부른다. 설리반(1953)은 또한 "공감적 연관"이라는 용어를 사용했는데, 이것은 두 사람 중 한 사람이 다른 사람에게 감정을 불러일으키는 방식으로 관계가 형성되어 있는 것을 가리킨다. 설리반은 이러한 공감 개념에 이의를 제기할 것을 예상하고 다음과 같이 썼다.

> 나는 특정 유형의 학력을 가진 사람들과 종종 큰 어려움을 겪었다. 왜냐하면 이들은 공감을 시각이나 청각 혹은 다른 특별한 감각기관과 연결짓지도 못하고, 공감이 에테르 파동에 의해 전달되는지 아니면 공기의 파동이나 다른 어떤 것에 의해 전달되는지 잘 모르기 때문에 공감의 개념을 받아들이는 데 어려움이 있었다(p. 41).

후일 설리반은 예리한 아이러니가 돋보이는 글에서 이렇게 쓰고 있다: "우주에는 신비한 소리를 내는 것이 많으나 우리는 이미 거기에 익숙해져 있다. 공감이 불가사의하게 들릴지 모르지만, 곧 거기에도 익숙해질 것이다"(pp. 41-42).

프롬-라이히만(1950)은 공감의 과정을 드라마틱하게 보여주는 임상 사례를 소개한다. 그녀는 어떻게 "자신이 이해하지 못하는 공감의 개념"이, 환자에게 다시 돌아가 결국 그와 성공적인 정신치료를 시작하게 만들었는지 설명해 준다. 이 사례도 설리반의 정의처럼, 공감을 다소 신비스럽고 직관적인 과정으로 만들고 있는데, 환자나 다른 관찰자가 관찰할 수 있는 반응이 치료자에게 나타난다는 것으로써 공감의 존재를 증명한다. 프롬-라이히만(1950)은 환자와 치료자 간의 공감은 정신분석에서 중대한 요소라고 주장했다. 그녀에 의하면, 치료는 협력하여 인도한다는 생각으로 행해야 하며, 삶의 문제들을 해소하고 증상의 치료를 목표로 해야 한다. 그녀는 "더구나 정신분석적 정신치료의 성패는 정신과의사와 환자 사이에 실제로 공감적 요소가 존재하는가에 달렸다"(p. 62)고 결론을 내린다.

정신치료에서 공감을 사용하려면 시계추와 같이 주관적인 몰입과 객관적인 거리두기를 반복할 필요가 있다고 말하는데, 이 점에 관해서는 모든 사람이 동의하는 것 같다. 전통 정신분석가들은 어떤 특수한 목적으로 공감이 사용될 경우, 이것을 자아의 퇴행이라고 불렀다. 자아 기능을 퇴행시킨다는 것은 치료자가 환자의 삶에서 일어난 일들을 내적으로 모방함으로써 일종의 연극 활동에 참여함을 뜻한다. 이런 활동은 아동의 환상이나 예술가의 시적 파격처럼 느슨하고 구조화되지 않은 경험을 불러온다는 면에서만 퇴행적이다. 그런 다음, 치료자는 다시 객관적이고 거리를 둔 관계로 돌아갈 수 있어야 한다. 그래야만 공감의 과정을 통해서 얻어낸 정보를 임상적으로 사용할 수 있기 때문이다.

코헛보다 훨씬 이전에 로버트 플리스(1942)는, 치료자의 기술은 "환자의 입장이 되어 거의 직접적으로 내면의 지식을 채취하는 능력에 달렸는데, 이러한 과정을 보통 공감이라고 부른다"(pp. 212-213)고 말했다. 레빈(1961)에 따르면 공감을 적절히 사용하면 환자의 문제를 즉각 포착할 수 있는데 이렇게 포착한 내용은 어떤 지성적인 이해보다도 우월하다.

프렌치와 프롬(1964)은 꿈을 해석할 때 "공감적으로 사고하는 것"에 대해 논했는데, "공감적인 이해"란 환자의 무의식과 치료자의 무의식 사이에서 일어나는 직접적이고 직관적인 소통 방식이라고 하면서 이것을 강조했다. 환자는 치료자로 하여금 그의 무의식 안에서 "일어나고 있는 것을 공감적으로 느낄 수 있도록" 만든다. 프로이트(1912)는 치료자의 무의식을 환자의 "무의식을 전달받는" 수화기에 비유했는데, 여기에는 치료자의 무의식과 환자의 무의식 사이에 어떤 공명이 일어난다는 암시가 있다. 이러한 공명은 치료자가 환자의 무의식적 언어를 이해할 수 있게 해준다.

> 본래 소리파동이었던 것이 전기신호로 바뀌어 전화선을 타고 왔을 때 수화기가 다시 이것을 소리파동으로 바꿔주듯이, 치료자의 무의식도 환자의 무의식에서 나온 것들이 전달돼 오면, 환자의 자유연상을 결정했던 그 무의식을 재구성할 수 있다(p. 116).

프렌치와 프롬(1964)에 의하면 이렇게 공감적으로 이해한 내용을 과학적인 분석에 적합한 언어로 번역해내는 것이 그 다음 순서다. 이러한 번역을 프렌치와 프롬은 "관념적인 분석"이라고 부르는데, 이러한 분석에도 위에서 말한 시계추와 같은 행동(다가갔다 멀어졌다 하는)이 필요하다.

공감을 방해하는 요인

공감을 위해서는 융통성은 물론, 새롭고 위험한 미지의 영역에 기꺼이 들어가려는 의지가 필요하다. 모든 환자에게는 주관적이고 완전히 새로운 평가가 필요한 독특한 특성들이 조금씩은 다 있다. 치료자는 상대방의 내적 경험 속으로 홀로 모험을 떠나야 하며, 이렇게 해서 새로 알게 된 것들에 어떤 라벨을 붙이거나 자족감을 느껴서는 안 된다.

임상적으로 볼 때, 공감을 방해하는 주범은 치료자 자신이 느끼는 불안인데 이런 불안은 대개 가면을 쓰고 있어서 잘 인식되지 않는다. 그린슨(1960)은 공감을 방해하는 병리와 공감의 초심리학을 논하였다. 코헛(1971)이 지적했듯이, 공감을 특히 방해하는 성격적 장애물이 있다면 그것은 분석이 덜 된 치료자 안의 나르시시즘이다. 환자를 자기대상으로서 경험하는(치료자의) 경향은, 환자 개개인의 인격과 관점에 대한 인식을 방해한다.

공감의 저해는 미묘한 형태로 나타날 수 있는데, 정해진 업무와 직업적 전통을 고수하는 치료자 자신의 성향에서 비롯될 수도 있다. 내가 동료들과 상담하면서 느낀 점이 있다면, 레지던트 수련을 마치고 개업의가 되면 임상적인 접근과 절차 면에서 대개 융통성이 준다는 것이다. 이것은 치료자가 직업적인 기술이나 기법에 지나치게 몰두하면 환자와의 관계가 비인간화될 수 있음을 뜻한다. 이렇게 되면 공감적인 소통은 가끔씩 일어나도, 만남의 현실성이나 유쾌함은 사라지고 만다. 그리고 인위성이 그 자리를 대신하게 된다. 이렇게 되었다는 것은 치료자에게 깨어있음이 부족하다는 것을 반영한다. 이제 그는 안락하고 겉으로만 효과적인 반복적 업무에 빠져들고 있는 것이다(Chessick 1985c).

코헛의 견해에 대한 전망

내가 공감에 대해 쓴 초기의 실험적 연구서(1965, Chessick and Bassan 1968)는 공감이 환자를 이해하는 데 중대한 역할을 한다는 점을 분명히 보여준다. 통찰을 중시하는 치료자들은 무엇보다 환자의 무의식적 과정과 내적 경험을 알아내는 도구로서 공감을 인정한다. 이들은 공감을 환자의 역동 해석에 필요한 내적 상상활동으로 생각한다. 이러한 치료자들이 환자의 경험에 참여한다 하더라도, 환자와 나눌 수 있는 것은 자신의 공감 활동에서 나온 결과물(이는 해석으로 표현된다) 에 한정된다. 이들은 바로 이 결과를 환자에게 해석해 주고 환자의 자기통찰이 환자를 치료할 것이라고 믿는다.

환자는 치료자의 공감에 대해 긍정적인 감정을 갖는데, 이는 보편적이고 잘 알려진 인간적인 현상이다. 치료자가 직관적인 행동이나 공감 과정에서 얻은 통찰을 환자에게 전달함으로써 치료자의 공감이 환자에게 전달된다. 이는 과거의 치료자들이 직관적이고 공감적인 기술을 사용하여 자기심리학자들 만큼이나 효과적인 치료를 수행했다고 말하는 코헛(1971)의 지적과도 일치한다. 자기심리학의 목표는 이런 기법들을 특정화하여 모든 치료자에게 기법으로서 전수될 수 있도록 하는 것이다. 예를 들어 "그린버그와 미첼(1983)은 제이콥슨이 제시한 사례들을 검토하면서, 비록 이론적 지향은 다르나 그녀의 기법적인 면은 코헛과 너무도 흡사하다"(p. 324)고 말한다.

치료자가 환자와 더불어 공감적인 과정 속에 있으면, 환자는 치료자가 적극적으로 공감하는 것을 인식하고 어떤 만족감을 느낀다. 이 점은 경계성 환자의 치료에서 특히 중요하다. 왜냐하면 공감적인 관계가 환자의 삶에서 새로운 경험이 될 수 있기 때문인데, 특히 아동기에 정서적 홀대를 주로 경험한 환자라면 더욱 그러하다.

메닝거(1958)는 환자의 이상화를 수용해야 한다는 코헛의 주장보다도 훨씬 이전에, 치료자가 일관성 있게 공감해 주면 이것이 환자에게(치료자를 향한) 자연스럽고 실제적인 사랑과 애정의 감정을 불러일으킨다고 말했다. 그는 치료자가 이러한 사랑을 전이 탓으로 돌리면서 방어하지 않고 있는 그대로 받아 준다면, 이것이 환자의 인생에서 중요한 경험이 될 수 있다고 말했다.

환자가 아기였을 때, 엄마가 아기의 불안을 공감적으로 달래주기보다는 공포로써 반응한 경우도 임상에서는 흔히 볼 수 있다. 이것은 "해로운 사건들의 연속"(Kohut 1984, p. 83)을 불러오는데, 엄마는 자신과 아기 사이에 습관적으로 벽을 두며, 약간의 불안을 경험한 뒤 다시 안정을 찾았을 때에도 아기에게 융합의 기쁨을 허용하지 않는다. 엄마는 계속 공포를 가지고 반응할 수 있는데, 이러한 공포는 아이에게 "일생 동안 통제되지 않는 불안을 가지고 사는 경향"을 형성하거나, "너무 강렬하고 충격적인" 반응들에 대해서는 아예 벽을 쌓게 만들 수 있다.

공감에 대한 코헛의 견해

코헛(1984)은 공감의 세 가지 기능을 제시한다.

1. 공감은 사실을 발견하는 데 꼭 필요한 정신분석의 도구이다.
2. 공감은 상대방을 품을 수 있도록 자기를 확장시키며, 사람들 사이에 강한 심리적 유대를 형성시켜 상대방에 대한 공격성을 무마시킨다.

3. 공감은 자기대상 모체에서 나오는 것으로, 자기self는 이 모체로부터 수용, 강화, 이해 등의 인간적인 메아리들을 불러낸다. 이것이 없으면 인간의 삶이 유지되지 못할 만큼 공감은 중요한 심리적 영양소다.

초창기에 코헛은 공감을, 관찰의 방법 혹은 정신분석에서 사실을 발견하는 하나의 방법으로서 정의했는데 후일 다른 기능들을 가지고서 공감을 정의해 많은 논란을 불러왔다. 코헛(1971)은 공감의 오용에 대해 논하면서, 공감을 심리 분야 이외의 관찰에서 사용하면 "전이성적이고prerational 정령주의적인 잘못된 현실 지각을 야기하는데, 보통 이것은 유아적인 지각과 인지의 표현이다"(p. 300)고 말한다. 코헛은 공감과 직관을 구별한다. 그에 의하면 직관은 다른 합리적 판단이나 반응들과 비슷한데 다만 빠른 속도로 일어날 뿐이다. 상황을 직관적으로 파악한다는 것은 마스터체스 선수들이 체스판만 힐끗 보고 금세 정석을 놓는 것처럼, 매우 속도감 있게 일련의 합리적인 결정들을 내리는 것이다. 이런 공감의 과정은, 하나의 관찰방법인 대리적 내성과 근본적으로 다르다.

코헛(1971)은 공감적 지각의 잠재능력은 생애 초반에 획득된다고 주장한다. 그리고 역설적이게도 공감의 재능은, 보호자와의 원초적인 결합에 대한 두려움 때문에 핵심자기의 형성이 위험해진 상황에서 생겨난다고 말한다. 예를 들어 자기애적인 보호자가 그럴 시기가 지났음에도 불구하고 아동을 자신의 연장선으로 보고 "지나칠 정도로 자신의 분신으로 여기며 왜곡된 반응들을 할 경우, 아동의 미숙한 정신구조는 지나치게 엄마의 정신구조에 맞춰지게 된다"(pp. 277-278). 이렇게 되면 예민한 정신 장치를 갖게 되며 타인의 정신 과정을 지각하고 구성하는 데 남다른 능력을 갖게 된다. 이러한 재능이 특히 "밀려오는 자극들의 위협을 통제하고 싶은 욕구나, 정신적 정보들을 이해하고 정신적 자료에 질서를 부여하고자 하는 목표와 결합되면"(p. 280), 후일 정신치료와 관련된 직업에서 활용될 수 있다.

코헛은 첫 저서에서 자신이 철학자 딜타이(1833-1911)와 비교되리라는 것을 알고 있었다. 그러나 그는 딜타이의 견해에 반대한다. 왜냐하면 딜타이는 공감의 역할을 자료수집 과정에 국한시키지 않고, 과학적 심리학의 설명적 단계들을 대체하도록 할 만큼 공감의 역할을 확대시켰기 때문이다. 코헛은 이에 대해 "과학적 기준의 타락이요 주관성으로의 감상적 퇴행이며, 이는 학문세계의 인지적 유아주의"(1971, p. 301)라고 비판했다.

공감과 과학

그러나 코헛의 논의에는 딜타이라는 이름이 자주 등장한다. 파머(1969, p. 100)에 따르면 딜타이는 인문과학에 합당한 방법론을 형성하려는 계획은 "자연과학의 환원주의나 기계적인 시각에서 벗어나, 현상 전체에 온전히 다가설 수 있는 접근법을 찾고자 하는 욕구 속에"(1969, p. 100) 있다고 본다. 파머에 의하면 딜타이, 니체, 베르그송(나는 여기에 정신의학자 겸 철학자인 야스퍼스도 추가하고 싶다)과 같은 철학자들은 "세계 내의 인간 존재에 대한 경험적 충만"(p. 101)에 도달하고자 했다. 딜타이는 인문학과 자연과학에는 근본적인 차이가 있다고 보았다. 그렇다고 그가 생명의 신비한 영토나 원천으로 회귀하고자 했다는 것은 아니다. 다만 공감을 통해 그는 우리의 내부로부터 다른 사람의 경험에 가 닿음으로써, 삶의 충만함에 이르고자 했을 뿐이다. 이러한 딜타이의 방법론은 공감과 대리적 내성을 정신분석적 사실 발견의 필수적 도구로서 강조했던 코헛의 주장과 매우 흡사하다. 물론 딜타이는 공감을 보다 철학적이고 문학적인 방식으로 기술하고 있다. 이후의 철학자들에 의하면 자연과학과 인문과학을 뚜렷이 구분하는 딜타이의 태도는 19세기의 산물이며 더 이상 옹호될 수 없다. 왜냐하면 자연과학의 기본 가정들 또한 공감으로 밖에는 포착할 수 없는, 인간적인 기초들 위에 세워져 있기 때문이다(Chessick 1980b).

골드버그(1983a)는 현대 과학에서 공감이 차지하는 위치에 대해 간략히 논하였다. 정신분석에서 공감이 어떤 역할을 하는가에 관해서는 의견이 나뉘어 있다. 첫 번째 시각은 공감이란 바람직할 수도 있지만 비교적 그런 경우는 드물며, 신뢰하기 힘든 현상으로서 역전이로 인해 실수할 위험이 크다고 본다. 두 번째 시각은 첫 번째 견해와는 완전히 반대로, 공감을 인간 사이의 일상적이고 보편적인 의사소통 방식으로 본다. 두 번째 시각에 따르면 앎에는 두 가지 방식이 있는데, "한 가지는 직접적, 외향적, 공적 관찰이지만 외부적인 포착이며, 다른 한 가지는 내향적이고 사적인 관찰이지만 내적인 성찰(내성)이다. 내성과 역지사지가 합쳐진 것이 공감이다"(p. 156).

이 짧은 고찰 속에서도 골드버그는, 딜타이와 그가 말한 타인에 대한 공감적 통찰(타인의 삶을 상상해 보고 그 사람의 경험을 이해하도록 만드는)에 관해서 언급한다.

일찍이 하트만(1927)은 정신분석에서 공감의 방식을 사용하는 것에 반대했으며, 이것은 비과학적이고 신뢰할 수 없다고 주장했다. 1959년에 코헛(1978)이 공감을 대리적 내성으로 정의하면서 상황은 좀 나아졌다. 이러한 정의는 공감을 타인의 내적 삶을 발견하는 하나의 방법으로서 정의하여, 공감에 대한 잘못된 사용을 방지해 준다. 다른 과학적인 조사 방법처럼 대리적 내성도 부득이한 경우를 제외하고는 편향되지 않아야 하며, 우리 자신의 관찰과 개입이 영향을 미치지나 않았는지 주의해서 그것의 진위 여부를 거듭 확인해야 한다. 골드버그(1983a)는 "공감이 유지될 때 치료 효과가 나타나는 것 같다"(p. 168)고 결론 내리면서, 정신분석에서 공감을 중시하는 코헛의 견해에 동의한다.

레비(1985)는 정신분석 상황에서 공감이 차지하는 역할을 다른 학자들은 어떻게 보고 있는지를 전반적으로 고찰하였다. 그는 코헛이 말하는 공감은 "서로 다른 수많은 의미들"(p. 369)을 담고 있다고 불평한다. 레비는 분석가의 해석 외에도 중요한 치료 요소가 있다는 코헛의 주장에 담긴 전이적 만족감을 경계한다. 이 점은 로왈드(1980, 14장)의 논문에도 나와 있는데, 이 논문의 일부(분석가는 해석하는 기능 외에도 환자에게 새로운 대상이 될 수 있는 잠재력을 지니고 있다는)가 1960년에 출판되었다. 로왈드의 논문은 코헛의 개념들과 매우 유사한 내용들을 담고 있는데, 다만 고전적인 정신분석의 언어로 기술되어 있다는 점이 다를 뿐이다.

자기심리학이 공감을 강조하는 것에 대한 비판들

자기심리학자들이 갈수록 공감을 강조하게 되면서, 고전적인 분석가들로부터 엄청난 비난이 쏟아졌다. 샤피로(1974, 1981; Leider 1984)는 자신은 공감이 무엇인지 모르겠고 과학으로서의 정신분석을 파괴할 수 있는 정령주의의 한 형태로밖에는 볼 수 없다고 주장하였다. 리히텐버그, 보른슈타인, 실버(1984, 1984a)는 공감을 주제로 한 논문들을 골라내 새로운 논문들과 함께 두 권의 책으로 엮었는데, 주로 공감의 난점과 이론의 여지들을 다루고 있다. 이 자료집은 공감에 대한 샤피로의 공격을 부이(위의 책 1984, pp. 129-136)가 지지한다는 내용도 싣고 있는데, 이 두 사람은 공감이라는 개념의 모호성과 신뢰불가능성을 비판한다. 샤피로와 부이는 자기심리학자들 사이에 존재하는 "혼란"을 주목하면서, 자기심리학자들은 공감을 하나의 관찰 방법으로 정의했지만 이것은 단지 "내적 조율in-tunes"(Kohut 1977, pp. 115, 304 ; Goldberg 1980, p. 458)을 의미할 뿐이라면서, 이를 골드버그(1978)가 코헛의 후기 저작들을 요약한 내용과 대조시킨다. 코헛의 후기 저작에서는, 분석가에 대한 초점이 관찰자에서 공감적으로 반응하는 사람으로 옮겨지는데, 이제 공감은 "분석가가 환자의 욕구들에 적절한 감정을 가지고, 환자의 욕구와 분석가의 반응이 일치하는 것"(Goldberg 1978, p. 8)으로서 정의된다. 샤피로와 부이는 공감을 하나의 관찰 방식으로 엄격하게 규정하던 코헛의 초기 저작을 더 선호한다. 이들은 공감이 정확한 심리적 이해 이상의 더 많은 것을 가져다 주는가의 문제를 놓고 자기심리학자들과 날카롭게 대립한다. 이들은 공감을, 소위 레이크(1949)가 말하는 "제 삼의 귀"를 사용하는 특별한 정신 기능으로 보는 태도에는 신비주의적 위험성이 존재한다고 강조한다. 부이(1981)는 정확성과 범위의 측면에서, 공감은 세 가지 한계를 지닌다고 설명한다: "1. 환자가 자신의 정신상태를 행동으로 표현하는 데 한계를 두거나 왜곡할 수 있다. 2. 공감하는 사람의 마음속에 있는 지시대상들referents이 부적절할 수 있다. 3. 추론과정이 본질적으로 불확실하다."(p. 305).

독일어 아인풀룽Einfuhlung은 19세기 후반에 미적인 지각을 기술하기 위해 사용된 단어로, 영어 단어 "empathy공감"로 번역되었다. 이것은 "지각하는 주체의 활동을 지각되는 대상의 자질들과 융합시키려는 경향성"으로 정의되었는데, 이 표현은 리드(Lichtenberg, Bornstein and Silver 1984, p. 7)가 파게의 글(1913년에 씀)에서 인용한 것이다. 리드는 엄선된 인용문들을 토대로 공감을 7가지로 정의(pp. 12~13)한다.

1. 지식이자 의사소통이다.
2. 능력이자 과정이자 표현이다.
3. 타인의 정서들을 표본화하고, 공명을 통해 그것들에 반응할 수 있는 능력이다.
4. 자료수집의 한 방법이다.
5. 다른 사람의 정신 상태를 공유하고 이해하는 내적 경험이다.
6. 어떤 특별한 지각 방법이다.
7. 의사소통의 수단이자 비이성적인 이해 수단이다.

파오(1983)는 설리반의 관점에서 또 다른 정의를 제시한다.

> 타인의 요구와 바람들을 이해하는 데 공감 능력을 사용한다는 것은 단순한 활동이 아니다. 이것은 두 참여자(한 쪽은 이해하기를 갈망하고 다른 한 쪽은 이해 받기를 갈망하는)가 서로 능동적으로 참여해야 하는 과정이다. 이 두 사람은 함께 점점 더 복잡한 소통의 "네트워크"를 형성하게 된다(pp. 152~153).

올리닉(Lichtenberg, Bornstein and Silver 1984)은 코헛이 공감을 대리적 내성으로 정의한 데 대해, "편리하지만 어떤 질문에도 답이 되지 않는"(p. 145) 것으로 치부해 버린다. 그는 특히 공감과 동감sympathy의 구별에 대해서도 신경을 쓰는데, 이 두 가지가 흔히 혼동되기 때문이다. 노이는 더 중요하게 구별해야 할 것은 공감과 편집증적 과민반응이라면서 다음과 같이 말한다: "우리는 수퍼비전이나 세미나 토론에서 발제자가 다른 사람들에게 보이는 민감한 반응에 놀랄 수도 있다. 나중에 알고 보면 단지 편집증적인 과민반응인 경우가 많은데, 이런 과민 반응은 환자를 잠재적인 적으로 지각하는 일반적인 태도에서 비롯된다"

(Lichtenberg, Bornstein and Silver 1984, p. 175n).

포스트와 밀러는 공감을 강조하는 태도에 대한 다양한 반론들을 정리했다. 이들은 공감은 정교하지 않고 객관적인 측정도 거의 불가능하다고 보는 반대의 견들과, 공감을 강조하면 통찰이 갖는 치유 능력을 희생시키고 교정적 정서경험을 다시 끌어들이기 때문에 전통 정신분석에서 벗어나게 된다는 주장들에 특히 주목한다. 그런데 이들은 이런 반대 의견들이 여러 저자들에 의해 이미 다루어졌음에도 불구하고 왜 똑같은 반대 의견들이 계속해서 나오는지 의문스럽다고 말한다. 포스트와 밀러는 공감적 접근방법에 대한 비판들은 대개 "적절하지 않은 것 같다"고 하면서, "때로 이러한 비판들은 문헌에 대한 전체적인 오독에서 기인하는데, 어떤 경우에는 아예 저술을 읽어 보지도 않고 비판하는 것 같다. 또 어떤 비판은 공감을 명백히 옹호하다가도 이러한 입장을 근거 없이 폐기해 버린다"고 주장한다. 포스트와 밀러는 공감적인 자세가 "분석가에게 심한 두려움을 불러와 조만간 부정disavowal에 이르게 할 수 있다"(Lichtenberg, Bornstein and Silver 1984, p. 232)는 점을 바탕으로 이러한 현상을 설명하고자 한다.

리히텐버그(Lichtenberg, Bornstein and Silver 1984a)는 코헛의 저술을 인용함으로써 이러한 비판에 답하고자 한다. 여기에는 분석가의 성격유형을 포함한 매우 개인적인 문제가 개입된다. 치료자가 공감 개념을 주로 강조하는 것을 수용할 수 있을까? 공감은 일반적인 과학적 관찰방법들과 질적으로 다른 개념이며, 주관적으로 해석되거나 활용(또한 오용)되기 쉽다.

공감과 분석의 분위기

자기심리학자들이 공감에 중점을 두면서, 절제의 문제와 정신분석 및 정신분석적 정신치료의 전체적 분위기에 대한 상당한 논의들이 이루어졌다. 울프(1976)와 같은 자기심리학자들은 프로이트의 절제 규칙을 극한으로 끌고 갈 경우, 차갑고 부자연스러운 분위기를 조성할 위험성이 있다고 주장한다. 폭스(1984)에 따르면 프로이트는 전이 사랑에서 비롯된 욕망을 좌절시키는 것이 전이의 치료transference cure를 막는 데 필수적이라고 보았다. 울프(1976)에 따르면 이렇게 극단적인 거리두기에서 생기는 분위기와 실제로 프로이트가 환자들에게 제공했던 분위기는 사뭇 다르다. 울프는 온화한 분위기가 부정적인 전이 형성을 방해하지 않는다고 주장한다. 즉, 평균적으로 기대할 수 있는 환경을 환자에게 제공하는 것이, 환자의 적개심이나 비판을 모면하기 위한 공모가 될 수 없다는 것이다. 만약 그렇다면 이는 "부정확한 공감적 지각에서 비롯된 과잉의 치료활동"(pp. 288~290)이라고 보아야 한다고 울프는 경고한다.

코헛(1984)은 환자에게 공감적인 분위기를 제공하면, 이것이 그에게 교정적 정서경험이 된다는 주장에 반대하지 않는다. 마이어슨(1981)은 위니캇과 건트립(1975)이 함께한 분석 보고서와 코헛(1979)의 Z씨에 대한 두 번의 분석을 연구한 뒤, 코헛과 위니캇의 작업 모두에서 교정적 경험이 나타난다고 결론 내렸다. 교정적 경험은 위니캇이 건트립을 분석한 사례에서 더욱 극명하게 나타나는데, 이 분석에서 위니캇은 건트립에게 "자네는 내게 좋은 사람이야"라고 말했는데, 이 말에 건트립은 어떠한 보복도 없고 분석가에게 아무 일도 일어나지 않았음을 발견하고는 분열의 껍질에서 벗어날 수 있었다고 한다.

폭스(1984)에 따르면 변형기법들에 관한 아이슬러(1953)의 논문 때문에 프로이트의 절제 원칙은 잘못 적용된 절제가 되어버렸다. 폭스는 정신분석적 정신치료자들 중에는 여전히 "박탈하는 자들"과 "만족을 주는 자들"이 존재하는 것 같다고 결론을 내리면서, 너무 박탈해도 이것은 환자에게 자기애성 상처를 줄 수 있으며, 너무 만족을 주어도(폭스는 코헛이 이 경우에 해당한다고 본다) 오이디푸스적 전이 형성이 부진해진다는 점을 환기시킨다. 폭스는 코헛의 이론을 거꾸로 뒤집으면서 코헛이 "본능적인" 오이디푸스적 정욕과 공격성의 결핍을 보게 되는 것은, 공감적인 분위기를 제공하려다가 환자에게 지나친 만족을 주기 때문이라고 주장한다.

폴란드는 정신분석의 분위기에 관해 보다 나은 정의를 제시한다. 그는(1975) 기지tact란 "환자에 대한 이해를 토대로 말을 어떻게 해야 할지에 관한 분석적이고 기법적인 어떤 기능"(p. 155)이라고 정의한다. 그에 의하면 기지는 제대로 작동할 때는 드러나지 않고, 실패하거나 실패할 우려가 있을 때에만 주로 드러난다. "우리가 우리 편에서 한 실수를 눈치 채거나 환자에게 어떤 말을 해야 할지 고민스러워질 때"(p. 155)가 바로 이런 때이다. 폴란드(1975)는 "고도로 발달한 기지는 분석 예술의 핵심"이라고 믿었으며, 공감과 동일한 것은 아니지만 공감과도 관련이 있다고 생각했다. 온유한 기지는 공감으로부터 나오며, 인지적인 이해와 공감 모두를 통해서 얻어지는 환자의 내적 움직임에 관한 지식을 토대로 한다. 그에 의하면 "우리는 공감과 이해를 통해서 배우고, 온유한 말솜씨(=기지)로 해석을 한다"(p. 156).

폴란드는 "유사기지pseudotact"라는 임상 개념을 제시한다. 이것은 치료자의 기분을 거스르지 않으려는 환자의 저항을 뜻한다. 환자는 치료자에 대한 좋지 않은 언급을 신중하게 미루면서, "기지 있고 예의바른" 사람이 되기 위해 인종, 종교, 외모 등과 같이 특히 "민감하게" 느껴질 수 있는 것들에 관한 도발적 언사를 피한다. 역으로 말하면 유사기지는 역전이의 발현일 수 있다. 이는 분석가가 해석을 피하는 것인데, 가학 성향에 대한 반동형성으로 인해 환자에게 고통을 안 주고자 하는 것이다.

폴란드(1974)는 치료 과정에서 나타나는 정보의 공감적, 인지적 원천들을 "중요한 통합 경험의 측면들로as facets of essential unitary experience"(p. 292) 보고자 했다. 그(1984)는 공감을 온유한 기지나 중립적 태도와도 구별한다. 또한 그는 초기에 그가 공감과 기지를 구별했던 점을 다시 환기시키면서, 온유한 말솜씨는 공정함에서 요구되는 중립성을 위해, 그리고 한 사람이 자신의 가치관을 강요함으로써 상대방을 지배하는 일이 없도록 하기 위해 필요하다고 말한다. 기텔슨(1952)의 다음과 같은 논평도 가치가 있다 : "환자가 가져오는 정보를 토대로 분석이 진행되도록 하는 것, 이것이 분석가가 가장 유념해야 할 점이다"(p. 7).

마지막으로, 폴란드(1984)가 제시하는 임상 사례를 함께 살펴보자. 한 "젊은 분석가"가 베이비시터를 고용할 여유가 없는 한 젊은 여성을 치료하고 있다. 환자는 자신이 분석을 받으러 오기 위해서는(2시간 동안) 5세 된 아들을 좁은 방에

버려두고 문을 잠가야 한다고 말했다. 동료들이 질색하는 반응을 했을 때, "그 분석가는 자신의 임무는 죄책감을 느끼는 것이 아니라 자료를 있는 그대로 분석하는 것이라고 설명했다. 실제로 그는 환자에게 특단의 해결책에 대해 묻거나 언급한 적이 없었다"(p. 295). "이런 드라마틱한 사이비 중립성이 나타나지 않기를 바란다"(p. 295)는 폴란드의 말에 우리 모두가 동의할 것이다. 그러나 폴란드는 이 사례에서 제기되는 다음과 같은 중대한 질문에는 답하고 있지 않다. 어떻게 이런 사람이 정신분석가가 될 수 있단 말인가? 이것은 예비 분석가들을 분석하다 보면 이러한 결함이 흔히 발견된다는 코헛(1984)의 말에 설득력을 더해 주는 실례가 아닐까? 이 사례는 분석가들을 어떻게 훈련시키고 또 이들은 어떤 부류의 인간이어야 하는가에 관한 코헛(1977, 1984)의 논평과 훈련할 분석가를 선발하는 일에 대한 그의 논평들(1978)을 다시 한 번 읽어보게 한다.

자기심리학자들이 공감을 강조하는 태도는 이들과 고전적인 분석가들을 갈라놓는 가장 치열한 이슈 중 하나이다. 이 문제에 있어서는 자기심리학과 전통 분석가들의 지향점이 화해할 수 없는 지점에 와 있다. 개인적으로 어떤 방향을 택할 것인가의 문제는 개인적인 요소들과 임상 경험에 달렸다. 그러나 각 진영에서는 잘못된 교육분석이나 정신분석에 대한 잘못된 이해가 상대편 진영의 분석 방향을 선택하거나, 적어도 그렇게 하도록 영향을 끼친다고 주장한다. 보다 나은 연구와 이해와 화해의 방법들이 고안되어야 한다.

19장 | 평 가

이 장에서는 자기심리학에 관한 18가지 범주의 논쟁을 소개한다. 독자는 자기심리학을 평가하거나, 자기심리학에 비판적인 정신의학적 문헌을 연구하는 데 이 범주들을 참고할 수 있을 것이다.

질병분류학

나르시시즘은 개인에게 적용되든, 문화 전체에 적용되든 그 정의가 분분하다. 프로이트는 최소한 4가지 방식(Satow 1983)으로 이 개념을 확장한다. 프로이트 이래로 나르시시즘이라는 용어는 개인과 집단 모두에게 다양한 방식으로 적용되어 왔다. 프로이트 학파, 클라인 학파, 자아심리학자들, 대상관계 이론가들, 자기심리학자들은 나르시시즘이라는 현상을 이해하는 데 각기 다른 이론 체계를 제시한다. 북미의 분석가들이 "자기애성"이라고 분류하는 환자에게 "관계 모델을 따르는 학자들(페어베언, 건트립-이들은 욕동이론과의 단절을 회복하고자 한다)" (Greenberg and Mitchel 1983, p. 385)은 "분열성schizoid"이라는 진단명을 사용하기 때문에 혼란은 더욱 가중되었다. 자기애성 인격을 경계성 인격과 구별하는 일과 자기애성 인격의 치료 방법에 관해서는 너무도 의견이 분분하다. 컨버그가 자기애성이나 경계성적 기능이 특징적이라고 분류한 많은 사례들이 코헛에 의해서는 자기애성 인격장애로 간주되지 않을 것이다. 자기심리학자들은 정신치료를 통해 자기의 분열이 회복될 수 없는 환자들에게 주로 "경계성"이라는 용어를 사용하는 것 같다. 반면 대부분의 다른 분석가들은 DSM-Ⅲ에 나와 있는 증후와 증상을 활용하는데, 이러한 증상들은 DSM-III에 소개된 다른 인격장애들에서도 중복적으로 나타난다.

스타인(1979)은 지금까지 기술된 다양한 신경증 장애들을 코헛(1977, Kohut and Wolf 1978)이 자기 장애의 범주에 "포괄시켜 버렸다"고 불평한다. 스타인은, "(코헛의) 범주화는 '전통'(코헛의 용어임) 정신분석이 더 유익한 사람들을 위한 기준 마련에는 그다지 도움이 안 된다. 물론 이들보다는 코헛의 기법을 필요로 하는 사람들이 훨씬 더 많을 것이다"(p. 676)라고 말한다. 런던(1985)에 따르면, 전체적으로 볼 때 자기심리학의 약점은 "환원주의적인 이론"(p. 105)에 있다.

결함 이론

스타인(1979)은 보호자의 공감 부족 때문에 자기 장애들이 생긴다는 단순한 원리는, 정신병리의 원인을 다루는 아주 복잡한 문제에 너무 단순하게 답한 것이라며 이렇게 말한다. "합당한 이유가 있건 없건 부모를 탓하는 일은 쉽고 만족감을 준다. 그러나 이것은 인격의 기원에 대해 부분적인 진실만 말해줄 뿐이다"(p. 677). 롯슈타인(1980)에 의하면, 보다 테크닉적인 측면에서 볼 때 코헛은 자기애성 인격장애의 발생 원인을 "자기대상이 반영해 주지 않는 데서 오는 실망이라는 단일한 요소"(p. 451)로 환원시키고 있다. 그는 이를 "환원주의적 구성"이라고 불렀다.

셰이퍼(1985)를 비롯한 일부 학자들은 코헛의 이론체계가 환자를 주로 초기 자기대상 실패의 피해자로 본다는 점을 지적한다. 그에 의하면, 이런 체계는 "억제와 고통과 학대를 경험하고 처리하는 과정과 관련된, 피분석자의 무의식적이고 양가적이며 강렬히 살아있는 아동기에 대한 충분한 탐사를 방해한다"(p. 292). 실버만(1985)은 역전이의 요인들이 코헛의 추종자로 하여금 "환자가 자신의 신경증을 보호자의 학대나 실패의 탓으로 돌리는 투사적 책임 전가를 수용하게"(p. 181) 만들 수도 있다고 말한다. 그러나 실버만이 발표한 사례들도 코헛의 시각에서 보면 자기대상 전이가 형성된 것이라고 볼 수 있다.

트뢰르니에(1983)는 자기심리학자들이 "결함deficit"이라고 부르는 것은 사실 전오이디푸스기에 유아가 갈등을 극복하는 데 충분한 도움을 받지 못하여 생긴 것으로, "회복 가능한 현상"(p. 77) 이라고 주장한다. 그는 자기심리학이 갈등, 전이, 저항 등 "정신분석의 가장 핵심적인 설명적 개념들을 훼손시키고 있다"(p. 98)고 본다. 반면, 바슈(Stepansky and Goldberg 1984)에 따르면 코헛의 병인론적 접근방법은 페렌찌와 함께 시작되었으며 유아와 환경 간의 상호작용의 촉진을 중시하기 때문에 정신분석의 전통을 따르고 있다고 볼 수 있다.

예후

코헛의 자기심리학에서는 자기애성 인격장애가 긍정적인 발달 정지를 의미한다고 보고 이를 비교적 긍정적인 시각에서 바라본다. 한편 컨버그(1972~1982a)는 자기애성 인격장애를 심각한 정신병리로 보고, 이에 대한 치료는 치료자와 환자 모두에게 감정폭발과 불편한 시기를 동반하는 어려운 과정으로 본다. 전반적으로 볼 때, 자기애성 인격장애와 경계성 장애의 치료에 관해서는 자기심리학자들이 다른 학자들보다 더 낙관하는 경향이 있는데, 이러한 태도 때문에 흔히 비판을 받곤 한다. 앞서 보았듯이, 코헛은 경계성 환자들의 치료에 관해 낙관하지 않는다. 자기심리학을 경계성 환자에게 적용하는 방식을 좀 더 연구해 보면 예후의 문제, 진단 방법, 이론들과 치료적 권고에 관한 문제들이 해결될 것이다.

초월적 개념으로서의 자기

슈와르츠(1973)는 자기애성 인격장애의 치료에서의 기술적인 면과 예후에 관하여 미국정신분석학회(APA)가 1972년 가을 패널회의에서 토론한 자료들을 검토했다. 이 회의에서 스프뤼엘은 초월적 개념인 "자기"가 구조 모델의 개념인 자아와 자아기능을 훼손시켜 왔다고 주장했다. 그는(1974) 본래 "자아ego가 자기self였다"고 주장한다. 그러다가 기능적인 면에서 자아가 보다 추상적으로 정의되면서 자아는 더 많은 것을 의미하게 되었는데, "동시에 자아가 더 이상 자기를 의미할 수 없게 되었다고 보는 사람들에게는"(p. 277) 자아가 더 작은 것을 의미하게 되었다고 말한다. 스프뤼엘은 정신병리에서 고전적인 오이디푸스 콤플렉스보다 전오이디푸스기 갈등을 더 중시하는 분석가들과, 자아의 지위를 낮추고 자기에게 지나친 중요성을 부여하려는 사람들 간에는 밀접한 상관관계가 있다고 주장한다.

슬랩과 레빈(1978)도 코헛은 "환자의 환상에 담긴 내용의 중요성을 축소시키고 정신내적 갈등의 의미를 평가절하하고 있다"(p. 504)고 말한다. 코헛은 갈등이나 방어보다는 구조적 결함을 더 강조한다. 스타인(1979)은 일단 자기만 확실히 유지되어 있으면 인격적인 면은 다룰 필요가 없다고 말한 코헛(1977)의 주장에 경악했다. 왜냐하면 이것은 프로이트(1937)가 「끝낼 수 있는 분석과 끝낼 수 없는 분석」에서 말한 방법론과 배치되기 때문이다. 프로이트는 갈등과 욕동을 그냥 내버려두면 안 된다고 하면서 다음과 같이 경고했다: "물리적 심층세계를 탐험할 때 우리는 잠자는 개를 건드리지 말라는 경고는 종종 듣는다. 그러나 정신적 삶의 조건들에 대해서는 이러한 경고가 적용될 수 없다"(p. 231).

랑겔(1981a)에 따르면 "자기는 구조 이론에 항상 포함되어 있었으므로"(p. 685) 코헛의 패러다임은 불필요하다. 리차즈(1982, pp. 718-720)는 자아 이론과 자기 개념 사이의 관계에 대한 패널회의 내용을 숙고한 후, "정신분석 이론에서 자기를 초월적superordinate"(원문 그대로) 개념으로 사용하는 것은 현명치 못하다는 결론을 내렸다. 그에 따르면 "[조지] 클라인, 게도, 코헛은 모두 정신분석적인 연구에 내재된 철학적, 이론적, 임상적 대결 양상에 대해 자기를 일종의 관념적 진정제로 처방하고 있다"(p. 956).

이러한 문제는 서로 상충되는 자기에 대한 다양한 정의와 자기란 "본질상" 정의될 수 없다고 말한 코헛(1977)의 초창기 진술들로 인해 더욱 악화되었다. 코헛 자신도 초창기(1971, p. xv)의 자기 개념에서 벗어나 나중에 초월적 구성 원리인 두 개의 극을 가진 자기 개념으로 옮겨갔다. 두 개의 극을 가진 자기는 "초월적인 형태로 이것의 의미는 그것의 부분들의 총합을 넘어선다"(1977, p. 97). 자기를 초월적인 것으로 보아야 하는가 아니면 정신장치의 한 내용물로 보아야 하는가의 문제는 아직도 정신분석가들 사이에서 이견이 가장 많은 부분이다(Meyers 1981).

용어 사용과 관련된 어려움들

지오바치니(1977, 1978)는 코헛이 억압 대신 수평 분열, 연상이완dissociation 대신 수직 분열이라는 용어를 쓰고, 변형적 내재화라는 용어를 사용한 점 등을 문제 삼으며 다음과 같이 말한다: "형용사와 명사의 새로운 조합으로 만들어진 용어가 새롭고 창조적인 사고를 나타내는 것은 아니다"(1978, p. 619). "파편화fragmentation"라는 용어 또한 상당히 문제가 되었는데, 롯슈타인(1980)은 이것을 "'파편화' 라는 개념 속에 담긴 추상성으로의 비약"(p. 436)으로 간주했고, 컨버그(1982a)는 "취약한 자기의 '파편화' "(p. 375)에서 비롯된 "붕괴disintegration"의 산물이라는 개념 전체를 의문시한다. 런던(1985)은 자기의 파편화라는 말은 "구조 이론에서의 퇴행을 가리키는 또 다른 용어에 불과하다"(p. 97)고 주장한다.

티코(1982)는 "하인즈 코헛의 자기심리학은 많은 이들이 생각하는 것처럼 그렇게 새로운 이론이 아니다"(p. 849)라고 말한다. 자기에 대한 정의는 아들러, 융, 호르나이, 설리반 등 학파에 따라 천차만별이지만 자기 개념은 이들의 이론에서 핵심적인 역할을 한다. 실제로 스테판스키(1983)는 아들러와 코헛의 연구가 서로 밀접하게 연관되어 있다고 본다. 특히 이들이 당시 주류 정신분석적 전통에서 이탈했다는 점에서 더욱 그렇다는 것이다. 임버(1984)는 설리반과 코헛의 "주된 차이점"과 "놀라운 유사성"(그녀의 표현)을 밝히고자 했다. 코헛의 자기심리학이 이전의 정신분석 이론들과 유사한지 아닌지에 관한 논쟁은 이전의 이론가들이 사용한 용어들을 어떻게 해석하는가에 달렸다. 자기심리학자들에 따르면 이들 간의 유사성은 표면적인 것에 불과하다. 코헛이 자기 개념을 어떻게 사용하는지 조금만 유심히 살펴 보아도 코헛이 그의 선행 연구자들과 분명히 다르다는 점을 알 수 있다는 것이다.

이중 축 이론

리비도의 발달 노선과 나르시시즘의 발달 노선이 서로 분리되어 있다는 코헛(1971)의 초창기 개념은 흔히 "이중 축 이론"이라 일컬어지는데, 곧 비판의 대상이 되었다. 컨버그(1974, 1974a, 1975)는 이 이론에 대해 여러 차례 문제를 제기했다. 핸리와 매슨(1976)은 코헛의 이론에는 근거가 없다고 주장한다. 골드버그(1976)는 이러한 공격들에 맞서, 누군가가 "나르시시즘에는 별도의 발달 노선이 없다"고 말한다면, 그것은 "나는 나르시시즘을 별개의 발달노선으로 보지 않겠다"(p. 69)는 것을 뜻할 뿐이라고 지적한다. 리히텐버그(1978)는 이러한 문제는 아직 해결되지 않았으며, 심지어 자기심리학의 문헌에도 나르시시즘의 발달 노선은 명확히 밝혀져 있지 않다고 말한다.

유아의 능력

지오바치니(1982)를 비롯한 많은 저자들은, 멜라니 클라인, 코헛, 그리고 프로이트까지도 이미 유아가 갖고 있지 않은 것으로 입증된 능력들(예를 들어, 외부 대상을 인식하는 능력이나 내사를 가능하게 하는 능력)을 유아에게 전제하고 있다고 주장한다. 이렇게 주장하는 사람들은 대개 코헛의 가상적 자기 개념도, 클라인이 유아의 자아가 지녔다고 전제했던 지식이나 환상능력과 같은 부류라고 치부한다. 그러나 코헛(1977, p. 101)이 말하는 "가상적" 자기는 긴장 증감의 측면에서 기술된 개념으로,

클라인의 이론에서처럼 특정한 환상이나 지각 등의 용어를 사용하지 않는다.

그러나 코헛의 이론은 유아가 이상적 부모원상을 형성할 수 있을 만큼 자기와 대상을 인지적으로 충분히 구별할 수 있는가 하는 질문을 제기하게 만든다. 평자들은 유아도 보호자와 외부 세계를 웬만큼 인식할 필요가 있지 않겠느냐고 말하지만, 이 같은 문제는 코헛의 과대자기 개념에 대해서도 다시 제기된다.

과대자기

더 큰 논쟁은, 과대자기가 아동에게 정상적으로 나타나는 발달 형태인가 아니면 병리적인 것인가 하는 문제를 중심으로 일어났다. 클라인의 연구에 영향을 받은 컨버그는 과대자기를 병적 구조물로 본다. 그는 정상적인 유아적 나르시시즘과 병적 나르시시즘의 변별적 자질들을 기술하고자 했는데, 특히 정상적인 유아적 과대성과, 자기애성 성인 환자에게서 볼 수 있는 과대망상의 차이점을 강조하였다(1974a, p. 219). 코헛(1984)은 컨버그의 이런 주장에 맞섰고, 게도(1977)는 코헛과 컨버그 모두에게 동의하지 않았는데, 특히 과대성을 격노와 공격성에 대한 방어기제로 간주하는 코헛의 의견에 반대했다.

자이가르닉 현상

자기심리학은 어떤 내적 동기가 발달되지 않은 구조들로 하여금 적당한 기회가 왔을 때 발달을 재개하도록 촉진한다고 가정한다. 이러한 동기의 배후에 있는 에너지는 프로이트의 본능적 욕동의 개념과는 전혀 상관이 없는 것으로, 이것의 기원에 대한 설명은 없다. 이 에너지는 자이가르닉(1927) 효과에 의한 것으로서, 코헛의 해석에 의하면 어떤 발달 과제가 중지되면 이것은 긴장을 낳고 또 최대한 조기에 과제를 다시 시작하여 긴장을 해소하려는 경향을 불러온다. 자기심리학자들은 자기대상 전이가 형성되는 이유를 설명할 때 이 현상을 이용한다. 자기대상 전이들은 자이가르닉 효과를 바탕으로 한, 미완의 발달 과제를 완성하려는 욕구에서 비롯된다고 본다. 자기대상 전이의 형성에 있어서 욕동이 동기가 된다는 관념을 배제하면 이러한 개념에 호소할 수밖에 없다. 이 점 때문에 자기심리학은 강단심리학자들과 초심리학자들로부터 비판을 받았다. 슬랩과 레빈(1978)은 다음과 같이 썼다.

> 우리는 사람들이 스스로 가져본 적이 없는 구조(게다가 이것은 지극히 이론적인 구조물이다)에 대해 어떤 욕구를 느낄 이유가 전혀 없다고 본다. 잃어버린 유년기의 대상과 닮은 대상을 계속해서 찾는 사람은, 욕동 충족과 방어적인 이유가 합쳐져서 그렇게 한다고 보는 편이 더 경제적이다(p. 509).

이런 논쟁에서 파생된 중요한 임상적 논의들은, 환자의 사례와 전이 현상을 둘러싼 해석의 문제와 관련되어 있다. 치료자는 자료들이 본질적으로 명백히 성적인 것이라 하더라도, 자기대상 전이의 형성 혹은 방어와 관련된 것으로 해석해야 할지, 아니면 대상-본능 전이와 관련된 문제로 해석해야 할지를 결정해야 한다.

공격성

자기심리학에서 가장 논쟁이 되는 면 중의 하나는 바로 공격성에 대한 개념화이다. 코헛에 따르면 공격성이란 정상적인 자기주장성이 붕괴된disintegration 것으로, 자기대상에 대한 시기부적절한 실망에서 비롯되며, 자기주장성은 그 자체의 변형과 더불어 다른 발달 노선을 따를 수도 있다고 주장한다. 초기의 컨버그나 멜라니 클라인 그리고 고전적인 분석가들은 공격성이 어떤 일차적인 욕동으로부터 나온다고 본다. 후기의 컨버그와 고전적 분석가들 사이에는 공격성의 발생에 관한 문제에서 뚜렷한 견해 차이를 보인다(Goldberg 1985). 후기의 컨버그

(1982)는 생애의 가장 초기에 투사되고, 내사의 방식으로 내재화된 대상관계들이 공격성과 뒤섞여 있다고 보았다. 프로이트는 후기 이론에서 공격성을 죽음본능의 발현으로 보았는데, 멜라니 클라인은 이것을 받아들였다.

20세기에 세계를 뒤덮은 극도의 원시적 공격성을 볼 때, 공격성을 일차적인 욕동으로 간주하지 않을 수가 없다. 공격성을 분열의 산물로 보거나, 엄마의 공감 부족으로 나타나는 반응이라고 보는 자기심리학자들에게 동의하기는 어렵다(Tuttman 1978). 롯슈타인(1980)은 인간이면 누구나 갖고 있는 기본적 분노 표출을 자기심리학자들은 중시하지 않는다고 말한다. 즉, 자기심리학은 "본능적이고 생물학적인 공격충동이 근저에 있음을 간과하고 있다"(p. 432)는 것이다. 프로이트는 인간을 탐욕과 공격충동으로 휩싸인 피조물로 보았다. 그에 따르면 이러한 욕동은 단지 초자아와 현실적인 요구 때문에 제한을 받고 있을 뿐이며, 인간은 마지못해 이러한 욕동을 길들이고 욕동이 최대한 만족되는 선에서 타협하려고 한다. 이것은 기본적으로 인류에 대한 비관적인 견해를 낳는데, 코헛(Chessick 1984c)에게는 이런 면이 보이지 않는다.

게도(1979)는 대부분의 분석가들이 죽음본능을 거부함으로써 반복충동의 발생 원인을 설명할 수 없게 되었다고 말한다. 정상적인 자기주장성이 붕괴됨으로써 공격성이 생긴다고 보는 코헛의 주장에 맞서는 고전적인 분석가들은 죽음본능을 설명적 개념으로 받아들이든가, 다양한 대상관계 이론들로 옮겨가든가 아니면 자신만의 개념을 계발해야 할 것이다.

공격성에 대한 다양한 견해들보다는, 일차적 욕동들이 존재하는지 그리고 모든 "욕동들"은 아동의 자기대상 모체가 실패함으로써 생겨난 분열의 산물인지의 여부부터 밝히는 것이 더 나은 해결책일 것이다. 정상적인 자기주장성이 자기대상 실패로 인해 공격성으로 변질되는가에 관한 연구는 실험적 가능성을 갖고 있으며, 예비적인 연구가 이루어지기도 했다(Lichtenberg, Bornstein and Silver 1984a). 자기심리학자들은 프로이트가 말하는 욕동들을 전적으로 부인하는데, 이 점이 두 학파를 갈라놓는 주된 차이점이다.

이상화

컨버그(1974, 1974a, 1975a)는 이상화 전이 또는 이상화가 특히 자기애성 인격장애나 경계성 인격장애 환자에게 일어날 경우, 이것은 구강기적 격노와 시기심 그리고 편집증적인 공포paranoid fear를 나타낸다고 믿었다. 여기서 편집증적인 공포는 가학적 투사와 관련된 것으로, 치료자에 대한 강한 시기심과 폄하의 모습으로 나타난다. 컨버그는 이러한 전이의 기저에 놓인 가학성이 모습을 나타내고 치료를 통해 해소되기 위해서는 해석이 필요하다고 말한다. 그러나 코헛에 따르면 이러한 이상화 전이는 자기애성 인격을 치료하는 데서 중요하고 바람직하기 때문에 방해받지 않고 발달되도록 허용해야 한다. 코헛에 의하면 이것은 방어기제가 아니라 자기 구조의 형성이라는 과제를 재개하려는 시도이며, 자이가르닉 현상에 의해 동기가 부여된 것이다. 환자의 이상화 전이에 "마지못해 응해주는" 태도는 자기심리학이 비판을 받는 지점이다. 컨버그에 의하면 이런 태도는 결과적으로 강렬한 격노의 표출을 막기 위한 공모일 수 있다. 이것은 단지 이론에 국한된 문제가 아니다. 왜냐하면 모든 치료자들은 이상화 전이를 해석해야 하는가, 그리고 해석해야 한다면 어떻게 해야 하는가에 대해 고민할 때 이 두 방법 중에서 하나를 선택해야 하기 때문이다.

변형적 내재화 과정

게도(1980, 1984)는 코헛이 말하는 변형적 내재화 개념을 비판한다. 게도에 의하면, 이것은 근본적으로 정의되지 않은 개념이며, 이것이 자기애성 장애의 정신분석에서 치료 과정을 뜻한다는 어떠한 증거도 없다. 패튼과 설리반(1980)은 코헛의 변형적 내재화 과정에 대해 상세히 기술하고 있는데, 이를 "어려운" 개념으로 보면서도 정신분석의 영역에 위치시키려고 애쓴다. 서로 관련되어 있으면서도 해결되지 않은 쟁점이 하나 있는데, 이 쟁점은 고전적 개념들인 내사, 합입, 동일시 등과 변형적 내재화 개념 간의 유사성 및 차이점과 관련된 문제에서 비롯된다. 대부분의 혼란은 코헛의 자기심리학과 전통 정신분석의 지향점이 상당히 다르다는 점을 간과한 데서 기인한다. 변형적 내재화 과정은 두 개의 극을 가진 자기의 성립을 기술하는 개념인데 반해 내사, 합입, 동일시 등 전통적인 욕동이론을 전제로 한 개념들은 자아 및 초자아의 성립과 관련이 있다.

우리가 코헛의 이론을(일시적으로나마) 기꺼이 수용해서 임상 자료를 환자의 자기상태(이는 대리적 내성을 통해 "관찰"됨)의 변화와 관련지어 생각해 보면, 변형적 내재화 과정으로 인한 결과들이 환자에게 나타나는 것을 볼 수 있다. 변형적 내재화 과정이 정신분석치료에서 기본적 치료요소가 되는가의 문제는, 나르시시즘이 별도의 발달노선을 따르는가에 관한 논쟁과도 연결된다. 이것은 치료자가 임상 자료를 기꺼이 코헛의 시각에서 바라보려 하는가에 달렸다.

꿈의 해석

셰이퍼(1985)와 슈타인(1979)을 비롯한 일군의 저자들은, 코헛의 소위 자기상태 꿈들이 현시된 내용manifest content을 바탕으로 해석되고 있다고 주장한다. 따라서 스타인은 "꿈의 해석에 대한 코헛의 견해는 프로이트가 1900년에 확립하고, 그후로 많은 분석가들에 의해 다듬어진 해석방식과는 전혀 다른 것"(pp. 673-674)이라고 말한다. 스타인에 따르면 코헛은 "이상추구적인 해석"(Stein 1984)에 빠져, 프로이트 이전에 존재하던 꿈에 대한 시각을 부활시킨다. 스타인(1979)은 X씨(pp. 203-211)의 백일몽에 대한 코헛(1977)의 분석을 예로 든다. 골드버그(1976)는 스타인의 주장에 다음과 같이 응대했다: "책에 나와 있는 꿈들은 그것과 관련된 연상들을 생략하고 간략하게 소개한 것이다. 그러니 저자에게 불성실을 추궁할 수는 없지 않은가!"(p. 69)

코헛(Lichtenberg and Kaplan 1983)은 자기상태 꿈들을 현시된 내용으로 해석하지 않는다고 말하면서, 이런 꿈들의 연상들은 신중히 고려되어야 하지만 꿈 해석에는 도움이 안 된다고 단언한다. 만약 꿈에 이러한 특징이 있다면, 지금 다루는 꿈이 자기상태 꿈이라는 단서가 된다! 꿈의 해석에 관한 논쟁은 욕동, 방어, 갈등의 개념을 참고하지 않고도 임상 현상들이 이해될 수 있는가 하는 문제에서 비롯된다. 전통 정신분석가들은 모든 임상 현상들에서 욕동, 방어, 갈등을 찾아 보도록 훈련 받았기 때문에, 이들에게 자기상태 꿈 개념은 분명히 프로이트 이전 시대의 신비주의로 보일 것이다.

오이디푸스 단계와 오이디푸스 콤플렉스

자기심리학은 오이디푸스 콤플렉스가 모든 성인 신경증의 핵을 이루고 있다는, 프로이트 정신분석의 핵심 가정에 도전한다. 코헛(1977, 1984)은 오이디푸스기의 존재는 인정하지만, 발달이 정상적으로 이루어지면 오이디푸스 콤플렉스가 생기지 않는다고 주장한다. 그에 따르면 자기가 약화되고 분열된 상태에서 오이디푸스기를 맞이했거나, 이 시기에 보호자적 자기대상들로부터 단계에 맞지 않는 반응들을 받았을 때에만, 오이디푸스 콤플렉스에서 나타나는 탐욕이나 공격성 등과 같은 분열의 부산물이 나타난다.

왈러스타인(1981)은 많은 사람들이 생각해온 것처럼 오이디푸스기의 병리가 인간 정신기능에 편재해 있거나 기본적으로 깔려있지 않다는 코헛의 주장이 옳을 수도 있지만, "그렇다 해도 인간의 정상적 발달사의 핵심이 되는 오이디푸스 갈등의 기본적 성격과 편재성을 나는 의심해 본 적이 없다"(p. 388)고 말했다. 보다 전형적인 시각은 왈드론(1983)이 코헛의 방법론에 의문을 제기한 데서 나타나는데, 왈드론은 코헛이 "환자의 일상에서 나타나는 오이디푸스적 갈등 요소들을 있는 그대로 모두 분석하기를 꺼린다"(p. 628)고 하면서, 이런 방법론이 과연 보다 나은 치료 효과를 가져올 수 있을지 의문스럽다고 말한다. 왈드론은 이 의문에 회의적으로 답하면서 코헛의 방법론은 아직 실체성이 확보되지 않았으며 "이미 축적된 임상 경험들과도 어긋난다"(pp. 628-629)고 말한다.

코헛의 방법론이 오이디푸스적인 문제들을 회피한다는 의견은 여러 문헌에서 반복적으로 나타난다. 글렌(1984)은 "암묵적이든 명시적이든 해석이 성적인 것을 배제한다면, 분석가는 불충분하고 부정확한 분석을 하고 있다"(p. 320)고 썼다. 여기서 그는 명백히 성적인 내용을 담고 있는 문제들을 가리킨다. 랑겔(Richards 1984)은 "오이디푸스 단계와 거세불안은 새로운 이론들(여기서는 자기심리학을 가리킴 : 역주)이 가장 회피하고 방어하는 내용이다. 이들은 오이디푸스 갈등들을 이리저리 피해 편리한 곳에다 병인론적 초점을 맞추고 있다"(p. 590)고 지적한다. 전통 정신분석가들도 코헛의 연구와 다른 대상관계 이론가들의 주장에 대해서 이와 비슷한 비판을 하고 있다. 성적 행위나 환상과 관련된 임상 자료들을 성적인 측면보다는 자기애적이고 구조적인 측면에서 해석한다는 점이 자기심리학자들과 전통 분석가들이 크게 다른 점이다. 그런데 이런 중대한 의견 차이는 해소될 것 같지 않다. 왜냐하면 자심리학자들이 발표한 사례들에 위와 같은 비판들이 수없이 쏟아지고 있기 때문이다.

프로이트의 "짜맞춘" 주장에 대한 그륀바움(1983, 1984)의 비판은 좋은 실례가 된다. 왜냐하면 양 진영 모두 그들의 주장을 "입증"하기 위해 이런 식으로 짜맞춘 논거들을 사용하기 때문이다. 그러나 자기애성 인격장애나 경계성 장애와 같은 심각한 병리의 영역에서는 의견의 불일치가, 정신분석의 과학적 방법론에서보다는 임상 자료의 본질적 성격을 어떻게 보는가에서 비롯된다. 자기와 대상의 구별이 흐릿한 사례들에서는, 어떤 이론적 개념이 차용되든 간에 오이디푸스 콤플렉스 이외의 것들도 매우 중요하게 다뤄진다. 로왈드(1980)가 지적하듯이 "우리가 이런 형태의 정신기능들에 대해 더 잘 알고 익숙해질수록, 그 동안 주로 오이디푸스기에 근거한 정신성적psychosexual 갈등의 측면에서 이해되었던 고전적 신경증들에서도, 전오이디푸스기에 발생한 분열과 왜곡과 억제가 함께 영향을 미치고 있다는 것을 알게 된다"(p. 377).

임상 자료

코헛(1979)의 「Z씨에 대한 두 번의 분석」에 쏟아진 비판들에 관해서는 이미 13장에서 기술하였다. 평자들은 자기심리학의 패러다임을 보여주는 다른 두 사례들을 자주 언급한다. 스타인(1979)은 코헛(1977)이 발표한 M씨의 사례를 문제 삼으며, 코헛이 사례의 역동을 이해하는 방식과 그의 병인론적 관점 그리고 그의 정신분석적 치료 과정에 의문을 던진다. 스타인도 다른 많은 저자들처럼 이 사례에 적용된 자기심리학적 설명, 해석, 기법에 설득력이 있다고 보지 않는다.

코헛(1977)이 "넓은 의미의 자기심리학"을 발표할 때 M씨의 사례가 핵심 사례였듯이, F양의 사례는 "좁은 의미의 자기심리학"을 소개하는 코헛(1971)에게 중요한 사례였다. 컨버그(1974a)에 따르면 이 사례에 대한 코헛의 해석에는 "환자의 어머니가 환자에게 분노를 일으켰다"는 암묵적인 비난이 담겨 있으며, 이런 해석은 "환자 스스로 격노의 복합적인 기원에 관해 성찰해 보는 것을 방해"(p. 232)한다. 컨버그의 시각에서 보면 코헛의 해석은 부정확할 뿐 아니라, 환자의 방어기제들을 오히려 부추긴다. 게도(1984)는 자기 나름의 시각에서 코헛을 비판하는데, 코헛이 반영을 기다리는 거울 전이를 형성한 환자로 F양(그녀는 자신이 말할 수 있는 것 이상의 것을 코헛이 언급할 때면 엄청난 분노를 터뜨렸다)을 특징짓는 것에 반대한다. 자기심리학자들은, Z씨의 사례처럼 발표된 사례들은 자기심리학의 관점을 "증명"하기 위한 것이 아니라 이러한 관점을 보여주기 위한 것이며, 그렇기 때문에 다양한 해석이 가능하다고 주장한다. 그륀바움(1983, 1984)과 같은 학자는 정신분석에서 관점들에 대한 증거들은 도대체 무엇인가 하고 되물을 것이다. 에델슨(1984)은 가정을 세우고 적절한 방법으로 임상실험을 한다면, 이 분야에서도 과학적인 증명이 가능하다고 말한다.

치료의 분위기

자기심리학자들의 주장에 따르면 그들의 치료 분위기는 전통 정신분석의 치료 환경과는 다르며, 보다 유익하고 치료효과도 더 크다(Wolf 1976). 또 이런 분위기는 무엇보다 환자를 항상 공감적으로 이해하고, 이러한 이해를 바탕으로 환자에게 반응하는 것의 중요성을 인식한 데서 나온다고 말한다. 전통 분석가들은 이러한 주장을 달가워하지 않는다. 왜냐하면 이런 주장에는 그들이 자기심리학자들보다 환자에게 덜 공감적이라는 암시가 들어 있기 때문이다. 그러나 이것은 자기심리학자들의 주장을 잘못 이해한 것이다. 이것은 대리적 내성을 통해 환자의 자기상태에 가까이 머무는 것을 중시하는가, 그리고 이것에 대해 신념을 갖고 있는가와 관련된 문제이기 때문이다. 자기심리학의 영향을 크게 받은 치료자들은 집중할 때 환자들의 반응에 대한 치료자의 민감성을 중시한다. 대개 자기심리학에 심취해 본 치료자에게는 이러한 변화가 나타나는데, 이는 자신들이 더 나은 치료 환경을 제공한다는 자기심리학자들의 주장에 설득력을 더해 준다. 전통 분석가들은 이것은 역전이나, 분석가가 분석을 제대로 받았는가와 관련된 문제이기 때문에 새로운 이론은 필요하지 않다고 말한다.

교정 경험인가 아니면 정신분석인가?

자기심리학에 비판적인 문헌들에서는, 코헛의 정신분석 형태는 정신분석이 아니라는 주장을 흔히 볼 수 있다. 이것은 돌봄의 정신치료를 정신분석의 일부로 간주할 수 있는지, 정신분석은 전이 신경증의 해석을 통한 치료로 엄격하게 제한되어야 하는지와 같은 보다 일반적인 문제와 연결된다. 컨버그(1974a)는 코헛의 기법에는 "환자의 과대망상을 보다 적응력 있게 사용하도록 촉진하는 재교육적인 요소가 있다"(p. 238)고 말한다. 프리드만 L.(1978)에 의하면 코헛과 컨버그의 논쟁은 해석의 중요성에 관한 해묵은 논쟁을 재현하고 있다. 프리드만은 정신분석의 뚜렷한 정체성이 위협 받는 가운데, 수많은 정신치료들이 경쟁을 하다 보니 점점 더 해석이 정신분석의 핵심이 되는 것 같다고 말한다.

지오바치니(1978)는 “코헛의 기법적 지향을 보면 그의 생각들이 정신분석과 무슨 상관이 있으며, 지지적 기능과 어떤 차이가 있는지 의문스러워진다”(p. 619)고 말한다. 슬랩과 레빈(1978)에 의하면 코헛의 “치료 방법은 통찰, 갈등 해소, 무의식을 의식화하는 것보다는 권유나 학습을 바탕으로 한다”(p. 507)고 주장한다. 이 말이 옳다면 코헛의 자기심리학은 정신분석의 범주에 포함되기 어렵다.

롯슈타인(1980)은 “연구를 계속한 코헛은 마침내 정지된 발달에 변화를 가져올 보완적 대상관계까지 주장하게 되었다”(p. 447)고 말한다. 그는 “넓은 의미의 자기심리학”은 코헛의 초창기 연구와는 “본질적으로 다르다”고 본다. 그러면서 그는 코헛(1971)의 첫 책의 제목이 『자기의 분석』이었던 반면, 두 번째 책(1977)의 제목은 『자기의 회복』이었음을 지적한다. 롯슈타인은 “무엇보다 치료자가 자신을 회복시키는 대상으로 간주한다면, 지지적 정신치료가 진행되었다고 봐도 무방하다”(p. 448)고 말했다.

바슈(1981)는 롯슈타인의 주장에 동의하지 않는다. 앞서도 언급했듯이, 그는 병리가 아래와 같은 특징을 보인다면, 이에 대한 치료는 정신분석으로 봐야 한다고 주장한다.

> (병리가) 분석가를 향한 전이 속에 나타나고, 이 전이가 환자 자신에 대한 이해를 강화시키는 방향으로 해석되고 해소되어, 이전에 제대로 작동되지 않던 구조가 회복되고, 결함 있던 구조들이 강화되어 환자가 생산적인 삶을 영위할 수 있게 된다면(p. 345).

바슈는 위와 같은 기준에서 볼 때, 코헛의 이론은 “프로이트 정신분석과 완전히 조화를 이룬다”(p. 345)고 본다.

트뢰르니에(Lichtenberg and Kaplan 1983)는 넓은 의미의 자기심리학은 정신분석에서 “심각한 손실”이며 “기법적인 면에서 볼 때 특히”(p. 194) 그렇다고 본다. 그는 마치 자기심리학이 비공감적인 전통 정신분석가로부터 환자를 “구해내기"라도 하는 듯이 보인다며 "넓은 의미의 자기심리학은 정신분석에서 가장 소중한 기법적이고 관념적인 도구인 역동적 관점과 경제적 관점을 제거해버리려는"(p. 194) 것처럼 보인다고 말한다.

리차즈(1984)는 자기심리학이 공감을 강조하는 것을 문제 삼는다. 공감은 성공적인 임상 작업의 중요한 암묵적 전제이긴 하나 그것이 임상 작업을 성립시키는 것은 아니다: "자기심리학이 이론과 기법 측면에서 공감을 제일 중시하는 태도는, 우리가 고전적 갈등 이론을 토대로 한 기법을 적절히 적용하는 데 필요한 하나의 선행조건(이 선행조건이란 공감을 가리킴 : 역주)에 더 민감해지도록 도와줄 뿐이다"(p. 600).

자기심리학과 프로이트의 정신분석

코헛과 컨버그의 견해는 조화되기 어려우며, 본질적으로 동의가 이루어질 수 없는 영역들이 있다(Ornstein 1974). 그리니(1984)에 의하면 자기심리학의 개념들은 정신분석의 개념들과 상당히 다르고, 중요한 이론적 이슈들에 있어서도 정신분석과 충돌하기 때문에, 아무래도 자기심리학은 "정신분석과 구별되는 별개의 심리학이다"(p. 52). 프리드만 L.(1980)은 코헛의 이론은 "프로이트의 이론과는 실질적으로 다른 종류의 이론"(p. 409)이라고 말한다. 나도(1980a) "좁은 의미의 자기심리학"은 프로이트의 이론과 조화될 수 있으나 "넓은 의미의 자기심리학"은 그렇지 않다고 주장한 바 있다. 왜냐하면 넓은 의미의 자기심리학은 좁은 의미의 자기심리학에 비해, 자기 개념이 남다르고 덜 프로이트적이며 보다 총체적인 성격을 띠기 때문이다. 좁은 의미의 자기심리학에서 사용된 자기 개념은 넓은 의미의 자기심리학에서 사용된 자기 개념과 다르며, 두 이론 사이에서 자기의 개념은 일관성을 띠지 않는다.

롯슈타인(1980a)에 따르면 코헛은 자아심리학의 범위 내에서 작업하려던 본래의 의도에서 벗어나 하나의 새로운 패러다임을 창조했다. 롯슈타인은 과학적 패러다임의 변천에 관한 쿤(1962)의 이론을 잠시 고찰한 뒤 정신분석적 패러다임들과 패러다임 창시자들의 자기애적인 면을 언급한다. 그는 이런 자기애적인 면들이 "패러다임 경쟁에서 비이성적이고 논쟁적인 측면"(p. 394)을 부추긴다고 본다. 코헛이 새 패러다임을 제공했는가, 아니면 보완적인 이론을 제시했는가 하는 문제는 아직도 의미가 있다. 왜냐하면 패러다임이라는 용어가 애매하기 때문에 쿤 자신도 이 용어의 사용을 후회했기 때문이다. 그는 패러다임이라는 용어 대신 "전형exemplars"이나 "모본models"이라는 단어를 사용하고자 했다(Kuhn 1977). 나는 프로이트가 살아있었다면 "좁은 의미의 자기심리학"은 보완적 이론으로서 수용하겠지만 "넓은 의미의 자기심리학"은 다른 패러다임에 속하므로 거부할 것이라고 말한 적이 있다. 어쨌거나 프로이트는 자기애성 인격장애나 경계성 인격장애를 치료하기 위해 정신분석을 고안한 것은 아니었다.

코헛이 죄책감에 짓눌린 인간과 비극적 인간을 구별함으로써 실존주의적인 개념들에 접근한 것은 사실이지만, 자기심리학과 실존주의적 정신분석 사이에는 근본적 차이점이 있다. 왜냐하면 자기심리학은 무의식을 주된 개념으로 하고 있기 때문이다. 코헛은 엄마의 공감 결여를 강조함으로써 실존주의적 정신분석과 유사한 환원주의라는 비판을 받았으며, 클라인이나 컨버그가 가정하는 정신내적 현상들의 복잡성을 지양하였다. 코헛은 실존주의나 유럽의 정신의학 혹은 정신분석의 전통에 속하지 않는다. 왜냐하면 그의 이론은 대리적 내성을 통해 "관찰되는" 환자의 자기에 초점을 맞춘 것이지, 의식적으로 선택하는 행위인자로서의 자기나, 자기인식의 현상학 또는 자기의 해체에 관한 것이 아니기 때문이다.

20장 | 결 론

그린버그와 미첼(1983)은 정신분석 이론을 검토하면서, "모든 이론가는 암묵적이든 명시적이든 자신이 욕동/구조 모델을 따르는지, 아니면 관계/구조 모델을 따르는지를 분명히 드러낸다. 그리고 분석가의 이론적 전략은 그가 따르는 모델에 의해 결정된다"(p. 380)고 말했다. 코헛이나 샌들러와 같은 분석가들은 그린버그와 미첼이 말하는 소위 "혼합모델 전략"을 시도하지만, 그린버그와 미첼에 의하면 "정신분석 이론에 대한 평가는 결국 개인의 선택 문제"(p. 407)라며 모든 정신분석의 이론들은 인간 본성에 관한 철학적 전제들 속에 이미 예견되어 있다(Chessick 1980).

정신분석치료의 비해석적인 요소들

돌팻(1974)은 자기애성 환자들에 대한 전통적인 논의에서 볼 수 있는, 환자-분석가 관계의 내재화라는 개념을 검토한다. 이런 전통은 프로이트(1940a)와 함께 시작된 것으로, 프로이트는 정신분석이 환자에게 "사후교육"의 기회를 제공한다면서 "정신분석은 부모가 환자를 양육하면서 범한 실수들을 교정한다"(p. 175)고 말했다.

스트레이치(1934)는 "변화를 가져오는 해석"이 수행하는 중요한 역할에 대해 기술하면서, 이러한 해석은 환자가 분석가를 내재화하고, "침투infiltration"(p. 290)라는 과정을 통해 새로운 초자아 구조가 형성되는 데 영향을 미친다고 말한다. 돌팻(1974)은 "교정적인 내재화 과정은, 분석가에 대한 모방적 동일시를 특징으로 하는 환상적 관계에서 분석가에 대한 선별적 동일시로 점차 옮겨가게 된다"(p. 183)고 말한다. 로왈드(1962)는 모든 정신분석치료에서 환자는 치료자와의 상호작용을 내재화한다고 말하는데, 돌팻에 의하면 이런 내재화는 고전적인 신경증 환자들보다는 발달장애 환자들의 정신분석에서 더욱 명백히 드러나며 더 중요한 요소가 된다. 정신분석치료상의 비해석적인 요소들에 관한 논쟁은 정신분석 교과서들에서도 여전히 계속되고 있다.

코헛(1984)은 자기심리학에서도 이러한 문제는 해결되지 않았다면서, 자신이 주창한 변형적 내재화 개념을 더 연구해 볼 것을 권한다. 그는 다음과 같은 의미심장한 질문들을 던진다. 예를 들어, 이러한 내재화는 어떻게 일어나는가? "지속적인 정신기능들(자기대상들의 기능을 대략 흉내내는 것에 그치는 것이 아닌)이 자기대상들의 도움으로 획득될 수 있는가?"(p. 100) 자기심리학에서 좌절은 어떤 기능을 하는가? 최적의 좌절은 어떻게 정신구조를 무너뜨리고 변형적 내재화 과정을 통하여 다시 구조를 형성해내는가? 환자의 총체적 동일시gross identification와 변형적 내재화 과정 사이에는 어떤 연관성이 있는가? "정신분석치료에서 성인이 정신구조를 획득하는 것과, 유년기에 이루어지는 정신구조의 획득 사이에는 결정적 차이점이 있는가?"(p. 101) 만일 그렇다면 그 차이는 무엇인가? 코헛도 지적하듯이 정신분석 과정에서 형성되는 정신구조에 관한 문제는, 고전적인 분석도 자기심리학도 아직 해결하지 못한 중대한 과제다.

스톤(1981)은 자기심리학이라는 우월적 관점에서 벗어나 정신분석치료의 비해석적 요소들을 검토한다. 정신분석 상황에 대한 그의 기술은, 자기심리학이 옹호하는 치료 분위기가 전통적인 분석적 사고들에서도 나올 수 있음을 보여준다. 그에 의하면 바람직한 분위기를 결정하는 요소들은 다음과 같다.

1. 분석가의 태도는 합리적이고 분별력이 있어야 하는데 이것은 "냉담함, 무심함, 자의적인 유보적 태도, 무감각, 방관, 의례화, 규칙 자체에 대한 편집증적인 집착"(p. 100)과는 다르다.
2. 스톤은 분석가가 말을 건넬 때의 어조와 화술은 "긍정적이고 애정이 담긴 어

조"여야 한다고 주장한다. 그는 1번에서와 같은 부정적인 분석 태도를 불러 올 수 있는, 잠재적인 가학적 만족감을 경계하라고 말한다.

3. 유연성은 프로이트의 사례 발표들 가운데 잘 나타나 있는데, "프로이트가 혹독한 '박탈(=환자에게 공감해 주지 않음)' 을 적용했을 때에도 상식선에서의 유보나 예외는 존재했다"(p. 102). 스톤에 의하면 프로이트의 방법론에는 "어떤 사례에서나 공감은 분석 기술의 전부다"(p. 103)라는 사고가 암암리에 깔려있다. 그러나 스톤은 프로이트적인 공감과 유년기에 받지 못한 사랑을 환자에게 주려 하는 페렌찌의 시도는 다르다고 말한다.
4. 치료 분위기는 립톤(1977, 1979)이 프로이트의 사례들에서 밝혀낸 그러한 분위기가 되어야 하는데, 이런 분위기에서라면 어떤 환자와도 자연스럽고 친밀하고 적절한, "살아 있는 인격적 관계"(Stone 1981, p. 106n)를 형성할 수 있다. 프로이트는 환자가 이런 인격적인 관계를 손상시키는 반응을 할 때 이를 해석하려고 했으며, 환자의 이런 반응으로 인해 본인의 자연스러운 태도가 억제되지 않도록 주의했다.
5. 공감 : 스톤은 분석가의 반영적 공감이 원초적 자기대상의 결함을 보상한다고 보지 않는다. 그는 반영적 공감은 더 나은 분석이 되게 할 뿐이라고 주장한다. 그는 구조적 갈등인 신경증의 치료와 대조되는, 자기 장애를 다루는 특별한 치료체계로서 자기심리학이 필요하다고 보지 않는다.
6. 기법의 미묘한 측면들 : 부재시 혹은 분석 중에 생기는 애경사들이나 다른 사건들에 대한 반응, 분석료, 약속 잡는 일, 매 회기를 마무리하는 문제 등의 세부사항을 치료자가 처리하는 방식을 말한다. 이러한 면들은 정신분석치료에서 중요한 비해석적 요소이다.
7. 위니캇(1969)이 기술했듯이 환자의 강한 적개심에 직면했을 때 분석가의 "요동치 않음"은 중요한 비해석적 요소가 된다. 스톤은 "바로 이 두 성인 사이에서 모든 것이 시작되고 또 모든 것이 끝난다는 것을 잊어서는 안 된다. '내가 내 정신과 감정을 모두 맡길 수 있는 사람은 어떤 종류의 인간인가' "(p. 113)라고 말한다.

프로이트의 상식을 넘어서는 "특이적 의사소통 방식은 존재하지 않는다"(p. 115). 그러나 전통적인 정신분석의 문헌들에서도, 치료자가 위와 같은 요소들을 무시하면 고비용의 힘겨운 장기치료를 실패로 이끌 위험이 있다는 지적이 늘고 있다. 환자에게 있어 치료의 실패는 정신적으로 사느냐 죽느냐 하는 생사의 문제다.

자기심리학이 정신분석적 정신치료와 정신분석에 미친 영향

프로이트 이래로 정신분석적 정신치료 분야는, 환자를 경청하는 과정에 대한 개념화 작업에 커다란 진전이 있었다. 실존주의적 관점은 환자의 세계-내-존재being-in-the-world 상태를 보고 이러한 상태를 평가하는 데 초점을 둔다. 다시 말해서 환자의 말을 편견 없이 경청하고 환자와의 만남이라는 현상을 주시하고 자발적으로 반응하는 것을 강조한다. 코헛과 그의 제자들은 환자의 임상 자료에 나타나는 거울 전이나 이상화 전이를 포함한 유사전이 구조들에 대한 이해와 탐색 과정을 정교화–정립 상태에서 분열 상태에 이르기까지–하였으며, 환자의 자기감각에 대한 지속적인 평가가 이루어져야 한다고 주장했다. 컨버그와 다른 온건한 신클라인파 연구자들은 투사적 동일시와, 치료자에게 투사됨으로써 나타나는 분열되고 "전적으로 나쁜" 자기 및 대상 표상들을 주목하라고 하면서, 이런 것들이 환자의 임상 자료와 행동에서 어떤 방식으로 나타나는지 찾아보라고 말한다.

랑스(1981, 1982)는 치료자의 병리, 환자가 치료자를 치유할 필요성, 나선형적 의사소통을 통한 상호작용 등을 강조함으로써 논란의 여지를 남겼다(Chessick 1982a 참조). 블랭크와 블랭크(1973, 1979)는 자아발달의 초기 단계가 전이 안에서와, 환자와 치료자 간의 상호관계 속에서 두드러지게 나타난다는 점에 주의하라고 말한다. 이런 견해 또한 이론의 여지가 있으며, 랑스의 견해보다 훨씬 더 직접적으로 몇몇 임상적 방법 및 이론들과 충돌한다. 블랭크와 블랭크는 치료자들에게 융통성을 요구하면서 환자의 임상 자료를 평가하는 대안적 방법들을 제시하는데, 그런 방식으로 하면 환자에 대한 이해가 증진되고 효과적이고 교정적인 해석도 가능해진다고 주장한다.

이 주제에 관한 논쟁은 상대방에 대한 감정적인 분석으로 변질되는 경향이 있어, 극단적인 "찬반" 대립을 부추긴다. 이쯤에서 정신치료에서 환자에게 경청하는 기술을 강화해 줄 다양한 대안적 견해들을 살펴보는 것이 좋겠다. 때로는 관점을 바꿔보는 것도 매우 가치 있는 일이다. 예를 들면 치료가 잘 안 될 경우, 고전적인 프로이트식 듣기 방식에서 기억, 욕망, 이해 등을 모두 배제한 비온식 듣기 방법으로 바꾸어 보는 것이다. 치료자가 서로 양립할 수 없는 이론들 사이를 오간다 하더라도, 이렇게 함으로써 새로운 통찰을 얻거나 가정들이 증명되는 성과를 거둘 수도 있다.

나는(1971, 1985c) 수련중인 정신치료자들에게 정신분석적인 듣기 방법을 가르치기 위해 몇 가지 제안을 한 적이 있다. 환자의 무의식에서 나오는 의사소통에 효과적으로 주파수를 맞추기 위해서는 특별한 자세가 필요한데, 이것은 신중한 감독하에 혹독한 훈련을 통해 습득되어야 한다. 환자와의 관계에서 공감적이고 민감한 치료자가 되기 위해서는 매우 어렵지만 이러한 자세를 반드시 갖추어야 한다.

슈와버(1981)가 기술했듯이, 어떤 경우에는 공감과 특정한 테크닉의 적용이 서로 구별되지 않는다. 슈와버는 "병이 깊을수록 환자는 치료자의 적극적인 반응을 필요로 한다… 우리는 즉각적으로 무언가를 행하거나 말해 주어야 한다고 느낀다. 흔히 이런 식의 개입은 공감적 반응과 동등시된다"(p. 128)고 말한다. 그러나 이러한 분석가의 직접적 개입은 공감을 사용하는 것이 아니다. 실제로 이것은 공감의 결여를 드러내는지도 모른다. 공감은 환자가 하는 의사소통의 의미를 끈질기게 찾는 것, 바로 그 안에 있다. 이 과정의 성패는 결국 분석가의 개입 여부에 달렸다. 환자를 단지 증상을 가진 사람으로 여기는 태도는 정신의약 분야에서는 있을 수 있는 일이다. 그러나 효과적이고 지속적인 개입을 위해 한 사람의 인생에 뛰어들기 위해서는, 소설가적인 이해력과 예술가적인 감수성이 요구된다. 슈와버(1983)에 따르면 오랫동안 과학적인 관점이 "이 관찰 분야의 고유한 요소인 분석가-관찰자"(p. 386)의 영향력을 퇴색시켜 왔다.

슈와버(1979)는 코헛(1971)의 저서가 "임상이론의 발달에 전환점이 됨과 동시에 향후의 창조적 연구들을 고무시킨다"(p. 468)고 평한다. 그녀가 자기심리학을 소화한 관점에서 본다면, 전이란 "우리의 시각을 변화시키며 맥락적 단위인 환자/분석가 쌍이 어떤 토대 위에서 서로 얽혀있는가를 더욱 깊이 파고들게 한다"(p. 476). 슈와버에 따르면 정신분석에서의 자기심리학적 관점은, 어떻게 일방이 상대방의 일부로서 경험되고 상대방에게서 반응을 얻는가를 알기 위하여 공감과 대리적 내성의 방식으로 듣는 태도와 관련이 있다. 그녀는 바로 이 점이 환자에 대한 정신분석적인 이해에 있어 새 지평을 열어준다고 본다. 슈와버(1983)는 이러한 시각 변화의 중요성을 거듭 강조하면서, 이러한 시각 변화로 인해 저항 현상에 대한 우리의 이해도 달라진다고 보았다. 즉, 저항을 환자 안에 있는 내적인 압력의 부산물로 보았던 예전의 시각에서, "분석가가 끼친 특정한 영향이 저항의 고유한 부분을 형성한다"(p. 381)는 새로운 시각으로 옮겨가게 된다는 것이다. 슈와버에 따르면 왜곡이 일어났는지를 판단하는 고요한 심판자로서 분석가를 바라보던 예전의 시각 속에는, 치료 관계에 일종의 서열이 존재한다는 암시가 들어있으며, 이런 서열 관계에서는 진실을 알고 있는 사람이 "환자를 은근히 혹은 노골적으로 자신의 시각 쪽으로 유도할 위험성"(p. 391)이 있다. 분석가가 스스로를 텅 빈 스크린으로 여기거나, 환자의 현실성과 왜곡 여부를 판단하는 심판자로 여긴다면, 역전이가 치료자의 결정에 영향을 미칠 가능성이 있음은 물론, 이것은 환자의 왜곡된 면들에 치료자 자신이 참여하고 있다는 것을 치료자가 모르고 있다는 뜻이다.

분석가가 전이를 통해 좋지 않은 경험을 하게 되면, 이것이 환자가 분석가를 느끼는 방식에 큰 영향을 주는데, 분석가는 환자의 이러한 경험에 자신이 암암리에 개입되어 있음을 인정하기 싫은 마음 때문에 이 점을 보려 하지 않는다. 이런 상황에서 분석가는 소위 과학적인 독립 혹은 중립의 위치로 철수하게 된다. 이는 정신분석에서 오래된 문제로, 분석가의 역전이가 환자의 문제를 자극시킨다는 점을 인정하기 싫어서 분석가가 환자의 반응을 "전이" 탓으로 돌려버리는 것인데, 이것은 항상 일어나는 문제이다. 질(1982)은 자기심리학 권역 밖에 있는 연구자로서, 임상 상황에서 모든 전이는 환자가 분석가에게서 받은 자극들을 토대로 한다고 주장했다. 이런 견해는 분석가를 "텅 빈 스크린"으로 보는 견해와는 완전히 대립된다. 나는(1986) 질보다 앞서서 이러한 문제를 다룬 바 있다.

오른슈타인과 오른슈타인(1980)은 임상적 정신분석에서 자기심리학이 해석의 공식화에 미친 영향력을 강조한다. 지금까지는 환자가 왜곡된 현실 속에서 옛 대상과 새로운 대상을 혼동한다는 생각을 토대로 전이와 저항에 대한 해석이 이루어졌다. 전이의 해석이나 재구성에 있어, 전통적으로(명시적이든 암묵적이든) 분석가들은 "만족과 안심을 얻고자 하는 환자의 소망에는 시대착오적인 특징이 있음을 주목하고, 이러한 왜곡을 직접 수정하고자 했다"(p. 208). 오른슈타인과 오른슈타인(1980)에 의하면 "이러한 시도는 대개 불가피한 저항만 가중시킬 뿐이며, 지나친 좌절의 분위기를 조성하고, 표면적인 적응만을 촉진하므로 깊은 정신내적 구조변화나 새로운 정신구조의 획득을 방해한다"(p. 208).

위의 저자들은 그들이 공감적인 재구성적 해석이라 부르는 것을 중시하는데, 이러한 해석은 환자 행동의 즉각적인 원인을 밝혀내고, 이러한 행동의 전이적transferential 의미를 이해하며 "아동기의 응어리constellation가 퇴행적으로 재생되고 있다는 맥락에서 이 행동의 적절성을 인정해 주는 데"(p. 208) 초점을 둔다. 해석은 이제 더 이상 성인의 현실을 기준으로 왜곡된 부분을 수정하려는 것이 아니라, "유년기 경험이 분석 안에서 환자가 보이는 퇴행적 반응들의 전조로서 기능한다는 점을 이해하고 설명하는 데에 초점을 두는 것으로서, 여기에는 환자의 이러한 행동에 분석가가 미친 영향까지도 포함된다"(p. 208). 오른슈타인과 오른슈타인은 이런 과정이 올바른 공감적 지각과 이해와 정확한 재구성을 바탕으로 이루어진다면, 환자는 이해받는다고 느낄 것이며 이러한 전이 왜곡을 자발적으로 탐색하고자 할 것이라고 말한다. 이것이야말로 정신분석치료에서 구조변화로 이끄는 축복된 길이라고 생각한다.

소위 "전통적인" 분석가가 존재하는가?

많은 전통적인 분석가들은 슈와버나 오른슈타인과 오른슈타인이 피력한 견해들이 전통 정신 분석가들을 밀짚인간(비공감적이고 무심하고 교만하며, 환자에게 자신이 보는 현실을 받아들이라고 강요하는, 심판권을 행사하는 인간)으로 만들어 버렸다고 말한다. 다수의 분석가들은 제대로 분석을 받고 훈련을 한다. 우리가 그들의 상담실에 직접 들어가서 그들이 환자와 함께 작업하는 것을 볼 수 없기 때문에 앞서 묘사된 "전통적인 분석가들"–이것이 캐리커처이건 아니건–이 존재한다는 말에는 설득력이 없다.

기본적으로 환자와 관련된 자료들을 욕동/갈등 이론–후일 프로이트의 제자들이 이를 수정하여 욕동/구조 방향으로 확대시킴(Greenberg and Mitchell, 1983에 소개됨)–으로 설명하려는 태도에는 분석가의 초심리학적이고 과학적인 신념들이 특징적으로 드러나지만, 욕동/구조 모델을 따른다고 해서 꼭 "전통적인 정신분석가"가 되는 것은 아니다. 욕동/구조 이론을 따르는 전통 또는 정통 분석가들도 임상 실천에 있어서는 다양한 모습을 보인다. 비해석적인 개입을 의도적으로 피하는 사람이 있는가 하면, 비해석적인 개입에 포함된 치료적 요소를 강조하는 사람도 있다.

한때 하이데거의 제자였던 로왈드(1980)는 "영구불변한 것으로 받아들여질 수 있는 정신분석적인 이해란 없다고 본다"(p. 381)고 말했다. 로왈드는 이해가 해석을 통해 환자에게 전달된다는 고전적인 견해를 따르고 있으나, 분석가가 이해할 수 있도록 환자 또한 마음을 열고 자신을 내어 주어야 한다고 말한다. 그는 "이해란 일종의 상호적 참여행위인 것 같다. 특수한 형식의 정신적 만남인 것이다"(p. 382)라고 결론짓는다.

슈와버(1983)가 지적했듯이 아래와 같은 이유 때문에 문제는 훨씬 복잡해진다.

> 가장 어려운 도전이 되는 것은, 환자에 관한 임상 자료에서 분석가와 관련된 사항을 발견하는 일이다. 대개 환자의 자료는 이미 역동적인 방식으로 기술되어 있기 때문에 독자는 분석가가 무엇을 말했고 무엇을 말하지 않았는지 알 수 없다(p. 381).

심지어 우리가 상세한 진료기록을 갖고 있고, 이러한 기록이 정신분석치료 자체에 큰 영향을 미치지 않는다고 가정할 수 있다 하더라도, 비해석적인 개입들에 관한 직접적인 자료는 여전히 얻을 수가 없다. 바로 이 점이 비해석적 개입을 어떻게 평가할 것인지에 관한 문제를 어렵게 만든다.

맺는말

이미 외상을 입은 환자에게 가해지는 위협들은 종종 공황상태나 충동적 자기파괴 행위를 불러올 수 있고, 이러한 행위가 핵심자기의 분열이라는 최악의 정신적 재난을 피하기 위해 행해진다는 것은 임상적으로 널리 알려진 사실이다. 전오이디푸스기 환자들의 정신치료는, 원초적 자기대상에 대한 실망과 유년기에 자기대상들에게 받은 학대를 공감적으로 이해해 주는 것을 바탕으로 할 때 자기분열과 자기파괴라는 재앙을 면하게 할 수 있다.

코헛(1978)은 보다 보편적인 차원에서 볼 때 전세계적으로 만연해 있는 공격성과 인류의 자기파괴성에서 오는 위협을 줄이려면 인간 내면에 있는 생명력을 응집시키고 육성시키고 확대해야 한다고 주장한다. 개인과 가정과 국가가 공감적인 이해를 통해 서로 연대해야 한다는 그의 소망에는, 개인의 내적 생명력이 확대되고 사회의 미적, 문화적 잠재력이 고양되고 발전하는 모습을 그리는 그의 꿈이 담겨 있다.

이러한 코헛의 비전은 세련된 19세기 영국 문인들의 전통과도 연결된다.

이러한 비전을 가장 탁월하게 표현한 것은 아마도 매튜 아놀드(1869)의 에세이 「문화와 무정부Culture and Anarchy」일 것이다. 우리는 코헛과 더불어 멀게는 세련되고 합리적이고 관용적이고 공감적인 영국 고전에 나오는 인간형까지도 모두 포괄하는 커다란 원을 그리게 된다. 영국 고전에 등장하는 인물들이 바라는 것은, "인류의 보다 충만하고 조화된 발전, 고루한 관념들을 넘어선 자유로운 사고의 유희, 의식의 자발성, 다정함, 광명 등이다"(p. 191). 아놀드는 바로 이것이 "우리시대의 병든 영혼에게 처방해야 할 영원한 진리들"이라고 생각했다.

리처드 체식의 저서들

1. 정신치료는 어떻게 치유하는가?
   How Psychotherapy Heals

2. 왜 정신치료자들이 실패하는가?
   Why Psychotherapists Fail

3. 집중정신치료의 기술과 실천
   Technique and Practice of Intensive Psychotherapy

4. 죽음의 고통: 어느 20세기 인간의 일기
   Agony: Diary of a Twentieth Century Man

5. 정신치료의 위대한 사상들
   Great ideas in Psychotherapy

6. 경계성 환자에 대한 집중정신치료
   Intensive Psychotherapy of the Borderline Patient

7. 프로이트가 가르치는 정신치료
   Freud Teaches Psychotherapy

8. 니체라는 천재
   A Brief Introduction to the Genius of Nietzsche

9. 집중정신치료에서의 듣기 기술과 실천(범죄형 인격)
   Technique and Practice of Listening in Intensive Psychotherapy : Criminal Personality

10. 정신치료에서 환자는 누구인가: 인간이해의 대안적 방법들
    What Constitutes the Patient in Psychotherapy: Alternative approaches to understanding humans

11. 치료자를 위한 사전: 정신치료의 역동적 개념들
    A Dictionary for Psychotherapists: Dynamic Concepts in Psychotherapy

12. 정서장애와 창조성: 정신분석 및 현상학적 고찰
    Emotional Illness and Creativity: A Psychoanalytic and phenomenologic study

13. 정신분석의 미래
    The Future of Psychoanalysis

REFERENCES

Abend, S., Porder, M., and Willick, M. (1983). *Borderline Patients: Psychoanalytic Perspectives.* New York: International Universities Press

Abraham, K. (1919). A particular form of neurotic resistance against the psychoanalytic method. In *Selected Papers on Psychoanalysis.* London: Hogarth Press, 1949

Adler, G. (1981). The Borderline-narcissistic personality disorder continuum. *American Journal of Psychiatry* 138:1-50.

Aichorn, A. (1955). *Wayward Youth.* New York: Meridian Books

Akhtar, S., and Thomson, J. (1982). Overview: Narcissistic personality disorder. *Americn Journal of Psychiatry* 139:1-20.

Alexander, F. (1950) *Psychosomatic Medicine.* New York: Norton.

Amis, M. (1985). *Money: A Suicide Note.* New York: Viking.

Appels, A., Pool, J., and van der Does, E. (1979). Psychological prodromata of myocardial infarction. *Journal of Psychosomatic Research* 23: 405-421.

Arlow, J., and Brenner, C. (1984) *Psychoanalytic Concepts and the Structural Theory.* New York: International Universities Press.

Arnold, M. (1869) *Culture and Anarchy,* ed. R. Super. Ann Arbor: University of Michigan Press, 1980

Bach, S. (1975). Narcissism, continuity and the uncanny. *International Journal of Psycho-Analysis* 56:77-86.

________ (1977). On the narcissistic state of consciousness. *International Journal of Psycho-Analysis* 58:209-233.

________ (1977a). On narcissistic fantasies. *International Review of Psycho-Analysis* 4:281-293.

Bak, R. (1973). Being in love and object loss. *International Journal of Psycho-Analysis* 54:1-8.

Balint, M. (1953). *Primary love and Psycho-Analytic Technique.* New York: Liveright

________ (1968). *The Basic Fault: Therapeutic Aspects of Regression.* London:Tavistock.

Barnes, H. (1980-1981). Sartre's concept of the self. *Review of Existential Psychology and Psychiatry* 17:41-66.

Basch, M. (1980) *Doing Psychotherapy.* New York: Basic Books.

________ (1981). Selfobject disorders and psychoanalytic theory: A historical perspective. *Journal of the American Psychoanalytic Association* 29:337-351.

________ (1983). Empathic understanding: A review of the concept and some theoretical considerations. *Journal of the American Psychoanalytic Association* 31:101-126.

Bettelheim, B. (1982). *Freud and Man's Soul.* New York: Knopf.

Bick, E. (1968). The experience of the skin in early object-relations. *International Journal of Psycho-Analysis* 49:484-486.

Bion, W. (1963). *Elements of Psycho-Anaylsis.* New York: Basic Books.

________ (1967). *Second Thoughts: Selected Papers on Psycho-Analysis.* London: Heinemann.

Blanck, G., and Blanck, R., (1973). *Ego Psychology.* New York: Columbia University Press.

________ (1979). *Ego Psychology,* vol. II. New York: Columbia University Press.

Bornstein, M. (1984). Commentaries on Merton Gills's *Analysis of Transference. Psychoanalytic Inquiry* 4:391-392, 446.

Breu, G. (1979). Medics: Heinz Kohut. *People Weekly* 11:60-63.

Breuer, J., and Freud, S. (1893-1895). Studies on Hysteria. *Standard Edition* 2:1-305.

Broad, C. (1978). *Kant: An Introduction.* Cambridge: Cambridge University Press.

Brown, L., and Hausman, A. (1981). Intentionality and the unconscious: A comparison of Sartre and Freud. In *The Philosophy of Jean-Paul Sartre,* ed. P. Schilpp. La Salle, Ill.: Open Court.

Bruch, H. (1973). *Eating Disorders.* New York: Basic Books.
________ (1974). Learning Psychotherapy. Cambridge: Harvard University Press.
________ (1975). Anorexia nervosa. In American Handbook of Psychiatry, 2nd ed., vol. IV, ed. S. Arieti. New York: Basic Books.
________ (1979). The Golden Cage. New York: Vintage Books
________ (1982). Anorexia nervosa: Therapy and theory. American Journal of Psychiatry 139:1531-1538.
Buie, D. (1981). Empathy: Its nature and limitations. *Journal of the American Psychoanalytic Association* 29:281-308.
Butler, C. (1984). Commentary. In *Hegel: The Letters,* trans. C. Butler and C. Seiler.Bloomington: Indiana University Press.

Calder, K. (1980). An analyst's self-analysis. *Journal of the American Psychoanalytic Association* 28:5-20.
Calef, V., and Weinshel, E. (1979). The new psychoanalysis and psychoanalytic revisionism. *Psychoanalytic Quarterly* 48:470-491.
Cannon, W. (1953). Bodily Change in Pain, Hunger, Fear and Rage. Boston: Branford.
Cantwell, D., Sturzenberger, S., Burroughs, J., Salkin, B., and Breen, J. (1977). Anorexia nervosa: An affective disorder. *Archives of General Psychiatry* 34:1087-1096.
Carruthers, M. (1974). *The Western Way of Death.* New York: Pantheon Books.
Casper, R. (1983). On the emergence of bulimia nervosa as a syndrome. *International Journal of Eating Disorders* 2:3-16.
________ , **and Davis, J.** (1977). On the course of anorexia nervosa. *American Journal of Psychiatry* 134:974-978.
________ , **Halmi, K., Goldberg, S., Eckart, E., and Davis, J.** (1979). Disturbances in body image estimation as related to other characteristics and outcome in anorexia nervosa. *British Journal of Psychiatry* 134:60-66.
________ , **Offer, D., and Ostrov, J.** (1981). The self-image of adolescents with acute anorexia nervosa. *Journal of pediatrics* 98:656-661.
Cassimatis, E. (1984). The "false self" : Existential and therapeutic issues. *International Review of Psychoanalysis* 11:69-77
Chessick, R. (1960). The "pharmacogenic orgasm" in the drug addict. *Archives of General Psychiatry* 3:545-556.
________ (1965). Empathy and love in psychotherapy. *American Journal of Psychotherapy* 19:205-219.
________ (1966). Office Psychotherapy of borderline patients. *American Journal of Psychotherapy* 20:600-614.
________ (1968). The "Crucial dilemma" of the therapist in the psychotherapy of borderline patients. *American Journal of Psychotherapy* 22:655-666.
________ (1969). *How Psychotherapy Heals.* New York: Science House.
________ (1971). *Why Psychotherapists fail.* New York: Science House.
________ (1971a). The use of the couch in psychotherapy of borderline patients. *Archives of General Psychiatry* 26:306-313.
________ (1972). The development of angiospastic retinopathy during the intensive psychotherapy of a borderline patient. *Archives of General Psychiatry* 27:241-244.
________ (1972a). Externalization and existential anguish. *Archives of General Psychiatry* 27:764-770.
________ (1973). Contributions to ego psychology from the treatment of borderline patients. *Medikon* 2:20-21.
________ (1974). *The Technique and Practice of Intensive Psychotherapy.* New York: Jason Aronson.
________ (1974a). Defective ego feeling and the quest for Being in the borderline patient. *International Journal of Psychoanalytic Psychotherapy* 3:73-89.
________ (1974b). The Borderline patient. In *American Handbook of Psychiatry,* 2nd ed., vol. 3, ed. S. Arieti. New York: Basic Books.

________ (1976). *Agonie: Diary of Twentieth Century Man.* Ghent, Belgium: European Press.
________ (1977). *Intensive Psychotherapy of the Borderline Patient.* New York: Jason Aronson.
________ (1977a). *Great Ideas in Psychotherapy.* New York: Jason Aronson.
________ (1978). Countertransference crises with borderline patients. *Current Concepts in Psychiatry* 4:20-24.
________ (1979). A practical approach to the psychotherapy of the borderline patient. *American Journal of Psychotherapy* 33:531-546.
________ (1980). *Freud Teaches Psychotherapy.* Indianapolis: Hackett.
________ (1980a). The problematical self in Kant and Kohut. *Psychoanalytic Quarterly* 49:456-473.
________ (1980b). Some philosophical assumptions of intensive psychotherapy. *American Journal of Psychotherapy* 34:496-509.
________ (1982). Intensive psychotherapy of a borderline patient. *Archives of General Psychiatry* 39:413-422.
________ (1982a). Psychoanalytic listening: With special reference to the views of Langs. *Contemporary Psychoanalysis* 18:613-634.
________ (1983). *A Brief Introduction to the Genius of Nietzsche.* Washington, D.C.: University Press of America.
________ (1983a). Problems in the intensive psychotherapy of the borderline patient. *Dynamic Psychotherapy* 1:20-32.
________ (1983b). Marilyn Monroe: Psychoanalytic pathography of a preoedipal disorder. *Dynamic Psychotherapy* 1:161-176.
________ (1983c). The Ring: Richard Wagner's dream of preoedipal destruction. *American Journal of Psychoanalysis* 43:361-374.
________ (1984). Sartre and Freud. *American Journal of Psychotherapy* 38:229-238.
________ (1984a). Was Freud wrong about feminine psychology? *American Journal of Psychoanalysis* 44:355-368.
________ (1984b). A failure in psychoanalytic psychotherapy of a schizophrenic patient. *Dynamic Psychotherapy* 2:136-156.
________ (1984c). Matthew Arnold, the death instinct, and the future of man. *Cogito* 2:31-48.
________ (1985). Prolegomena to the study of Paul Ricoeur's "Freud and Philosophy" In press.
________ (1985a). The search for the authentic self in Bergson and Proust. *Psychoanalytic Perspectives in Litterature and Film,* eds. J. Reppen and M. Charney. Madison, N.J.: Farleigh Dickinson University Press.
________ (1985b). Clinical notes towards the understanding and intensive psychotherapy of adult eating disorders. *Annual of Psychoanalysis* 13:301-322.
________ (1985c). Psychoanalytic listening II. *American Journal of Psychotherapy* 39:30-48.
________ (1986). Transference and countertransference revisited. *Dynamic Psychotherapy.* In press.
________ (1986a). Heidegger for psychotherapists. *American Journal of Psychotherapy.* In press.
________ (1986b). Kohut and the contemporary continental tradition: A comparison of Kohut with Lacan and Foucault. *Dynamic Psychotherapy: Theoretical and Clinical Contributions,* ed. P. Buirski. New York: Brunner/Mazel. In press.
________**, and Bassan, M.** (1968). Experimental approaches to the concept of empathy in psychotherapy. In *An Evaluation of the Results of Psychotherapy,* ed. S. Lesse. Springfield, Ill.: Charles C Thomas. Clement, C. (1983). *The Lives and Legends of Jacques Lacan,* trans. A. Goldhammer, New York: Columbia University Press.
Clements, C. (1982). Misusing psychiatric models: The culture of narcissism. *Psychoanalytic Review* 69:283-295.
Collier, A. (1977). *R. D. Laing: The Philosophy and Politics of Psychotherapy.* Hassocks, England: Harvester Press.
Crease, R., and Mann, C. (1984). How the universe works. *Atlantic Monthly,* 254:66-93.
Crews, F. (1980). Analysis terminable. *Commentary* 70:25-34.

Dally, P. (1969). *Anorexia Nervosa.* New York: Grune & Stratton.

Darwin, C. (1965). *The Expression of Emotion in Man and Animals.* Chicago: University of Chicago Press.
Davis, G. (1976). Depression: Some updated thoughts. *Journal of the Academy of Psychoanalysis* 4:411-424.
De Beauvoir, S. (1984). *Adieux: A Farewell to Sartre.* New York: Pantheon Books.
Dembroski, T., MacDougall, J., Williams, R., Haney, T., and Blumenthal, J. (1985).Components of Type A, hostility, and anger-in: Relationship to angiographic findings. *Psychosomatic Medicine* 47:219-233.
De Wald, P. (1964). Psychotherapy. New York: Basic Books.
Dorpat, T. (1974). Internalization of the patient-analyst relationship in patients with narcissistic disorders. *International Journal of Psycho-Analysis* 55:183-188.
Dreyfus, H., and Rabinow, P. (1982). *Michel Foucault: Beyond Structuralism and Hermeneutics.* Chicago: University of Chicago Press.
Dryud, J. (1984). Sartre and psychoanalysis: What can we learn from a lover's quarrel?. *Contemporary Psychoanalysis* 20:230-244.

Eagle, M. (1984). *Recent Developments in Psychoanalysis.* New York: McGraw-Hill.
Edel, L. (1969). *Henry James: The Treacherous Years:* 1895-1901. Philadelphia: Lippincott.
Edelson, M. (1984). *Hypothesis and Evidence in Psychoanalysis.* Chicago: University of Chicago Press.
Eissler, K. (1953). The effect of the structure of th ego on psychoanalytic technique.*Journal of the American Psychoanalytic Association* 1:104-143.
________ (1971). Death Drive, ambivalence, and narcissism. *Psychoanalytic Study of the Child* 26:25-78.
________ (1975). The fall of man. *Psychoanalytic Study of the Child* 30:589-646.
Ellenberger, H. (1970). *The Discovery of the Unconscious: The History and Evaluation of Dynamic Psychiatry.* New York: Basic Books.
Ellis, H. (1898). Auto-erotism: A psychological study. *Alienist and Neurologist* 19:260-299.
Ewing, A. (1967). *A Short Commentary on Kant's "Critique of Pure Reason."* Chicago: University of Chicago Press.

Fairbairn, W. (1963). Synopsis of an object-relations theory of the personality. *International Journal of Psycho-Analysis* 44:224-225.
Fairlie, H. (1977). Sloth or acedia. *New Republic,* October 29, 1977, pp.20-33.
Federn, P. (1947). Principles of psychotherapy in latent schizophrenia. *American Journal of Psychotherapy* 2:129-147.
Fenichel, O. (1945). *The Psychoanalytic Theory of Neurosis.* New York: Norton.
Ferenczi, S. (1955). *Selected Papers. Volume Ⅲ: Final Contributions to the Problems and Methods of Psychoanalysis.* New York: Basic Books.
Ferguson, M. (1981). Progress and theory change: The two analyses of Mr.Z. *Annual of Psychoanalysis* 9:133-160.
Finlay-Jones, R. (1983). Disgust with life in general. *Australian New Zealand Journal of Psychiatry* 17:149-162.
Fliess, R. (1942). The metapsychology of the analyst. *Psychoanalytic Quarterly* 2:211-227.
Foucault, M. (1972). *The Archaeology of Knowledge,* trans. A. Smith. New York: Pantheon Books.
________ (1973). *Madness and Civilization,* trans. A. Smith. New York: Vintage.
________ (1973a). *The Order of Things.* New York: Vintage.
________ (1980). *Power/Knowledge: Selected Interviews and Other Writings,* ed. C. Gordon. New York: Pantheon Books.
________ (1980a). *The History of Sexuality,* vol. I, trans. R. Hurley. New York: Vintage.
Fox, R. (1984). The principle of abstinence reconsidered. *International Review of Psychoanalysis* 11:227-236.
French, T., and Fromm, E. (1964). *Dream Interpretation.* New York: Basic Books.
Freud, A. (1971). Difficulties in the path of psychoanalysis: A confrontation of past with present viewpoints. In *The Writings of Anna Freud,* vol. VII. New York: International Universities Press.

Freud, S. (1905). Three essays on theory of sexuality. Standard Edition 7:125-248.
________ (1905a). Fragment of an analysis of a case of hysteria. *Standard Edition* 7:3-124.
________ (1911). Psycho-analytic notes on an autobiographical account of a case of paranoia (dementia paranoides). *Standard Edition* 12:3-84.
________ (1912). Recommendations to physicians practicing psycho-analysis. *Standard Edition* 12:109-120.
________ (1914). On narcissism: An introduction. *Standard Edition* 14:67-104.
________ (1914a). On the history of the psycho-analytic movement. *Standard Edition* 14:1-66.
________ (1917). Mourning and melancholia. *Standard Edition* 14:237-258.
________ (1920). Beyond the pleasure principle. *Standard Edition* 18:3-66.
________ (1921). Group psychology and the analysis of the ego. *Standard Edition* 18:67-144.
________ (1923). The ego and the id. *Standard Edition* 19:3-68.
________ (1926). Inhibitions, symptoms and anxiety. *Standard Edition* 20:77-178.
________ (1930). Civilization and its discontents. *Standard Edition* 21:59-148.
________ (1933). New introductory lectures on psychoanalysis. *Standard Edition* 22:3-184.
________ (1937). Analysis terminable and interminable. *Standard Edition* 23:209-254.
________ (1940). Splitting of the ego in the process of defense. *Standard Edition* 23:273-278.
________ (1940a). An outline of psycho-analysis. *Standard Edition* 23:141-208.
Friedman, E., and Hellerstein, H. (1973). Influence of psychosocial factors on coronary risk and adaptation to a physical fitness evaluation program. In *Excercise Testing and Experience Training in Coronary Heart Disease,* ed. J. Naughton and H. Hellerstein. New York: Academic Press.
Friedman, L. (1978). Trends in the psychoanalytic theory of treatment. Psychoanalytic Quarterly 47:524-567.
________ (1980). Kohut: A book review essay. *Psychoanalytic Quarterly* 49:393-422.
Friedman, M. (1969). *Pathogenesis of Coronary Artery Disease.* New York: McGraw-Hill.
________, and **Rosenman, R.** (1974). *Type-A Behavior and Your Heart.* New York:Knopf.
________, and **Ulmer,**U. (1984). *Treating Type-A Behavior and Your Heart.* New York: Knopf.
Fromm-Reichmann, F. (1950). *Principles of Intensive Psychotherapy.* Chicago: University of Chicago Press.
Frosch, J. (1977). The relation between acting out and disorders of impulse control. *Psychiatry* 40:295-314.

Garner, D., Garfinkel, P., Stancer, H., and Moldofsky, H. (1976). Body image disturbances in anorexia nervosa and obesity. *Psychosomatic Medicine* 38:327-336.
Gediman, H. (1975). Reflection on romanticism, narcissism, and creativity. *Journal of the American Psychoanalytic Association* 23:407-423.
Gedo, J. (1977). Notes on the psychoanalytic management of archaic transferences. *Journal of the American Psychoanalytic Association* 25:787-803.
________ (1979). Theories of object relations: A metapsychological assessment. *Journal of the American Psychoanalytic Association* 27:361-374.
________ (1980). Reflections on some current controversies in psychoanalysis. *Journal of the American Psychoanalytic Association* 28:363-384.
________ (1984). *Psychoanalysis And Its Discontents.* New York: Guilford press.
________, and **Goldberg, A.** (1973). *Models of the Mind: A Psychoanalytic Theory.* Chicago: University of Chicago Press.
Gill, M. (1982). *Analysis of Transference,* vol. I. New York: International Universities Press.
Giovacchini, P. (1977). A critique of Kohut's theory of narcissism. *Adolescent Psychiatry* 5:213-239.
________ (1978). Discussion in symposium on Kohut's "Restoration of the Self." *Psychoanalytic Review* 65:617-620.
________ (1979). *Treatment of Primitive Mental Sates.* New York: Jason Aronson.
________ (1982). *A Clinician's Guide to Reading Freud.* New York: Jason Aronson.

Gitelson, M. (1952). The emotional position of the analyst in the psychoanalytic situation. *International Journal of Psycho-Analysis* 33:1-10.
Glenn, J. (1984). Review of "Practice And Precept In Psychoanalytic Technique: Selected Papers of Rudolph M. Loewenstein." *Psychoanalytic Quarterly* 53:315-322.
Glover, E. (1956). *On the Early Development of Mind,* New York: International Universities Press.
Goethe, J. von (1974). *The Suffering of Young Werther,* trans. B. Morgan. New York: Ungar, 1954.
Goldberg, A. (1975). The evolution of psychoanalytic concepts of depression. In *Depression and Human Existence,* ed. E. Anthony and T. Benedek. Boston: Little, Brown.
________ (1976). A discussion of the paper by C. Hanly and J. Masson. *International Journal of Psycho-Analysis* 57:67-70.
________ (ed.)(1978). *The Psychology of the Self: A Casebook.* New York: International Universities Press.
________ (ed.)(1980). *Advances in Self Psychology.* New York: International Universities Press.
________ (1980a). Letter to the editor. I*nternational Journal of Psycho-Analysis* 61:91-92.
________ (1982). Obituary: Heinz Kohut. *International Journal of Psycho-Analysis* 63:257-258.
________ (ed.)(1983). *The Future of Psychoanalysis.* New York: International Universities Press.
________ (1983a). On the scientific status of empathy. *Annual of Psychoanalysis* 11:155-159.
Goldberg, D. (1985). Panel: On the concept "object" in psychoanalysis. Journal of the *American Psychoanalytic Association* 33:167-186.
Goodsitt, A. (1985). Self psychology and the treatment of anorexia nervosa. In *Handbook of Psychotherapy for Anorexia Nervosa and Bulemia,* ed. D. Garner and P. Garfinkel. New York: Guilford Press.
Graves, R. (1955). *The Greek Myths,* vol. I. Baltimore: Penguin.
Greenberg, J., and Mitchell, S. (1983). *Object Relations in Psychoanalytic Theory.* Cambridge: Harvard University Press.
Greene, M. (1984) The self psychology of Heinz Kohut. *Bulletin of the Menninger Clinic* 48:37-53
Greenson, R. (1960). Empathy and its vicissitudes. *International Journal of Psychoanalysis* 41:418-424.
Grinker, R., and Werble, B. (1975). *The Borderline Patient.* New York: Jason Aronson.
Grënbaum, A. (1983). Freud's theory: the perspective of a philosopher of science. *Proceedings of the American Philosophical Association* 57:5-31
________ (1984). *The Foundations of Psychoanalysis.* Berkeley: University of California Press.
Gunther, M. (1976). The endangered self: A contribution to the understanding of narcissistic determinants of countertransference. *Annual of Psychoanalysis* 4:201-224.
Guntrip, H. (1974). Psychoanalytic object relations theory: The Fairbairn-Guntrip approach. In *American Handbook of Psychiatry,* 2nd ed., vol.1, ed. S. Arieti. New York: Basic Books.
________ (1975). My experience of analysis with Fairbairn and Winnicott.*International Review of Psychoanalysis* 2:145-156.

Hamberger, W. (1951). Emotional aspects of obesity. *Medical Clinics of North America* 35:483-499.
Hanly, C. (1979). *Existentialism and Psychoanalysis.* New York: International Universities Press.
________, and **Masson, J.** (1976). A critical examination of the new narcissism. *International Journal of Psycho-Analysis* 57:49-66.
Hartmann, H. (1927). Understanding and explanation. In *Essay on Ego Psychology.* New York: International Universities Press, 1964.
________ (1950). Comments on the psychoanalytic theory of the ego. *In Essays on Ego Psychology.* New York: International Universities Press, 1964.
Heimann, H. (1966). Comment on Dr. Kernberg's paper. *International Journal of Psycho-Analysis* 47:254-260.
Hoffman, N. (1984). Meyer Friedman: Type A behavior cardiovascular research continues. *Journal of the American Medical Association* 252:1385-1393.

Holzman, P. (1976). The future of psychoanalysis and its institutes. *Psychoanalytic Quarterly* 45:250-273.
Hunter, P. (1977). Sartre's existential humanism and Freud's existential naturalism. *Psychoanalytic Review* 64:289-298.
Hurst, J., Logue, R., Schlant, R., and Wenger, N., eds. (1974). The Heart: *Arteries and Veins.* New York: McGraw-Hill.
Husserl, E. (1913). *Ideas: General Introduction to Pure Phenomenology,* trans. W. Gibson. New York: Macmillan, 1952.

Imber, R. (1984). Reflections on Kohut and Sullivan. *Contemporary Psychoanalysis* 20:363-380.
Ingram, D. (1976). Psychoanalytic treatment of the obese person. *American Journal of Psychoanalysis* 36:227-235.
Innorato, A. (1977). *The Transfiguration of Benno Blimpie.* London: T.Q. Publications.

Jacobson, E. (1964). *The Self and the Object World.* New York: International Universities Press.
James, M. (1973). Review of *The Analysis of the Self. International Journal of Psycho-Analysis* 54:363-368.
Janik, A., and Toulmin, S. (1973). *Wittgenstein's Vienna.* New York: Simon and Schuster.
Jaspers, K. (1972). *General Psychopathology.* Chicago: University of Chicago Press.
Jenkins, C. (1971). Psychological and social precursors of coronary disease. *New England Journal of Medicine* 28:244-255, 307-317.
________ (1976). Recent evidence supporting psychological and social risk factors for coronary disease. *New England Journal of Medicine* 294:987-994, 1033-1038.
Jones, E. (1955). *The Life and Work of Sigmund Freud,* ,vol. 2. New York: Basic Books.
Joseph, E., and Wallerstein, R., eds. (1982). Psychotherapy: *Impact on Psychoanalytic Training.* New York: International Universities Press.
Jung, C. (1933). *Modern Man in Search of a Soul.* New York: Harcourt Brace.

Kainer, R. (1984). From "evenly hovering attention" to "vicarious introspection": Issues of listening in Freud and Kohut. *American Journal of Psychoanalysis* 44:103-114.
Kant, E. (1781). *Critique of Pure Reason,* trans. N. Smith. New York: St. Martin's Press, 1965.
Kaplan, H., Freedman, A., and Sadock, B. (1980). *Comprehensive Textbook of Psychiatry,* 3rd ed. Baltimore: Williams and Wilkins.
Katz, R. (1963). *Empathy, Its Nature and Uses.* New York: Glencoe Free Press.
Kaufman, W. (1980). *Discovering the Mind.* New York: McGraw-Hill.
Kernberg, O. (1972). Critique of the Kleinian school. In *Tactics and Techniques in Psychoanalytic Therapy,* ed. P. Giovacchini. New York: Science House.
________ (1974). Contrasting viewpoints regarding the nature and psychoanalytic treatment of narcissistic personalities: a preliminary communication. *Journal of the American Psychoanalytic Association* 22:255-267.
________ (1974a). Further contributions to the treatment of narcissistic personalities. *International Journal of Psycho-Analysis* 55:215-240.
________ (1975). *Borderline Conditions and Pathological Narcissism.* New York: Jason Aronson.
________ (1975a). Further contributions to the treatment of narcissistic personalities: A reply to the discussion by Paul H. Ornstein. *International Journal of Psycho-Analysis* 56:245-248.
________ (1976). *Object relations theory and Clinical Psychoanalysis.* New York: Jason Aronson.
________ (1980). *Internal World and External Reality.* New York: Jason Aronson.
________ (1980a). Melanie Klein. In *Comprehensive Textbook of Psychiatry,* 3rd ed., ed. H. Kaplan, A. Freedman, and B. Sadock. Baltimore: Williams and Wilkins.
________ (1982). Self, ego, affects and drives. *Journal of the American Psychoanalytic Association* 30:893-917.

________ (1982a). Review of Advances In Self Psychology. *American Journal of Psychiatry* 139:374-375.
Kierkegaard, S. (1859). *The Point of View for My Work as an Author: A Report to History,* trans. W. Lowrie. New York: Harper and Row, 1962.
Klein, M. (1975). *Envy and Gratitude and Other Works* 1946-1963. New York: Delta.
Klein, M., and Tribich, D. (1981). Kernberg's object-relations theory: A critical evaluation. *International Journal of Psycho-Analysis* 62:27-43.
Kleist, H. (1976). *The Marquise of O* - and Other Stories, trans. M. Greenberg. New York: Ungar.
Kohut, H. (1966). Forms and transformations of narcissism. *Journal of the American Psychoanalytic Association* 14:243-272.
________ (1968). The psychoanalytic treatment of narcissistic personality disorders. *Psychoanalytic Study of the Child* 23:86-113.
________ (1971). *The Analysis of the Self.* New York: International Universities Press.
________ (1977). *The Restoration of the Self.* New York: International Universities Press.
________ (1978). *The Search for the Self,* ed., P. Ornstein. New York: International Universities Press.
________ (1979). The two analysis of Mr. Z. *International Journal of Psycho-Analysis* 60:3-27.
________ (1982). Introspection, empathy, and the semi-circle of mental health *International Journal of Psycho-Analysis* 63:395-407.
________ (1984). *How Does Analysis Cure?* Chicago: University of Chicago Press.
________, and **Wolf, E.** (1978). The disorders of the self and their treatment: An outline. *International Journal of Psycho-Analysis* 59:413-425.
Kolb, L., and Brodie, H. (1970). *Modern Clinical Psychiatry.* Philadelphia: Saunders.
Krystal, H. (1982). Adolescent and the tendencies to develop substance dependence. *Psychoanalytic Inquiry* 2:581-618.
________, and Raskin, H. (1970). *Drug Dependence: Aspects of Ego Function.* Detroit: Wayne State University Press.
Kuhn, T. (1962). *The Structure of Scientific Revolutions.* Chicago: University of Chicago Press.
________ (1977). *The Essential Tension: Selected Studies in Scientific Tradition and Change.* Chicago: University of Chicago Press.

Lacan, J. (1968). *Speech and Language in Psychoanalysis.* trans. A. Wilden. Baltimore: Johns Hopkins University Press.
________ (1977). *Ecrits: A Selection,* trans. A. Sheridan. New York: Norton.
________ (1978). *The Four Fundamental Concepts of Psycho-Analysis,* trans. A.Sheridan. New York: Norton.
Laing, R. (1960). *The Divided Self.* New York: Pantheon Books.
Langs, R. (1981). *Resistances and Interventions.* New York: Jason Aronson.
________ (1982). *Psychotherapy:* A Basic Text. New York: Jason Aronson.
Lasch, C. (1978). *The Culture of Narcissism.* New York: Norton.
Leavy, S. (1980). *The Psychoanalytic Dialogue.* New Haven: Yale University Press.
Leider, R. (1983). Analytic neutrality: A historical review. *Psychoanalytic Inquiry* 3:655-674.
________ (1984). Panel Report on the neutrality of the analyst in the analytic situation. *Journal of the American Psychoanalytic Association* 32:573-586.
Lemaire, A. (1981). *Jacques Lacan.* London: Routledge and Kegan Paul.
Leon, G. (1982). Personality and behavioral correlates of obesity. In *Psychological Aspects of Obesity,* ed. B. Wolman. New York: Van Nostrand and Reinhold.
Levine, M. (1961). Principles of psychiatric treatment. In *The Impact of Freudian Psychiatry,* ed. F. Alexander and H. Ross. Chicago: University of Chicago Press.
Levy, S. (1985). Empathy and psychoanalytic technique. *Journal of the American Psychoanalytic Association* 33:353-378.

Lichtenberg, J. (1973). Review of *The Analysis of the Self. Bulletin of the Philadelphia Association of Psychoanalysis* 23:58-66.
________ (1978). Is there a line of development of narcissism? *International Review of Psychoanalysis* 5:435-447.
________, and Kaplan, S., eds. (1983). *Reflections on Self Psychology.* Hillsdale, N.J.: Analytic Press.
________, Bornstein, M., and Silver, D. (1984). *Empathy,* vol. I. Hillsdale, N.J.: Analytic Press.
________, Bornstein, M., and Silver, D. (1984a). *Empathy,* vol. II. Hillsdale, N.J.: Analytic Press.
Lipton, S. (1977). The advantages of Freud's technique as shown in his analysis of the Rat Man. *International Journal of Psycho-Analysis* 58:255-273.
________ (1979). An addendum to "The advantages of Freud's technique as shown in his analysis of the Rat Man." *International Journal of Psycho-Analysis* 60:215-216.
Little, M. (1981). *Transference Neurosis and Transference Psychosis.* New York: Jason Aronson.
Loewald, H. (1962). Internalization, separation, mourning, and the super-ego. *Psychoanalytic Quarterly* 31:483-504.
________ (1873). Review of *The Analysis of the Self. Psychoanalytic Quarterly* 42:441-451.
________ (1980). *Papers on Psychoanalysis.* New Haven: Yale University Press.
Loewenstein, R., Newman, L., Schur, M., and Solnit, A., eds. (1966). *Psychoanalysis-A General Psychology.* New York: International Universities Press.
London, N. (1985). An appraisal of self psychology. *International Journal of Psycho-Analysis* 66:95-108.

Maass, J. (1983). *Kleist: A Biography.* trans. A. Manheim. New York: Farrar, Straus and Giroux.
Maccoby, M. (1976). *The Gamesman: The New Corporate Leader.* New York: Simon and Schuster.
Mahler, M., Pine, F., and Bergman, A. (1975). *The Psychological Birth of the Human Infant.* New York: Basic Books.
Malcolm, J. (1981). *Psychoanalysis: The Impossible Profession.* New York: Knopf.
Masson, J. ed. (1985). *The Complete Letters of Sigmund Freud to Wilhelm Fliess:* 1877-1904. Cambridge, MA: Harvard University Press.
Masterson, J. (1976). *Psychotherapy of the Borderline Adult: A Developmental Approach.* New York: Brunner/Mazel.
Mead, G. (1962). *Mind, Self, and Society.* Chicago: University of Chicago Press.
Meissner, W. (1978). Notes on some conceptual aspects of borderline personality organization. *International Review of Psychoanalysis* 5:297-311.
________ (1978a). Theoretical assumptions of concepts of the borderline personality. *Journal of the American Psychoanalytic Association* 26:559-598.
________ (1978b). *The Paranoid Process.* New York: Jason Aronson.
________ (1980). Classical Psychoanalysis. In *Comprehensive Textbook of Psychiatry,* 3rd ed., ed. H. Kaplan, A. Freedman, and B. Sadock. Baltimore: Williams and Wilkins.
________ (1980a). The problem of internalization and structure formation. *International Journal of Psycho-Analysis* 61:237-248.
________ (1984). *The Borderline Spectrum.* New York: Jason Aronson.
Menninger, R. (1958). *Theory of Psychoanalytic Technique.* New York: Basic Books.
Meyers, S. (1981). Panel on the bipolar self. *Journal of the American Psychoanalytic Association* 29:143-160.
Mischel, T. (1977). *The Self: Psychological and Philosophical Issues.* Oxford: Blackwell.
Mitchell, S. (1981). Heinz Kohut's theory of narcissism. *American Journal of Psychoanalysis* 41:317-326.
________ (1984). The problem of the will. *Contemporary Psychoanalysis* 20:257-265.
Modell, A. (1963). Primitive object relations and the predisposition to schizophrenia. *International Journal of Psycho-Analysis* 44:282-292.

________ (1968). *Object Love and Reality.* New York: International Universities Press.
________ (1976). The holding environment and the therapeutic action of psychoanalysis. *Journal of the American Psychoanalytic Association* 24:255-307.
Moldofsky, H. (1984). Clinical Research at the interface of medicine and psychiatry. In *Psychiatry Update,* vol. III, ed. L. Grinspoon. Washington, D.C.: American Psychiatric Press.
Money-Kryle, R. (1974). The Kleinian school. In *American Handbook of Psychiatry,* 2nd ed., vol. I, ed. S. Arieti. New York: Basic Books.
Mongomery, P. (1981). Obituary-Heinz Kohut. *New York Times,* October 10, 1981, p. 17
Moore, B., and Fine, D., eds. (1967). *A Glossary of Psychoanalytic Terms and Concepts.* New York: American Psychoanalytic Association.
Muller, J., and Richardson, W. (1982). *Lacan and Language: A Reader's Guide to Ecrits.* New York: International Universities Press.
Murdoch, I. (1980). *Sartre: Romantic Realist.* New York: Barnes and Nobel.
Murphy, W. (1973). Narcissistic problems in patients and therapists. *International Journal of Psychoanalytic Psychotherapy* 2:113-124.
Myerson, P. (1981). The nature of the transactions that occur in other than classical analysis. *International Review of Psychoanalysis* 8:173-189.

Nacht, S. (1962). The curative factors in psychoanalysis. *International Journal of Psychoanalysis* 43:206-211.

Odier, C. (1956). *Anxiety and Magic Thinking.* New York: International Universities Press.
Offenkrantz, W., and Tobin, A. (1974). Psychoanlytic Psychotherapy. *Archives of General Psychiatry* 30:593-606.
Ornstein, P. (1974). A discussion of the paper by Otto F. Kernberg on "Further contributions to the treatment of narcissistic personalities." *International Journal of Psychoanalysis* 55:241-247.
_________ (1981). The bipolar self in the psychoanalytic treatment process: Clinical-theoretical considerations. *Journal of the American Psychoanalytic Association* 29:353-376.
________, and Ornstein, A. (1980). Formulating interpretations in clinical psychoanalysis. *International Journal of Psychoanalysis* 61:203-212.
Ornston, D. (1985). Freud's conception is different from Strachey's. *Journal of the American Psychoanalytic Association* 33:379-412.
Ostow, M. (1979). Letter to the editor. *International Journal of Psycho-Analysis* 60:531-532.
Oxford (1970). *English Dictionary.* Oxford: Oxford University Press.

Palmer, R. (1969). *Hermeneutics: Interpretation Theory in Schleiermacher, Dilthey, Heidegger, and Gadamer.* Evanston, Ill. : Northwestern University Press.
Pao, P. (1983). Therapeutic empathy and the treatment of schizophrenics. *Psychoanalytic Quarterly* 3:145-167.
Patton, M., and Sullivan, J. (1980). Heinz Kohut and the classical psychoanalytic tradition: And analysis in terms of levels of explanation. *Psychoanalytic Review* 67:365-388.
Peterfreund, E. (1971). *Information, Systems, and Psychoanalysis: An Evolutionary Biological Approach to Psychoanalytic Theory.* New York: International Universities Press.
Pflanze, O. (1972). Toward a psychoanalytic interpretation of Bismark. *American Historical Review* 77:419-444.
Poland, W. (1974). On empathy in analytic practice. *Journal of the Philadelphia Association for Psychoanalysis* 1:284-297.
________ (1975). Tact as a psychoanalytic function. *International Journal of Psycho-Analysis* 56:155-162.
________ (1984). On the analyst's neutrality. *Journal of the American Psychoanalytic Association* 32:283-299.
Pope, H., Hudson, J., Jonas, J., and Yurgelun-Tood, D. (1983). Bulimia treated with imipramine.

American Journal of Psychiatry 140:554-558.
Powers, P. (1980). *Obesity: The Regulation of Weight.* Baltimore: Williams and Wilkins.
Proust, M. (1981). *Remembrance of Things Past,* trans. C. Moncreiff, R. Kilmartin, and A. Mayor. New York: Random House.
Pruyser, P. (1975). What splits in "splitting"? *Bulletin of the Menninger Clinic* 39:1-46.

Quinn, S. (1980). Oedipus vs. Narcissus. *New York Times Magazine November 9,* 1980, pp.120-131.

Rado, S. (1926). The psychic effects of intoxication. In *Psychoanalysis of Behavior: Collected Papers of Sandor Rado.* New York: Grune and Stratton, 1956.
Rangell, L. (1981). From insight to change. *Journal of the American Psychoanalytic Association* 29:119-142.

________ (1981a). Psychoanalysis and dynamic psychotherapy: Similarities and differences twenty-five years later. *Psychoanalytic Quarterly* 50:665-693.
________ (1985). The object in psychoanalytic theory. *Journal of the American Psychoanalytic Association* 33:301-334.
Reich, A. (1960). Pathological forms of self-esteem regulation. *Psychoanalytic Study of the Child* 15:215-232.
Reik, T. (1949). *Listening with the Third Ear.* New York: Farrar, Straus.
Richards, A. (1982). Panel Report on psychoanalytic theories of the self. *Journal of the American Psychoanalytic Association* 30:717-734.
________ (1982a). The supraordinate self in psychoanalytic theory and in the self psychologies. *Journal of the American Psychoanalytic Association* 30:939-958.
________ (1984). Panel report on the relation between psychoanalytic theory and psychoanalytic technique. *Journal of the American Psychoanalytic Association* 32:587-602.
Ricoeur, P. (1970). *Freud and Philosophy: An Essay on Interpretation.* New Haven: Yale University Press.
________ (1974). *The Conflict of Interpretations.* Evanston, Ill. : Northwestern University Press.
Riesman, D., Glazer, N., and Denney, R. (1950). *The Lonely Crowd: A Study of the Changing American Character.* New York: Doubleday.
Rime, E., and Bonami, M. (1979). Overt and covert personality traits associated with coronary heart disease. *British Journal of Medical Psychology* 52:77-84.
Roazen, P. (1975). *Freud and His Followers.* New York: Knopf.
Robbins, M. (1980). Current controversy in object relations theory as an outgrowth of a schism between Klein and Fairbairn. *International Journal of Psycho-Analysis* 61:477-492.
________ (1982). Narcissistic personality as a symbiotic character disorder. *International Journal of Psycho-Analysis* 63:457-473.
Rosenfeld, H. (1964). On the psychopathology of narcissism: A clinical approach. *International Journal of Psycho-Analysis* 45:332-337.
________ (1971). A clinical approach to the psychoanalytic theory of the life and death instincts: An investigation into the aggressive aspects of narcissism. *International Journal of Psycho-Analysis* 52:169-178.
Rossner, J. (1983). *August.* Boston: Houghton Mifflin.
Rotenberg, C. (1983). A contribution to the theory of treatment of personality disorder. *Journal of the American Academy of Psychoanalysis* 11:227-249.
Rothstein, A. (1980). Toward a critique of the psychology of the self. *Psychoanalytic Quarterly* 49:423-455.
________ (1980a). Psychoanalytic paradigms and their narcissistic investment. *Journal of the American Psychoanalytic Association* 28:385-396.

Sachs, D. (1979). On the relationship between psychoanalysis and psychoanalytic psychotherapy. *Journal of the Philadelphia Association for Psychoanalysis* 6:119-145.

Sadow, L. (1969). Ego axis in psychopathology. *Archives of General Psychiatry* 21:15-24.
Sartre, J. (1964). *Nausea.* New York: New Directions.
________ (1973). *Being and nothingness,* trans. H. Barnes. New York: Washington Square Press.
________ (1976). *Critique of Dialectical Reason.* London: New Left Books.
________ (1984). *War Diaries.* New York: Pantheon Books.
Satow, R. (1983). Response to Colleen Clements's "Misusing psychiatric models: The culture of narcissism." Psychoanalytic Review 69:296-302.
Schafer, R. (1968). *Aspects of Internalization.* New York: International Universities Press.
________ (1985). Wild analysis. *Journal of the American Psychoanalytic Association* 33:275-300.
Schneiderman, S. (1983). J*acques Lacan: The death of an intellectual Hero.* Cambridge: Harvard University Press.
Schur, M. (1972). *Freud: Living and Dying.* New York: International Universities Press.
Schwaber, E. (1979). On the "self" within the matrix of analytic theory. Some clinical reflections and reconsiderations. *International Journal of Psycho-Analysis* 60:467-479.
________ (1981). Narcissism, self psychology, and the listening perspective. *Annual of Psychoanalysis* 9:115-131.
________ (1983). Psychoanalytic listening and psychic reality. I*nternational Review of Psychoanalysis* 10: 379-392.
Schwartz, L. (1973). Panel report on technique and prognosis in the treatment of narcissistic personality disorders. *Journal of the American Psychoanalytic Association* 21:617-632.
________ (1978). *Review of The Restoration of the Self. Psychoanalytic Quarterly* 47:436-443.
Scruton, R. (1982). *Kant.* Oxford: Oxford University Press.
Searles, H. (1985). Separation and loss in psychoanalytic therapy with borderline patients: Further remarks. *American Journal of Psychoanalysis* 45:9-27.
Segal, H. (1974). *Introduction to the Work of Melanie Klein.* New York: Basic Books.
________ (1980). *Melanie Klein.* New York: Viking.
________ (1983). Some clinical implications of Melanie Klein's work: Emergence from narcissism. *International Journal of Psycho-Analysis* 64:269-276.
Sennett, R. (1984). *An Evening of Brahms.* New York: Knopf.
Shainess, N. (1979). The swing of the pendulum - from anorexia to obesity. *American Journal of Psychoanalysis* 39:225-235.
Shapiro, E. (1978). The psychodynamics and developmental psychology of the borderline patient: A review of the literture. *American Journal of Psychiatry* 135:1305-1315.
Shapiro, T. (1974). The development and distortions of empathy. *Psychoanalytic Quarterly* 43:4-25.
________ (1981). Empathy: A critical evaluation. *Psychoanalytic Inquiry* 1: 423-448.
Silverman, M. (1985). Countertransference and the myth of the perfectly analyzed analyst. *Psychoanalytic Quarterly* 54: 175-199.
Smith, N. (1962). *A Commentary to Kant's Critique of Pure Reason.* New York: Humanities Press. *Medical Association* 251:3272-3276.
Soll, I. (1981). Sartre's rejection of the Freudian unconscious. In *The Philosophy of Jean-Paul Sartre,* ed. P. Schilpp. La Salle, Ill.: Open Court.
Speer, A. (1970). *Inside the Third Reich: Memoirs.* New York: Macmillan.
Spillius, E. (1983). Some developments from the work of Melanie Klein. *International Journal of Psycho-Analysis* 674:321-332.
Spitzer, R., Chairperson (1980). Diagnostic and Statistical Manual of Mental Disorders, 3rd ed. Washington, D.C.: American Psychiatric Association.
Spruiell, V. (1974). Theories of the treatment of narcissistic personalities. *Journal of the American Psychoanalytic Association* 22:268-278.

Stein, M. (1979). Review of *The Restoration of the Self. Journal of the American Psychoanalytic Association* 27:665-680.
________ (1984). Rational versus anagogic interpretation: Xenophon's dream and others. *Journal of the American Psychoanalytic Association* 32:529-556.
Stepansky, P. (1983). Perspectives on dissent: Adler, Kohut, and the idea of a psychoanalytic research tradition. *Annual of Psychoanalysis* 9:51-74.
Stepansky, P., and Goldberg, A., eds. (1984). *Kohut's Legacy: Contributions to Self Psychology.* Hillsdale, N.J.: Analytic Press.
Sterba, R. (1982). *Reminiscences of a Viennese Psychoanalyst.* Detroit: Wayne State University Press.
Stone, L. (1961). *The Psychoanalytic Situation.* New York: International Universities Press.
________ (1981). Notes on the noninterpretive elements in the psychoanalytic situation and process. *Journal of the American Psychoanalytic Association* 29:89-118.
Strachey, J. (1934). The nature of the therapeutic action of psychoanalysis. *International Journal of Psycho-Analysis* 15:127-159.
Stunkard, A., and Burt, V. (1967). Obesity and the body image II. *American Journal of Psychiatry* 123:1443-1447.
________ (1975). Obesity. In *American Handbook of Psychiatry,* 2nd ed., vol. IV, ed. S. Arieti. New York: Basic Books.
________ (1980). Obesity In *Comprehensive Textbook of Psychiatry,* 3rd. ed., vol. II, ed. H. Kaplan, A. Freedman, and B. Sadock. Baltimore: Williams and Wilkins.
Sturrock, J., ed. (1979). *Structuralism and Since: From Levi Strauss to Derrida.* New York: Oxford University Press.
Sullivan, H. (1953). *The Interpersonal Theory of Psychiatry.* New York: Norton.

Tarachow, S. (1963). *An Introduction to Psychotherapy.* New York: International Universities Press.
Tartakoff, H. (1966). The normal personality in our culture and the Nobel Prize complex. *In Psychoanalysis: A General Psychology,* ed. R. Loewenstein, L. Newman, M. Schur, and A. Solnit. New York: International Universities Press.
Taylor, C. (1975). *Hegel.* New York: Cambridge University Press.
Teicholz, J. (1978). A selective review of the psychoanalytic literature on theoretical conceptualizations of narcissism. *Journal of the American Psychoanalytic Association* 26:831-862.
Ticho, E. (1982). The alternate schools and the self. *Journal of the American Psychoanalytic Association* 30:849-862.
Tolpin, P. (1983). A change in the self: The development and transformation of an idealizing transference. *International Journal of Psycho-Analysis* 64:461-483.
Treurniet, N. (1983). Psychoanalysis and self psychology: A metapsychological essay with a clinical illustration. *Journal of the American Psychoanalytic Association* 31:59-100.
Trilling, L. (1971). *Sincerity and Authenticity:* Six Lectures. Cambridge: Harvard University Press.
Tuchman, B. (1984). *The March of Folly.* New York: Knopf.
Turkle, S. (1978). *Psychoanalytic Politics.* New York: Basic Books.
Tuttman, S. (1978). Discussion in symposium on Kohut's *Restoration of the Self.Psychoanalytic Review* 65:624-629.

Volkan, V. (1976). *Primitive Internalized Object Relations.* New York: International Universities Press.

Waelder, R. (1930). The principle of multiple function: Observations on overdetermination. *Psychoanalytic Quarterly* 5:45-62.
Waldron, S. (1983). Review of Doing Psychotherapy by Michael Franz Basch. *Psychoanalytic Quarterly*

52:624-629.
Wallerstein, R. (1981). The bipolar self: Discussions of alternative perspectives. *Journal of the American Psychoanalytic Association* 29:377-394.
Webster (1961). *New International Dictionary of the English Language.* Springfield: Merriam.
Weiss, E., and English, O. (1957). Psychosomatic Medicine: *A Clinical Study of Psychophysiologic Reactions.* Philadelphia: Saunders.
Williams, R., Haney, T., Lee, K., Kong, Y., Blumenthal, J., and Whalen, R. (1980). Type-A behavior, hostility, and coronary artherosclerosis. *Psychosomatic Medicine* 42:539-549.
Williamson, A. (1984). *Introspection and Contemporary Poetry.* Cambridge: Harvard University Press.
Wilson, C., ed. (1983). *Fear of Being Fat.* New York: Jason Aronson.
Winnicott, D. (1953). Transitional objects and transitional phenomena: A study of the first not-me possession. *International Journal of Psycho-Analysis* 34:89-97.
________ (1958). *Collected Papers: Through Paediatrics to Psycho-Analysis.* NewYork: Basic Books.
________ (1965). *The Maturational Process and the Facilitating Environment.* New York: International Universities Press.
________ (1969). The use of an object. *International Journal of Psycho-Analysis* 50:711-716.
________ (1971). Letter to Mme. Jeannine Kalmanovitch. *Nouvelle Revue de Psychanalyse,* vol. 3. Quoted by M. Kahn in the Introduction to *Winnicott's Collected Papers,* 2nd ed. Toronto: Clarke, Irwin, 1975.
Wolf, E. (1976). Ambience and abstinence. *Annual of Psychoanalysis* 4:101-115.
________ (1979). Transference and countertransference in analysis of disorders of the self. *Contemporary Psychoanalysis* 15:577-594.
________ (1980). Tomorrow's self: Heinz Kohut's contribution to adolescent psychiatry. *Adolescent Psychiatry* 8:41-50.
________, Gedo, J., and Terman, D. (1972). On the adolescent process as a transformation of the self. *Journal of Youth and Adolescence* 1:257-272.
Wollheim, R. (1984). *The Thread of Life.* Cambridge: Harvard University Press.
Wood, A. (1981). *Karl Marx.* London: Routledge and Kegan Paul.
Woolcott, P. (1981). Addiction: Clinical and theoretical considerations. *Annual of Psychoanalysis* 9:189-206.
Wooley, S., and Wooley, O. (1980). Eating disorders: Obesity and anorexia. In *Women and Psychotherapy,* ed. A. Brodsky and R. Hare-Muslin. New York: Guilford Press.

Zeigarnik, B. (1927). Uber das Behalten von erledigten und unerlodigten Handlungen.*Psychologische Forschung* 9:1-85.

색 인

ㄹ

ㅁ

ㅂ

ㅅ

ㅇ

ㅊ

ㅋ

ㅌ

ㅍ

ㅎ